10,-

Kleur in de Tuin

Kleur in de Tuin

ELISABETH DE LESTRIEUX

FOTOGRAFIE
MARIJKE HEUFF EN
KEES HAGEMAN
TEKENINGEN:
NICOLE VAN SCHOUWENBURG

TERRA

Derde druk 1992

Vormgeving en boekproduktie:
Uniepers, Amsterdam

Litho's: Max Hoenke, Breda
Druk: Tesink, Zutphen

Foto's Marijke Heuff:
binnenkant omslag, pagina 13, 16/17, 20 (o.), 21, 24, 25, 28, 29, 36, 37, 40, 41, 44 (r.), 48, 49, 52 (r.o.), 56, 57, 60 (l.), 60 (r.o.), 61, 64 (l.), 72, 73, 76, 77, 81, 84 (o.), 85, 93 (l.b.), 93 (o.), 96, 101, 104, 109 (r.o.), 112/113, 116, 117, 120, 121, 124, 125 (l.b.), 125 (r.), 128, 129, 132, 133, 137, 140, 144 (l.o.), 145, 149 (l.), 152 (r.b.), 152 (o.) en achterplaat omslag.
Foto's Kees Hageman:
voorplaat omslag, schutbladen, pagina 9, 12, 16, 17, 20 (b.), 32, 33, 44 (l.), 45, 52 (l.), 52 (r.b.), 53, 60 (r.b.), 64/65, 68, 69, 80, 84 (l.b.), 84 (r.b.), 88, 89, 92, 93 (r.b.), 97, 100, 105, 108, 109 (b.), 109 (l.o.), 125 (l.o.), 136, 141, 144 (l.b.), 148, 149 (r.b.) en 152 (l.b.).

ISBN 90 6255 533 0

CIP

Lestrieux, Elisabeth de

Kleur in de tuin / Elisabeth de Lestrieux; Foto's Marijke Heuff en Kees Hageman, tekeningen Nicole van Schouwenburg - Zutphen: Terra. - Ill., foto's en tekeningen
ISBN 90-6255-533-0 p.b.
SISO 638 UDC 712.3/.7+635.92 NUGI 411
Trefw.: tuinaanleg/tuinonderhoud

INHOUD

INLEIDING

Een boek over 'tuinieren op kleur' heb ik al jaren willen maken, omdat dat nu eenmaal mijn hobby en ook eigenlijk wel 'specialisme' is. Toch heeft dit boek die titel niet meegekregen, want die zou de geurige en kleurige lading niet dekken. Natuurlijk, een groot deel van de foto's zíjn stukken tuin of (dak)terras met een aanplant 'op kleur' en ook de bloeilijsten zijn wat je noemt op kleur gesorteerd, maar juist door die in bloeimaanden uitgesplitste lijsten wordt het een boek dat óók voor de meest kakelbonte tuinier buitengewoon handzaam is. Wie bijvoorbeeld in zijn bonte tuin nooit iets blauws heeft bloeien in augustus, hoeft de lijst juli/augustus (VII/VIII) maar op te slaan en het hiaat kan worden ingevuld. Moet het blauw nog later beginnen, dan kan de lijst augustus/september (VIII/IX) worden geraadpleegd, enzovoort.

Het maken van een tuin in bijvoorbeeld alleen wit en geel wordt ook een makkelijke taak. Neem naar gelang de grootte van de tuin uit elke hoofdbloei-lijst van die twee kleuren 3, 5 of 15 planten, dan weet u zeker dat er het hele seizoen bloeiers zijn in die gewenste tinten. Voor de wintermaanden maakt u een keus uit de veel kleinere lijsten.

Zo gaat dat ook met blauw-en-wit, met rood-en-blauw, met groen-en-abrikoos, met geel-en-roze... Van sommige combinaties heb ik kleurvoorbeelden opgenomen, zodat u het effect al op papier kunt bekijken.

Daarnaast vindt u in elke bloeikleur en ook vaak in beeld groepen struiken, planten en bollen, die het ook uitstekend (of juist alleen) in potten en kuipen op het balkon, het terras of de daktuin willen doen. Geurige bollen die u misschien nog niet kende, struiken waarvan u niet verwachtte dat ze best tevreden zijn met een kuip-bestaan en die zo van elk plekje plat dak een verrukkelijk buitengebeuren kunnen maken. Natuurlijk kun je mássa's struiken in potten zetten - uiteindelijk doen wij met onze huis-aanplant niet anders - óerwoudreuzen zijn het, die wij in potjes persen en vervolgens toespreken als 'kamerplant'. Ze worden natuurlijk gerémd in hun reuzen-groei, maar ze dóen het. Zo gaat dat ook met brem en rododendron, met peppels en citroenen!

En met die citroenen zijn we dan meteen beland op mijn 'troost'-terras... zo'n plekje gun ik iedereen! Dáár, temidden van mijn meest teer beminde exoten-en-doodgewone-zaken-door-elkaar drink ik in de vroege ochtendzon (indien aanwezig) mijn eerste kopje koffie: snuif de geur op van *Ismene festalis*; wrijf even langs het aromatisch blad van de belendende citroenstruik; begroet mijn liguster-pauw-op-stam; zie tevreden dat muurpeper en 'wierrookplantje' (*Helichrysum petiolatum* 'Lime Light') het uitstekend samen kunnen vinden en vind troost bij al dat schoons. Troost voor het feit dat in grote delen van de rest van de tuin brandnetels en zuring, paardebloem en zevenblad een hecht verbond hebben gesloten, waar ik door gebrek aan tijd niet echt iets aan kan doen. Troost voor alle tuin-plannen die nog een poosje op realisatie moeten wachten. Zo'n troostplek is fantastisch en kan variëren: zijn de witte *Ismene festalis* uitgebloeid, dan krijgen ze een afsterfplekje ergens achteraf en worden ze vervangen door de inmiddels struise bloeiknotsen van *Eucomis bicolor*. Is het lieflijk waterdrieblad (*Menyanthes trifoliata*) - in de ton ertussen - uitgebloeid, dan wip ik een potje zonnedauw erbij... Al die verrukkelijke zaken kunnen ook 'troost' bieden aan iedereen die helemaal geen tuin heeft... dat kan ook allemaal op een beschut balkon of dakterras!

Het is soms moeilijk kiezen in de tuin - eigenlijk zou je een mens willen zijn van het fijne penseel - heel precies alle liefhebbersplantjes mannetje-aan-mannetje zien, naast elkaar zonder één onkruidje ertussen, terwijl formaat van de tuin en vrije tijd je dwingen om te tuinieren met de grove kwast: met gróte streken! Ook dáár heb ik aandacht aan besteed: grote vlakken geurigheid van één soort planten - verschillende 'munten' bijvoorbeeld, nachtviolieren (*Hesperis*) en roomse kervel (*Myrrhis odorata*), die hele stukken tuin bezetten en een mens de kans geven om rust te vinden en stil te zijn. Een soort meditatie-tuin. Daartoe werd ik aangezet door de maquette van zo'n tuin die ik zag bij beeldhouwer Huub Kortekaas uit Winssen - de essentie van een tuin eigenlijk: groen, geurig, mooi en rustig. Huub ziet het zo: vier groene wanden van haagstruiken, gevuld met één groen vlak (op mijn voorstel 'mocht' dat geurige loopkamille zijn!); in het midden een van zijn 'kiemplanten' (schitterende plastieken van brons of cortenstaal) en aan één kant vóór de haag een ander werk van hem, een 'tempel', waarin je stil kunt zijn en de pure essentie genieten!

Omdat ik van mijzelf weet, dat ik mij dergelijke beperkingen als 'plantjesmens' eigenlijk niet zal kunnen opleggen, heb ik er voor velen bruikbare interpretaties op bedacht. U vindt ze getekend door Nicole van Schouwenburg op de bladzijden 10/11, 14/15 en 18/19.

Tenslotte als extra en afsluiting van het boek een achttal tuinontwerpen voor kleine en grotere tuinen, compleet met beplantingsschema's! Stadstuintjes met alles-erop-en-eraan; een kruidenhofje, een pleinentuin, een weidetuin - tuinen met een raar formaat, een taartpunt of een pijpenla... misschien vindt u juist dáár de oplossing van úw tuinprobleem... ik hoop het!

Elisabeth de Lestrieux Hendrichs

Op het 'troost'-terras wiekt de liguster-pauw boven geurige citroen en Ismene festalis

OVER KLEUR

Over kleur valt bijna net zoveel te 'twisten' als over smaak - de één vindt witte bloemen een dróóm, de ander vindt ze koud en kil - de één raakt niet verzadigd van de zonnigheid van gele bloemen, de ander roept 'o, jakkes nee, geen geel!'
En zo gaat dat door, bij alle kleuren van de regenboog of liever, bij alle tinten van de bloementuin. Ikzelf kan mij dat nauwelijks voorstellen, want ik vind bijna alle kleuren mooi en zéker praktisch alle bloemen. Er zijn er maar een páár waar ik mijn bedenkingen bij heb, zoals de fel rode *Salvia splendens* - misschien omdat rood niet echt mijn favoriete kleur is, maar zéker omdat deze felle eenjarige zo te pas en vooral te onpas, en ook tot in den treure, wordt gecombineerd met oranje afrikaantjes en blauwe *Ageratum*... En tóch - een toef '*splendens*' zou ik bést willen planten in de rode tuin, als antwoord op het knallend kleurtje van het rode snijbietblad! (Zie afbeelding op bladzijde 60).
Over kleur praten in de tuin is altijd een kwestie van combinatie, van mooie harmónische combinatie, waarbij elke kleur goed tot zijn recht komt en niet wordt beconcurreerd door de buurman. Felle tinten paars en oranje zullen bijvoorbeeld de subtiele schoonheid van beige bloeiende gewassen overschreeuwen, terwijl groen bloeiende of zacht blauwe daarmee juist in harmonie zijn. Paarsroze en oranje zijn naar mijn smaak kleuren die geen goed gezelschap zijn - de eerste komt tot rust bij een accompagnement van roze-tonen en paarsblauw, terwijl oranje zich lékker voelt bij andere 'vlammende' kleuren, zoals diep geel en roestig bruin!
Het is een kwestie van heel zorgvuldig de kleurgroepen rangschikken, ze dan naast elkaar zetten en dan óók nog zorgen dat de combinatie mooi blijft bij een overzicht. Zoals je in de tuin een geel/oranje groep nooit zult plaatsen vlak naast een paars/roze tuindeel, zo is het ook niet mooi als je óver een geel/oranje tuindeel naar een stuk in roze tinten kijkt. Het is dus zaak te zorgen dat de aanplant dicht bij de plek waar vanuit je het meest over de tuin uitkijkt (het terras of een groot raam) met een kleur is aangeplant, die combinaties met andere kleuren kan hébben: wit is uiteraard zo'n 'kleur' en groen bloeiende gewassen zijn ook geschikt. Op pagina 20 ziet u een stukje uit mijn vorige tuin: vanuit het met wit aangeplante terras is de combinatie naar het lente-lila-blauw van judaspenning (*Lunaria*) en blauwe regen (*Wisteria*) nét zo goed als naar het gele tuindeel dat ik daartegenover plantte.
Bij een kleinere tuin zal zo'n aanpak nodig zijn, omdat je in één keer alle kleuren overziet. Bij grotere tuinen is het fijn om de verschillende kleurgroepen te scheiden, met hagen, muren of struikgroepen, zodat je ook telkens in een totaal andere sfeer terecht komt.
Verder is het zaak er rekening mee te houden, dat er kleuren voor dichtbij en voor veraf zijn. Blauw bijvoorbeeld is een kleur voor dichtbij. Een tuindeel aangeplant met allerlei tintjes blauw is beéldig, maar blauw is een wijkende kleur (ligt dichtbij groen) en situeer je zo'n tuindeel áchterin de tuin, dan zie je er vanuit het terras of het huis weinig van. Hetzelfde geldt uiteraard voor groen bloeiende planten.
Geel is wat je noemt aanwézig, een kleur voor een stukje achterin, mede omdat er zoveel geelbladige struiken en bomen zijn, zodat je de kleur hóóg kunt optrekken!
Hetzelfde geldt voor de hardere tinten paars, felroze, oranje en oranjerood, die zíe je. Heel diep paarsblauw en fluweelrood zijn weer kleuren waar je naartoe moet lopen. Een goed voorbeeld staat op pagina 84: de struik met fris roze rozen achterin (de 'Fritz Nobis') is heel duidelijk aanwezig, maar bijvoorbeeld de diep paarsblauwe veldsalie (*Salvia pratensis*), die veel meer voorin staat, is nauwelijks te zien.
In een kleine stads- of nieuwbouw-tuin, waarin toch alle kleuren moeten komen, probeer ik altijd aan één kant blauw te laten overgaan in paarsig en roze en aan de overliggende kant de geeltinten toe te passen, zodat je nooit die twee kleuren óver elkaar heen ziet. Wit kan dan goed als scheiding functioneren, dat blijf je achterin zien, zéker in een kleinere tuin want wit weerkaatst heel lang het late zonlicht of de vroege maneschijn. Toch is wit ook duidelijk een kleur voor rondom het terras, omdat de bloemen dan door de terrasverlichting blijven óplichten, maar vooral omdat er bij de wit bloeiende zoveel zijn met een lekker geurtje, dat vaak in de avonduren nog sterker wordt!
Aan het begin van elk kleur-hoofdstuk heb ik de voordelen van de verschillende kleurgroepen nog eens duidelijk opgesomd en ook de verschillende combinatie-mogelijkheden genoemd. Op bladzijde 47 komt de combinatie van wit en geel apart aan de orde; op bladzijde 63 het samenvoegen van rood- en blauwtinten; op bladzijde 75 komen de ook duidelijk geïllustreerde combinaties van blauw-met-wit en blauw-met-geel aan de orde en op bladzijde 99 het heel bijzondere samengaan van zacht roze en warm geel plús de combinatie van groen en zacht blauw bloeiende gewassen.
Daarom op deze bladzijden niet méér 'over kleur', maar een zevental suggesties voor het toepassen van poorten en pergola's... elk met een eigen sfeer en aanplant... Een geparfumeerd gouden wandellaantje vol rozen; een meditatieplek met geurende muntvelden; een beplanting waar het fladdert van vogels en vlinders; een pergola van zuiver zilver om te plánten; een brede gaanderij met doorkijk naar de dieren en een theehuis dat zich ijdel spiegelt in het water.

ROZEN(GEUR)

Sinds in Nederland praktisch alle oude en botanische rozen verkrijgbaar zijn, kan ik lyrisch worden over rozen - over rozen en hun géur; over rozen en hun elegante groeiwijze; over rozen die ranken tegen het huis, over poorten en pergola's, in bomen en over hagen! Wólken van zacht getinte geur, watervallen fraai gevormde knoppen die open bloeien tot vrolijke pomponnetjes of wijdopen bloemen met dikke toefen meeldraden in het hart. Rozen die half gevuld en luchtig zijn of rozen met extra veel 'vulling', de bloemblaadjes, soms mooi gekwartierd gerangschikt en met een dik groen knoedeltjes-hart; rozen met bloemblaad-

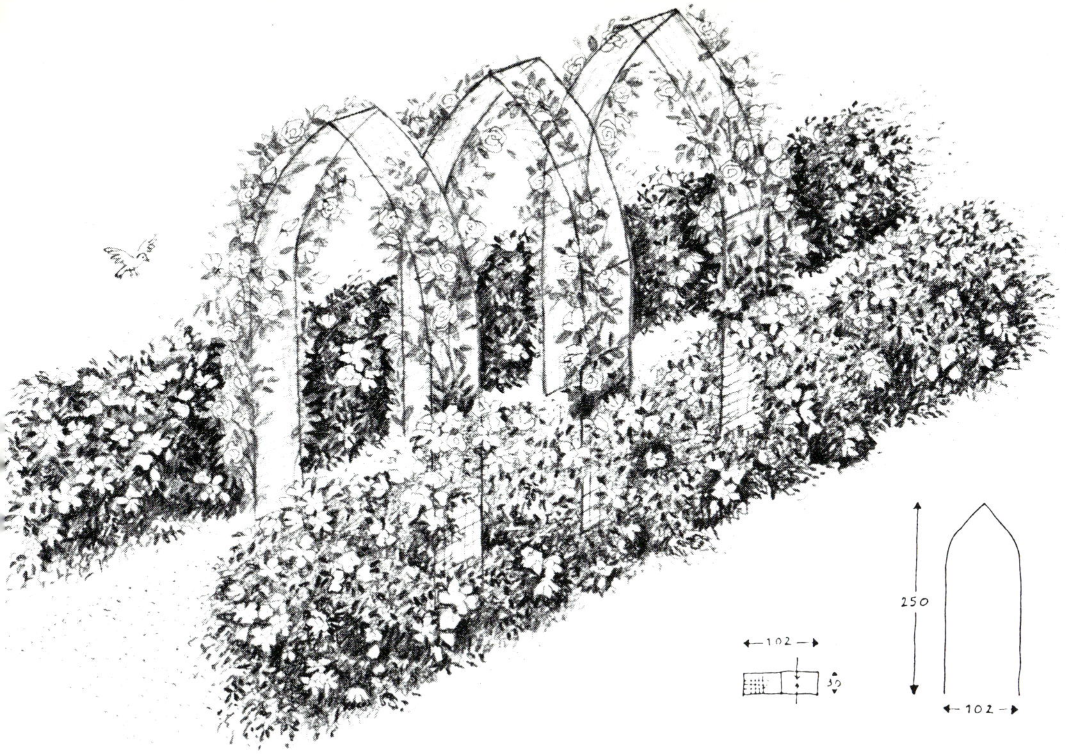

Een geurig gouden wandellaantje...

jes als schelpen ('Madame Pierre Oger' - zie roze/pastel) of als luchtige vlinders ('White Wings' - zie wit) - rozen met een verhaál, met romantiek en vóór alles rozen met géur.
Uit de catalogus van rozenkweker Walter Verhue uit Oostvoorne én het uit het boek 'Ouderwetse en zeldzame rozen' dat hij samen met Mineke Kurpershoek schreef (uitgever Hollandia, Baarn) en waarin véél afbeeldingen van de door hem gevoerde rozen staan, heb ik dan ook alléén de geurende geselecteerd en op kleur gesorteerd - die vindt u alle in de kleurlijsten... véél bij wit en roze uiteraard, maar ook een paar bij beige, zéér geurige bij abrikoos en verrassend veel bij geel: grote wildebrassen die vroeg bloeien, zoals de 'May Gold'; tere rankers met sterke groeikracht als *Rosa banksiae* 'Lutea'; rozen die tegen schaduw kunnen ('Mermaid') of zelfs een standplaats op het noorden accepteren ('Albéric Barbier'). Maar ook rozen voor hágen, zoals de aardige 'Canary Bird' met haar wijd open bloemen aan welvende takken, die later ook nog zwartbruine bottels maakt. Iets voor een gouden wandellaantje... de 'Canary Bird' als haag en poortjes met drie klimmers: 'Lawrence Johnston' voor vroege bloei; 'Paul's Lemon Pillar' omdat de kleur van de bloemen in juni zo mooi is, de geur zo sterk én omdat het een van de lievelingsrozen van Victoria Sackville-West was, en de 'Mermaid' omdat zij haar enkele wijd open en geurige bloemen van de zomer tot in de herfst blijft openen!

GEUR GAAT VÓÓR

Tuinieren is niet alleen mooie kleurtjes en vormen bij elkaar zetten - het is ook streven naar géur. Het moet eigenlijk zó zijn, dat je met de ogen dicht, of midden in de nacht, de tuin ook ervaart, dat je rúíkt wat er bloeit. Waarom dan voor niet geurende rozen kiezen als er hónderden zijn die dat wél doen! Hetzelfde geldt voor bijvoorbeeld jasmijnen (*Philadelphus*), seringen (*Syringa*), populieren (*Populus*) en lelies (*Lilium*). Maak bij al die gewassen slechts uitzonderingen voor een héél bijzondere kleur (de gróen bloemige *Rosa chinensis* 'Viridiflora' bijvoorbeeld) of de uitzonderijke schoonheid van de bloemvorm (*Lilium martagon* om er maar een te noemen!). Neem verder als stelregel: als geur kán, dan gaat dat vóór!

OVER RUST(EN) IN DE TUIN

Rust en rusten in de tuin zijn twee heel belangrijke facetten. Daarbij bedoel ik niet het met olie ingesmeerd languit liggen op de zonnestoel noch het breeduit borrelen of barbecuen op het terras, maar het rust vinden ín de tuin en dóór de tuin.
Afgezien van de echte 'plantjes-freak', die het heerlijk en rustgevend vindt om van 's ochtends tot 's avonds op de knieën te liggen tussen moederplant en zaailing en tussen rozenrank en doornig opschot - die daar dan bovendien ook nog de tijd en het geld (gaan meestal sámen) voor heeft, is het de bedoeling dat je ook rust vindt in de tuin, dat je er kunt rusten en je gedachten laten gáán... Eigenlijk zou elke tuin een 'meditatie-plekje' moeten hebben - misschien niet zo vér gaand als dat van Huub Kortekaas (zie pagina 8), maar wel beschermd en vooral rustig, geurig, groenig.
Ideale meditatie-plekken zijn te vinden op bankjes in oudere bosschages waar het beschaduwd is en stil en waar geen 'onkruid' je aan werk herinnert! Omdat het niet iedereen gegeven is zo'n plekje grenzend aan de tuin te hebben, hier een plan dat óók in de kleine tuin kan worden gerealiseerd.
Plaats een decoratieve poort aan het einde van een paadje vóór een haag en laat die poort beklimmen door snelle en geurige groenblijvende kamperfoelie (*Lonicera henryi*) met eventueel voor bladcontrast een kleinbladig klimopje. Zet tegen die haag en onder die poort een stoeltje... voilà, de rust en de schaduw zijn al dáár (en zo'n opstelling werkt nog optisch vergrotend óók). Zet twee mooie dikke *Buxus*-bollen ter weerszijden van de poort, als verzwarend vorm-accent, en zorg dan dat u vanuit dit stille plekje uitsluitend rustgevende geurige schoonheid ziet: géén zaken die nog gedaan moeten worden, géén (achterstallig) wied- of snoeiwerk... Daarvoor heb ik een perfecte oplossing, die wél wat zelfbeheersing vraagt... zelfbeheersing bij de plantenkeus, bedoel ik! In de loop der jaren heb ik, zelf gedwongen door gebrek aan tuinwerk-tijd, planten gezocht en gevonden die je rustig aan hun lot kunt overlaten en die velden vol geurigheid neerzetten zonder dat een onkruidje daartussen de kans krijgt: muntsoorten dus! Deze wilde woekeraars, die je in de kruidentuin een halt moet toeroepen door golfplaatranden in de grond, zijn ideáál voor een rustplek in de tuin. Grote vlakken pepermunt (*Mentha* x *pipereta*) naast de geur van eau-

OVER KLEUR

Dak-tuinieren op kleur... dat kan uitsluitend met planten, maar beginnen met vlonders en meubels in één kleur is ook een prima uitgangspunt. Twee daktuinen in Amsterdam, tweemaal in wit met een toetsje rood. Links is een echte struikenborder ingericht in bakken; rechts klimt vanuit de begane (volle) grond een Wisteria omhoog, samen met de geurige roos die 'Bobbie James' heet.

Een 'uitmuntend' meditatieplekje...!

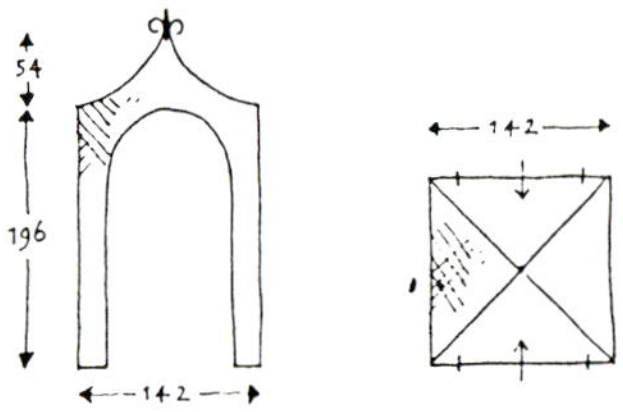

de-cologne (*Mentha* x *pipereta* var. *citrata*)... Hoog wuivende appeltjesgeur van *Mentha suaveolens* en witbont blad bij *Mentha rotundifolia* 'Variegata', staan zusterlijk naast de rijke lila bloeipluimpjes en het zilverwollige blad van *Mentha longifolia* 'Buddleja'. Heel kruidig is de geur van de echte 'mint' voor 'mintsauce' (*Mentha spicata*) en mákkelijk de kruizemunt (*Mentha spicata* var. *crispa*). Zo kan ik nog wel even dóórgaan, want alleen in Nederland vergaarde ik al met gemak een tiental van deze *Mentha*-soorten!

Wilt u er méér, vraag dan de catalogus aan van Suffolk Herbs, daarin staan er meer dan twintig (en bij Sandwich Nurseries nog eens zeventien... ook weer andere)! Snoei ze vooral niet weg in het najaar, want zo'n veldje beige staakjes is ook in de winter mooi!

OVER STRAKKE VORMEN EN KRUISSTEEK-VAKKEN

Dat de *Buxus*-haag een glorieuze comeback heeft gemaakt zullen veel kwekers kunnen beamen; als een gek wordt er weer gestekt en gekweekt, want bij honderden, nee duizenden vinden ze hun weg in het *Buxus*-borduursel dat weer zoveel opgang doet... Ik heb het idee, dat ik daaraan wel een (kruis)steekje heb bijgedragen! Niet dat we ons nu gezamenlijk storten op de weelderige *Buxus*-krullen van de oude Franse tuinen (en bijvoorbeeld de re-creatie van de tuinen bij Het Loo!), maar toch... de *Buxus*-haag is ideaal om een strakke vorm te belijnen en die dan vervolgens weelderig vol te planten. Dat kunnen vierkante of ronde perken zijn met een mooie (zilverige) vulling en een rozeboompje erbovenuit, maar ook bordúúrsels, bijvoorbeeld in kruissteekpatroon: ideaal voor een fikse kruidentuin. Hoe groot de vakken binnen die kruissteken worden, hangt natuurlijk helemaal van het formaat van de tuin af. Ik zou zeggen dat de lange zijde van de driehoek minimaal 75 cm moet zijn, bínnen de *Buxus*-haag gemeten, zodat er ín die driehoek drie tot vijf (kruiden)planten kunnen, afhankelijk van de grootte. Omdat ik veel grond heb en dol ben op (vooral grote vlakken met) kruiden, zijn mijn driehoeken aan de lange zijde wel drie meter - iets tussen het minimum en dit maximum lijkt een goede middenweg.

Een leuke vorm krijgt u als u in het centrum van de kruissteekstroken een pleintje maakt, waar de kruispaden op uitkomen - de eerste driehoeken krijgen dan één uitgeronde hoek. Middenop dat pleintje kan iets leuks staan, een 'aangepaste' boom (walnoot, tamme kastanje of moerbei zijn natuurlijk énig in de kruidentuin) of zo'n beeldige pergola als op de tekening. Wordt het zo'n pergola, laat er dan 'aangepaste' klimmers tegenop groeien: hop (*Humulus lupulus*) bijvoorbeeld of een rankende Oostindischekers (*Tropaeolum*) waarvan de bloemen zo lekker zijn in vruchtensla en het blad in de gewone slakom kan. Heel passend als beplanting op het kruidenpleintje is een geurende cirkel van 'loopkamille' (*Anthemis nobilis* 'Trenaegue') of 'loopmunt' (*Mentha requienii*). De laatste kan beter tegen de schaduw die de pergola zal werpen, maar is bij héél strenge winters niet helemaal te vertrouwen (toch

Buxus-kruissteek met kruidenvulling... om eindeloos op voort te borduren!

kwam er van mijn 'proefbeetje' nog iets terug na de winter van 84-85!). Ploeger in De Bilt en Brilleman in Diepenveen bieden in de catalogus de loopmunt aan: Schiphorst in Wageningen en Stam in Ochten hebben loopkamille, maar wie weet zijn ze op veel meer adressen te koop.
Nog even iets over het voordeel van een gróte kruidentuin: van kruiden wordt over het algemeen voor keukengebruik geplúkt en daarvan worden een páár plantjes niet mooier, maar hebt u een fikse driehoek vól, dan zie je dat beetje plukken nauwelijks. Daar komt nog bij dat de kruidplanten waarvan wordt geoogst, niet mogen bloeien, dat beïnvloedt de geurigheid en de hoeveelheid van het blad nadelig. Kruidenplanten edoch bloeien heel leuk en vaak nog met een extra geurtje erbij. Wie dus grote kruidplantenvakken heeft, haalt bijvoorbeeld bij de randplanten de bloemzetting eruit en laat de rest vrolijk in bloei schieten - dát is op een gunstige manier 'van twee walletjes snoepen'. want de bloeiende geurige kruidtakken zijn ook nog beeldig (en fijn om boeketten te 'illustreren'!).

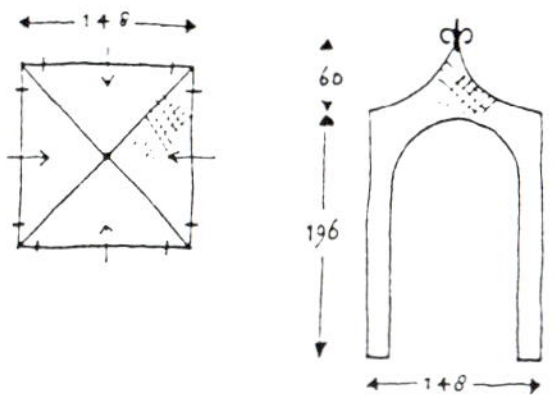

OVER VLINDERS EN VOGELS IN EN OM DE TUIN

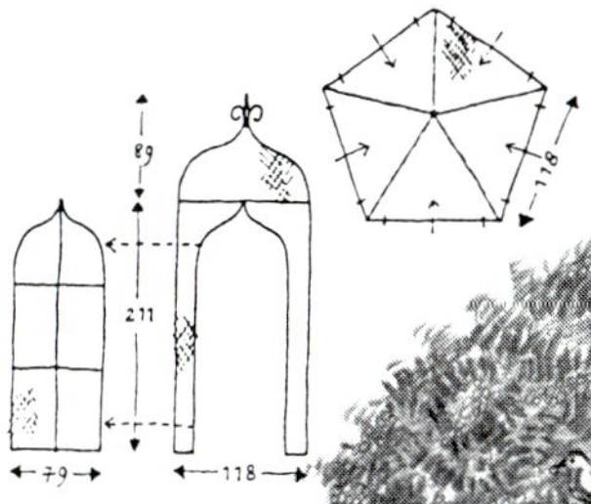

Naast kleur, geur en rust moet er ook léven in de tuin zijn: het kleine extra leven van vlinders en vogels, van bijen en hommels die iets vinden in de tuin en er dus graag zijn en blijven. Wie een goed gevariëerde aanplant heeft, zal al snel bijen en hommels in de tuin krijgen, wie ze speciaal wil lokken, moet de catalogus van 'de Hoveling' in Berkenwoude aanvragen, die heeft keurige lijstjes met (wilde) bijenplanten!
Om vlinders naar de tuin te lokken, plant u natuurlijk in de eerste plaats gewassen waar ze op vliegen voor de nectar, zoals *Buddleja, Hyssopus. Echinacea purpura*, anjertjes, kattestaart (*Lythrum*), koninginnekruid (*Eupatorium*), teunisbloemen (*Oenothera*, speciaal voor nachtvlinders), *Aubrietia*, *Centranthus*, *Lavandula*, *Ligularia dentata*, *Sedum spectabile*, *Clematis-species*, *Coreopsis*, *Cephalanthus*, *Mentha*-soorten. *Lonicera*-soorten, stokrozen (*Alcea*), lieve-vrouwen-bedstro, (*Galium verum*), *Malva*- en *Lavatera*-soorten, *Caryopteris* x *clandonensis* voor de late vliegers en *Viburnum* x *burkwoodii* voor het vroeg citroentje; alle *Verbena*-soorten en bijvoorbeeld braam en framboos.
Om te zorgen dat ze blijven en zich vermenigvuldigen, moet er echter meer gebeuren: dan moeten ook de voedselplanten er komen! Dat zijn onder andere hoog bloeiende grassen (niet het gladgeschoren gazonnetje); weegbree-soorten (*Plantago*); eiken (voor de mooie blauwe eikepage!); distels en vuilboom (*Rhamnus*, zie ook beige, pagina 119 t/m 127) voor het vriendelijke, hier overwinterende citroentje en..... vooral een flink stuk brandnetels, want dat is de voedselplant voor tal van soorten: Aurelia, dagpauwoog, distelvlinder, kleine vos en atalanta - bijna alle grote dus!

Een volière met vogels erin en vogels eróm...

Een idee om ergens áchter iets heel moois (zoals de hier getekende volière) onder en om het 'vogelbosje' wat van dat prikkerige 'vlindervoedsel' te laten staan?
Het leuke van een volière in de tuin is niet alleen de schoonheid van het bouwsel of de vulling, maar ook de verrukkelijke zang van bijvoorbeeld witkuifgaai en witwanggaailijster (die heb ik tot mijn grote vreugde zelf), maar ook het feit dat dit jolig gefluit ándere vogels aantrekt. Het stikt er bij mij bijvoorbeeld van de wilde turkse tortels: een 'trompe l'œil' van duifjes, ze rusten namelijk op de buiten de volière doorstekende zitstokken.
Deze en andere vogels kunt u het uiteraard nog meer naar de zin maken door te zorgen dat er (buiten de vetbollen, pindazakken en de voerhuisjes in de winter) lekkere hapjes voor ze te vinden zijn. Wilt u het goed doen, plant dan de héle inhoud van de 'bessenpagina's' (142 en 143) in de tuin, samen met álle botelrozen die u vinden kunt. Een bescheidener keus van bijvoorbeeld lijsterbes en vlier, bottelroos en *Leycesteria*; karmozijnbes en kaardebollen (*Dipsacus*, voor de puttertjes) is uiteraard een beter idee.

OVER KLEUR

Tuinieren op kleur kan met een grove kwast of met een fijn penseel... Links is met een paar groepen Crambe cordifolia *een zomerse witwolk neergezet; rechts de pasteltuin van mevrouw Greve, waar uit elk romantisch onderdeel de liefde van een echt 'plantjesmens' spreekt.*

OVER KLEUR

Hebt u ergens een oude fruitboom staan, laat dan vooral het valfruit voor ze liggen - het zal misschien wat wespen trekken, maar vogels zéker ook.
Dichte bosschages geven veilige plekken voor nestbouw - het daarin ophangen van nestkastjes hélpt! (Een leuke poster waarop alle soorten nestkastjes staan afgebeeld, kunt u bestellen bij de Vereniging tot behoud van Natuurmonumenten.)

Een wijds uitzicht... dat vraagt wijde poorten van ijzersterke matten!

OVER EEN PERGOLA DIE JE PLANT

Middenin het hart van mijn witte tuin heb ik een pergola geplánt - en dat was snel gebeurd! Vier identieke exemplaren van *Pyrus salicifolia pendula*, niet op onderstam geënt, maar 'treurend' tot bijna aan de wortelvoet, zette ik met het gebogen hoofd naar elkaar toe - ze vormen zo een zilveren koepel. Op den duur zal ik daarin een doorkijk moeten snoeien, geen doorloop, want de paden heb ik eromheen geleid, beleefd plaats makend voor dat zilveren gebeuren met in het hart een prima plek voor een ornament. Een vogeldrinkbak op een voet lijkt een leuk idee, een vogelsculptuur op een sokkel ook (zie pagina 77), of wordt het een wijde schaal op voet, gevuld met weinig water en verzorging vragende huislooksoorten? Ook blauwgrijze *Sedum bithyricum*, 'Glaucum' (zie achterzijde omslag) zou in zo'n koepel mooi zijn... bij zilver kan zovéél!

Een koepel van zuiver zilver is zómaar aangeplant....

OVER DÓÓRKIJKEN NAAR DIEREN

Wie aangrenzend eigen of andermans vee bij de tuin heeft, zal dit rustgevend uitzicht graag willen accentueren met een mooie ruime dóórkijk... dat kán met wijde poorten! Door Arie Boer in Giessenburg liet ik van betonvlechtmatten (het spul dat in de betonvloer gaat als bewapening) poorten maken van víer meter breed. Ik plaatste ze op afstanden van twee meter uit elkaar over een pad dat uitzicht geeft op de (ezel)wei. Omdat ze zo breed zijn, is er naast het (loopkamille)pad plaats voor bloemranden: dat is mooi! Waarom zou een bogengalerij altijd zo smal moeten zijn, dat je maar een klein stukje uitzicht hebt - het effect van zo'n brede 'gaanderij' is heel bijzonder! Zorg dat er aan het begin van zo'n effectief gebeuren een zitplek is. Vanuit de eerste overhuiving werkt het perspectief nog sterker!
Dergelijke poorten van betonvlechtmatten zien er als ze nog kaal zijn wat 'hightech-erig' uit, leuk vind ik eigenlijk wel, en de rankers en klimmers vinden er méér dan voldoende steun. Arie Boer heeft handige smedende zonen, die ook voor anderen dergelijke poorten willen maken, dus als u zin hebt... ga erheen!

PERGOLA IN SPIEGELBEELD

In huis moet je vaak allerlei dure strapatsen uit halen om via stukken spiegel mooie zaken tweemaal in beeld te krijgen. In de tuin kun je royaler zijn met het spiegelvlak: een flinke vijver neemt die taak graag op zich. Ik schrijf met opzet een flinke vijver, want wie plaats genoeg heeft zou niet té krenterig moeten zijn met het vijver-oppervlak, omdat een rechtgeaard plantjesmens natuurlijk de verleiding niet kan weerstaan om in en om dat water zijn kans te grijpen... verheugd wordt er ook dáár aangeplant: een geurende waterlelie, de verrukkelijk

Volgende pagina:
Linksboven: Een stukje uit mijn eigen eerste tuin-op-kleur in Montfoort, waar duidelijk is, dat over een wit tuindeel naar paarsblauw (links) en geel (rechts) kijken in beide gevallen een goede kleurcombinatie geeft. Linksonder: Een stukje landschapstuin in het Arboretum in Kalmthout, België, waar onder andere een schitterende collectie Prunus- en Malus- *soorten maandenlang voor bloesem zorgt. Op de voorgrond* Magnolia x soulangeana- *'Lennei' (V, VI). Rechts: Ankie Dekker demonstreert in al haar tuindelen een verfijnd kleurgevoel en weet alleen al met bladkleuren spannende effecten te bereiken. Het purper van de rode weegbree (*Plantago major *'Rubrifolia') vindt antwoord bij het purperen zenegroen (*Ajuga reptans *'Atropurpurea') en roodbladige zuurbes (*Berberis thunbergii *'Atropurpurea'). Tinten die fraai afsteken tegen zilver en blauwgroen.*

met vanillegeur geparfumeerde *Aponogeton distachyus*; de gefranjerde, vroeg en ook al geurend bloeiende *Menyanthes trifoliata*, zullen er toch zéker een plaatsje krijgen! Wie blauw wil, zal een flinke toef *Pontaderia cordate*, onmisbaar vinden - in geel/wit móet een goudknots (*Orontium aquaticum* - zie pagina 49) en ook de vrolijk om de bloemen te tonen ópduikende krabbescheer (*Stratiotes aloides* zie pagina 36) zal toch een plaatsje moeten krijgen. Het is duidelijk, dat er bij een té klein wateroppervlak door al die aanplant, weinig 'spiegel' over zal blijven - een gróte vijver dus, als het kan. In een grote landschapstuin, zoals het Arboretum in Kalmthout (zie pagina 20 en 144/145) mag die vijver natuurlijke, vrije vormen hebben, maar in een kleinere tuin is het mooier een strakke vorm toe te passen. Heel fraai is een rechthoek met in de vier hoeken een uitholling, (waarin dikke toefen mooie oevergewassen een plek vinden) en dan de waterplanten in die buurt gegroepeerd, zodat in het midden een spiegelvlak vrij blijft. Op de tekening spiegelt zich daarin een mooie ruime pergola (doorsnede 350 cm) die als theehuis gebruikt kan worden. Antiquair Axel Vervoordt heeft in zijn tuinen bij het kasteel (van en te) 's Gravenwezel in België deze en dergelijke poorten en pergola's geëxposeerd staan. Hij verkoopt ze tegen redelijke prijzen. (Zie kadertje.)

Zuurstofplanten voor helder water

Om te zorgen dat het wateroppervlak ook spiegelend (helder dus) blijft, moet er evenwicht in het water zijn. Daarom is het nuttig en noodzakelijk naast de planten die u voor hun schoonheid of bloemkleur kiest, ook zuurstofplanten aan te schaffen, en wel vijf toefen per kubieke meter water.

Zuurstofplanten zijn:

Callitriche stagnalis, moerassterrekroos en *Callitriche palustris*, het voorjaarssterrekroos, groeien grotendeels onder water en laten slechts het bovenste 'bladsterretje' aan de oppervlakte zien.

Ceratophyllum demersum, gedoornd hoornblad, is de onderwaterplant die óerwouden poederkwast-achtige ranken maakt.

Elodea canadensis heeft de onvriendelijke naam 'waterpest', toch is dit 'onderduikertje' van onmisbare waarde in de vijver!

**Hottonia palustris*, de waterviolier, is naar mijn smaak een van de leukste zuurstofplanten, want ze heft geurige zacht lila getinte bloemaren boven het water én haar naaldfijn verdeelde blad.

Lemna trisulca, het kleine puntkroos levert enorm veel zuurstof.

Myriophyllum spicatum heet aarvederkruid en maakt inderdaad veer-achtig verdeeld blad. Het bloeit met kleine oranje getinte aartjes, nét boven het water.

Potamogeton - er zijn verschillende soorten fonteinkruid en ze zijn alle prima zuurstofleveranciers.

Ranunculus aquaticus, de waterranonkel met heel aardig drijvend gelobd blad en witte bloemetjes.

Utricularia vulgaris, het blaasjeskruid drijft op kleine blaasjes in de vertakkingen onder het water, maar steekt haar stengel met gele lipbloemetjes bóven het wateropppervlak.

Wilt u meer weten over deze en dergelijke waterplanten, dan is 'Het Vijverboek' van Ada Hofman (uitgever Zomer & Keuning, Ede) een goede aanschaf. U kunt ook haar kwekerij in Vaassen bezoeken en daar ter plekke uitkiezen!

PRIJZEN VAN POORTEN EN PERGOLA'S

Het kasteel (van en te) 's Gravenwezel bereikt u door (van de weg Breda/Antwerpen) de afslag Sint Job-in-het-Goor te nemen, eerst de borden Schoten en dan die van 's Gravenwezel te volgen. Antiquair Axel Vervoordt heeft iemand gevonden die deze vormen voor hem smeedt naar oud voorbeeld. Naast deze nieuw gemaakte zaken zijn er ook tal van schitterende antieke tuinornamenten en banken te koop.

Het rozenpoortje kost B.Fr. 6000 (= ca f 335,-) plús montage.

De (meditatie)poort is B.Fr. 11.000 (= ca f 625,-) plús montage.

De vierkante pagode (getekend op kruidenplein) komt op B.Fr. 24.000 (= ca f 1.350,-) plús montage.

De vijfkantige volière kost gemonteerd B.Fr. 40.000 (= ca f 2.250,-).

Een identieke pergola (uiteraard zónder de roedeverdeelde sluitstukken in de openingen) komt op B.Fr. 27.000 (= ca f 1.500,-) plús montage.

De grote pergola, die als theehuis kan worden gebruikt, is gemonteerd B.Fr. 50.000 (= ca f 2.775,-).

De prijs van de door Arie Boer uit Giessenburg gemaakte poorten van betonvlechtmatten is tussen de f 150,- en f 200,-, afhankelijk van de grootte.

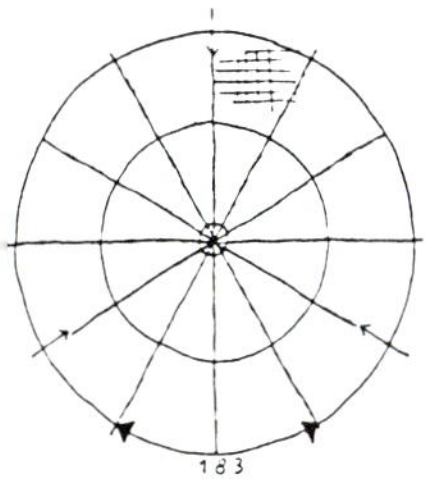

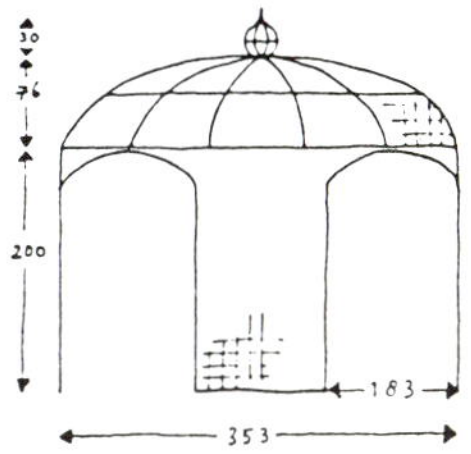

WIT

De witbloeiende tuin heeft zeker een van mijn voorliefdes: die is zo luchtig en kantachtig, zo elegant en tot diep in de avond zichtbaar en vooral... zo géurig! Heel veel witte bloemen verspreiden een heerlijke geur en zorgen voor een belangrijk extra!
Gaat u dan ook kleuren mengen, zoals wit en geel (zie bladzijde 48/49), kies dan bij de witte vooral veel geurige - er is niet zo heel veel geurigs in geel. Dat geldt zeker voor de combinatie blauw en wit (zie bladzijde 72/73) want bij blauw is nauwelijks geur te bespeuren!
Terug naar het (geurige) wit dus, maar ook terug naar de beperking die ik mijzelf daar heb moeten opleggen! Het is absoluut onmogelijk om bij deze 'grote' kleur volledig te zijn. Bij kleinere afsplitsingen zoals 'gloomy', 'beige', 'abrikoos' en 'roze/pastel' heb ik naar volledigheid gestreefd, om aan u de keus te laten, maar bij 'wit' heb ik me echt moeten beperken tot bollen, planten, struiken en bomen die ik zelf belangrijk vind... een soort 'top-tweehonderd' in plaats van de Toptien, die u bij de andere hoofdstukken vindt. Hetzelfde heb ik helaas moeten doen bij 'paars/roze, want ook dát is wat je noemt een 'grote kleur'.

JANUARI/FEBRUARI I/II

**Daphne odora* 'Alba' (I, II, III) zéér geurig, maar niet kógel-winter-hard! (Wintergroen struikje voor zéér beschutte plek.)
Helleborus niger (I, II, III) de befaamde witte kerstroos, die meestal niet met de kerst al bloeit (als u wilt zaaien: het is een vorst-kiemer!) (lage plant, kan goed tegen schaduw.)
**Sarcococca humilis* (I, II, III) is een zeer laag wintergroen struikje, waarvan de mannelijke bloemen geuren. Ze hebben roze meeldraden en zwarte bessen. (Bodembedekkend wintergroen struikje voor flinke schaduw.)

FEBRUARI/MAART II/III

**Abeliophyllum distichum* (II, III, IV) is een betoverende vroege bloeier, met stijve trosjes heel kleine, maar zoet geurende wit/roze bloemetjes die doen denken aan die van de *Forsythia*, maar dan een stuk fijner. Ook geweldig om al vroeger in het jaar op een vaasje in bloei te trekken. (Struik.)
Anemone blanda 'White Splendour' (II, III, IV) is de vroegst bloeiende anemoon. (Laag bolgewasje.)
Camellia japonica (II, III, IV) met rietmatten eromheen gáát dat, mits ze staan op 'avondzon' (een muur op het westen in de rug hebben). Probeer vooral ook de witte en licht geurende **Camellia sasanqua* te bemachtigen... die wil zelfs wel al in januari bloeien... in de hoop dat die rietmat er dan niet óm hoeft! (Wintergroene struik tot boom.)
Chionodoxa gigantea 'Alba' nog zo'n lief laagje voor verwildering. (Laag bolgewasje.)
Crocus - véél leuke witjes als *C. biflorus* 'Parksonii' en *C. chrysanthus* 'Snow Beauty'. (Laag bolgewasje.)
Galanthus (II, III) de meeste soorten sneeuwklokjes bloeien in deze maanden. (Laag bolgewasje.)
**Lonicera fragrantissima* (II, III) geeft een adembenemende geur en kan goed tegen schaduw. Beide gaan ook op voor *Lonicera standishii* (II, III, IV) die wat later kan bloeien. (Struik.)
**Narcissus canaliculatus* is een laagje met witte bloemen, waarin een geel trompetje en een sterke geur. (Laag bolgewasje.)
Narcissus 'Mount Hood' is de bekende witte trompetnarcis. Grootkronig en wit is 'Pigeon'. (Laag bolgewas.)
**Narcissus poeticus* 'Actaea' is de bekende met geurende vlakke witte bloemen en een klein oranje kroontje in het hart - góed voor verwildering dat 'ruikertje'. (Laag bolgewas.)
**Narcissus polyanthus grandiflorus* 'Paperwhite'... wist u dat die op een zéér beschut plekje ook buiten hun verrukkelijk geurende bloemen willen ontwikkelen? (Laag bolgewas.)
Prunus incisa 'Praecox' (II, III) is buitengewoon vroeg met wit/roze bloesem. (Bij v.d.B.K.) (Boom.)
**Viola odorata* 'Alba' (II, III, IV) schattig, dat 'maartse viooltje' dat vaak al eerder bloeit. (Laag plantje.)

MAART/APRIL III/IV

Allium triquetrum (III, IV, V) met de leuke driekante stengels bloeit vroeg en kan uitstekend tegen schaduw. (Halfhoog bolgewas.)
**Amelanchier* (IV) - zie voor krenteboompjes ook 'herfstkleur'. (Struik.)
Anemone sylvestris 'Macrantha' (IV, V), een helder wit lief laagje dat van kalk in de bodem houdt. De bloemen zijn zijde-wollig, de zaadpluimen zéér wollig. (Lage plant.)
Anemone nemorosa (II, IV) het allerliefste bosanemoontje, dat zich ook in klei best thuis voelt. (Laag bolgewasje voor schaduw.)
Bergenia stracheyi 'Alba' (III) is een heel mooie witte, die veel vroeger bloeit dan *Bergenia* 'Silberlicht' (IV, V) (Lage plant.)
Camassia leichtlinii (IV, V) maakt lange groenig getinte witte bloei-aren. (Halfhoog bolgewas.)
Choenomeles speciosa 'Snow' is de witte sierkwee. (Struik.)
Corydalis cava var. *albiflora* (III, IV, V) een heel lief wit 'holworteltje' waarvan T. & M. zaad aanbiedt. Het is een koudkiemer, die 3 tot 12 maanden kiemtijd kan vragen. (Zeer lage plant.)
**Daphne mezereum* 'Alba' is een heel mooie en zeer geurige witte, met als voordeel voor deze kleurtuin, dat de bessen niet rood, maar zacht amberkleurig zijn - giftig blíjven ze! (Struikje.)
Dicentra spectabilis 'Alba' (IV, V, VI) het huilend hartje in het wit! (Lage tot middelhoge plant.)
Exochorda giraldii en *Exochorda racemosa* (IV, V) - over wít gesproken - als de parelknopjes zich openen, tot vriendelijke bloempluimen! (Flinke struik.)
Fritillaria meleagris 'Alba' (III, IV, V) het witte kievitseitje is een buitengewoon elegant bolgewas voor een vochtige plek. (Laag bolgewas.)
Halesia carolina en *Halesia monticola* (IV, V) zijn de heel beeldige sneeuwklokjesbomen, die in geen grotere tuin zouden mogen ontbreken. De *H. monticola* wordt iets groter, de bloemen zijn ook iets flinker van formaat. (Struik tot kleine boom.)
Helleborus orientalis (III, IV) de wit bloeiende variëteiten en *Helleborus olympicus* zijn beide natuurlijk heel begerenswaardig. (Lage planten, ook voor schaduw.)
Iris magnifica (III, IV) heet niet voor niets 'prachtiris': bloeit in oksels, langs stengels tot een meter hoog! (Middelhoog bolgewas.)
Leucojum vernum (III, IV) is het vriendelijke bolle lenteklokje. (Laag bolgewasje.)
**Magnolia denudata* (III, IV) wordt ook wel 'lelieboom' genoemd en terecht, want ze is zo lekker vroeg overladen met geurige komvormige bloemen, met dik vlezig blad. (Struik.)
**Magnolia kobus* (IV, V) is een mooie slanke boom met niet zo grote maar wel geurige bloemen, *Magnolia salicifolia* (IV, V) heeft smal blad, bloeit al op jeugdige leeftijd geurig en voegt er citroengeur van blad, bast én hout aan toe. (Struik tot boom.)
Magnolia stellata (III, IV), bekend, lekker vroeg, niet geurig en op jeugdige leeftijd een beetje flauw. (Flinke struik.)
**Magnolia* x *loebneri* 'Merrill' (IV, V) is een schitterende kruising met grote geurige bloemen. (Struik tot kleine boom.)
**Malus baccata* (IV, V) wordt niet zo heel groot en is een van de weinige wit bloeiende en geurende soorten. (Struik tot kleine boom.)
**Malus hupehensis* (IV, V) wordt niet al te groot, heeft zacht-roze knoppen die openen tot witte bloemen, gevolgd door gele appeltjes met rode wangen. (Struik tot kleine boom.)
**Malus toringoides* (V) brengt roomwitte en ook licht geurige bloemen... met mijn excuses aan de sierappels heb ik mij hier beperkt tot géur! (Boom.)
**Muscari botryoides* 'Album' (III, IV) lief die witte druifjes met een zwak geurtje. Ze vermenigvuldigen zich goed. (Laag bolgewasje.)
Ornithogalum umbellatum (IV, V) de gewone vogelmelk is fijn voor halfschaduw. (Laag bolgewasje.)
**Osmanthus delavayi* (IV) voor een beschut plek-

je, deze heerlijk geurende witte bloeier! (Struik.)
*x *Osmarea burkwoodii* (IV, V) bloeit met kleine, maar zéér geurige witte bloemetjes. Fijn dat een mijnheer 'Burkwood' deze kruising tussen *Osmanthus* en Phillyrea ooit tot stand bracht! (Struik.)
**Pachysandra terminalis* (IV) bloeit geurig in de diepste schaduw. (Bodembedekkend struikje, wintergroen.)
Pieris - zie 'rood'. (Struik.)
**Pimelia prostrata* (IV, V, VI) een nieuw kruipertje van T. & M., met kleine, maar zeer zoet geurende witte bloemetjes en kleine witte of rode besjes daarna. (Bodembedekker.)
**Poncirus trifoliata* (IV, V) - met absolute citrusgeurige bloei en leuke nep-citroentjes daarna. (Struik, die véél meer kou kan hebben dan men zegt!)
Primula denticulata 'Alba' (III, IV) is de witte kogelprimula. (Lage plant.)
Prunus effusa 'Schnee' (IV, V) is maar één van de vele wit bloeiende sierkersen, die voor lentewitwolken kunnen zorgen! Zie afbeelding op bladzijde 28. Wilt u zien hoevéél - breng dan eens een bezoek aan het Arboretum Kalmthout, waar Jelena en Robert de Belder een gigantische collectie hebben! (Boom.)
Prunus davidiana 'Alba' en *Prunus pseudocerasus* bloeien vroeg en wit; *Prunus conradinae* wil op een beschutte plek ook nog géur toevoegen. (Eerste twee boom, laatste kleine boom.)
Pulsatilla vulgaris 'Alba' (III, IV) vind ik een van de mooiste voorjaarsbloeiers, bééldig die wollige knoppen en dikke anemoonbloemen. (Lage plant.) *Puschkinia scilloides* 'Alba' (IV, V) nog zo'n leuk klein bolgewasje voor langs de borderrand. (Laag bolgewasje.)
Pyrus salicifolia ('Pendula) (IV, V) bloeit wit, maar de bloei is niet haar grootste sierwaarde, dat is het smalle zilveren blad! Bij de treurvorm kunnen zilveren poorten of gordijnen ontstaan. Zie ook tekening op bladzijde 18. Op oudere leeftijd krijgt ze ook leuke kleine peertjes. (Kleine boom.)
Rhododendron (IV, V) - een rúime keus! 'Cunningham's White', 'Snow Queen' en 'Sappho' zijn maar een páár namen. De 'Lodery'-variëteiten geuren en waren tot nu toe hier niet winterhard. Jelena de Belder heeft daarvan weer wel harde soorten. Ik heb er twee, maar nog geen winter-ervaring ermee!
Rhododendron molle (V, VI) - vroeger noemden we ze *Azalea mollis*. Een mooie witte is 'Persil'. (Struik.)
**Ribes sanguineum* 'Album' (IV, V) de wit bloeiende vorm is heel elegant en verspreidt dezelfde pittige geur als de roze. (Struik.)
Sanguinaria canadensis (IV, V) is de bijzonder mooie bloedwortel die bloeit vóórdat het fraai geaderde blad verschijnt. (Zeer lage plant.)
**Viburnum* x *burkwoodii* (III, IV) is naar mijn smaak een múst in de geurige lentetuin: ze verspreidt een verrukkelijke oranje-bloesemgeur uit díkke sneeuwballen. (Flinke struik.)

MEI/JUNI V/VI

Actonitus helianthi (VI, VII) is iets nieuws van T. & M. Viltig witte sterbloemen, die wel wat aan Edelweiss doen denken (Maar dan 6 cm in doorsnede). Bloeien in vertakte pluimen op zo'n 50 à 60 cm hoogte, boven zilverviltig blad! (Eenjarig, halfhoog.)
Actaea pachypoda en *Actaea spicata* 'Fructu Albo' (V, VI) bloeien beide met witte bloemtrosjes, maar het belangrijkste zijn de witte bessen die in juli/augustus verschijnen. Bij de *pachypoda* zitten die op verdikte rode steeltjes, bij *spicata* blijven ze wat langer op de plant, tot diep in de herfst. Zie afbeelding op bladzijde 29. (Halfhoge tot middelhoge plant.)
Allium cowanii(V) maakt mooie lange stengels (60 cm) met fris witte bloemen. (Halfhoog bolgewas.)
**Allium subhirsutum* (ook *A. neapolitanum* 'Grandiflorum' genoemd) maakt losse toefen zoet geurende bloemetjes op dezelfde hoogte. (Halfhoog bolgewas.)
**Anthericum liliago* (V, VI) is de zéér slanke 'berglelie', die pluimen met stervormige en geurende bloemetjes maakt. Onder andere bij O.H. (Halfhoge plant.)
Aquilegia vulgaris 'Nivea' (V, VI) is een heel mooie, stevige (80cm) witte akelei met blauwgroen bald. (Halfhoge tot middelhoge plant.)
Aquilegia chrysantha 'Silver Queen' (V, VI) is een roomwitte met lange sporen, waarvan K.B. zaad aanbiedt. (Zaad drie weken voorkoelen in koelkast - temperatuur nooit boven 21 graden C, daarna.) (Halfhoge plant.)
Aruncus dioicus - zie 'zacht geel'.
**Asperula odorata* moet nu *Galium odoratum* worden genoemd (V, VI), maar het blíjft het onmisbare, geurende lieve-vrouwen-bedstro voor aardig wat schaduw. (Bodembedekker.)
Campanula albovii (VI, VII) is een mooie lage (50 cm) met vriendelijke klokken. Bij B.D. (Lage plant.)
Campanula alliariifolia (VI, VII) voegt crème-wit en grijs blad op die hoogte (40 cm) toe. Bij B.K. (Lage plant.)
Campanula barbata 'Alba' (VI, VII) is een lief harig laagje met grijs blad. Bij J.K. (Lage plant.)
Campanula carpatica 'Alba' (VI, VII, VIII) - het karpatenklokje in het wit. (lage plant.)
Campanula cochlearifolia 'Alba' (VI, VII, VIII) is dat rotsplantje met bolle witte klokjes. (Zeer lage plant.)
Campanula latifolia var. *macrantha* 'Alba'is de heel mooie slanke, die zo goed tegen schaduw kan. Bij J.K. (Middelhoge plant.)
Campanula persiciflora 'Alba' - het witte perzikklokje zal niemand willen missen. (Middelhoge plant.)
Centaurea montana 'Alba' (V, VI, VII, VIII), héél gemakkelijk zelf te zaaien, deze vaste witte korenbloem. Het blad is ook nog beeldig zilver. Zaait zich goed uit, de zaailingetjes zijn aan het zilveren blad duidelijk herkenbaar. (Lage tot halfhoge plant.)
Centhranthus ruber var. *albus* (V, VI, VII) is de heel mooie witte 'valeriaan', die in grote groepen staat middenin de border op bladzijde 48. (Halfhoge tot middelhoge plant.)
Cerastium tomentosum of *biebersteinii* (V, VI), de rond schietende witte hoornbloemetjes boven zilver blad kent iedereéén. (Enthousiaste bodembedekker.)
**Chionanthus virginicus* (V, VI) is de heel elegante sneeuwvlokkenboom, waarvan de trossen zeer fijne bloemetjes licht, maar lekker geuren. Niet in alle delen van Nederland winterhard, maar bij mij in het centrum toch wel! (Afbeelding in 'Het Kleine Paradijs') (Struik tot boom.)
Chrysanthemum leucanthemum (vroeger *C. vulgare* (VI, VII, VIII, IX) - die kleine wilde margrietjes vind ik eigenlijk veel leuker dan de grootbloemige tuinmargrieten (*Chrysanthemum*-Maximum-Hybriden). Ze worden 40-60 cm. (Halfhoge plant.)
Chrysanthemum paludosum (VI, VII, VIII, IX) is een schattige lage eenjarige met pronte stevige bloemen en donkergroen fijn loof. (Lage eenjarige.)
**Convallaria majalis* (V) - lelietjes-der-dalen zou ik alleen al om de geur niet overslaan! (Zeer lage plant.)
Cornus canadensis (VI) ziet er meer uit als een laag plantje dan als een kornoelje. Iets beeldigs, maar moeilijk voor zure grond. De witte bloemetjes staan op een krans van blad en worden gevolgd door eetbare rode vruchtjes. (Lage plant, soms goede bodembedekker.)
Cornus kousa (VI) heeft fraai roomwit schutblad; *Cornus florida* 'White Cloud' (V) is buitengewoon prachtig; en voor *Cornus nutallii* heb ik al heel lang een voorkeur. (Struik tot boom.)
Crambe cordifolia (VI), in juni openen zich de wólken wit van deze fraaie gigant, maar daarvóór is ze mooi met hoge knopstengels en daarna met het ijle takjeswerk waaraan kleine rode besjes. Zie afbeelding op bladzijde 16/17. (Hoge plant.)
Crambe maritima - zie roze/pastel.
Crataegus (VI), heel veel meidoornen bloeien wit. Probeer *Crataegus azarolus* te bemachtigen, die maakt mooie gele eetbare vruchten! (Boom.)
Davidia involuctata (V, VI), de vaantjesboom maakt van alle bomen de grootste bloemen... staat afgebeeld in 'Het Kleine Paradijs' (Boom.)
Deutzia gracilis (V, VI) geurt niet en wordt toch door duizenden bijen bezocht! (Struik.)
Dicentra cucullaria (V), dát is een schattig nieuwtje van T.&M. Boven varenfijn blauwgrijs blad dan en ijswitte bloemetjes aan stengels van zo'n 25 cm. Ze zien eruit als kleine witte hoofdjes met héél grote oren ... daar ben ik aan gewend met mijn ezeltjes! (Lage plant.)
Dicentra eximea 'Alba' (V, VI), deze fijne bodembedekker kan goed tegen schaduw. Wilt u zelf zaaien, bedenk dan dat het vorstkiemers zijn. (Lage plant voor schaduw.)
Dictamnus albus var. *albus* (V, VI), de witbloeiende vuurwerkplant mag dan vlammetjes van zich geven door etherische oliën, het is een koudkiemer, die 4-6 weken moet worden voorgekoeld in de koelkast! De kiemtijd daarna is 1-6 maanden.

Wit

Tuinieren in het wit, dat kan met een paar flinke vlakken of véle kleine witte stippeltjes...! Links: De overgang van een landschapstuin naar het echte landschap - de eerste met een witplek van Rhododendron *'Cunningham's White', de tweede met mobiele wit-plekken van schaapjes. (Hekken goed gesloten houden is daarbij verstandig, want rododendronblad is giftig voor die dieren.) Rechts: Het beeldige liefhebberswit in de tuin van mevrouw Greve uit Heerlen, waar het fijne witborduursel van bloemen antwoord vindt in het houten kantwerk van het theehuis.*

WIT

(Halfhoge tot middelhoge plant.)
Dryas octopetala (VI, VII), een moelijk gevalletje, maar zo mooi met de witte anemoonachtige bloemen en grijze dikke zaadpluizen, dat het de moeite waard is. Wilt u zaaien, doe dat dan buiten of in een koude bak: het is een koudkiemer. (Laag plantje)
Eremurus himalaicus (V) is de statige witte 'naald van Cleopatra' (Bij v.T.) (Hoog bolgewas.)
Gentiana cruciata 'Alba' (VI, VII) een lief laag gentiaantje (30 cm) Ik vond haar bij B.D. (Lage plant.)
Geranium (de meeste beginnen in V/VI en veel bloeien er door tot in VIII/IX), wit bloeiende soorten zijn: *Geranium maculatum* 'Album'; *Geranium macrorrhizum* 'Album'; *Geranium pratense* 'Album', 'Silver Queen' en 'Kashmir White'; *Geranium phaeum* 'Album' (een witte weduwe!); *Geranium robertianum* var. *album*; *Geranium sylvaticum* 'Album' - allemaal bij Coen Jansen in Dalfsen, want díe is wat je noemt '*Geranium*-gek'!
Gillenia trifoliata (VI, VII, VIII) is iets heel fijns, met sierlijke witte bloemetjes aan rode steeltjes, die ook heel lang in het boeket houden. O.a. bij O.H. (Halfhoge plant.)
Hemerocallis-Hybriden (VI, VII, VIII) in prachtig room noem ik: 'Feather Down'; bijna echt wit met zilverpoeder is 'Ice carnival'; 'Kind Ways' heeft de kleur van roomijs en 'Winsome Cherub' is room met een toetsje perzikpoeder. Alle bij H.B. en J.D. (Halfhoge plant.)
**Hesperis matronalis* (V,VI), is absoluut een van mijn favorieten, geurt als een gek en zaait zich ook als zodanig! (Tweejarig, middelgroot, maar als je haar twee jaar achter elkaar zaait, zit je nooit meer zonder.)
Hydrangea macrophylla 'Alba' (VI, VII), de bolle witte bloem van de befaamde 'hortensia' mag natuurlijk niet ontbreken op een vochtig schaduwplekje! (Struik.)
Iris-Germanica-Hybriden (V, VI, VII) het is maar een greep: 'High Sierra' is helemaal wit, óók het keeltje; 'Top Billing' en 'Christmas Time' hebben een oranjerode keel en 'Henry Shaw' heeft room en ijs in zich vereend. (Halfhoge tot middelhoge plant.)
Leucojum aestivum (V, VI), het zomerklokje, bloeit op stengels van 40 à 50 cm en houdt van een vochtige plek. (Halfhoog bolgewas.)
**Lilium auratum (VI, VII) de goudbandlelie; Lilium candidum* (VI, VII) madonnalelie en *Lilium regale* (VII, VIII) zijn de eerste drie die in je opkomen als je aan witte geur denkt. *Lilium longiflorum* (VIII, IX, X) die altijd als snijbloem wordt aangeboden uiteraard ook, maar die is lang niet overal betrouwbaar winterhard! (Halfhoog tot middelhoog bolgewas.)
Lilium martagon 'Album' (VI, VII) is onvergelijkbaar mooi, maar geurt niet. (Middelhoog bolgewas.)
Linum perenne 'Album' (VI, VII, VIII) het vaste vlasje, dat zo vriendelijk en lekker lang bloeit. (Halfhoge plant.)
Lunaria annua 'Alba' (V, VI) - de witte judaspenning, die zich zo spontaan uitzaait en ook later in het jaar met parelmoeren ovale 'penningen' zo beeldig is in de witte tuin. Zet haar níet in de buurt van de paarse, want dan krijgt u geen zuiver witte uitzaai terug. (Tweejarig middelhoog.)
Lupinus polyphyllus 'Noble Maiden' (V, VI, VII) is een mooie ivoorkleur tussen al het wit. Het zaaien van lupinen gaat heel gemakkelijk als u het zaad 24 uur voorweekt in handwarm water en het zaad donker houdt tot de kiemplantjes verschijnen. (Halfhoge tot middelhoge plant.)
**Magnolia sieboldii* (V, VI, VII) maakt heel bijzondere hangende en geurende bloemen die bij beetjes, maar gedurende vele maanden, verschijnen. De zaadknots is rood. (Flinke struik.)
**Magnolia sinensis* (VI) is de heel mooie met hangende en naar citroen geurende bloem, die staat afgebeeld in 'Het Kleine Paradijs'. (Struik.)
**Magnolia tripetala* (V, VI) in roomkleur (zou ook net als *M. hypoleuca* naar 'zacht geel' kunnen!) met een zeer sterke geur en daarna rode puntmutsen van zaden. Maakt ook zeer groot blad. (Struik tot boom.)
**Magnolia virginiana* (VI, met herbloei tot IX) is ten dele wintergroen, maakt roomwitte bolle bloemen met een goede geur. (Struik tot kleine boom.) Er zijn méér geurige *Magnolia*'s maar ik heb mij hier en bij de in de andere bloeimaanden genoemde, gehouden aan de soorten die bij Esveld in Boskoop te koop zijn.
Myosotis sylvatica 'Alba' (V, VI, VII) - witte vergeetmijnietjes hoef je maar één keer zelf te zaaien, daarna begeven zij zich eigener beweging door de witte tuin! (Eenjarig, laag.)
**Myrrhis odorata* (V, VI), zéér veel geur boven kantfijn eetbaar blad: heet dan ook 'roomse kervel' en kan ook in de kruidentuin. Geeft véél anijsgeurig zwart zaad, is vorstkiemer, dus eerst doorvriezen! (Halfhoog tot middelhoog, ook voor schaduw.))
Nigella damascena 'White' (VI, VII, VIII, IX) is het witte juffertjes in het groen. (Lage eenjarige.)
**Oenothera albicaulis* (VI, VII, VIII, IX) wordt in Engeland 'Mississippi Primrose' genoemd. Ze bloeit bijna de hele zomer met licht geurende witte bloemen die naar zacht roze verkleuren voordat ze verbloeien. Ze wordt 30 cm hoog. Zaad bij T. & M. (Lage plant, behandelen als eenjarige!)
**Oenothera caespitosa* (VI, VII, VIII) is een geurende witte teunisbloem voor de rotstuin. De grote bloemen hebben roodbruine knoppen en steeltjes van zo'n 20 cm, die ontspruiten uit een rozet van smal getand zilvergroen blad. Zaad bij T. & M. (Lage plant.)
**Oenothera pallida* (VI, VII, VIII) heeft bloemen van 7 cm doorsnede, wit en geurend! Het is een goed uitstoelende vaste soort. (Lage plant.)
Ostrya carpinifolia (V) bloeit nu, maar maakt pas daarna de witte schutbladjes om de zaadtrossen, die haar de naam 'hopboom' bezorgden. (Boom.)
**Paeonia emodii* (V) uit de Himalaya bloeit lekker vroeg.
**Paeonia japonica* 'Isani Gidui' (VI) is een mooie enkele witte, met een zéér dik meeldradenhart. (Bij H.B. en J.K.) 'White Wings' maakt wat lossere bloemen die goed boven het blad worden gehouden.
**Paeonia lactiflora* 'Duchesse de Nemours' (VI, VII) is roomwit met mooi geel hart. (Bij B.D.) en 'Kelway's Glorious' heeft de geur niet verloren bij het kruisen.
**Paeonia* 'Minnie Shaylor' (VI) is een halfdubbele met crêpe-achtige blaadjes in wit met een gloedje van roze erover. (Bij H.B.), *Paeonia* 'Renkaku' is ook halfdubbel met lieflijk gefronste bloembladen. (Ook bij H.B.)
Paeonia obovata var. *willmottiae* (VI) is een bijzonder mooie die satijnwitte bolle bloemen brengt, boven enigszins purper getint blad. (Bij J.K.) Alle genoemde pioenrozen zijn halfhoge tot middelhoge planten: ik bedoel daarmee dat het er een beetje van afhangt wat u er vóór en er achter hebt staan of gaat planten.
Paeonia suffruticosa 'Rock's Variety' (V, VI) is de werkelijke wonderschone 'boompioen', die helder wit bloeit met op elk bloemblad een prachtige purperen vlek, dicht bij het hart. (Bij Z.B.) Soms zijn de bloemen ook zacht roze getint. (Struik.) Wilt u zelf pioenen zaaien, doe de pioenrozen dan in een koude bak en oefen geduld, het kan nog wel tot de volgende lente duren voordat u kiemplantjes ziet. Wilt u boompioenen zelf zaaien, haal ze dan als volgt uit hun 'dubbele slaap': zet het zaaisel eerst drie maanden warm (tussen de 20 en 30 graden C) dan ontwikkelt de wortel zich; en daarna drie maanden kouder (0 tot 5 graden), in die tijd zal zich het plantje laten zien.
**Pancratium illyricum* (V) wordt ook wel strandnarcis genoemd. Het bloemscherm lijkt op een kleinbloemige *amaryllis* met narcistrompetje erin. De zeer geurige bloemen gaan wijd open met slanke blaadjes en lange meeldraden. Tegen een zuidmuur doen ze het prima! (Laag bolgewas.)
Papaver orientale 'Perry's White' (VI) is adembenemend in de bloeiperiode, de grote witte bloemen hebben purperen vlekken en een zwart hart. bij J.K. (Halfhoge tot middelhoge plant.)
**Paradisia liliastrum* (V, VI) maakt geurige witte leliebloemetjes en wordt vaak verward met *Anthericum liliago* - ze lijken ook op elkaar! (Halfhoge plant.)
Penstemon barbatus 'Oschberg' (VI, VII, VIII) is rijkelijk bezet met mooie witte buisbloemen. Bij O.H. (Lage plant.)
**Philadelphus* 'Belle Etoile' is een mooie hybride met mahoniekleurig hart en goede geur. *Ph.* 'Bouquet Blanc' blijft klein en maakt gevulde, naar oranjebloesem geurende bloemen. (Struik.)
*?*Philadelphus coronarius* (V, VI) - de boerenjasmijn! Probeer eerst bij uw kweker de neus in een struik te steken - ze hoort een van de beste geurbrengers te zijn, maar helaas worden er ook véél niet geurende verkocht! (Flinke struik.)
**Philadelphus delavayi* (VI) heeft enigszins harig blad en maakt flinke trossen zeer geurige bloemen. (Flinke struik.)
**Philadelphus* x *lemoinei* (VI, VII), een fijne late geurder. (Kleine struik.)'
Phlox douglasii 'Iceberg' (V, VI, VII, VIII) is een

lief laagje, bezet met witte bloemetjes. (Zeer lage plant.)
Podophyllum emodi (moet nu *Podophyllum hexandrum* worden genoemd) (V) is een heel bijzondere schaduwplant. In mei bloeit ze met grote anemoonachtige bloemen, met een vér uitstekende stamper en duidelijke meeldraden, die heel mooi afsteken tegen het grote bruin gevlekte blad (lijkt op bladbegonia!) Daarna verschijnen de langwerpige rozerode vruchten die nog eetbaar zijn ook. T. & M. biedt er zaad van aan. Zaaitemperatuur tussen 15 en 18 graden C. Dat is overigens de ideale temperatuur voor alle koudkiemers (ná de koelperiode!). (Lage plant.)
Polemonium caeruleum 'Album' (VI, VII) is de witte jacobsladder, die u absoluut niet in de buurt van de blauwe mag zetten, dan komen ze niet kleurzuiver terug, zoals u in en om de barbecue op bladzijde 20 kunt zien.
Primula chionantha (V, VI) is een géurende witte, die zich redelijk makkelijk laat zaaien. Zaad bij T& M., planten bij J.K. (Lage plant.)
Primula japonica 'Alba' en 'Potsford White' (V, VI, VII) zijn twee mooie witte etageprimula's, bij J.k. (Halfhoge plant.)
Primula sieboldii 'Haruno Yuki' (V, VI) is een mooie lage witte. (Bij J.K. - 25 cm) (Lage plant.)
Prunella grandiflora 'Alba' (VI, VII) - een prima bodembedekker, dat witte 'bijenkorfje! Bij J.K. (Bodembedekker, ook voor halfschaduw.)
Pulmonaria saccharata 'Sissinghurst White' (III, IV, V) wil ook in zware schaduw de bodem met wit dekken. (Bij J.K. en B.D.) (Bodembedekker, ook voor zware schaduw.)
Pyrus calleryana (V) is een kruising die van een van haar ouders (*Pyrus salicifolia*) zilvertinten over het blad kreeg. Vruchten zijn ronde groene peertjes. (Kleine boom.)
**Robinia pseudoacacia* (VI), wie plaats genoeg heeft mag de acacia om de geur niet vergeten! (Boom.)
*Roos 'Blanchefleur' heeft geheel mijn hart gestolen met haar mooie welvende groeiwijze (tot 150 cm); haar gevulde bloemen waarin zo'n lief groen knoedeltje zichtbaar is; haar bloemenkleur die wit is met een nuance van roze naar de voet van het bloemblad en de mooie zachte grijsgroene tint van het blad.
*Roos 'Boule de Neige' heeft een leuke kleurencombinatie: aan stevige opgaande takken (150 cm) maakt ze bloembtoefen waarvan de knoppen diep rode veegjes hebben. De bloemen zijn echter zuiver wit en heel mooi gekwartierd, wat ik altijd heel 'voornaam' vind bij een roos. Ze bloeit bijna de hele zomer, van juni tot oktober!
*Roos 'Katharina Zeimet' is een laagje (50 cm) met kleine gevulde, geurige bloemen. Doorbloeier.
*Roos 'Little White Pet' is ook klein en gevuld, maar geurt niet of nauwelijks, wel als je een takje in een karafje zet en je neus erin stopt!
*Roos 'Madame Hardy' is een van de begerenswaardige soorten met zo'n mooi groen knoedeltje in het hart. Deze dame geurt heel zoet, begint schelproze, maar bloeit open naar wit. Een struik tot 180 cm.

*Roos 'Madame Plantier' is een *alba*-kruisling met sterk geurende bloemen, die crème beginnen en openbloeien tot wit. Ze wordt 2 à 3 m en is bést bereid een minder fraaie boom te beklimmen.
*Roos 'Marie Pavic' is een mooie gevulde, die ook laag blijft, ze geurt goed en heeft in het hart een nuance roze.
*Roos 'Moonlight' bloeit in juni/juli en geeft flink wat nabloei; het is een aparte verschijning, met mahoniekleurige takken en jong blad in dezelfde tint. Het kan een bossige bodembedekker worden met heuvels van zo'n 150 cm hoog!
Roos 'Schneewittchen' is waarschijnlijk de meest bekende, omdat ze werkelijk 'eindeloos' en enthousiast doorbloeit. Maar geur, nee, helaas niet. Ook vaak op stam geënt te koop.
*Roos 'Swany' is wit met een nuance van roze. Een praktische roos, licht geurend en véél bodem bedekkend. ook beeldig in bakken, waar ze elegant kan overhangen.
*Roos 'The Prioress' zou ook heel zacht abrikoos genoemd kunnen worden. Verhue omschrijft haar als 'blossig wit' - een béëld van een roos, komvormig, ánders dan de andere en met een goede geur. Ze wordt 120 cm hoog.
*Roos 'White Wings' is een absolute droom - de enkele bloemen zijn als luchtige vlinders met een echte rozegeur. Bloeit door en wordt 90 cm hoog.
*Roos 'Yvonne Rabier' maakt gróte trossen met half gevulde bloemen, waarin het donkere meeldraadhart goed zichtbaar is. Bloeit vanaf juni tot in de herfst en geurt heel aardig. Wordt ook zo'n 50 cm.
**Rosa alba* 'Maxima' - een verrukkelijke roos uit de *alba*-groep, wat wil zeggen, dat ze ook op het noorden kan met haar geurige gevulde bloemen! Ze wordt 2,5 m hoog en kan ook tegen een pillar.
**Rosa alba* 'Semiplena' is bijna nog mooier dan de voorgaande: de zeer sterk geurende bloem zijn half gevuld, zoals haar toenaam reeds doet vermoeden. Hoogte 2,5 m, bladkleur grijsgroen. Kan dus ook op noord.
**Rosa centifolia muscosa* 'Alba' heeft prachtig bemoste kelkblaadjes, waardoor de knoppen heel opvallend zijn. Ze is half gevuld, met weer een knoopje in het hart, geurt goed, bloeit van VI tot VIII en wordt 120 cm hoog.
**Rosa dupontii* is 'gemaakt' door Dupont, waarschijnlijk voor de tuin van Malmaison. Het is een heel charmante enkele geurende witte, met een hart van ver uitspringende meeldraden - heel mooi in combinatie met het grijsgroene blad en de enigszins violet getinte takken. De struiken worden 2 m hoog.
**Rosa fedtschenkoana* dankt haar wat moeilijke naam aan haar Russische ontdekker. Het is een heel bijzondere roos, met mooi varenachtig blad, met fraaie tandjes langs de randen. De bloemen zijn enkel en sieren de struik de hele zomer. Ze verspreiden een nogal eigenaardige geur, maar wel leuk tussen de andere zoete luchtjes. Het leuke is, dat de borstelige bottels al verschijnen als de struik (180 cm) nog volop bezig is bloemen te produceren.

**Rosa multiflora* is een bloemschikkersroos - niet om de grote trossen kleine geurige bloemetjes in juni/juli, maar om de gewéldige schermen met pieperige botteltjes, die énig zijn om te verwerken in rozenboeketten. Elk jaar verschijnen nieuw opschietende takken - het kan een geweldig 'bos' worden zo'n groep *multiflora*'s!
**Rosa rugosa* 'Blanc Double de Coubert' is een fantastische *rugosa* met heerlijk geurende sneeuwwitte bloemen. Prima ook voor hagen.
**Rosa wichuraiana* is een onmisbare bodembedekker voor de rozenliefhebber: de ranken die over de grond liggen kunnen 5 m lang worden en maken in juli/augustus staande tuilen van licht geurende enkele roosjes. De botteltjes daarna zijn donkerrood en het blad blijft tot diep in de winter groen. Leuk om als bodembedekker onder opgaande rozenstruiken te gebruiken.
Alle hier genoemde rozen koos ik (op geur) uit de catalogus en het rozenboek van Walter Verhue, Oostvoorne.
Rubus 'Tridel' (V) is een erg leuke en makkelijke struik, met voor een *Rubus* grote witte bloemen die op enkele rozen lijken. (Struik,)
**Sambucus canadensis* 'Maxima' (VI, VII) noem ik hier omdat ze later bloeit dan de *Sambucus nigra* (V, VI): dat wil zeggen dat u nog geurige bloemen hebt in de tijd dat u jam maakt... vooral in kruisbessenjam is een flinke greep vlierbloemen een fantastisch extra. De Canadese vlier maakt bovendien extreem grote bloemschermen met rood getinte steeltjes - héél mooi. (Struik tot boom.)
Silene maritima 'Weisskelchen' is een wit bloeiende enkele soort 'Robin White Breast' (T. & M.) maakt gevulde bloembellen. boven het grijzig blad. Makkelijk zelf te zaaien, houden van goed gedraineerde plek. (Lage plant.)
**Smilacina racemosa* (V, VI) is iets fantastisch voor een (half)schaduwplek: de plant komt met krachtige toefen op, bloeit zeer geurig en maakt ook nog fraaie zaadpluimen. Bij P.B. (Halfhoge tot middelhoge plant.)
**Smilacina stellata* (V) maakt kleinere sterbloemen, maar is ook goed voor zware schaduw. (Halfhoge tot middelhoge plant.)
Sorbus aria 'Lutescens' (V) vindt u ook onder zilver: een fantástische lijsterbes vind ik dat - niet om de bloei of de bessen maar om het constante zilver van het blad. (Boom.) Zie voor lijsterbessen met witte vruchten de bladzijden 142 en 143.
**Staphylea colchica* (V) wordt 'pimpernoot' genoemd bij ons - dat duidt op de fraaie opgeblazen vruchten die mooi groen zijn. De bloemen geven een lichte geur, het blad is fris en houdt goed in boeketten.
**Stewartia sinensis* (VI, VII) is niet overal in ons land winterhard, maar een schóónheid, met geurige bekertjesbloemen en schitterende bast (zie ook bladzijde 126/127). (Boom.)
**Styrax obassia* (V, VI) is ook niet overal 's winters te vertrouwen, maar ook hier geeft de geurige bloei doorslag om het te proberen als er kans van slagen is. (Boom.)
**Syringa vulgaris* 'Alba' (V), wie plaats genoeg

Links: Vroeg in het jaar zorgt Prunus effusa *'Schnee' voor een onovertroffen wit-wolk in de tuin - in de winter kunnen witte basten de wittaak overnemen (onder). Hier is het* Betula ermanii, *die zowel in wit als abrikoos kan. Op pagina 130/131 staan er meer! Rechts: Heel mooi zijn in de nazomer planten die witte bessen maken -* Actaea pachypoda *en* Actaea spicata *'Fructu Albo' doen dat beide. Op pagina 142/143 vindt u méér wit-bessige gewassen! Uiterst rechts:* Gaura lindheimeri *bloeit van juli tot diep in oktober met lange pluimen witte vlinderachtige bloemetjes. Ze laat zich makkelijk zaaien en is bovendien prima in boeketten.*

heeft zal zeker een geurige witte sering erbij willen. (Struik tot boom.)
Thalictrum aquilegifolium 'Album' (V, VI, VII) maakt donzig wit boven blauwe kussens, makkelijk te zaaien en spontaan met uitzaai. (Middelhoge plant.)
Tiarella cordifolia en *wherryi* (V, VI), twee makkelijke bodembedekkers, die ook met flinke schaduw heel gelukkig zijn. (Bodembedekker voor schaduw.)
Tradescantia virginiana 'Innocence' (VI, VII, VIII, IX) is een witte eendagsbloem. (Halfhoge plant.)
Trillium grandiflorum (V, VI) - een kostelijke schone voor een schaduwplek! (Lage plant, voor schaduw.)
Verbascum chaixii 'Album' (VI, VII, VIII) is een onovertroffen wit bloeiende toorts. Staat afgebeeld in 'Het Kleine Paradijs'. Bij O.H. (Hoge plant.)
**Viola cornuta* 'Alba' (VI, VII, VIII) - onmisbaar voor voorin de border. (Lage plant.)

JULI/AUGUSTUS VII/VIII

Achillea clavenae (VI, VII) is een mooi laagje (15 cm) met toefjes spierwitte bloemen boven puur zilvergrijs blad. Zaad bij T. & M. (Lage plant.)
**Acidanthera bicolor* (VII, VIII) een zwak geurend maar allerliefst bolgewas, dat met haar witte bloemen met purperrood hart zorgt voor leuke nuance in de witte tuin. (Halfhoog bolgewas.) *Agapanthus* 'Maximus Albus' (VII, VIII) naar mijn ervaring zijn de witte meer winterhard dan de blauwe! In koudere streken misschien toch maar liever in een pot of kuip. (Halfhoog bolgewas.)
Alcea rosea (VII, VIII, IX) enkele en dubbele - de enkele stokrozen vaak wat 'vaster' dan de dubbele. (Zeer hoge één- of tweejarige en soms vaste plant.)
Ammi majus (VI, VII, VIII, IX, X) geeft de hele zomer mooie witte kantschermen voor boeketten. (Eenjarig, halfhoog.)
Argemone grandiflora (VII, VIII, IX) is min of meer vast en als ze niet terug komt zaait ze zich wel. Mooi met die grote witte papaverbloemen en prikkelig zilveren blad. (Lage tot halfhoge eenjarige of vaste plant.)
Aster divaricatus (VII, VIII) vind ik een liefje met haar licht bronzig getinte blad en fijne bloemetjes. Zie ook 'beige'. (Halfhoge plant.)
Astilbe rivularis (VIII) en *Astilbe* x *arendsii* 'Bridal Veil' (VII, VIII, IX) zijn twee mooie witte voor een vochtige plek. (Halfhoge tot middelhoge plant.)
**Buddleja davidii* 'White Bouquet' (VII, VIII, IX, X) is onmisbaar voor de zachte geur en de vele vlinders die de bloempluimen bezoeken! (Struik.)
Campanula pyramidalis 'Albiflora' (VII, VIII, IX) is de reus onder de klokjesbloemen (120 cm). Bij B.D. (Middelhoge tot hoge plant.)
Campanula glomerata 'Alba' (VII, VIII) witte kluwenklokjes vind ik een stúk mooier dan die diep paarse! Bij J.K. (Lage plant.)
**Cardiocrinum giganteum* (VII, VIII, IX) - schoonheid in optima forma: enóme stengels met geurige lelies, die het ook nog lekker vinden in halfschaduw. Deze koninklijke schoonheid stelt wel hoge eisen aan de grond: zuivere bladgrond heeft madame het liefst. Soms kun je (kleine) bolletjes kopen (bij Van Tubergen), soms ineens grote planten in pot (bij Stam in Ochten). (Zeer hoog bolgewas.)
Cimicifuga acerina (VIII, IX) is wat lager (80 cm) en geurt niet. (Halfhoge tot middelhoge plant.)
**Cimicifuga racemosa* (VIII, IX) geeft een zachte geur van de bloemen en is zeer hoog (150 cm) Zaad bij K.B. Eerst drie weken doorvriezen, het is een vorstkiemer. Kiemtijd daarna 1-12 maanden. (Hoge plant.)
Cleome spinosa 'Alba' (VII, VIII, IX), eenjarig, maar een grootheid die wonderen kan doen, zéker als je net bezig bent een wit tuindeel aan te leggen. (Eenjarig, hoog.)
Cosmos bipinnatus 'Purity' (VII, VIII, IX, X) voor wie boeketten maakt een onmisbare eenjarige. Zaad bij K.B. (Middelhoge tot hoge eenjarige.)
Delphinium-Hybriden 'Dwarf Snow White' (VI, VII, VIII, IX) is plezierig laag, dan hoef je niet zoveel bindwerk te doen. Bij T. & M.
Delphinium x *cultorum* 'Green expectations' ken ik nog niet, maar mijn verwachtingen zijn hoog: in deze range werd er gestreefd naar groen-tinten - en daar houd ik van! Zaad bij K.B. (Middelhoge tot hoge plant.)
Delphinium x *cultorum* 'Ivory Towers' geeft bloemen in allerlei tinten wit en ivoor, met en zonder ogen, in hoge (120 cm) pluimen. Zaad bij K.B. Denk eraan, dat het zaad van de vaste-plantriddersporen twee weken in de koelkast vóórgekoeld moet worden en dat de temperatuur daarná nooit boven de 21 graden C mag komen. (Middelhoge tot hoge plant.)
Echinacea purpurea 'White Lustre', aangeboden onder de (oude) naam *Rudbeckia purpurea* 'White Lustre' (VII, VIII, IX) is de bijzonder fraaie plant met grote witte bloemen met gouden heuvelhart, die staat afgebeeld op bladzijde 36. De foto werd gemaakt op de kwekerij van Piet Oudolf in Hummelo. (Middelhoge plant.)
Galtonia candicans (VI, VII) - genoeglijk bekend deze Kaapse hyacint! Ook oersterk in boeketten. (Halfhoog tot middelhoog bolgewas.)
Gaura lindheimeri (VII, VIII, IX, X) is een vlinderfijn doorbloeiertje, dat ook nog heel makkelijk uit zaad te kweken is. U ziet haar afgebeeld op bladzijde 29. (Halfhoge plant.)
Gentiana asclepiadea 'Alba' (VII, VIII, IX) een mooie lage (40 cm) witte gentiaan bij B.D. (Lage plant.)
Heracleum mantegazzianum (VII) wie er niet allergisch voor is, mág de bereklauw niet missen! (Zeer hoge tweejarige.)
**Hydrangea paniculata* 'Grandiflora' (VII, VIII) is een zéér grootpluimige en geurende variëteit die ik vond bij Jelena de Belder. (Flinke struik.)
Kitaibelia vitifolia (VII, VIII) is een zéér hoog (150 cm), heel aantrekkelijk gewas, met malva-achtige bloemen. Zaad bij K.B. (Hoge tot zeer hoge plant.)
Lavatera trimestris 'Mont Blanc' (VII, VIII, IX, X) witter dan deze 'witte berg' kan haast niet - prachtig tussen de meer romige kleuren! (Halfhoge tot middelhoge plant.)
**Lilium* Jamboree-Hybriden 'Everest' (VIII) is een goed geurige witte met rode spikkeltjes, voor achterin de border. (150 cm bij H.B.) (Hoog bolgewas.)
Lychnis chalcedonica 'Alba' (VII, VIII) is de witte vorm van de 'brandende liefde' en *Lychnis coronaria* 'Alba' is de witte prikneus die u ook op bladzijde 25 vindt. (Middelhoge en halfhoge plant.)
Lysimachia ephemerum (VI, VII, VIII, IX) maakt langdurig mooie lange bloempluimen (middelhoge tot hoge plant) en *Lysimachia clethroides* (VI, VII) is de soort die van die grappige iets gebogen bloempluimpjes maakt. (Halfhoge plant.) De laatste staat afgebeeld op bladzijde 25.
Malva moschata 'Alba' (VII, VIII, IX) met mooi vertakte planten en diep ingesneden blad. (Middelhoge plant.)
**Monarda didyma* 'Schneewittchen' (VII, VIII) is een zuiver witte van deze aromatische borderschone. Brilleman in Diepeveen heeft haar in de catalogus. (Middelhoge plant.)
Morina longifolia (VI, VII, VIII) maakt mooie hoge bloemtoortsen met witte bloemetjes, waarin een toetsje rood. Het blad is wat stekelig, maar het is toch een prima snijbloem. Makkelijk uit zaad op te kweken. Zaad bij K.B. (Middelhoge plant.)
**Nicotiana alata* 'Daylight' (VII, VIII, IX) is de geurende witte tabak, die ook overdag haar bloemen open heeft. (Halfhoge eenjarige.)
**Nicotiana sylvestris* (VII, VIII, IX) is de hoge siertabak die flinke toefen geurige buisbloemen brengt. (Middelhoge tot hoge eenjarige.)
Nigella sativa (VII, VIII) is een heel schattig enkelbloemig wit zusje van het juffertje in het groen. (Zaad bij K.B.) (Lage eenjarige.)
Phlox paniculata 'Alba' (VII, VIII, IX) is een zuiver witte en zeer hoge (140 cm) die ik vond bij O.H. (Hoge plant.)
Rodgersia aesculifolia (VII, VIII) is een schaduwgigant met prachtig verdeeld blad. (Hoge plant, ook voor flink wat schaduw.)
Romneya coulteri (VII, VIII, IX) is de héél, héél fraaie 'boompapaver', die moeilijk te bemachtigen is (Hetty Cox heeft haar) en ook moeilijk aan de gang te krijgen, maar móói! (Middelhoge tot hoge plant.)
Salvia farinacea 'White Porcelain' (V, VI, VII, VIII, IX, X) - wie iets bijzonders in boeketten wil, moet deze eenjarige zaaien: zoals haar blauwe zusje blauwe bloemsteeltjes heeft, maakt déze ze in wit 'porselein'! Zaad bij T. & M. (K.B. noemt haar 'White Victory'.) (Middelhoge eenjarige.)
Sanguisorba obtusa 'Albiflora' (VII, VIII, IX) is de elegante grote pimpernel die met pluizige bloempluimen boven fris groen en mooi verdeeld blad bloeit. (Blad alleen al erg mooi in boeketten!) (Middelhoge plant.)
Scabiosa caucasica 'Alba' en 'Miss Willmot' (VI, VII, VIII, IX) zijn twee witte uitvoeringen van deze vriendelijke tuin- en snijbloem. (Halfhoge plant.)
Sidalcea candida (VII, VIII, IX) is een zeer fraaie en sterke plant met helder witte bloemen. Onder

andere bij O.H. (plant 80 cm.)
Thalictrum dipterocarpum 'Album' (VII, VIII, IX) is een gróte schoonheid (120 cm), met ook grote toefen bloemen. O.H. heeft haar. (Hoge plant.)
Veronica longifolia 'Schneeriesin' (VII, VIII) is de middelhoge (90 cm) niet vertakte soort, met slanke pluimen. (Middelhoge plant.)
Veronica virginica 'Alba' (VII, VIII) is de reuzin (150 cm), waarvan de bloempluimen zich bovenaan vertakken. Beide o.a bij O.H. (Hoge plant.)

AUGUSTUS/SEPTEMBER VIII/IX

Anemone hupehensis var. *japonica* (VIII, IX, X) is een mooie enkelbloemige witte. (Middelhoge plant.)
Anemone-Japonica-Hybriden 'Honorine Jobert' (VIII, IX) is ongetwijfeld de fraaiste aanwinst van de laatste tijd. U ziet haar afgebeeld op bladzijde 25 rechts! Bij Mieke van Kempen, Kapel-Avezaath. (Middelhoge plant.)
Artemisia lactiflora (IX, X) is de enige *Artemisia* die niet om haar zilveren blad, maar om de romige bloempluimen wordt gekozen. (Hoge plant.)
Aster ericoides 'Schneegitter' (IX, X) is een van de 'moderne' zeer kleinbloemigen! (Middelhoge plant.)
Aster pringlei 'Monte Cassino' (IX, X) bloeit niet alleen lekker laat met zuiver witte kleine bloemetjes, maar is ook een prima snijbloem. Bij O.H. (Middelhoge plant.)
Chrysanthemum serotinum (IX, X) maakt vriendelijke margrietachtige grote witte bloemen op slanke stengels (100 cm). (Middelhoge plant.)
Cimicifuga ramosa 'Atropurpurea' (IX, X) heeft prachtig roestig blad en purperrode stengels waarbij de witte bloemen mooi afsteken (180 cm, bij O.H.). (Hoge plant voor schaduw.)
Clerodendrum trichotomum (IX) bloeit laat, beeldig en geurig met witte bloemen in wijnrode kelkjes. Daarna is ze ook nog in staat in die kelkjes turquoise bessen te stoppen. Iets héél moois, wat helaas niet voor honderd procent overal winterhard is. Bij S.W. (Boom.)
Colchicum autumnale 'Album' (VIII, IX, X) de herfsttijloos met witte crocusbloemen en blad in het voorjaar. (Laag bolgewasje.)
Eucryphia x intermedia 'Rostrovor' (VIII, IX) schrijf ik met grote aarzeling neer, want deze wintergroene en zo laat schitterend én geurend bloeiende struik met grote (5 cm) witte bloemen met duidelijk meeldradenhart, is maar in ènkele delen van ons land winterhard. In Zeeland, dacht ik, waar ook de *Choisya* in de volle grond staat. (Kleine boom, wintergroen.)
Hibiscus syriacus (VIII, IX) is een fantastische laatbloeier. 'Jeanne d' Arc' is dubbel en geheel wit; 'Snowdrift' is enkel en 'William R. Smith' is grootbloemiger en enkel. (Struik.)
Reynoutria japonica (VIII, IX, X) is voor veel tuinen een duidelijk twijfelgeval, omdat ze woekert als een gek. Toch fijn om snel lelijke doorzichten weg te nemen, dit tot drie meter hoog wordende 'knoopjeskruid'. (Heette vroeger *Polygonum cuspidatum*, zeer hoge woekeraar, ook voor schaduw.)
Gewassen met witte bessen vindt u op bladzijde 142/143!

Vergeet vooral niet te kijken bij de zilverbladigen op bladzijde 134/135, daar staan ze allemaal, de wit bloeiende, keurig bij elkaar.

OKTOBER/NOVEMBER X/XI

Aster tradescantii (X) is het sluitstuk van de asterbloei: een makkelijke en hoge (140 cm) gast. (Hoge plant.)
Calluna en *Erica*... ik houd niet zo van 'heide', maar lekker laat bloeien ze wel!
Cimicifuga simplex en haar variëteit 'Armleuchter' (X) zijn prachtige herfstbloeiers. Zie afbeelding op bladzijde 36. (Bij O.H. en v.d.K.E.) (Middelhoge tot hoge plant.)
Iris unguicularis 'Alba' (XI, XII, I, II, III) is door haar winterbloei duidelijk meer geschikt om in potten te kweken. Dat doe ik met de blauwe ook. (Laag bolgewas.)
Leucojum autumnale (IX, X) - lief die late klokjesbloemen! (Laag bolgewas.)

Kijk voor winterkleur vooral ook naar 'Spannende Basten' op bladzijde 126/127.

DECEMBER XII

Prunus subhirtella 'Autumnalis' (XII, I, II) ... een duidelijke bloeitijd is eigenlijk niet aan te geven van deze absoluut onmisbare winterbloeier. Als zij het blad heeft afgeworpen en het is zacht, dan begint ze alvast met wat knopjes te openen. Vriest het, dan gaat dat niet door, maar in elke dooiperiode komt ze met nieuwe bloei! (Boom.)
Sarcococca confusa (XII, I, II, III), wintergroen, laag, zeer geurig en voor schaduw... gemáákt voor onder die winterbloeiende *Prunus*! (Struik, wintergroen.)

BIJKLEUREND BLAD

Acer negundo 'Variegatum' is een flinke struik tot boom met heel veel wit in het mooi verdeelde blad. *Acer platanoides* 'Drummondii' is een grote boom met mooi gevlekt blad.
Ajuga reptans 'Variegata' maakt grijs/room/groen blad, als de blauwe bloei u niet stoort een prima bodembedekker.
Aralia elata 'Variegata' - is iets voor de liefhebber - vroeger viel ik ervoor, ik heb nu de gewone groene in 'gloomy' staan. (Struik.)
Arum italicum 'Pictum' maakt nog witter gemarmerd blad dan de soort en dat zit er herfst en winter op - fijn voor winterschikkingen: óersterk op water!
Astranta major 'Sunningdale Variegated' is een werkelijk heel mooi 'Zeeuws knoopje' met véél room in het blad! (Bij J.K.)
Brunnera macrophylla 'Hadspen Cream' bloeit heel vroeg en licht blauw - daarna is ze de hele zomer heel aantrekkelijk met de mooie grote bonte bladen.
Carex riparia 'Variegata', *Glyceria maxima* 'Variegata' (voor bij de vijver!), *Holcus mollis* 'Variegatus' en *Phalaris arundinacea* 'Picta' zijn alle mooie bonte siergassen, die ik eigenlijk wat hogerop liever zie dan méér bontbladigen, dan de hier genoemde struiken en bomen.
Cornus alba 'Elegantissima' is een werkelijk heel mooi witbonte soort van dit makkelijke roodhoutige gewas. (Struik.)
Euonymus fortunei radicans 'Silver Queen' is een kruiper of klimmer, die zilver over de grond of tegen het huis deponeert. (Bodem- of huisbedekker.)
Hedera canariensis 'Gloire de Marengo' is een room/groene klimop; *Hedera colchica* 'Dentata Variegata' heeft zéér groot room/groen gebladerte; *Hedera helix* 'Glacier' en 'Silver Queen' zijn kleinbladiger en bont.
Hosta albomarginata, *Hosta fortunei* 'Marginato-Alba' en *Hosta ventricosa* 'Variegata' een greep uit de bontbladige *Hosta*'s. Fijn voor schaduw!
Illex aquifolium 'Ferox Argentea' is zeer stekelig en klein; *Ilex aquifolium* 'Argenteo Medio-Picta' is een grotere witbonte hulst. (Struik tot boom.)
Lamiastrum luteum is de zachtgeel bloeiende bonte dovenetel: die kan hier prima.
Lamium maculatum 'Beacon Silver' is zéér zilver en bloeit wit.
Populus balsamifera 'Aurora' (vroeger *Populus candicans* 'Aurora' wat minder verwarrend was, omdat ze géén geur verspreidt) is een verrukkelijke populier: vooral aan het jonge hout maakt ze zéér wit blad, dat bij het uitlopen soms rozige tinten heeft. Haar toepassing als knotpopulier is een goed idee: zéér witte pruiken maakt ze dan.
Prunus lusitanica 'Variegata' is een fraaie verschijning: wintergroen (met lichte randjes), met geurige bloei, maar helaas niet overal winterhard.
Saxifraga stolonifera heeft mooi gemarmerd blad en bloeit nog wit ook.
Vinca major 'Variegata' is de hoge soort met bont blad en blauwe bloei en *Vinca minor* is witbont met witte bloei.

WATERPLANTEN

Nymphaea... natúúrlijk komen er waterlelies in de 'witte' vijver. Kies dan een van de twee die geurig bloeien: ze heten *Nymphaea tuberosa* 'Richardsonii' en *Nymphaea virginalis*.
Daarbij komt uiteraard de naar vanille geurende Kaapse waterlelie die *Aponogeton distachyos* heet en fraaie zwarte meeldraden uit de geurige bloemen steekt.
Menyanthes trifoliata, het waterdrieblad dat het ook zo goed doet in tonnen op het terras, brengt ook al geurige wit/rozige bloei en lekker vroeg.
Acorus calamus (al dan niet met 'Variegatus' achter de naam) ruikt zéér zoet, als het blad

*Links: Witte lupinen, geitebaard (*Aruncus dioicus*),* Centranthus ruber *'Albus', de dikke klokken van* Campanula medium*, de geurige witte sterretjes van* Clematis recta *en het zilver van* Astrantia carniolica *samen gevoegd tot een romige zomerschikking. Rechts: Twee bolletjes op stam nemen op het moment van de foto de bloeitaak in deze groep op zich. Het zijn de wintergroene maar niet helemaal winterharde* Ligustrum henryi*, die heerlijk geurende bloemtrosjes brengt eǹ die ik daarom ook altijd pas fatsoeneer ná de bloei en de absoluut niet winterharde margrietjes (*Chrysanthemum frutescens*) die nu vrijwel overal tot stamboompje opgekweekt verkrijgbaar zijn. (Vorstvrij, licht en net niet helemaal droog overwinteren is hét recept!) Rechts een struikje nét niet winterharde* Virbunum tinus*, die in die pot wèl twee maal bloeit, maar slechts heel spaarzaam de metalig blauwe bessen brengt. Links bij de schelp de vettige rozetten van* Aeonium arboreum*, in het hart een van mijn* Buxus*-vogels en in de voorgrond een kleine collectie 'vleeseters' (zie pagina 127).*

Wit

gekneusd wordt.
Niet geurende witte waterplanten zijn: *Alisma natans* (een onderwaterplant met drijfbladeren); de vrolijke krabbescheer (*Stratiotes aloides*), die boven komt om haar witte bloemen te tonen; de kikkerbeet (*Hydrocharis morsus-ranae*); de grote waterweegbree die heel makkelijk zelf te zaaien is (*Alisma plantago aquatica*) en ook in gedroogde toestand mooi boeketmateriaal levert; de krachtige slangenwortel (*Calla palustris*) en de goudknots (*Orontium*) die zowel in wit als geel kan met haar geel/witte bloeivorm. Het pijlkruid (*Sagittaria sagittifolia*) is om bloei én blad heel aantrekkelijk en vlak langs de kant kan het wolletjesgras (*Eriophorum angustifolium*) voor donzige witplekken zorgen. Ook *Glyceria maxima*, die vroeger *Glyceria aquatica* heette is met haar witbonte blad mooi bij de vijver en zeker de heel sterk wit getekende *Scrophularia aquatica* 'Variegata'. *Ledum palustre* is een leuk wintergroen struikje voor een vochtige plek.
Goede adressen voor waterplanten zijn: Ada Hofman in Vaassen, Nymphaea in Gouda en Ewals in Sevenum. Ada Hofman schreef er bovendien een boek over.

BALKON EN (DAK)TERRAS

Abutilon vitifolium 'Album' laat zich heel makkelijk uit zaad opkweken en is naar mijn smaak een van de mooiste bakbewoners met haar wijdopen klokbloemen. (Zaad bij T. & M.)
**Choisya ternata*, vaak al in februari (binnen) vól met de naar oranjebloesem geurende bloemen. Zet haar als het niet vriest buiten, dan kunt u er véél langer van genieten! (In pot blijft het een kleine struik.) In Zeeland kan ze in de volle grond.
Citrus-soorten bloeien uiteraard alle wit en zeer oranjebloesem - geurig!
Ze moeten ook alle vorstvrij en licht overwinteren.
Cobea scandens 'Alba' (VI, VII, VIII, IX) prächtige dikke bloemen maakt deze klimmer!
**Datura suaveolons* kan zelf uit zaad worden gekweekt (bij K.B.) maar er zijn op steeds meer adressen planten te koop. Laat u niet misleiden: die met de staande klokken is eenjarig en geurt niet; die met de hangende moet u hebben voor blijvende geurige bloei. (Zie voor overwinteren 'geel'.)
Habernaria radiata (VII, VIII) is een schattig knolgewas met bloemen die op sterk gefranjerde vlinders lijken. (Bij H.B.) Droog, vorstvrij en donker overwinteren.
**Ismene festalis*... alleen de geur komt niet tot u van bladzijde 9, verder zal de foto u overtuigen van de schoonheid van dit bolgewas. Bollen bij Van Tubergen. (Droog, vorstvrij en donker overwinteren.)
**Jasminum officinale* syn. *grandiflorum* (VI, VII, VIII, IX) is de zéér geurige witte klimmer die echt in kuip of kas moet.
**Pittosporum tobira*... hierbij kan ik exact hetzelfde zeggen als bij Choisya!
**Polyanthes tuberosa* maakt de sterkste geur van alle bak-bollen, maar ze is niet makkelijk met bloeien. Neem er zoveel mogelijk, bij mij bloeiden er vier van de zeven. (Bij Van Tubergen.)
**Viburnum tinus* bloeit officieel van december tot maart, maar in mijn potten doet ze maar wat, bloeit zéker twee keer, de losse trossen licht geurig en soms (als er een bij voorbij kwam) ook spaarzaam wat metalig blauwe bessen. In warmer streken wordt ze wèl goed bevrucht, getuige de bossen prachtige bessen die de bloemenman voor boeketgebruik te koop aanbiedt.

KLIMMERS

**Actinidia melanandra* en *Actinidia polygama* bloeien beide met geurige witte klokjes en maken eetbare vruchten daarna, als u tenminste van elk een man en (enkele) vrouwen aanplant. (Bij E.B. en Z.B.)
Clematis... de grootbloemige witte ga ik u niet alle noemen!
Clematis 'Alba Luxurians' is een snelle klimmer met vierbladige bloemen waarop flinke groene strepen.
Clematis alpina 'White Moth' is de elegante vroege witte, met een gevuld hartje.
**Clematis armandii* is wintergroen, met een verrukkelijke geur bij de bloemen, maar zéér twijfelachtig winterhard... mijn eerste poging mislukte in de winter 84/85.
Clematis campaniflora is een klein snoepje, makkelijk zelf te zaaien (zaad doorvriezen!) en met belbloemetjes die wit-waterblauw zijn.
**Clematis flammula* ruikt heerlijk naar amandelen en is ook weer makkelijk te zaaien. Het zaad schijnt aantrekkelijk te zijn voor mijn pauwen, want die doen verwoede pogingen om ze zo hoog mogelijk van de planten te pikken: balanceren daartoe moeilijk op stoelleuningen op mijn terras!
*?*Clematis montana* is er in verschillende wituitvoeringen, ik bracht de 'Alexander' mee uit Engeland en die moet naar men zei geuren... hij heeft nog niet gebloeid, dat heerschap!
Clematis paniculata is prachtig, met anemoonachtige bloemen, ook weer wintergroen, maar afkomstig van Nieuw-Zeeland en dus niet écht dol op ons klimaat!
**Jasminum polyanthum* (VI, VII, VIII, IX) is minstens even geurig als de *J. officinale* en kan met een flink dek in de volle grond.
Lathyrus latifolius 'Albus' is de niet geurende, maar vaste en spierwit bloeiende soort.
**Lathyrus odoratus*... daar zijn er véél bij. Maar denk eraan, nooit twee jaar achter elkaar op dezelfde plek die dikke zaden uitleggen! (Het sterretje betekent dat u naar mijn smaak voor de geurige moet kiezen!)
**Lonicera japonica* 'Halliana' is de sterkst geurende en de meest witte van de kamperfoelies!
*Roos 'Bobbie James' (zie bladzijde 13), 'Rambling Rector', 'Sanders White Rambler' en 'Wedding Day' maken alle dikke trossen geurige kleine bloemetjes.
**Rosa filipes* 'Kiftsgate' is de allersterkste groeier die in de rozenwereldestaat: ranken tot 20 meter en nog geurig ook!
Zie voor méér witte klimrozen het rozenboek van Verhue!
Solanum jasminoides 'Album' is een belangrijke witte klimmer: de vele en lang verschijnende (van II tot XI!) witte bloemen vol met gele meeldraden zijn uitzonderlijk mooi tussen en over van alles!
*Wisteria sinensis 'Alba' en de daarna met langere trossen bloeiende *Wisteria floribunda* 'Alba' behoeven geen betoog meer: régens van kant!

JANUARI I
FEBRUARI II
MAART III
APRIL IV
MEI V
JUNI VI
JULI VII
AUGUSTUS VIII
SEPTEMBER IX
OKTOBER X
NOVEMBER XI
DECEMBER XII

ZACHT GEEL

Wat een lieve tintjes kunnen samengaan in geel... kleuren van boter en zwavel, van citroenen, amber en oker, met een toetsje van kanarie, en een flinke scheut champagne... ondersteund door wat brons... spánnend allemaal!
Tuinieren in zachte tonen is ánders dan bijvoorbeeld werken met rood: daarbij heb je het idee te schilderen met grote forse streken: felle kleuren, groot blad - úithalen zijn dat; terwijl je bij het samenstellen van een tuindeel in tere tintjes het idee hebt te werken met een fijn penseel, ook al zíjn het grote groepen en hoge planten!
Met het fijne penseel in de hand de plantlijsten dus meteen maar in: combinatiemogelijkheden vindt u op bladzijde 43. Geel en wit bovendien uitgebreid geïllustreerd op bladzijde 48/49; geel met blauw op bladzijde 76/77 en het heel bijzondere samengaan van geel en roze op de bladzijden 92/93 en 96/97.

JANUARI/FEBRUARI I/II

**Chimonanthus praecox* 'Luteus' (I, II, III) met zacht gele bloei. Betekent veel geel-geur in de lentetuin. (Zie ook 'abrikoos' en 'vlammend'). (Struik.)
Eranthis hyemalis en *Adonis amurensis* (I, II) zijn de vroegste lage geeltjes. (Lage bolgewasjes.)
**Hamamelis mollis* (I, II, III) is de zoet geurende goudgele, dus díe zou ik voor deze kleur-tuin kiezen. Veel kruisingen hebben helaas de geur verloren. (Struik.)
**Hamamelis mollis* 'Pallida' (I, II, III) is een heel zacht gele, die gelukkig ook geurt. (Struik.)
Helleborus orientalis 'Kochii' (I, II, III) is een zacht botergeel bloeiende sport van deze verrukkelijke kerstrozen, die ook lang ná de officíele bloeiperiode mooi zijn met zaadpeulen-hart.

FEBRUARI/MAART II/III

Adonis volgensis (II, III, IV) is een wat hogere soort, met kantachtig fijn verdeeld blad en mooie boterbloemglanzende bloemen. (Laag bolgewas.)
Alnus glutinosa (II, III) - de els hangt haar mooie lange katjes nu ten toon. *Alnus* x *spaethii* is een mooie kruising met groot blad en rijke bloei. *Alnus firma* is een soort, die heel lang haar blad houdt. (Boom.)
**Azara microphylla* (II, III, IV) is iets heel schattigs dat u zoudt moeten proberen als u een beschut plekje hebt. De struik bloeit met kleine poederdonsbloemetjes, die een heerlijke vanillegeur verspreiden. Samen met het wintergroene mooie ronde blad heel aantrekkelijk! Bij Z.B. (Wintergroene struik, niet betrouwbaar winterhard: plek zónder felle middagzon.)
Colchicum luteum (II, III) is uniek, want alle overige bloeien lila en roze. Voor een héél beschut plekje deze gele, vroeg in het jaar bloeiende 'herfsttijloos'. Zaad bij T.& M. (Laag bolgewas, voor schaduw.)
Cornus mas (II, III, IV) is overbekend, makkelijk en goed als vulstruik. Leuk is, dat de rode vrucht eetbaar is. (Struik.)
Corylus colurna (II, III) bloeit ook met aardige katjes, maar het bijzondere is de kurkachtige bast, die altijd warm aanvoelt! (Slanke boom.)
Crocus chrysanthus (II, III) is er vroeg bij. De 'Cream Beauty' is natuurlijk aangewezen voor dit tuindeel. (Laag bolgewasje.)
Crocus flavus, vroeger *Crocus aureus*, (III, IV) is de grote gele oervorm. (Laag bolgewasje.)
Iris bucharica (III, IV - 40 cm), *Iris caucasica* (III, IV - 40 cm) en *Iris aucheri* - vroeger *Iris sindjerensis* (II, III - 35 cm) - zijn veelbloemige irissen, die zijdelings langs de stengels telkens nieuwe knoppen openen. (Lage tot halfhoge bolgewassen.)
Jasminum nudiflorum (II, III, IV) lekker vroege klimstruik.
**Mahonia bealei* (II, III, IV, V) noem ik telkens (ook bij 'abrikoos' en 'vlammend') omdat ik die persoonlijk de mooiste vind, maar er zijn uiteraard tál van mohonie-struik-soorten die in aanmerking komen - ze verspreiden bovendien alle een zachte geur bij de bloei en maken prachtige turquoise bessen. De cultivar 'Charity', die héél vroeg bloeit is helaas maar zeer matig winterhard en overleeft winters als van 84/85 niet. Nu beschouw ik een niet winterharde struik nooit als het iets heel bijzonders is: dan sjouw ik graag met rietmatten, strobalen en mestlagen, maar bij de *Mahonia*'s zijn zoveel wèl harde - vandaar! (Wintergroene struik.)

MAART/APRIL III/IV

Alyssum saxatile 'Dudley Neville' (IV, V) is een goed licht geel rotsschildzaad. (Bodembedekker.)
Anemone ranunculoides 'Plena' (IV, V) is een heel vriendelijke géle anemoon met licht gevulde bloemen. (Laag knolgewas.)
Bongardia chrysogonum (IV, V) is een allerliefste nieuweling bij T.& M. Op slanke stengeltjes staan fris gele sterbloemen met mooi meeldradenhart. Het blad is blauw getint. (Lage plant.)
Cheiranthus cheiri (IV, V, VI) - muurbloemen als 'Ivory White' en 'Primrose Dame' zijn uitgelezen vroegbloeiers voor hier! (Halfhoge tweejarige.)
Chelidonium majus (IV, V, VI, VII, VIII, IX) de 'stinkende gouwe' is door haar lange bloei en fraai ingesneden blad, heel aantrekkelijk in dit tuindeel. (Eenjarig, maar zich geweldig spontaan zaaiend.)
Choenomeles speciosa 'Versicolor Lutescens' (III, IV) zoudt u er voor spanning tussen kunnen zetten: ze bloeit zacht roomgeel met een roze blos! (Struik met later ook mooie gele vruchten.)
**Coronilla valentina* (IV, V, VI, VII) is alleszins het zoeken of scheppen van een beschut plekje waard. De zéér vroeg startende en lang durende bloei heeft de geur van rijpe perziken. De bloemhoofdjes lijken wel wat op dikke gele klavertoefen. (Niet overal winterhard struikje.)
Corydalis nobilis (IV, V, VI), een vrij nieuwe (zaad bij T.& M.) met gele bloemen, die een bronzen toets hebben. De bloemtrosjes zijn groter dan bij de *Corydalis lutea*: wel 6 cm lang! De hele plant is wat hoger: 30 cm. (Lage plant.)
**Corylopsis pauciflora* (III, IV) is het bekende vriendelijke struikje, met heel zacht gele, naar primula's geurende bloembelletjes. (Kleine struik.)
**Cytisus* x *preacox* (IV, V) is de heerlijk geurende zeer zacht gele, die ook in potten en kuipen prima kan. (Zie bladzijde 45.) (Struik.)
**Daphne blagayana* (IV, V) is een van de vele zoet geurende peperboompjes. Deze maakt roomgele bloemetjes en de bessen daarna in dezelfde kleur. Houdt van véél bladaarde en een half beschaduwd plekje. (Struikje.)
Doronicum plantagineum 'Excelsum' (IV, V, VI) is een mooie zacht gele 'voorjaarszonnebloem'. (Halfhoge plant.)
Draba lasiocarpa (vroeger *Daizoon*) (IV, V) is een heel bekend laag geeltje. (Bodembedekker.)
Epimedium x *rubrum* (IV, V) bloeit geel met paars. Het jonge blad is eerst rozig, maar verkleurt naar geel met rozige nuance! (Lage plant.)
Epimedium peralderanum 'Frohleiten' (IV, V) bloeit geel en heeft brons getint blad, dat er tot diep in de winter aan blijft. (Lage plant.)
**Erysium* x *allionii* (vroeger *Cheiranthus* x *allionii* (IV, V) is er in een mooie kleur geel en déze muurbloem geurt! (Lage plant.)
Erythronium (IV, V) - het vriendelijke hondstandviooltje is er in verschillende geel-nuances *E.californicum* en *E.oregonum* zijn zacht gele species, *E.Revolutum* 'White Beauty' is een gekweekte roomkleurige. *Erythronium americanum* is een dieper gele en *E.*-Hybriden 'Pagoda' bloeit in dezelfde kleur. (Laag knolgewas voor (half)-schaduw.)
Forsythia giraldiana en *Forsythia* x *intermedia* 'Primulina' (IV, V) zijn twee zacht geel bloeiende. (Struik.)
Fritillaria imperialis 'Lutea' (IV, V) is de bijzonder fraaie gele keizerskroon, die naar mijn smaak in geen tuin zou mogen ontbreken. (Middelhoog bolgewas.)
Fritillaria citrina (IV) is werkelijk een liefje: citroenig, met omlaag gerichte klokken op 15 cm lange stengeltjes. De buitenkant van de bloemen heeft een groene gloed: meer 'lime' dan 'lemon' dus eigenlijk. (Bij H.B. of v.d.Z.) (Laag bolgewasje.)
Fritillaria pallidiflora (IV) maakt aan stengels van zo'n 30 cm twee of meer omlaag gerichte, hoekige klokbloemen in een teer, maar fris geel. Bij Van Tubergen. (Laag bolgewas.)

WIT

Onder: Echinacea purpurea *'White Lustre' is voor de zomer (bloeit VII, VIII, IX),* Cimicifuga simplex *(rechts) haalt bijna de herfst (bloeit IX en X). Midden: De Argentijnse waterpest* (Elodea densa) *met haar drie bloemblaadjes is hier niet winterhard, maar lijkt erg op onze kikkerbeet* (Hydrocharis morsus-ranae)*. Ook de krabbescheer* (Stratiotes aloides) *komt in het water omhoog, wat betekent dat zij haar bloemen komt laten zien. Het zijn alledrie zuurstofplanten die zorgen voor evenwicht en helder water.*

Rechts: In de pijnbomen van de heer en mevrouw Voorwijk in Heerde gaat de klimhortensia (Hydrangea anomala *ssp.* petiolaris) *haar weelderige gang... het duurt even voordat ze start, maar dán is deze klimmer ook indrukwekkend (en geschikt voor zware schaduw!).*

ZACHT GEEL

Fritillaria raddeana (II, III, IV) bloeit wat vroeger, heet 'bleke keizerskroon', en dat ís ze: bééldig in zacht botergeel met een groen waas op de buitenkant van de bloembladen - bij H.B. (Middelhoog bolgewas.)
Iris danfordiae (III) en de veel moeilijker te bemachtigen *Iris baldschuanica* (II, III) zijn schattige vroege irisjes. (Lage bolgewasjes.)
**Narcissus* (IV) - ook hier wil ik me beperken tot de geurende soorten! *Narcissus jonquilla* 'Baby Moon' is een zacht gele; *Narcissus* x *odorus* 'Rugulosus' maakt trosjes heldergele bloemen en grasachtig blad; staat daar nog 'Plenus' achter, dan maakt ze gevulde bloemen; *Narcissus* x *gracilis* bloeit wat later, in mei, met stengels van 25 cm, waaraan toefjes zwavelgele bloemen en *Narcissus canaliculatus* is een laagje met toefjes witte bloemen, waarin een geel trompetje... gemáákt voor de geel/witte tuin! (Zie bladzijde 43.)
Paeonia mlokosewitschii (IV, V) is de allermooiste pioen die ik ken: wijd open botergele enkele bloemen, met een dík geel meeldradenhart! Bij v.d.K.E. en J.K. (Halfhoge plant.)
**Primula auricula* (IV, V, VI) - bij T.& M. zaad van de oer-species, die geurend bloeit in citroengeel met een witte kring rond het hart. (Lage plant, niet zo makkelijk te zaaien, vóór het ontkiemen zonder licht laten, temperatuur bij voorkeur constant 15 graden, nóóit boven de 18 graden C.)
Primula elatior (IV, V), zacht gele 'slanke sleutelbloem'. (Lage plant.)
Primula x *juliae* 'Luteola' (IV, V) maakt zwavelgele bloemen op stengels van zo'n 30 cm. Bij B.D. (Lage plant.)
Primula x *polyantha* 'Silver Lace' (IV, V) doet het in zacht geel en zilver! (Bij B.D. - 15 cm) (Lage plant.)
Primula veris ssp. *canescens* (IV, V) maakt citroengele 'gewone sleutelbloemen'. (Lage plant.)
**Ribes odoratum* (IV) is een heel leuke, niet te grote struik, met goudgele bloemtrosjes, die een heerlijke kruidnagelgeur verspreiden. (Kleine struik.)
Stachyurus preacox (III, IV) is de heel aantrekkelijke staartaar, die stijve bloemaartjes maakt met roomgele bolle bloemetjes. Eén tak in een karaf kan al een blikvanger zijn, maakt onder gunstige omstandigheden ook nog bessen in dezelfde kleur. (Struik.)
Symphitum grandiflorum (IV, V, VI) - de smeerwortel is er in verschillende kleuren, ook in heel lief zacht geel. Een prima en makkelijke bodembedekker, die zich snel verbreidt. (Lage plant, bodembedekker.)
**Tulipa sylvestris* (IV) is het allerliefste en géúrende bostulpje dat niet hoeft opgenomen en dat op lichte schaduwplekken kan verwilderen. Neem er flink wat, want niet alle bolletjes bloeien elk jaar. Van Tubergen heeft ze. (Laag bolgewas.)
*Tulp 'Bellona' is een goudgele én geurende grote tulp. Die moet wel worden opgenomen. Ik vond deze en nog meer geurende tulp-hybriden in de buitenland-catalogus van Van Tubergen. De andere vindt u onder 'vlammend', want die zijn meer oranje getint.
Uvularia grandiflora (IV, V, VI) is een heel mooi knolgewas, wat slap ter stengel, maar met heel leuke omlaag gerichte lelieachtige zacht gele bloemen. (Lage tot halfhoge plant.)
**Viola odorata* 'Sulphurea' (III, IV) wíst u dat die er ook in het geel zijn? T. & M. biedt er zaad van aan. (Zeer lage plant.)

MEI/JUNI V/VI

Aconitum lycoctonum var. *pyrenaicum* (VI, VII) een monnikskap met zacht gele bloemen, kan ook goed tegen halfschaduw. Bij O.H. (Middelhoge plant.)
Aesculus flava (V, VI) is de geel bloeiende kastanje, die niet zo heel gigantisch wordt; *Aesculus neglecta* bloeit in dezelfde tijd met roomkleurige bloemen. (Boom.)
Alchemilla mollis (VI, VII, VIII) de vrouwenmantel, behoeft geen betoog meer! (Lage plant.)
**Anthemis tinctoria* 'Wargrave Variety' (VI, VII, VIII) is een zacht gele uitvoering van dit oersterke en aromatisch gewas. Bij O.H. (Halfhoge tot middelhoge plant.)
Aquilegia (VI, VII) - akeleitjes genoeg voor dit tuindeel. *Aquilegia aurea* uit Bulgarije is een laagje (40 cm) in fris geel; *Aquilegia chrysantha* 'Yellow Queen' is een nieuwe grootbloemige gele met lánge sporen, die komt te staan naast *Aquilegia chrysantha* 'Maxi Star', die wat lichter van kleur is (zaad bij K.B. en T.& M.); *Aquilegia californica* mengt geel met wat oranje in haar bloemen (K.B.) en *Aquilegia formosa* (T.& M.) is geel met rode sporen, net als *Aquilegia skinneri* (K.B.). *Aquilegia* F-1-Hybriden 'Olympia Violet-Yellow' vereent uiteraard die twee kleuren in de bloem (K.B.). Akeleien zijn alle buitengewoon makkelijk zelf te zaaien! (Lage, halfhoge en middelhoge planten.)
Aruncus dioicus (VI, VII) - de romig getinte pluimen van de geitebaard (zie boeket op bladzijde 32) passen zowel in de zacht gele als de witte tuin! (Hoge tot zeer hoge plant - 2 m.)
Asarina procumbens (V, VI, VII, VIII, IX) is een eindeloos doorbloeiend, laag over de grond kruipend, leeuwebekachtig bloeiend gewas. Heel zacht gele bloemen zijn beeldig bij het blauwe blad. Makkelijk te zaaien (zaad bij T.& M.) en zéér de moeite waard. (Lage plant, bodembedekker.)
Asphodeline lutea (V, VI) is héél mooi, ziet er 'moeilijk' uit, maar is verrassend makkelijk zelf uit zaad op te kweken. (Bij K.B. en T.& M.) Al in het tweede jaar bloeien de lánge stengels (90 cm) met een knots gele leliebloemetjes in top. (Middelhoge plant.)
Astilboides tabularis (VI, VII) is nog zo'n romige grootheid die zowel bij wit als zacht geel heel goed past. Bovendien een heel fijne voor bladcontrast, met haar grote parasolbladen! (Zie ook bladzijde 146/147.) (Middelhoge tot hoge plant - 125 cm.)
Berberis giraldii (VI) - natuurlijk bloeien bijna alle zuurbessen geel, maar déze maakt extra lange zacht gele bloemtrosjes. (Struik.)
Calendula (VI, VII, VIII, IX, X) - kies bij de goudsbloemen de 'Pacific Cream Beauty', 'Pacific Lemon Beauty' of de 'Lemon Coronet'. Bij K.B. kunt u ze op kleur bestellen, maar lees wel de voorwaarden op bladzijde 160! (Lage eenjarige die zich goed spontaan zelf zaait.)
Calceolaria chelidonoides (V, VI, VII, VIII, IX) (nieuwe naam *C. tripartita*) ... ingewikkeld al die nieuwe namen, maar als ik u alleen de oude - en inmiddels als 'fout' te boek staande - namen geef, zijn de botanici ontevreden, en als ik u alleen de nieuwe naam geef kunt u ze in de catalogi waarin die nog niet staan, niet terugvinden!) Goed, dit pantoffelplantje dus maakt slanke stengels met dikke gele pantoffeltjes (30 cm). Het is een eenjarige soort, die zich fantastisch zaait. (Eenjarig, laag.)
Calceolaria fothergillii (V, VI, VII) is een winterharde soort, die volle zon én halfschaduw verdraagt. Het is een laagje (15 cm) dat ook in potten kan worden gekweekt. (Lage plant.)
Cerinthe major - zie 'beige'.
Cornus-Hybriden 'Eddie's White Wonder' (V, VI) 'bloeit' (tussen aanhalingstekens, want het zijn de schutbladen die het hem doen!) in een romig wit dat hier fantastisch is. (Struik tot boom.)
Cornus florida 'White Cloud' (V) is een van de mooiste kornoeljes die ik ken - die past ook tussen echt witte bloemen. (Struik tot boom.)
Cornus nutallii (V) is buitengewoon interessant, het hart soms met metalig blauwe tint! *Cornus nutallii* 'Gold Spot' heeft romig goude vlekken op het blad. Ik houd lang niet altijd van gevlekt blad, maar déze uitvoering is heel mooi! (Struik tot boom.)
Corydalis lutea (V, VI, VII, VIII, IX), heel bekend, maar onmisbaar met haar fijne blad en vriendelijke langdurige gele bloei. (Lage plant, goede bodembedekker.)
Cytisus nigricans (VI, VII, VIII) is een praktisch laat bloeiende brem, die mooie opstaande fris gele bloemtoortsjes maakt. (Struikje.)
Cytisus procumbens (V, VI) is een over de grond kruipende helder kanariegele bremsoort, helaas zonder geur, maar mooi. (Bodembedekkende struik.)
Eremurus bungei (VI) is de heel mooie goudgele, die niet zo erg hoog wordt (80-90 cm) en die ook veel als snijbloem wordt aangeboden: houdt dan ook wéken op water! (Middelhoog bolgewas.)
Eschscholzia californica 'Milky White' (VI, VII, VIII, IX, X), wordt ook wel 'Californisch klaproosje' genoemd. Déze bloeien in een allerliefste roomkleur. (Eenjarig, laag en makkelijk.)
Euphorbia polychroma (V, VI) is de meest gele van de wolfsmelken. Zie potten op bladzijde 45. (Lage plant.)
**Fothergilla gardenii* (V) is het allerliefste struikje dat met geurige roomkleurige poederdonspluimpjes bloeit. (Kleine struik.)
Galeobdolon luteum 'Herman's Pride' en 'Variegatum' (VI, VII) zijn de overbekende gele dovenetels: de eerste met gemarmerd donker groen blad, de tweede met geelgroen blad, waarop zil-

veren tekening. (Bodembedekkers die het overal doen, óók onder struiken.)
Gentiana lutea (VI, VII, VIII) is de indrukwekkende gele gentiaan, die ook nog als 'bladcontrast' kan dienen. (Halfhoge tot middelhoge plant, voor vochige plek.)
Glaucium flavum (VI, VII) - een lid van de papaverfamilie, met prachtig verdeeld zilvergroen blad, mooie papaverbloemen en lánge peulen met fijn zaad. Is heel makkelijk uit zaad op te kweken: op de pakjes van T. & M. staat 'simplicity'! (Eenjarig, laag.)
Helianthemum (VI, VII) zijn er in veel vriendelijke geeltintjes. (Lage plant voor zon.)
Hemerocallis-Hybriden (V, VI, VII, VIII) zoals 'Sunny Shore' (citroengeel met crème); 'Alice in Wonderland' in het zachtste lime dat denkbaar is; 'Anchorage' met zilverpoeder en een vaag rozige gloed over de roomkleur; 'Bells Appealing' in fris geel; 'Gold Harbor' (helder geel met zilverpoeder) en 'Moon Dancers' in room met goud, doen het fantastisch in de zacht gele tuin. Ook vroeg in het jaar al mooi zeer fris groen blad Bij H.B. en J.D. (Halfhoge plant.)
**Hemerocallis lilio-asphodelus* (V, VI) is een vroeg bloeiende en heerlijk geurende soort met toefen slanke lelie-achtige bloemen! (Halfhoge plant.)
Hylomecon japonicum (V, VI) is een lieve lage papaverachtige. Ze heeft mooi vijftallig blad en gele papaverbloemen. Bij v.d.K.E. (Lage plant voor een koel plekje in de schaduw.)
Iris-Germanica-Hybriden (V, VI) hebben ook flink wat aan te bieden! 'Debbie Rairdon' is fris wit met een zacht warm geel; 'Islands of Light' is helemaal wit met fris geel geaderd en gefranjerd; 'Lemon Mist' heeft de kleuren van citroenijs met slagroom: en 'Joyce Terry' is helder wit met kanarie. (Bij J.D. en H.B.) (Middelhoge plant.)
Kniphofia-Hybriden 'Shining Sceptre' (VI, VII, VIII, IX, X) is een beeldschone roomkleurige vuurpijl, die lang bloeit. (Middelhoge plant.)
Lilium pyrenaicum (V, VI) is een prachtige vroeg bloeiende species, met zeer sterk omgeslagen zacht gele bloembladen en prominente oranje meeldraden. (Middelhoog bolgewas.)
**Lilium monadelphum* (VI) is een buitengewoon mooie soort, die op stengels van 90 tot 135 cm een flinke toef schuin omlaag gerichte zacht geurende gele bloemen met licht omgeslagen bloembladen maakt. (Middelhoog bolgewas.)
Linum flavum (VI, VII, VIII) is de geel bloeiende vlas, die van een zonnig plekje houdt. (Lage plant.)
Lonicera tatarica 'Alba' (VI) bloeit in romig wit, geurt helaas niet, maar kan heel wat schaduw verdragen. (Flinke struik.)
**Matricaria eximea* (moet nu *Chrysanthemum parthenium* heten) 'Golden Ball' maakt compacte planten met bolle gele knoopjesbloemetjes én met de bekende kruidige geur. (Lage plant.)
Meconopsis paniculata (VI, VII, VIII) maakt stengels van een meter met helder gele bloemen. Bij O.H. (Middelhoge plant, ook voor halfschaduw.)
**Oenothera* (VI, VII, VIII) zijn er van middelhoog tot laag, in vele gradaties van geel. Twee leuke lage zijn *O. fruticosa* 'Youngii' en *O. missouriensis* (zie afbeelding op bladzijde 40). (Lage, halfhoge en middelhoge planten.)
**Petteria ramentacea* (VI) is heel wat handzamer van formaat dan een gouden regen, blijft een struik van zo'n 2 m en produceert staande toefen lekker geurende bloemen, die goed boven het drietalige blad uitkomen. (Struik.)
Phlomis samia en *Phlomis fruticosa* (VI, VII) zijn twee zéér fraaie planten voor de gele tuin. Uit mooi groot zilvergroen blad komen lánge stengels met kransen gele bloemen. Een plant in opkomst ziet u op bladzijde 105 om de hoek van het huis. (Middelhoge plant.)
Polemonium pauciflorum (VI, VII) is (gelukkig) niet zo opdringerig met eigen uitzaai als de blauwe jacobsladder. Het is een leuke lage met gele buisbloemetjes. Bij v.d.K.E. (Lage plant.)
Potentilla (VI, VII, VIII) heel heel vast planten én struikvormen zijn gemakkelijk én geschikt. (Lage, tot middelhoge planten én struiken.)
Primula helodoxa (VI, VII) is een hoge (75 cm) soort, met toefen goudgele bloemen op romig bepoederde stengels. Zaad bij T. & M. (Halfhoge tot middelhoge plant, voor open plek met vocht.)
Primula florindae (VI, VII) is een zomerbloeiende, met lange stengels, waarop een elegante toef neerwaarts gerichte bloemetjes. Makkelijk zelf te zaaien, wat lang niet van alle *Primula*'s kan worden gezegd. Ze zaait zich in de tuin ook spontaan weer uit! (Halfhoge plant, houdt niet van droge plek, kan goed tegen halfschaduw.)
Prunus 'Ukon' (IV) is de enige heel zacht geel bloeiende sierkers. Bij S.W. (Boom.)
Pulsatilla alpina 'Sulphurea' (VI, VII, VIII) ... een van mijn lievelingsbloemen - nu ook in het geel! Zaad bij T. & M. Bij voorkeur in juli zaaien, veertjes van de zaden halen en gedúld oefenen, het is een trage 'koudkiemer', de kiemtijd ligt tussen de 1 en 12 maanden! (Lage plant.)
Rheum rhaponticum (VI) is de gewone rabarber, die het in de zacht gele border heel prima doet. Ook de *Rheum rhabarbarum* met meer gekruld blad is een welkome plant voor achterin. (Hoge plant.)
Rhododendron molle (vroeger *Azalea mollis*) (V, VI) is er in tal van tere geeltinten, zoals u op bladzijde 93 kunt zien. Vergeet vooral de geurende oer-soort niet!
**Rhus aromatica* (IV) maakt vroeg gele pluimen en heeft zéér aromatisch blad. (Kleine boom.)
**Magnolia hypoleuca* (V, VI) heeft roomkleurige bloemen met een verrukkelijke geur, als van rijpe ananas - een van de mooiste naar mijn smaak! (Boom.)
Rodgersia purdomii (VI, VII) is de eerste die bloeit uit de reeks met roomwitte bloemen, en prachtig diep ingesneden vingerblad, ze wordt niet zo hoog: 50 cm. (Halfhoge plant.)
*Roos 'Agnes' heeft als stamhouders *Rosa foetida persiana* en *Rosa rugosa* - het laatste is duidelijk te zien: een géle *rugosa*-roos! Sterk groeiend (tot 2 1/2 m), vroeg en welriekend bloeiend, maar niet zo sterk met herbloei. (Bij V.O.)
*Roos 'Canary Bird' stamt af van de niet geurende, maar beeldige *Rosa hugonis* en van *Rosa xanthanina*. Ze kreeg van deze ouders varenfijn blad, kanariegele, geurige wijd open bloemen en mahoniekleurige botteltjes: ideaal voor een haag van zo'n 2 m - zie tekening op bladzijde 11.
*Roos 'Golden Wings' - is heel beeldig: wijd open enkele zacht gele rozen met dik meeldradenhart en zachte geur. Ze wordt 180 cm en begint half juni te bloeien. Gaat daarmee door tot in de herfst! (Bij V.O.)
*Roos 'Graham Stuart Thomas' - een geurige lage (1 m), met boterbloemgele bloemen. Doorbloeier.
*Roos 'Maygold' wordt een enórme heuvel, de hoofdbloei valt in mei, zoals haar naam al zegt, de herbloei is zwak, maar het is een oersterke!
*Roos 'Penelope', een krachtige roos (180 cm) met een sterke geur, maar een zéér subtiele kleur: heel zacht abrikozig, naar wit verkleurend. Bloeit in juni/juli, maar herhaalt in de herfst.
*Roos 'Perle d'Or' is een heel oud (1883) liefje, met kleine champagnekleurige bloemen die naar het hart donkerder zijn. Ze houdt van een warm plekje, herhaalt de bloei en is ook op stam geënt te koop (bij V.O.) Hoogte ca 1 m.
Rosa hugonis (V), dat is een vroeg bloeiertje, niet geurend, maar ik heb al jaren iets moois met dit botergele geval met varenachtig fijn blad, en later mahoniebruine botteltjes. Wordt 2 x 2 m!
Scabiosa ochroleuca (VI, VII, VIII, IX, X) bloeit in het teerste geel een aanwinst! (Halfhoge plant.)
Sedum acre (VI, VII), muurpeper... niet alleen voor muurtjes - óók voor potten, zoals u op bladzijde 8 kunt zien! (Bodembedekker.)
Sedum aizoon (VI, VII) is een mooi hoog (40 cm) vetkruid, dat het ook in halfschaduw doet, net als muurpeper. (Lage plant.)
**Syringa pekinensis* (VI) is een zacht gele sering met enigszins hangende geurende bloei. Bij d.B.K. (Struik tot kleine boom.)
Thalictrum flavum ssp. *glaucum* en *Thalictrum speciosissimum* 'Majus' zijn (VI, VII) twee grootheden die onmisbaar zijn in de zacht gele tuin - tot 2 m hoog! Zaad van *Th. speciosissimum* bij T. & M. - mákkelijk te zaaien! (Hoge plant.)
Thermopsis lanceolata (VI, VII, VIII) is een heel leuke nieuwe, die veel op lupinen lijkt, maar steviger ter stengel is! Zaad bij K.B. kiemt heel makkelijk op warmte. (Halfhoge tot middelhoge plant.)
Trifolium pannonicum (VI, VII) is een heel leuke gele klaver - eigenlijk veevoeder, maar zo goed van tint, dat ze hier mag. Zaad bij Cruydt-Hoeck, Groningen. (Lage plant, bodembedekker.)
Verbascum (VI, VII, VIII, IX) - alle geel bloeiende toortsen kunnen in dit tuindeel of in 'vlammend' (zie afbeeldingen op de bladzijden 40 en 56.) Ze zijn alle makkelijk te zaaien, vast of tweejarig. (Zeer hoge tweejarige of vaste plant.)
Viola lutea (VI, VII, VIII) dit is maar één geeltje van de vele viooltjes die er zijn: zomerbloeiend, zowel als winterbloeiend. (Lage plant, zowel vast als eenjarig.)
Weigelia maximowiczii en *Weigelia middenorffiana* (V, VI) zijn twee geel/groenig bloeiende! Bladkleur ook mooi. (Struik.)

ZACHT GEEL

Links: Een gele border in Dedemsvaart, in de tuinen van Mien Ruys, demonstreert de schoonheid van verschillende 'grootheden' naast elkaar. De hoge en nu nog niet bloeiende pluimen van Helianthus salicifolius *(IX, X) zijn máánden mooi en vormen samen met de gigantische bruine venkel (*Foeniculum vulgare *'Bronze Giant') een statige achtergrond, die zelfs de haag aan het oog onttrekt. Daarvóór toortsen (*Verbascum*) en daglelies (*Hemerocallis*). In de voorgrond* Achillea *'Moonshine',* Reseda odorata, *de lage* Oenothera missouriensis *en om het fraaie geel gerande blad de* Hosta sieboldiana *'Francis Williams'. Midden: Gefotografeerd bij kwekerij Piet Oudolf, Hummelo, deze sterke* Clematis *'Bill Mackenzie', die na de elegante bloei ook nog vol met zilvergrijze zaadpluizen komt.*

Rechts: Tegen het theehuisje van mevrouw Hofker in Amsterdam een voorbeeld van de rijke én geurige bloei van de rankende roos 'Golden Showers', die in het half gevulde hart zo mooi de meeldraadtoef laat zien.

ZACHT GEEL

JULI/AUGUSTUS VII/VIII

Achillea taygetea (VII, VIII, IX) is een mooie zacht gele en *Achillea millefolium* 'Schwefelblüte' een nieuwe en wat grootbloemiger hybride, bij O.H. (Halfhoge plant.)
Alcea rosea (VII, VIII, IX) - vooral heel zacht geel is beeldig bij de enkelbloemige stokrozen! (Zeer hoog tweejarig of vast.)
Allium flavum (VII, VIII) is naar mijn smaak een wat eleganter sierui, dan de vroeger bloeiende (V, VI) *Allium moly*. (Laag bolgewas.)
Althaea ficifolia (VII, VIII, IX) is een mooie stokroos (bij O.H.) in geel met spitse kelkblaadjes (180 cm) en *Althaea rugosa* is een sterk vertakte vaste zacht zwavelgele die wat lager blijft, bij v.d.K.E. (Hoge plant.)
Anaphalis triplinervis 'Schwefellicht' (VII, VIII, IX) is een bijzonder dierbaar plantje met haar combinatie van zilver en zwavel. (Lage plant, op den duur goede bodembedekker.) Zie vooral ook hoofdstuk 'zilver'.
Anemone multifida (V, VI), een lieflijke bleekgele anemoon, die zo'n 35 cm wordt. Ik vond haar bij Piet Oudolf. (Lage plant.)
**Anethum graveolens* (VIII) - de eenjarige dille kan wónderen (van kantschermen) verrichten in dit tuindeel. (Eenjarig, middelhoog.)
Aster linosyris (VII, VIII, IX, X) is een leuke oeraster met de bloei uitsluitend in de vorm van buisbloemetjes, waardoor ze werken als kantknoopjes. (Halfhoge plant.)
Caesalpinea japonica (VII, VIII) maakt heel elegante bloempluimen tot 30 cm groot met fijne gele bloemetjes, waarin oranje meeldraden. De blaadjes lijken op acacia, maar dan in heel fris groen. (Struik tot kleine boom.)
Cephalaria gigantea (VII, VIII) lijkt qua bloei heel erg op *Scabiosa ochroleuca*, maar wordt véél hoger (180 cm). Echt iets om te hébben voor achterin de border. Bij O.H. (Hoge plant.)
**Cladanthus arabicus* (vroeger *Anthemis arabica* (VII, VIII, IX, X) is een eenjarige, die u absoluut moet zaaien: het varenfijne blad is pittig aromatisch en de goudgele margrietbloemen verspreiden een heerlijke geur. (Eenjarig, halfhoog - 60 cm.)
Codonopsis meleagris (VII, VIII) - een zacht gele beauty uit China, die het hier bést wil doen. B.D. heeft haar. (Halfhoge plant.)
Digitalis (VII, VIII, IX) er zijn er een bóel en ze zijn allemaal op hún manier mooi en begerenswaardig. *Digitalis gloxiniaeflora* 'Isabellina' (tweejarig) heeft inderdaad isabelkleurige grote bloemen, *Digitalis grandiflora* 'Temple Bells' maakt die wijd uitstaande belletjes in primulageel en is vast net als de volgende soorten: *Digitalis lutea* (90 cm, fris geel) en *Digitalis nervosa*, die u ook bij 'abrikoos' vindt. (Middelhoge planten.) Alle zijn heel makkelijk zelf te zaaien. Zaad bij K.B. en T. & M.
Dryas x *suendermannii* (VII, VIII) is in knop roomgeel en de knikkende, klokvormige bloemen openen tot wit met een geel centrum. Zaad net als bij *D. octopetala mooi grijs donzig. Zaad bij T. & M. Het is een koudkiemer, dus buiten zaaien. (Lage plant.)*
Ferula communis (VII, VIII) blijf ik proberen, al is ze niet echt winterhard, want áls deze 'reuzenvenkel' eenmaal haar gigantische bloemstengel ontwikkelt (tot 2,5 m!) wil je nooit meer zonder! Iets voor een solitaire plek tegen een zuidmuur! (Buitengewoon hoge plant.)
**Foeniculum vulgare* 'Bronze Giant' (VIII) bloeit wel laat, maar is vanaf het moment dat het ragfijne aromatische bruine blad begint op te komen een welkome contrastplant hier. Zie ook afbeelding op bladzijde 40, rechts achteraan. (Zeer hoge plant.)
**Helichrysum* x *serotinum* en de kruising *Helichrysum* x Schwefellicht' (bij O.H.) verspreiden zelfs zónder aanraken een heel sterke kerriegeur! Erg leuk als extra! (Lage plant.)
Hibiscus syriacus 'Lady Stanley' (VIII, IX) maakt de fraaie late bloei in roomkleur met abrikozen veegjes - héél mooi erbij. (Struik.)
Hibiscus tronium (VII, VIII, IX) is een eenjarige soort, die ook wel 'urenbloem' wordt genoemd, omdat zij haar héél mooie bloemen maar een halve dag open houdt. De kleur is zeer zacht geel, met in het hart purperzwart en daarin weer goudgele meeldraden: een dróóm met ook nog mooi zilverig blad. Zaad bij Cruydt-Hoeck. (Eenjarig, laag tot halfhoog.)
Holodiscus discolor (VII, VIII) bloeit met stáánde roomgele pluimen; *Holodiscus discolor* var. *discolor*, maakt prachtige hangende pluimbloemen. Voor zon of halfschaduw. (Flinke struik.)
Hydrangea quercifolia (VI, VII) is de meest romige van de hortensia's. Ze maakt schitterende herfstkleuren - zie bladzijde 140. (Struik.)
Incarvillea sinensis (VII, VIII) is iets heel anders dan die wat afgezaagde grootbloemige roze. Dít is een plant (60 cm) met mooie fijn verdeelde blaadjes en véle omlaag gerichte roomwitte bolle buisbloemen. Allerliefst! Bij O.H. (Halfhoge plant.)
Meconopsis regia (VII, VIII), als u er een goed humusrijk en beschut plekje voor hebt is deze flink uit de kluiten gewassen (150 cm) zéér zacht gele schijnpapaver een dróóm. Ze zijn héél moeilijk te zaaien (vind ik), dus ik zou maar planten kopen. Brilleman heeft ze. (Hoge plant.)
Inula magnifica (VII, VIII) is een heel decoratieve grootheid, met mooie helder gele straalbloemen en een donzige laag over de bloemkoppen! (Hoge plant.)
Kirengeshoma palmata (VIII, IX) is niet alleen door haar mooi gevormde en gezaagde blad en door de omlaag gerichte belbloemen de moeite waard: ze maakt ook nog mooie zaden en prefereert halfschaduw tot diepe schaduw! (Halfhoge tot middelhoge plant.)
Layia elegans (tegenwoordig *Layia platyglossa*) (VII, VIII) is een stevige eenjarige, met donzige stelen en blad. De margrietbloemen zijn geel met een wit randje langs de buitenkant. (Eenjarig, laag tot halfhoog.)
Ligularia przewalskii (VIII, IX) maakt helder gele lange (150 cm) bloemaren boven mooi groot blad en *Ligularia wilsoniana* is nog wat zachter van tint en ook iets hoger (160 cm). (Hoge planten, ook voor half schaduw.)
Lilium-Mid-Century-Hybriden 'Destiny' is citroengeel met bruine stippen (90 cm); de bloemen staan in een toef rechtop. Uit dezelfde reeks een lelie met zijwaarts gerichte bloemen, in iets warmer geel, ook met lichte stiptekening - ze heet 'Prosperity' (90 cm). Een mooie hoge hybride met teruggeslagen bloembladjes en op hoge stengel (140 cm) is 'Amber Gold'. Heel sterk bruin getijgerd is de stralend gele 'Sutters Gold' (120 cm). Tot helemaal in de bladpunten bruin gespikkeld is 'Buttercup' (150 cm) en een schitterend zacht getinte trompetlelie heet 'Moonlight' (160 cm). 'Golden Sunburst' heeft mooie wijd uitstaande leliebloemen, in goudkleur met iets donkerder getekende prominente papillen (150 cm). Daarbij kunt u voor geur terecht bij: **Lilium auratum* 'Meldridge Strain', die wit is met een zéér duidelijke gele streep over elk blad (150 cm).
Alle genoemde lelies vond ik in de catalogus van H.B. - bestel die en geniet...
Lupinus arboreus (VII, VIII) is niet wat je noemt winterhard, maar deze geel bloeiende struiklupine is het steeds weer (zelf) zaaien dík waard. (Struikje.)
Meconopsis superba (VII, VIII) - mocht u érg handig zijn met zaaien, bestel dan bij T. & M. zaad van deze soort. De bloeistengel is 90 cm en ze maakt roomwitte bloemen. (Middelhoge plant.)
Reseda lutea (VII, VIII) is het gele zusje van de geurende eenjarige. Zaad bij K.B. (Eenjarig, laag.)
Reseda luteola (VII, VIII) is een heel mooie gigant (180 cm) helaas ook niet geurend, maar bééldig voor achterin! (Hoge plant, tweejarig of vast.)
Silphium perfoliatum (VII, VIII, IX) - het wordt dringen achterin de gele border, want hier is nóg een grootheid, met mooi donker groen blad en in de top (2 tot 2,5 m!) een toef citroengele bloemen. (Zeer hoge plant.)
**Sophora japonica* (VIII) - de honingboom doet er lang over voordat ze gaat bloeien, maar dan is het ook een zacht geurige dróóm. Ook op stammetje als treurboompje ('Pendula' erachter) te koop, maar dan zelden bloeiend. (Boom.)
Tropaeolum (VII, VIII, IX, X) - heel veel lief zacht geel bij de Oostindische-kers! (Eenjarig, laag.)

AUGUSTUS/SEPTEMBER VIII/IX

Artemisia lactiflora (IX, X) is de enige alsem die niet om haar mooie zilveren blad wordt gekozen, maar om de roomgele pluimen die ze op een hoogte van 150 cm draagt. (Hoge plant.)
Chrysanthemum arcticum 'Schwefelglanz' (IX, X) is een laat laagje (40 cm) met zwavelgele bloemen. Het blad is fris glanzend. (Lage plant.)
Chrysanthemun indicum 'Golden Dream' (IX, X, XI, XII) vormt mooie bolle planten, overdekt met gele sterbloemen. Zaad bij T. & M. (Halfhoge plant.)
Cosmos sulphureus 'Lemon Twist' (VIII, IX, X) is lekker laat met haar citroengele half dubbele

JANUARI I
FEBRUARI II
MAART III
APRIL IV
MEI V
JUNI VI
JULI VII
AUGUSTUS VIII
SEPTEMBER IX
OKTOBER X
NOVEMBER XI
DECEMBER XII

bloemen! Zaad bij K.B., zéér makkelijk zelf te zaaien. (Eenjarig, halfhoog.)
Helianthus salicifolius (IX, X) is de zéér hoge helianth met slank wilgachtig blad, dat rondom de stengel zit, tot in de top toe. Pas heel laat komen de kleine gele zonnebloemen, die eigenlijk minder interessant zijn dan de groeiwijze. Zie de linkerachtergrond van de border op bladzijde 40. (Zeer hoge plant.)
Solidago 'Lemore' (VIII, IX) is een aardige soort met brede pluimen zacht gele bloemen (bij O.H.) (Halfhoge tot middelhoge plant - 80 cm.)
Spartium junceum, (zie 'vlammend').
Sternbergia lutea (IX, X) verrast in deze maanden met helder gele crocusbloemen en glanzende slanke blaadjes. (Laag bolgewasje.)

N.B. Denk niet dat ik een boel geel bloeiende zilverbladigen vergeet: die vindt u in hoofdstuk 'zilver' keurig in een 'zilveren' lijstje!

OKTOBER/NOVEMBER X/XI

Chrysanthemum x 'Goldmarianne' (X) bloeit zo laat ineens (bij O.H.) met helder gele enkele bloemen - léuk (Middelhoge plant.)
**Crocus ochroleucus* (XI, XII) is een geurend geeltje dat deze wintermaanden komt oplichten. (Laag bolgewasje.)
**Hamamelis virginiana* (X, XI) geeft een vaag geurtje en fris gele bloei, zo lekker laat in het jaar. (Struik.)

DECEMBER XII

Clematis napaulensis (XII, I, II, III, IV) is een wintergroene en winterbloeiende, met romige bloemen waarover een groene gloed... dat klinkt allemaal natuurlijk verrukkelijk, maar echt winterhard is ze niet. Gaan er rietmatten omheen, dan zie je van die winterbloei weinig: een probleemkind dus - ook voor in een kuip, lijkt me.
Narcissus 'Cedric Morris' (XII, I) - een om deze tijd bloeiende narcis is natuurlijk wel een beetje een probleem - in potten kweken lijkt me de beste oplossing, dan kunnen ze bij heel strenge vorst naar binnen. (Laag bolgewas.)

KLIMMERS

Aristolochia clematitis (V, VI) is een soort met geel getinte pijpbloemetjes. Ik vond haar bij B.D.
Blumenbachia insignis (VII, VIII) is een zéér nauwe verwante van *Caiophora lateritia*, eenjarig met beeldige roomkleurige bloemen. Zaad hiervan bij C.G. Ook van deze kruiper of ligger is blad zowel als stengels bedekt met brandhaartjes!
Caiophora lateritia (VII, VIII, IX, X) is een leuke klimmer, met wijd open bloemetjes, die roomkleurig blad hebben en een mooi oranje hart. Het fijn verdeelde blad is overdekt met brandharen en ze wordt dan ook wel Zuidamerikaanse brandnetel genoemd. U vindt haar nog onder de oude naam *Loasa lateritia*.
Campsis radicans 'Flava' (VII, VIII, IX) is de geelbloemige trompetklimmer - stel u de abrikooskleurige van bladzijde 53 in het geel voor!
Celastrus orbiculatus: zie 'vlammend'.
Clematis-Hybriden 'Yellow Queen' (VI, VII, VIII, IX) heeft een heel fraaie zacht gele tint. Ze is grootbloemig en enkel. De kleur blijft het mooiste in wat schaduw.
Clematis-Hybriden 'Duchess of Edinburgh' (VI, VII, VIII, IX) is een makkelijk op veel plekken toepasbare gevuldbloemige. De knoppen zijn heel lang dik en groen (ze staat dus ook in 'groen') en de bloemen bloeien open tot een romig wit, dat zowel hier past als in wit.
Clematis 'Bill Mackenzie' (VI, VII, VIII) is de mooie gele die staat afgebeeld op bladzijde 41 - de foto werd gemaakt op de kwekerij van Piet Oudolf, Hummelo.
Clematis tangutica (VI, VII, VIII) wordt in het Nederlands wel 'bosdruif' genoemd - bloeit wat kleinbloemiger dan 'Bill Mackenzie'.
Clematis orientalis (VIII, IX) maakt mooie bloemetjes met vier dikke citroenschil-achtige bloemblaadjes.
**Clematis rehderiana* (VII, VIII, IX, X) vindt u onder 'groen' maar met haar lichte groengele bloemkleur en geur kan ze ook goed hier. De winterhardheid is helaas niet honderd procent!
**Clematis serratifolia* (VIII, IX) moet u er bij zien te bemachtigen, want de geelgroene bloemen met duidelijke purperen meeldraden verspreiden een heerlijke citroengeur. *Eccremocarpus* 'Aureus' (VI, VII, VIII, IX, X) is een rap klimmertje met mooie losse trossen goudgele bloemen. Ze is eigenlijk eenjarig, maar komt soms terug en is ook spontaan met eigen uitzaai... derhalve ook makkelijk zelf te zaaien. Zaad bij T. & M.
Hedera-soorten met romige of gele tekening zijn hier ook heel mooi voor winterkleur.
Lathyrus odoratus 'Hunters Moon' is al langer bekend, de kleur is room met een vleugje primula, maar helaas het *odoratus* gaat niet op, díe is er omdat het moeilijk was geel in de *Lathyrus* te krijgen, uitgekruist.
**Lathyrus odoratus* 'Lillie Langtry' is een nieuwigheid van T. & M. De kleur is die van een vers pakje boter. De bloem is diep gegolfd en ze heeft ook nog een zachte geur. Eenjarig zijn deze *Lathyrus*-soorten en ze mogen nooit twee jaar op dezelfde plaats, maar met wat wisselteelt kunt u best elk jaar een plekje voor zo'n geurig extra bedenken.
**Lonicera* x *americana* (VI, VII, VIII) kan op een zuidmuur gigantische hoogten bereiken (tot 9 m), de zeer geurige bloemen openen wit, verkleuren dan naar zacht en vervolgens naar diep geel. De buitenkant van de bloemblaadjes heeft een purperen gloed.
**Lonicera henryi* (VI, VII) is de fijne absoluut wintergroene die razendsnel allerlei lelijks aan het oog onttrekt. De bloei is heel licht geel en licht geurig.
**Lonicera japonica* 'Halliana' (V, VI) is de vroegst bloeiende, de sterkst geurende en ook een bijzonder snelle groeier, die zelf spontaan afleggers

ZACHT GEEL

Uiterst links: In een flinke kuip kan de cactus met eetbare vruchten (Opuntia ficus-indica) *in de zomermaanden prima buiten staan... exotisch mooi! Midden: Veel Hollandser, maar zeker niet minder charmant is een wasketel vol gele tulpen geflankeerd door bereklauw-in-opkomst* (Heracleum mantegazzianum).

Links: Een van de meest dankbare kuip-struiken is Fremontodendron californicum *(bij S.W.) - dat blóeit maar door van het vroegste voorjaar (al vóór dat de kuip naar buiten kan) totdat de eerste nachtvorst laat weten dat het weer tijd is voor naar binnen halen! De bloemen zijn glanzend geel als boterbloemen, maar dan wel ácht centimeter in doorsnede. Onder: Op het dakterras van fotograaf Kees Hageman in Amsterdam bloeit jaar in jaar uit in april/mei deze zacht gele brem* (Cytisus x praecox), *dapper terzijde gestaan door de voorjaarswolfsmelk* (Euphorbia polychroma), *die een bestaan in potten absoluut niet bezwaarlijk vindt.*

ZACHT GEEL

maakt, wáár een takje de grond maar raakt. Maakt ook veel opschot. Ze is bovendien min of meer wintergroen. De bloei start wit, maar verkleurt naar zacht geel.
**Lonicera sempervirens* 'Sulphurea' (V, VI, VII, VIII) is heel mooi licht zwavelgeel en geurig, bovendien gedeeltelijk wintergroen, zoals het 'sempervirens' al zegt.
*Roos 'Alberic Barbier' geeft een zwakke geur van de roomwitte bloemen die uit gele knoppen open bloeien. De reden dat ik haar toch altijd graag gebruik is, dat ze op het noorden kan! Bloeit in juni, geeft zwakke nabloei en wordt zo'n 5 m.
*Roos 'Golden Showers' geurt goed, heeft mooie half gevulde bloemen en is niet voor niets heel bekend, zoals u op bladzijde 41 kunt zien. Het is bovendien een goede doorbloeier.
*Roos 'Goldfinch' is een alleliefst goudvinkje: de zeer sterk geurende bloemen openen goudgeel uit diep gele knoppen. Ze verkleuren vrij snel naar room, waardoor in de trossen al deze nuances tegelijk voorkomen. 'Goldfich' kan ook een wilde struikachtige toepassing krijgen - wordt dan zo'n 3 m. Ze bloeit eind juni en geeft nabloei.
*Roos 'Mermaid' is een absolute schoonheid, grote zacht gele enkele bloemen met een gouden meeldraadhart verschijnen de hele zomer tot diep in de herfst en ze heeft heel mooi diep glanzend blad. 'Mermaid' kan tegen half schaduw, maar houdt wel van beschutting.
*Roos 'Paul's Lemon Pillar' heb ik ook braaf tegen 'pillars' gezet, mede omdat Victoria Sackville-West dat óók deed en omdat de befaamde rozenwinner Paul dat doel in haar naam stopte. Het is een fantástische roos, ze is zeer rijk geurend en de koele citroenkleur werkt heel bijzonder. De hoofdbloei valt in juni.
**Rosa banksiae* 'Lutea' (IV, V, VI, VII) heeft alleen voor een heel fijne neus een herkenbaar geurtje (zou dus eigenlijk een heel klein sterretje moeten hebben), maar de vroege bloemetjes zijn echt geel en licht gevuld. Hebt u een goed beschutte plaats voor deze en volgende *banksiae*'s, dan zijn ze nog praktisch wintergroen ook (achter mijn rietmatten méér dan de stukken die er bovenuit steken) en kunnen ze tot 20 m hoog worden!
**Rosa banksiae* 'Lutescens' maakt bolle toefjes van schattige heel licht gele bloemetjes, die wel goed geuren.
*?*Wisteria floribunda* 'Peaches & Cream' is brandnieuw van Esveld in Boskoop. Ik heb er twee - ze hebben nog niet gebloeid, maar ik verheug me gewéldig op deze heel uitzonderlijke romige-perzik-regen! Hoop dat ze geurt.

BIJKLEUREND BLAD

Acer cappadocicum 'Aureum'; *Acer negundo* 'Auratum' (met wel héél fraai verdeeld geel blad en een blauw waas over het jonge schot!); *Acer pseudoplatanus* 'Worleei' en *Acer saccharinum* 'Lutescens' brengen echt geel blad. *Acer pseudoplatanus* 'Brilliantissimum' voegt daar rozige en abrikozen tinten aan toe: zie afbeelding op bladzijde 77. (Zie ook 'vlammend'.)
Alnus glutinosa 'Aurea', geeft heel fris geel klein blad en *Alnus incana* 'Aurea' voegt aan de bladkleur ook nog oranje katjes toe. (Zie ook 'vlammend'.)
Catalpa bignonioides 'Aurea' is wel de meest spectaculair grootbladige gele - de witte bloei is er mooi bij!
Cornus alba 'Aurea' is de bekende roodhoutige, nu met geel overgloeid blad - een fijne vulstruik.
Cornus mas 'Aurea' - de vroeg bloeiende, is er ook met geel blad.
Elaeagnus pungens 'Maculata' heeft niet mijn grote liefde, maar is wel de hele winter diep groen met helder geel!
Fagus sylvatica 'Aurea pendula' is een geelbladige treurbeuk voor de kleine tuin en *Fagus sylvatica* 'Luteovariegata' is geelbont voor wie meer terrein ter beschikking heeft.
Gleditsia triacanthos 'Sunburst' maakt in het voorjaar zonnige gouden scheuten en houdt het blad ook geelgroen daarna.
Humulus lupulus 'Aureus' is een heel mooie goudbladige hop, die beeldig is voor een 'huwelijk' met een vroeg bloeiende klimmer.
Ilex aguifolium heeft ook veel winter-geel/groen bij namen als 'Aurea Marginata', 'Crispa Aureopicta', 'Ferox Aurea', 'Flavescens', 'Golden Milkboy', 'Golden Queen' (overigens beide mannelijk en dus goed voor bestuiving) en 'Heterophylla Aureomarginata! (Vrouwelijk.)
Ilex creneta 'Golden Gem' is de kleinbladige met niet stekelig blad, die Japanse hulst wordt genoemd. Dit is een vorm met goudgeel blad en zwarte bes - een mooie combinatie.
Ligustrum ovalifolium 'Aureum ...' voor gouden hagen.
**Origanum vulgare* 'Aureum' en *Thymus citriodorus* zijn twee geeltjes uit de kruidentuin die het beeldig doen in de border.
Philadelphus coronarius 'Aureus' is een geelbladige jasmijn, die het heel fantastisch doet hier én in de geel/witte tuin.
Robinia pseudoacacia 'Frisia' is een absolute 'must' voor de geel-tuinier - luchtige wolken in een tint die tegelijk warm en fris is - van het vroege voorjaar tot diep in de herfst!
**Sambucus racemosa* 'Plumosa Aurea' vind ik de mooiste geelbladige vlier, maar ook *Sambucus nigra* en *Sambucus canadensis* zijn er in 'Aurea' uitvoering!
Ulmus x *hollandica* 'Wredei' is een prachtige goud-iep, die vooral in zijn jeugdjaren slank opgroeit. Ik plantte er twaalf als afscheiding van mijn 'gouden halfrond', met daarin een zéér grote aardbeipot met in elk etagetje (zelf gezaaide) *Clematis tangutica*, een tapijtje van *Alchemilla mollis* eronder. Twee roosjes 'Perle d'Or' op stam staan in de hoeken. De *Clematis*-ranken zullen op den duur over de grond kruipen en voor late bloei tussen het beeldige zilvergrijze vrouwenmantelblad moeten zorgen.

WATERPLANTEN

Vijvers vol room, met wat kanaries langs de kant...!

Nymphaea 'Marliacea Chromatella' en *Nymphaea* 'Moorei' zijn twee fris gele voor grotere vijvers (40 tot 100 cm water); *Nymphaea* 'Paul Harriot' is wat dieper van tint en kan in water van 30-80 cm. Een schattig kleintje voor een piep-vijvertje is *Nymphaea* 'Pygmaea Helvola' die kan toe met een laagje van 10 tot 20 cm! Ze moet wel binnen overwinteren.

Een leuke gele zuurstofplant (Zie ook bladzijde 19) is het blaasjeskruid (*Utricularia vulgaris*). Heel lief is de watergentiaan (*Nyphoides peltata*) en langs de kant van een kleine vijver is de dwergplomp *Nuphar* 'Minima' (al dan niet met 'Variegeta' voor bont blad erachter) een leuke toevoeging. Voor grotere vijvers zijn gele lissen (*Iris pseudacorus*) natuurlijk aangewezen en ook de moeraswederik (*Lysimachia thyrsiflora*) geeft een mooie opgaande lijn, naast de bredere van de dotter (*Caltha palustris*). Voor geel/wit zorgt de goudknots (*Orontium aquaticum*), maar ook de slangenwortel (*Calla palustris*), die een mooie gele knots in haar witte schutblad steekt. Buitengewoon mooi met krachtig blad en grote gele aronskelk-bloemen is *Lysichiton americanus*, die het nèt op de oever fijn vindt, geflankeerd door de robuuste *Gentiana lutea*, die ook wat vocht aan de voeten prefereert. Om het geheel wat te temperen met room kan de moerasspirea (Filipendula ulmaria) worden toegepast en ertussendoor kunnen de ijle bloemstengeltjes van de beenbreek (*Narthecium ossifragum*) zich een weg banen. (Is een vorstkiemer: zaad eerst buiten of in de diepvries drie weken doorvriezen.) Deze en meer waterplanten vindt u bij H.V., N.G. en E.S.

BALKON EN (DAK)TERRAS

**Chlidanthus fragrans* (VII, VIII) ziet eruit als een boterbloemgele *Crinum* en bloeit met drie tot vier geurende bloemen op stengels vn 30 tot 40 cm. Bollen onder andere bij H.B. (Droog en vorstvrij overwinteren.)

**Cytisus battandieri* (V, VI) is een geurende bremsoort die er helemaal niet bremmerig uitziet: boven zilveren vingerblad maakt ze staande diep gele trosjes. Op Sissinghurst Castle bloeien ze (o.a.) in overvloedig geurende wolken in de volle grond, hier moeten ze in een kuip. Ik vond de mijne bij Mieke van Kempen.

**Datura arborea* 'Flava' is de overblijvende geurende met hangende klokken. Deze wordt naar mijn idee onder de foute naam *Datura metel* 'Golden Queen' door T. & M. aangeboden. (De *metel* is eenjarig en bloeit met staande bloemen, maar goed T. & M. belooft daarbij de geurende struikvorm, dus wat doet het er dan toe?) Een zakje van de gemengde *Datura metel* 'T. & M. Angel Trumpets' bestellen is ook niet gek, want daaruit groeien allerlei prachtige kleuren (wit, lila, purper, zacht geel en romig) mooie staande grote klokbloemen, zowel enkele als gevuldbloemige, met véle gefronste rokken in de klok!

Eucnide bartonioides 'Golden Tassel' maakt mooi wollig *Pelargonium*-achtig blad en kleine gele bloemen, waaruit een toef gouden meeldraden ontspringt, die driemaal zo hoog is als het bloemetje - héél mooi. Zaad kiemt in 3 tot 4 weken bij 18-21 graden C. Zaad bij T. & M.

Fremontodendron californicum (II, III, IV, V, VI, VII, VIII, IX, X) blóeit maar door op mijn terras en ook binnen, waar ze overwintert. U ziet een close-up van de gróte boterbloemglanzende bloei op bladzijde 45. Schiphorst in Wageningen heeft ze.

Helichrysum petiolatum 'Lime Light' is de bladplant met zéér opvallend zilver/citroen getint enigzins wollig blad, die later in het jaar ook nog crème bloemtoefjes maakt. Ik kocht haar als 'wierrookplantje'... omdat ze werd gebruikt voor de versieringen bij het bezoek van de Paus en men er kennelijk de naam niet van wist! Zie bladzijde 8 en 109.

**Helicodiceros muscivorus* (III, IV) is absoluut de moeite van het zoeken waard. In het najaar maakt ze blad en vroeg in de lente aronskelkbloemen (heette vroeger ook *Arum creticum*), met een zoete muscusgeur (zoals haar nieuwe naam duidelijk maakt). Meer iets voor de wintertuin dan het terras met die vroege bloei, maar ik noem haar voor de géúr! *Helychrisum angustifolium* is de kerrieplant, die een zéér sterke kerriegeur verspreidt, maar ook absoluut in potten gekweekt moet worden om koel maar vorstvrij te overwinteren.

Mentzelia lindleyi (VII, VIII) ziet eruit als een 'prik-papaver' (familie der *Loasacea*) met mooie gouden papaverbloemen tussen zilverig prikkelblad.

Mentzelia laevicaulis is veel groter en maakt aan witte stengels zuiver gele glanzende bloemen van zo'n 10 cm doorsnede! Zaai ze in perspotjes omdat ze niet van verplanten houden! Zaad bij T. & M.

Nicotiana glauca (VIII, IX, X) is vást, mits u haar in potten kweekt en 's winters vorstvrij laat overwinteren! Dát is een schoonheid: boven zeer blauwgroen (vandaar het *glauca*!) blad verheft ze stengels (op den duur van een meter en méér) met buisbloemetjes (lijken iets op langgerekte *Nicotiana langsdorffii*-bloemen) die groengeel beginnen en naar goudgeel open bloeien.

**Primula* x *kewensis* (II, III, IV) is een niet winterharde, maar wel heerlijk geurende primula, die zich ook nog verrassend makkelijk (op warmte!) laat zaaien. Zaad bij K.B. en T. & M.

Sedum acre - muurpeper is bééldig om in potten te kweken: ze gaat elegant over de rand hangen. Zie afbeelding op bladzijde 8, waar ik de vaas een paar maanden eerder pas had aangeplant.

TOP-TIEN

(naar mijn smaak)

Fritillaria raddeana - om niet wéér de ándere keizerskroon te kiezen!

**Tulipa sylvestris* - schattig die kleine geurende tulpjes - en je hoeft ze niet op te nemen.

**Narcissus* - álle genoemde, want die geuren allemaal!

Paeonia mlokosewitschii - wat is die schitterend met de mooie bolle harten!

Asphodeline lutea - was een van mijn oude zaaisuccessen... oude liefde roest niet!

Cornus nutallii 'Gold Spot' - dat metalige blauw in het hart en dan (bij uitzondering!) het mooie roombonte blad - práchtig.

Phlomis fruticosa - alwéér een vroeg zaaisucces, maar daarom niet alléén: het wollige zilveren blad is bijna het hele jaar mooi, en de bloemstengels met kransen zijn fraai, zowel in bloei- als in zaad-stadium.

**Magnolia hypoleuca* - om de onovertroffen geur (van rijpe ananas) en het schitterende grote blad.

Digitalis - wéér alle, want ik hóud van planten die zich eigener (zaai)beweging door de tuin begeven - en dat dóen ze!

Thalictrum/(Meconopsis) - ik zóu voor *Meconopsis* hebben gekozen... maar die houden niet van mij en mijn grondje en óók niet van mijn zaaien, dus wordt het *Thalictrum flavum* ssp. *glaucum* met prachtige donzig gele toefen boven wólken fijn blauwgroen.

GEEL/WIT

Geel en wit vormen een ideale kleurencombinatie voor ieder die alléén wit te 'koel' en louter geel wat ál te zonnig vindt. In dit borderdeel van Ankie Dekker in Veere spelen vrouwenmantel (Alchemilla mollis), *witte valeriaan* (Centranthus ruber *'Albus'*), *Achillea-soorten en daglelies* (Hemerocallis) *een belangrijke rol tussen zilverbladigen (zie pagina 134/135) die geel en wit bloeien. Witte rankende rozen en geurige kamperfoelie* (Lonicera) *vormen een rijke achtergrond. Rechts: In de grote waterpartijen van de heer en mevrouw Voorwijk in Heerde, dit wonderschone exemplaar van de goudknots* (Orontium aquaticum). *In mei en juni verschijnen de bloeikolven die geel en wit in zich verenen!*

ABRIKOOS

Abrikoos - een afsplitsing van geel en oranje, die zich vooral met zachte tintjes geel heel fantastisch laat combineren. De afgebeelde close-ups van de roos 'Apricot Nectar', de 'Peach' Oostindische-kers, de *Lilium hansonii*, en de kiwi (*Actinidia chinensis*) zijn alle uit mijn eigen gele tuin - de zeer fraaie *Campsis* (helaas) niet, de mijne is nog láng niet zo ver en heeft ook een flinke klap gehad in de winter 84-85.
Het frisse abrikoos is een kleur die zich verder uitstekend met groen bloeiende gewassen laat combineren - een groepje geurige lelies tussen de imposante *Euphorbia characias* ssp. *wulfenii* is indrukwekkend; *Tellima grandiflora* (zie bladzijde 101) met al een zweempje rossig op de bloemkelkjes is beeldig bij *Papaver spicatum*, om maar iets te noemen en *Digitalis nervosa* is heel elegant boven geelgroene *Euphorbia peplus* of het blauwgroen van *Euphorbia myrsinites*, die dan al in de bolle zaden zit, of bij de onvolprezen vrouwenmantel (*Alchemilla mollis*) die zich met zovéél laat combineren.
Heel subtiel is abrikoos bij het grijzig van bijvoorbeeld knikkende vogelmelk (*Ornithogalum nutans* - zie afbeelding op bladzijde 125) of in de nazomer bij de halmen van *Pennisetum alupecuroides*.
Abrikoos is mooi bij alle kleuren zilver die op bladzijde 134 tot en met 137 staan, behalve bij de roze bloeiende soorten.
Abrikoos en blauw tenslotte kunnen heel fris en luchtig zijn als u van beide kleuren zachte tinten kiest - laat bijvoorbeeld een *Wisteria floribunda* (V, VI) door een kiwi (VI) haar gang gaan en zie hoe de lilablauwe trossen bééldig zijn bij de zachte champagnekleur van de *Actinidia chinensis*. Ook een steviger combinatie van beide is mogelijk: kobaltblauwe riddersporen als achtergrond voor abrikoos getinte goudsbloemen zie ik bijvoorbeeld bést zitten!

JANUARI/FEBRUARI I/II

*_Chimonanthus praecox_ (I, II, III), een kruidig geurende winterschone, waarvan de gefranjerde kelkjes diep geel zijn en het hart is gevuld met roestig bruin. Omdat er in de zomer weinig abrikozig bloeiende struiken zijn, mag zo'n extra bést. Misschien een idee om er een *Clematis viorna* voor zomerbloei doorheen te laten groeien? (Struik.)
Eranthis hyemalis (I, II). de winteraconiet en *Adonis amurensis* zijn natuurlijk beide niet echt abrikoos, maar geel, edoch zó vroeg hoeft een mens niet streng te zijn! (Lage bolgewasjes.)
*?_Hamamelis_ x _intermedia_ 'Jelena' (I, II, III) staat ook bij de 'vlammende kleuren', maar als er zo vroeg in het jaar nog maar weinig abrikoos te beleven is, mag dat best! (Struik.)

FEBRUARI/MAART II/III

Crocus ancyrensis (II, III), in mooi abrikozig geel en wat later *Crocus balansae* (III), en verschillende *Crocus chrysanthus*-soorten. (Lage bolgewasjes.)
*_Mahonia bealei_ (II, III, IV, V) bloeit geurig en het langst van alle mahonie-struiken. Mag bést bij abrikoos. (Struik.)

MAART/APRIL III/IV

Fritillaria eduardii (IV, V) lijkt wel wat op de keizerskroon, maar heeft wijder open klokken op iets lagere steel. (Halfhoog bolgwas.)
Narcis...(III, IV) er zijn er natuurlijk ontelbaar veel met een abrikozig oranje trompet!
Primula eliator ssp. *pallassii* (IV, V) is zo diep geel dat het best voor abrikoos kan doorgaan. (Lage plant.)
Prunus armeniaca (IV)... natuurlijk gaat er een echte abrikozenboom in dit tuindeel, niet om de spierwitte bloei in april, al is die beeldig tegen het bruine hout, maar om de sáppige vruchten (zó van de boom zijn ze dat) daarna! (Boom.)
Tulipa kolpakowskiana (IV) is een lief botanisch tulpje, van binnen diep geel en op de buitenkant van het bloemblad een oranjerode veeg. (Laag bolgewas.)
Tulipa orphanidea (IV) heeft stevige bloemblaadjes in een koperig abrikoos. (Laag bolgewas).
Tulp 'Apricot Beauty' (IV) is natuurlijk dé aangewezen tulp, als u de moeite wilt nemen de bollen droog te laten overzomeren. (Halfhoog bolgewas.)
Tulp 'Artist' (IV) is een abrikozige uit de viridiflora-groep, die ook moet worden opgenomen. (Halfhoog bolgewas.)

MEI/JUNI V/VI

Belamcanda chinensis (VI, VII) is een heel bizondere schoonheid met abrikozige, gestippelde bolle bloemen. B.D. heeft haar. (Middelhoge plant.)
Calendula (VI, VII, VIII, IX, X), bij de op kleur geselecteerde goudsbloemen zijn beeldige abrikoostinten, zoals 'Apricot Beauty', met een mooi donker hart. (Eenjarig, halfhoog, zaait zich goed.)
Collomia grandiflora (VI, VII, VIII) is een nieuwe eenjarige in de catalogus van T. & M. 1986, met bolle bloemhoofden vol buisbloemetjes in het teerste abrikoos dat denkbaar is. (Middelhoge eenjarige.)
Colutea arborescens (VI, VII, VIII) is eigenlijk een 'vulstruik', iets makkelijks met vriendelijke trosjes roestig abrikoos getinte vlinderbloemetjes en dikke opgeblazen peulen daarna. (Struik.)
Crepis aurea (VI, VII) brengt een toetsje van roestig in de abrikozen tuin, een makkelijke bodembedekker. (Lage plant.)
Delphinium semibarbatum (VI, VII) is de nieuwe naam voor *Delphinium zalil* - ik zet haar hier, omdat ze in de veelheid van geel niet zou opvallen! (Middelhoge plant.)
Dipelta ventricosa (VI, VII) is niet zo hééI bekend, waarschijnlijk omdat ze niet voor de volle honderd procent winterhard is, maar het grote blad en de dikke opgeblazen roze bloemknoppen, die zich openen tot van binnen abrikoos getinte bloemen (lijken wat op springbalsemienen qua vorm), maken haar alleszins de moeite waard. (Bij Z.B.) (Struik.)
Hemerocallis-Hybriden (V, VI, VII, VIII), daglelies in de meest opwindende kleuren zijn te bestellen bij H.B. en J.D. Ik noem er een paar die hier passen: 'Park East', met licht gekroesde bloembladen in heel zacht perzik; 'Butterscotch Ripple' in een gouden honingtint; en 'Knockout' in perzik met een abrikozen hart. (Halfhoge plant, lekker vroeg met het frisse groene blad boven de grond.)
Iris-Germanica-Hybriden (V, VI, VIII), bij de baardirissen zijn wonderlijk mooie abrikoostinten, zoals de 'Elysian Fields' in hééI zachte abrikooskleurtjes; de wat fellere 'Apricot Blaze' en de heel spannende 'Chinese Coral', in heel zachte abrikoostinten met een fel oranje baard! (Middelhoge plant.)
Kniphofia-Hybriden 'Alcazar' (VI, VII, VIII) is een absoluut abrikozen vuurpijl. (Middelhoge plant.)
*_Lilium hansonii_ (VI), zie afbeelding op bladzijde 52, heeft een heel bijzondere geur, als van vers gemaaid gras, met een flinke scheut oranjebloesem erdoor! (Bij v.T.) (Middelhoog bolgewas.)
Paeonia-Hybriden 'Souvenir de Maxime Cornu' (V, VI) is een hybride van *Paeonia lutea*, met een prachtige abrikoostint over de half gevulde bloem.
Papaver spicatum (VI, VII) is een fraaie soort, met flapperige bloemen in een prachtige genuanceerd abrikoos. Zaad bij T. & M. (Middelhoge plant.)
Potentilla x *tonguei* (VI, VII, VIII), een kruipertje met zacht gele bloemetjes waarin een oranje hart - het geheel doet hééI abrikozig aan (Bodembedekker.)
Primula-Bullessiana-Hybriden (VI, VII) zijn er in tal van kleuren, waaronder zuiver abrikoos - *Primula bulleyana* (een van de ouders) is altijd abrikoos. (Halfhoge plant voor vochtige plek.)
Primula chungensis (V, VI) is een heel zachtgetinte etageprimula met hangende klokjesbloemen. Zaad bij T. & M., planten bij B.D. (Halfhoge plant.)
*Roos 'Apricot nectar' staat afgebeeld op bladzijde 53, zoals u ziet een schoonheid, en nog verrukkelijk geurend ook! Doorbloeier, bij V.O. (Hoogte ca 70 cm.)
*Roos 'Buff Beauty' heeft een heel merkwaardige tint, die je zou kunnen omschrijven als abrikozenhoning. Ze kan hier, maar ook bij beige, en het is ruimschoots genieten bij deze rozenkleur, want

ook dit is een geurende doorbloeier, die hoog en welvend wordt op den duur, wel tot 2 m. (Bij V.O.)
*Roos 'Mrs. Oakley Fischer' is een heel bijzondere, enkele roos met mooi meeldradenhart in een goudkleurig abrikoos en met de knoppen feller oranje getint. Ze bloeit ook weer fijn door en geurt, het blad heeft mooie mahonietinten als het jong is, net als de twijgen. Bij V.O. (Kan 1,5 m hoog worden.)
*Roos 'Charles Austin', een prachtige abrikozige roos met een heel speciale geur, die ze van een van haar ouders ('Chaucer', zie roze/pastel) erfde. (Bij V.O.) (Doorbloeier tot 1,5 m hoog).
*Roos 'Just Joey' maakt mooie grote, geurige bloemen, die alle tinten van abrikozen en perziken in zich verenen. Bij d.W.B. (Hoogte ca 80 cm.)

JULI/AUGUSTUS VII/VIII

Alcea Rosea (VII, VIII, IX) zijn er in tal van abrikoostinten. Vooral bij de enkele stokrozen zijn prachtige pastellen. (Zeer hoge plant.)
Berberis wilsoniae 'Orangeade' bloeit weliswaar gelig in juni, maar zit nú vol met pieperige 'abrikoosjes'! (Struik.)'
Dahlia's (VIII, IX, X) - daarbij zijn tal van abrikoostinten... voor de liefhebber. (Laag, middelhoog en hoog knolgewas.)
Digitalis nervosa(VII, VIII) is een heel elegante, met zacht gele of abrikozig getinte, slanke klokjes. Zaad bij T. & M. Zaait zich in mijn klei ook prima uit. (Middelhoge plant.)
Dimorphoteca sinuata (VII, VIII), de eenjarige satijnbloem is wel erg lief van kleur hier. (Laag, eenjarig).
Lonicera involucrata (VII, VIII), een struikvormige kamperfoelie met aardige abrikoos buisbloemetjes, helaas niet geurend zoals haar klimmende zusters, maar wel voor een schaduwplek. (Struik.)
**Lilium* x *testaceum* (VII, VIII), een geurende kruising, óók in zachte abrikoostinten, al was de eerste kruising tussen *Lilium candidum* en *Lilium chalcedonicum* van een romig wit, wat bij dergelijke ouders verwacht mag worden. Bloeit fijn ná de eerder genoemde *hansonii*! (Middelhoog bolgewas.)
Lilium 'Bright Star' (VII) is een schattige hybride in spierwit met een wijd uitlopend abrikozig hart! (Middelhoog bolgewas.)
**Mentezelia lindleyi* (VII, VIII) is een eenjarige met geurende boterbloem-glanzende abrikooskleurige bloemen (6 cm diameter!) met een pluizig meeldraden-hart, in iets diepere toon. Zaad bij T. & M. (Halfhoog, eenjarig.)
Tropaeolum (VII, VIII, IX), er zijn bij de Oostindische-kers tal van subtiele abrikoostintjes te vinden, zoals 'Salmon Gleam' met geaderde bloemen, 'Salmon Baby', extra laag met donker blad en 'Peach Melba', die romig geel is met oranje vlekken. (Eenjarig, laag.)
Tropaeolum tuberosum (VII, VIII, IX, X) wordt door ons ook wel knolklimmer genoemd, omdat ze bóven de grond liggende nieuwe knollen vormt. De sierlijke slanke bloemen zijn abrikoos en geel. (Niet geheel winterhard, over de grond rankend knolgewas.)
Viola cornuta 'Chantreyland' is een oersterk overblijvertje dat absoluut abrikoos is. Zaad bij T. & M. (Lage plant.)

SEPTEMBER/OKTOBER/ NOVEMBER/ DECEMBER IX/X/XI/XII

Géén verse bloei of leuke kleine bolletjes in deze maanden in abrikoos. Kies daarom wat extra's bij de bessen (bladzijde 142/143) of neem een 'spannende bast' van bladzijde 126/127 onder het kopje 'Abrikoos' vindt u er vier!

KLIMMERS

**Actinidia chinensis* (V, VI) is de kiwi-klimmer die bladzijde 52 met haar tere bloesem siert. Bij goed warm weer kan ze lichtjes geuren, zoals meer *Actinidia*-soorten. In de nazomer maakt ze fraaie én lekkere, mooi behaarde vruchten.
Campsis x *tagliabuana* 'Madame Galen' (VII, VIII, IX) heet de abrikozige trompetklimmer die staat afgebeeld op bladzijde 53.
Celastrus orbiculatus (VI) is de boomwurger die u hier niet plant om de geelgroene bloei in juni, maar om de abrikoosgele vruchten in de nazomer.
Clematis viorna (VII) is een niet zo wilde groeier, met dikke vlezige bloemen, als omgekeerde abrikozig roestige urntjes.
**Lonicera* x *brownii* 'Punicea' (V, VI, VII, VIII) is een niet zo snel groeiende klimmer, met een schotelvormig blad waaruit de abrikoosoranje buisbloemetjes-toef komt bloeien. (Klimmer voor flinke schaduw.)
**Lonicera* x *heckrotii* (VI, VII, VIII, IX) vereent abrikozen en zalmen in zich en kan uitstekend samengaan met 'Madame Galen'. (Klimmer voor schaduw.)
Rozen ránkend zijn er ook voor dit kleurschema: ik zou kiezen voor de heel zacht getinte en dik gevulde *'Gloire de Dyon', die is naar het hart warm abrikoos getint (zou ook bij beige en bij geel/roze kunnen!). Ze bloeit van juni tot in de herfst. (Bij V.O.) *'Albertine' is een ranker die u ook over de grond haar gang kunt laten gaan - ze bedekt dan enorme oppervlakken en bloeit in juni/juli in een geurig koperig abrikoosroze.

WATERPLANTEN

Myriophyllum, met haar roestig oranje aartjes vindt u bij de zuurstofplanten op bladzijde 19.
Nymphaea-Hybriden 'Aurora' (VI, VII, VIII) is een koperkleurig liefje voor een waterdiepte van 20 tot 50 cm; 'Sioux' is voor dezelfde waterdiepte en wat meer roze van tint en 'Indiana' is een waterlelie voor 30 tot 60 cm water, die meer naar gelig abrikoos neigt.

BALKON EN (DAK)TERRAS

Canna 'Goldfinger' (VI, VII, VIII, IX, X) wordt ca 100 cm hoog, heeft zacht gele aders op het groene blad en is diep abrikoos van tint. Ik vond knollen in de catalogus van H.B.
Datura sanguinea bloeit in warmer landen van januari tot maart, maar in een kuip ontwikkelt ze haar diep abrikoos-oranje kelken in de zomer. Verwacht hier niet de heerlijke geur van *Datura suaveolens*, maar neem haar voor de indrukwekkende kleur en plaats haar in een hoge ton, zodat u ook van onderen in de kelken kunt kijken. (Zaad bij T. & M., planten soms bij bloemenwinkels of tuincentra.)
Gloriosa superba (VI, VII, VIII) heeft een uitzonderlijk mooie bloeiwijze, opent geelgroen en bloeit open tot zuiver zacht brikoos. Knollen bij H.B.
**Hedychium garderianum* (VII, VIII, IX) is een heel fraaie kuip-knol (bij H.B.), die op den duur wel tot 2 m hoog kan worden en flinke bloemtoortsen brengt met geurige zacht gele bloemen, waarin prominente abrikozen meeldraden.

BIJKLEUREND BLAD

Abrikoos getint blad is natuurlijk héél ver te zoeken. Toch is er een aantal *Acer*-tjes dat heel aarig in de richting komt.
Acer palmatum... rijen variëteiten zijn daarvan te koop. Wilt u ze eens in het blád bekijken, voordat u een keus maakt, ga dan naar kweker Esveld in Boskoop (die is *Acer*-gek!) of naar Schiphorst in Wageningen. Eén heel waanzinnig kleurtje wil ik u hier noemen:*Acer palmatum* 'Nicholsonii', die is zó fel rozig abrikoos bij het uitkomen, dat het bijna teveél is, maar de hele zomer is het blad een prima extra in de abrikozen-hoek.
Acer palmatum 'Roseomarginatum' heeft een koraalkleurige tekening op het blad - als de zon erdoor kan schijnen komt die beter beter tot zijn recht!
Acer pseudoplatanus 'Brilliantissimum' heeft vooral in het voorjaar allerlei tintjes van garnalen, abrikozen en zalmen, gemengd met geel en overgaand in geel - ideáál! (Zie afbeelding op bladzijde 77.) *Acer pseudoplatanus* 'Prinz Handjéry' is wat gedempter van kleur, meer bronzig en koper, maar móói bij abrikoos.
Verder kunt u hier wat geel van de gele pagina's kiezen - de zachtere kleuren, die het abrikoos niet doodslaan.
Voor lage bladkleur kunnen dienen: *Epimedium* x *versicolor* 'Sulphureum', met zacht gele bloemen boven bronzig blad.
Saxifraga fortunei 'Wada's Variety' paart witte, dus niet detonerende, bloei op rode steeltjes aan heel mooi diep brons getint blad. Voor een vochtige plek in half schaduw.
Tellima grandiflora 'Purpurea' heeft zulke leuke kleurtjes in het blad, dat ze beslist niet te zwaar zijn voor hier!

ABRIKOOS

Links: Een abrikooskleurige lelie met een heel bijzondere geur: het lijkt een mengeling van oranjebloesem en (véél) vers gemaaid gras. Het blad staat in kransen rondom de steel, met een tussenruimte van zo'n 12 centimeter: sierlijker dan de vol gebladerde stengels van veel andere leliesoorten. De naam is Lilium hansonii *en de bollen moeten in de halfschaduw, ik kreeg ze van Van Tubergen. Onder: Oostindische-kers (*Tropaeolum*) is er in tal van lieve perzik- en abrikooskleurtjes en bloeit tot de vorst er een eind aan maakt! Rechts: In mei/juni zijn de ranken van de kiwi (*Actinidia chinensis*) overláden met champagnekleurige en licht geurige bloesem, waarin een fraaie dikke meeldraadtoef. Als u mannelijke (iets fletser bloeiend) en vrouwelijke planten samen zet kunt u in het najaar de eetbare kiwi's verwachten!*

Boven: De roos 'Apricot Nectar' voldoet in alle opzichten aan haar naam - ze is abrikoos van kleur en geeft een sterke geur... nectar voor de bijen! Het is bovendien een doorbloeier eerste klas. (Bij V.O.). Onder: Campsis x tagliabuana *'Madame Galen' is een kruising tussen* Campsis grandiflora *en* Campsis radicans*: het resultaat een zalmkleurige trompetklimmer, die bij mij zelfs de strenge winter van 84/85 met nieuw opschot overleefde!*

VLAMMENDE KLEUREN

De kleuren van de vlammetjes die spelen in uw haardvuur zijn warm geel en oranje met wat licht geel aan de toppen... die zijn ook feestelijk in uw tuin!
Soms lekt er ineens een tongetje fel blauw doorheen en dan denk je 'Hé, wat mooi'...en hoewel ik voor mijzelf in de tuin die kleuren niet meng, is toch de combinatie van 'vlammend' en blauw er een van vrolijke warmheid. De vriendelijke *Scabiosa* schuwt het gezelschap van vuurpijlen (*Kniphofia*) niet en blauwe vergeetmijnietjes murmelen een vriendelijk deuntje aan de voet van knal-oranje tulpen. Het rustige blauw tempert dat opgewonden vlammenspel.
Vlammende kleuren doen het ook uitstekend in gezelschap van groen bloeiende planten, mits niet té rijkelijk toegevoegd. Hier en daar een toets van vlammen tussen het groen kan heel mooi werken - zo gaat dan *Euphorbia griffithii* richting haar groen bloeiende familieleden...
Een combinatie van zeer grote schoonheid ontstaat als u véél zilver en blauwgroen mengt met toetsen warm oranje - denk maar eens aan het berookte zilver van een duindoorn (*Hippophae*) met daartussen de dikke snoeren oranje bessen. Uiteraard kiest u bij het zilver dan de geel bloeiende soorten, eventueel die met witte bloemen, misschien een enkeling met blauwe bloei, maar nóóit die met lilaroze bloemen!
Een heel bijzondere combinatie van warm geel, groenig geel en heel zacht roze vindt u uitgebreid geïllustreerd op de bladzijden 92, 93, 96 en 97.
Het leuke van de vlammende kleuren is, dat ze vooral in het voorjaar niet alleen het oog verwennen, maar ook de neus, want er zijn heel wat lente-geurende bij!

JANUARI/FEBRUARI I/II

**Chimonanthus praecox* (I, II, III) met haar kruidige geur past hier minstens zo goed als in het voorgaande abrikoos! (Struik.)
Eranthis hyemalis (I, II) en *Adonis amurensis* zijn de eerste lage 'vlammetjes' - soms vaak al tussen sneeuw! (Laag bolgewasje.)
*? *Hamamelis* x *intermedia* 'Jelena' (I, II, III) staat afgebeeld op bladzijde 57, maar 'Diane' (in roestig rood) en 'Magic Fire' of 'Feuerzauber' zijn uiteraard ook geschikt. Sommige van deze kruisprodukten verspreiden een vage geur, maar dat is lang niet altijd zeker... vandaar het vraagteken achter het geur-sterretje! (Struik.)

FEBRUARI/MAART II/III

Alnus incana 'Aurea' (II,III) hangt in deze maanden haar lange oranje/roestig getinte katjes aan de takken. Later krijgt ze goudgeel blad. (Struik of kleine boom.)
Cornus mas (II, III, IV) bloeit vroeg op het kale hout, groeit makkelijk en overal en brengt onder gunstige omstandigheden later ook nog eetbare rode vruchten. (Flinke struik.)
Crocus susianus (II) is uiterst 'vlammend' van tint, maar ook de onder abrikoos genoemde *Crocus ancyrensis* (II, III) en *Crocus balansae* (III) mogen hier 'meespelen'. (Laag bolgewasje.)
Daphne jezoensis (II, III) is niet zo makkelijk te bemachtigen, maar het is wel een bijzondere soort, die in de zomer haar blad verliest, doch 's winters mooi is met blad én boterbloem-gele sterbloemen. (Zeer lage, bijna bodembedekkende struik.)
Jasminum nudiflorum (II, III, IV) hoort die hier, of bij de klimmers? Vróég is deze klimstruik zéker.
**Mahonia bealei* (II, III, IV, V) bloeit lekker lang, brengt een zacht geurtje, zoals de meeste *Mahonia*'s en heeft een heel mooie habitus. (Struik.)
Sycopsis sinensis (II, III) is een wintergroen zusje van de *Hamamelis*, dat u op een beschut plekje, uit de felle middagzon, kunt proberen. De bloei is heel lief, dikke omlaag gerichte toefjes geel/rode meeldraden worden omhuld door chocoladebruine donzige schutbladen. (Wintergroene struik.)

MAART/APRIL III/IV

**Erysium* x *allionii* is de nieuwe naam voor *Cheiranthus* x *allionii* (IV, V); de zoet geurende muurbloem-soort die er in geel en oranje is! (Lage plant.)
Forsythia (IV, V)... ik heb niet iets echt moois met de *Forsythia*, vooral niet als ze voor boeketgebruik in van die kaarsrechte, lange staken wordt aangeboden. Een kronkelige tak van eigen struik, dat gáát. Vroeg en warm geel is ze wél! (Struik.)
Frittillaria imperialis (IV, V) - keizerlijk vuur voor dit tuindeel! Hebt u in de gele tuin de vorm 'Lutea' al, kies dan hier voor 'Aurora' in diep oranje of voor 'Rubra Maxima' met bijna briquekleurige bloemen. (Middelhoog bolgewas, waarvan de bollen een geur verspreiden, die wel héél sterk doet denken aan kater-'sprietsjes'! Mollen en woelratten vinden die lucht óók niet lekker!)
**Narcissus* (III, IV) - ik ga het u moeilijk maken met de narcissen - óók bij de vlammende kleuren, want ook hier kunt u kiezen voor geur! De volgende soorten geven die alle. *Narcissus poeticus* 'Plenus' maakt bijna bolle bloemen, zo gevuld zijn ze. De kleur is wit met oranje basis. *Narcissus jonquilla* 'Lintie' heeft oranje gezoomde gele bloemetjes. *Narcissus* x *odorus* 'Orange Queen' is vlammend oranjegeel, Poetaz-narcis 'Geranium' is heel bekend met haar toefen wit/oranje bloemen en *Narcissus polyanthus grandiflorus* 'Grand Soleil d'Or' is het diep-gele zusje van de bekende 'Paperwhite'. Op beschut plekje kan die laatste buiten, anders in potten kweken. (Laag of halfhoog bolgewas.)
**Primula auricula* 'Broadwell Gold' (IV, V) is mooi diep geel. (Lage plant.)
Primula elatior ssp. *pallassii* (IV, V) is een donker gele 'slanke sleutelbloem'. (Lage plant.)
Primula x *polyantha* 'Gold Lace' (IV, V) is een brique-kleurige met gele rand van B.D. (Lage plant.)
Primula veris (IV, V), ook de 'gewone sleutelbloem' is leuk! (Lage plant.)
Primula vulgaris - nieuwe naam voor *Primula acaulis* - (III, IV) heeft tál van kleurtjes voor hier: zoek ze uit bij de bloemenman en plant ze uit voor jarenlang plezier. (Zeer lage plant.)
*Tulpen (IV) - nee, hier geen opsomming van de ontelbaar vele diepgele en oranje tulpen die er zijn, maar een beperking tot de géurende tulpen... dat was afspraak! Oranjegeel is 'Generaal De Wet', en dat is een geurend heerschap; oranjerood is 'Prince of Austria', een geurende hoogheid die zich ook in potten laat forceren; de parkiettulp 'Orange Favourite' is oranje met groen gestreept en is al even zoetgeurend als de twee voorgaande! (Halfhoog bolgewas.)

MEI/JUNI V/VI

Alstroemeria aurantiaca 'Orange King' (VI, VII, VIII) is het hoge gewas dat het linker deel van de border op bladzijde 56 vult. (Hoge plant.)
Anagallis arvensis (V, VI, VIII, IX) is het vriendelijke onkruidje dat guichelheil heet. Het mag bést onder al dat hoge vuurgeweld. (Bodembedekker, eenjarig, maar zich zéér goed zelf zaaiend.)
Aquilegia chrysantha (VI, VII - 70 cm) is helder geel; *Aquilegia longissima* (V, VI, VII - 70 cm) is geel met mooie lange sporen, *Aquilegia schockley* (VI, VII - 80 cm) geeft geel met rood - voor het gemak alledrie bij B.D. D.H. heeft nog de zacht gele en geurende **Aquilegia fragrans*. (Halfhoge planten.)
Arnica cordifolia (V, VI, VII, VIII) geeft een mooie simpele 'margrietbloem' in diep geel, van wel 8 cm doorsnede. Zaad bij T. & M. (Halfhoge plant.)
Arnica montana (V, VI) is de bekende geneeskrachtige soort. (Lage plant, bij R.B.)
Asclepias curassavica (VI, VII, VIII) is al jaren een bekende oranje tuin- en snijbloem. (Halfhoge tot middelhoge plant.)
Asclepias x 'Gay Butterflies Mixed' (VI, VII, VIII, IX) is een kruising van T. & M., in alle denkbare vlam-kleuren! Trekt enorm veel vlinders, houdt

uitstekend op vaas en is redelijk winterhard. (Middelhoge plant.)
Calendula (VI, VII, VIII, IX, X) - goudsbloemen kunnen bijna álle hier, zelfs de gemengde, maar mooier is het grote plekken van één kleur te creëren. (Eenjarig, halfhoog, zich zeer goed zaaiend.)
Cheiranthus cheiri (IV, V, VI) - muurbloemen met namen als 'Cloth of Gold' en 'Golden Monarch' komen zéker in aanmerking. Zaad onder andere bij K.B. (Halfhoge tweejarige.)
Colutea arborescens (VI, VII, VIII) - de blaasjesstruik is een makkelijke om moeilijke gaten te vullen. (Struik.)
Coreopsis tripteris (VI, VII, VIII) is een van de vroegst bloeiende 'meisjesogen'. (Halfhoge plant.)
Cytisus scoparia 'Luna' (V, VI) is een bijna bronzig oranje brem. (Struik.)
Cytisus x *dallimorei* 'Adreanus Splendens' (V) - een bremsoort die geel en oranjerood in de bloemen vereent. (Struik.)
Eremurus Ruiter-Hybriden (VI) - naalden van Cleopatra in allerlei tinten geel en oranje - zéér indrukwekkend in dit tuindeel! (Hoge tot zeer hoge knollen.)
Euphorbia griffitthi (V, VI) is de uitzonderlijk mooie wolfsmelk die staat afgebeeld op bladzijde 56. Komt er nog 'Fireglow' achter de naam, dan is het vuurwerk nog intenser. Zaad bij T. & M., planten bij v.d. K.E. en J.K. (Middelhoge plant.)
Gaillardia (VI, VII, VIII, IX), alle soorten 'kokardebloemen' die in de verschillende catalogi worden aangeboden zijn uiterst vlammend! (Halfhoge eenjarige en vaste soorten.)
Gazania-Hybriden 'Mini Star' is een werkelijk sinaasappelkleurig laagje met een mooie zwarte ring rond het grote hart. (Laag, eenjarig, ook beeldig in potten.)
Genista lydia (V, VI) kan een lage, bréde heuvel maken in de lentetuin. Ze heet in Nederland 'Heidebrem'. (Lage, brede struik.)
Geum (V, VI, VII, VIII), het nagelkruid, is een makkelijk extra. 'Prinses Juliana' bloeit uiteraard in mooi oranje. (Lage tot halfhoge plant.)
Glaucium grandiflorum syn. *corniculatum* (VI, VII, VIII) heeft zo'n uitzonderlijke kleurencombinatie, dat u haar eigenlijk een plekje apart moet geven: de papaver-achtige bloemen zijn fel scharlaken en het blad is zilverblauw. Zaad bij T. & M. (Laag eenjarig, soms vast, zéér wijd uitwaaierend: mooi over grijzige stenen.)
Glaucium phoenicium (VI, VII, VIII) lijkt op voorgaande en wordt door O.H. aangeboden. (Laag, wijd uitwaaierend, eenjarig of vast.)
Helianthemum (VI, VII), zonneroosjes zijn er in veel gele en oranje tintjes. (Bodembedekker.)
Hemerocallis-Hybriden (V, VI, VII, VIII) zijn er in tal van helder gele en oranje kleuren. In déze kleurtuin zou ik me eens beperken tot de **Hemerocallis flava* 'Golden Chimes', want die geurt! Bij O.H. (Halfhoge plant.)
Hieracium aurantiacum (VI, VII, VIII), een uitermate enthousiast zichzelf zaaiend gewas met fel roestig oranje straalbloemetjes is het havikskruid. (Lage plant, die zich snel vermeerdert, prima bodembedekker.)
Hypericum olympicum (VI, VII) is een fijne vroege 'hertshooi' en ook nog behoorlijk grootbloemig, maar alle later bloeiende *Hypericum*-soorten komen ook voor vlammend in aanmerking. (Lage struiken.)
Iris-Germanica-Hybriden (V, VI), baardirissen zijn er teveel om op te noemen. Ik doe een greep: 'Flaming Day' in zacht oranjegeel. 'Starburst' in koper en brique, 'Sun Worshipper' in puur goud, 'Wayward Wind' in geel en roodkoper, en 'Son of Star' in oranjebrons met een toets van groen. (Bij J.D. en H.B.) (Middelhoge plant.)
Kerria japonica (IV, V) met gevulde ranonkelbloemetjes en *Kerria japonica* var. *simplex* met enkele sterbloemen zijn makkelijke extra's. (Struik.)
Kniphofia-Hybriden 'The Rocket' (VI, VII, VIII, IX) is een heel duidelijk vlammende vuurpijl! (Middelhoge plant.)
Laburnum x *watereri* 'Vossii' (V, VI) - wie een gróót vlammend tuindeel heeft vergeet de gouden regen natuurlijk niet. In de zomer wel wat saai met het donker groene blad: jaag er een *Clematis tangutica* doorheen! (Boom.)
Lychnis arkwrightii 'Vesuvius' (VI, VII, VIII) is een oranjerood vlammende soort met mooi purpergroen blad. (Lage tot halfhoge plant.)
Lysimachia punctata en *Lysimachia verticillaris* (VI, VII, VIII), twee heel makkelijke heldergele wederikken. (Middelhoog, zich goed verbreidend, ook voor halfschaduw.)
Meconopsis cambrica 'Aurantiaca' (VI, VII, VIII, IX, X) - die schijnpapavertjes blóeien maar door en zaaien zich goed uit. Ze zijn er in geel of oranje. (Lage plant.)
Paeonia suffruticosa en *Paeonia lutea* (V, VI) zijn boompioenen met mooie diepgele bloemen. Ze zijn verrassend makkelijk zelf te zaaien! (Struik.)
Papaver alpinum moet ineens *Papaver burseri* worden genoemd (VI, VII). Het is dat lieve laagje dat ongeveer in dezelfde kleuren bloeit als *nudicaule*. (Zeer lage plant.)
Papaver nudicaule (VI, VII, VIII, IX) - ook de ijslandse papavertjes weten weg met doorbloeien! Ze zijn er in een mengeling van vlamkleuren. (Lage tot halfhoge plant.)
Potentilla (VI, VII, VIII) is er zowel in vaste-plantvorm als in struik-uitvoering, in alle kleuren van het vlammenspel! (Zie struik-vorm rechts in achtergrond vlammende border op bladzijde 56.)
Primula x *bullesiana* en *P.bulleyana* (VI, VII) vindt u bij abrikoos, maar die kunnen ook hier.
Primula aurantiaca (VI, VII), een mooie oranje etage-primula. (Lage plant - 40 cm.)
Primula florindae 'Rubra' (VI, VII) heeft prachtige bronstinten. (Halfhoge plant - 70 cm.)
Primula helodoxa (VI, VII) is een flink hoge (90cm) in goudgeel voor een vochtige plaats. (Bij B.D., zoals veel van de genoemde *Primula*'s.) (Halfhoge tot middelhoge plant.)
Rhododendron molle (V, VI) is er in heel veel mooie diepgele en warm oranje tinten - vroeger noemden we ze *Azalea mollis*! Kijk ook op bladzijde 93.
*Roos 'Canary Bird' is een stevige struik met veel doorns en varenachtig fijn blad. Daarbij maakt ze echt kanariegele enkele en geurende roosjes plus daarna zwartbruine botteltjes. Iets héél leuks voor hagen ook, maar ze handhaaft zich ook prima in de border. Kan 2 m hoog worden! (Bij V.O.)
*Roos 'Goldbush' is een flinke geurende roos met okergele bloemen die ontluiken uit koraalkleurige knoppen. De struik heeft een brede groeiwijze en kan 1.5 m hoog worden. Bij V.O.. Bloeiherhalend.
*Roos 'Maigold' is nog niet zo heel oud (Kordes 1953) maar ze is een verrukkelijke woesteling, die lekker vroeg en geurig bloeit, zoals haar naam reeds doet vermoeden. De bloei herhaalt zich spaarzaam, maar u kunt door de enorme heuvels van 'Maigold' ook een ranker voor late bloei laten gaan. De roos kan 2.5 m hoog worden! (Bij V.O. en vele anderen.)
*Roos 'Sutter's Gold' is een zeer geurig laagje, dat oranje knoppen maakt, waaruit oranjegele bloemen komen met scharlaken aders. Bloeiherhalend. (Bij V.O. - 90 cm.)
Rosa foetida 'Bicolor' (VI) is een botanisch roosje dat in twee kopertinten bloeit: oranje en geelkoper. Uniek en de oermoeder van alle oranje kruisingen. Ze geurt helaas niet.
Telekia speciosa (VI, VII, VIII) is een gróótheid met mooie gele straalbloemen: een plant-in-opkomst ziet u op bladzijde 96 rechtsonder. (Zeer hoge plant.)
**Tripteris hyseroides* 'Gaiety' (VI, VII, VIII) is een eenjarige die u beslist eens moet zaaien, want zowel het blad als de helder oranjegele margrieterige bloemen verspreiden een warme zoete 'zomergeur'! Zaad bij K.B. en T. & M. (Lage eenjarige.)
Trollius europaeus 'Orange Globe' en *Trollius*-Hybriden 'First Lanciers' (V, VI) zijn beide diep oranjegeel. (Halfhoge tot middelhoge plant.)
**Tulipa sylvestris* (V) - ook hier mag het geurige bostulpje bést verwilderen. (Laag bolgewasje.)

JULI/AUGUSTUS VII/VIII

Alonsoa warscewiczii (VII, VIII, IX) is gelukkig van haar zéér ingewikkelde toenaam af en heet nu *Alonsoa meridionalis*. Een leuke eenjarige met lange slanke bloemstengels in helder oranje. Ook heel geschikt als snijbloem. Zaad bij K.B. (Halfhoge tot middelhoge eenjarige.)
**Anthemis sancti-johannis* heeft boven het fijne grijsgroene blad diep oranjegeel getinte bloemen. Zaad bij T. & M. (Halfhoge tot middelhoge plant.)
**Anthemis tinctora* (VII, VIII) is de leuke oranje/gele vaste kamille, die zo heel makkelijk te zaaien is. Het blad is aromatisch, zoals bij zoveel kamille-achtige. (Halfhoge tot middelhoge plant.)
Argemone mexicana (VII, VIII, IX) maakt bijna transparante gele papaverbloemen boven scherp getand zilverig blad. Doet het ook goed op arme zandige grond! Makkelijk te zaaien. Zaad bij T. & M. (Eenjarig, halfhoog.)
Beta vulgaris - zie onder 'rood', er is ook een

VLAMMENDE KLEUREN

Rechts: Euphorbia griffithii *'Fireglow' is uitzonderlijk mooi warm oranje van kleur. Onder: Alle kleuren die vlammetjes hebben zijn vertegenwoordigd in deze border in de tuinen van Mien Ruys te Dedemsvaart. Hoog en oranje torent de incalelie* (Alstroemeria aurantiaca *'Orange King'), samen met zonnekruid* (Helenium) *en ganzerik* (Potentilla)*. Toortsen* (Verbascum) *daar weer bovenuit en lelies en vuurpijlen* (Kniphofia) *schieten er tussendoor!*

Onder: Mevrouw Jelena de Belder gaf haar naam aan de Hamamalis x intermedia *'Jelena', ze is wat lichter koper van kleur dan de 'Magic Fire' of 'Feuerzauber'. De naar de De Belder-dochter 'Diane' genoemde variëteit is dieper roestig rood van kleur! Rechts:* Abutilon*-soorten in de buitenlucht worden driftig door bijen bezocht en zetten daardoor zeer snel zaad: mooie dikke ronde dozen: leuk voor de zaai, slecht voor de herbloei! Haal een groot deel van die zaaddozen weg, net zoals u al jaren bij* Pelargonium*'s doet.*

regenboog-mengeling van T. & M.: de oranje stelen daaruit zouden hier beeldig zijn. (Halfhoge, eetbare dubbelgroente.)
Centaura macrocephala IVI, VII) heeft even tijd nodig om haar gigantische gele bloemhoofden omhoog te brengen, maar dan is deze 'korenbloem' ook spectaculair! (Middelhoge plant.)
Crocosmia x *crocosmiiflora* (VII, VIII, IX), een vrij bekend knolletje dat aan sierlijke stengels fel oranje vlinderbloemetjes maakt. (Middelhoog knolgewas.)
Dahlia's (VII, VIII, IX, X) - zo vlammend als u maar wilt! Kijk in uw bollencatalogus en kies wat u bevalt! (Van lage tot hoge knolgewassen - niet winterhard - opnemen.)
Delphinium cardinale (VII, VIII) is een werkelijk knál-oranje ridderspoor. Ze heeft niet zo'n heel lang leven, maar als ze zich lekker voelt zaait ze zich en verjongt zich zo vanzelf. (Middelhoge plant.)
Haplopappus glutinosus (VII, VIII, IX, X) is een margrietachtige die het hart als een heuveltje boven de iets neerwaarts gerichte bloemblaadjes houdt. (Lage plant, goede bodembedekker.)
Helenium-Hybriden (VII, VIII, IX), álle kleuren die er van het zonnekruid zijn passen in het vlammenspel! (Hoge plant.)
Heliopsis (VII, VIII, IX) - ook hier alle soorten geschikt voor dit tuindeel. (Middelhoge tot hoge plant.)
Ligularia dentata 'Othello' (VII, VIII, IX) is een heel mooie soort met purpergroenig blad en diep oranje/gele bloemen in wijde, platte toefen. (Middelhoge tot hoge plant, voor schaduw.)
Lilium (VII, VIII), mássa's vuur: *Lilium*-Hybriden 'Chinook' heeft de kleur van rijp oranje meloenvlees met lichte stiptekening (80 cm); *Lilium*-Hybriden 'Tabasco' is brique-oranje met donkerder stippen (90-120 cm); *Lilium*-Hybriden 'Royal Gold' is helemáál in die koninklijke kleur, zonder vegen of stippen; *Lilium*-Hybriden 'Golden Splendour' krijgt veel warmte door de roestbruine kleur die de bloembladen aan de buitenkant hebben; *Lilium amabile* is een species met lak-oranje omgekrulde bloembladen (40-60 cm); *Lilium henryii* moet diep geplant en brengt prachtige puur oranje bloemen met omgeslagen blad (120 cm) en *Lilium superbum* is een grootheid voor achterin: aan trotse stengels van 200 cm maakt ze vele, zacht oranje, gevlekte leliebloemen.
Lupinus regalis 'Band of Nobles - Yellow Shades' (VII, VIII) heeft allerlei fraaie tinten geel. Zaad bij T. & M. (Middelhoge plant.)
Physalis alkekengi (V, VI, VII, VIII, IX, X) bloeit wel in mei al, maar nu beginnen de lampionnetjes zich pas oranje te kleuren - ze zijn ook heel laat in de winter nog mooi, als het lampionnetje kantwerk is geworden en de oranje bes zichtbaar is! (Middelhoog, eenjarig.)
Ratabida columnifera (VII, VIII, IX) is een heel mooi nieuw wild gewas, waarvan Medigran, Amstelveen en T. & M. zaad aanbieden. De bloemen hebben een céntimeters hoog grijsgroen hart en oranje met gele, omlaag gerichte bloemblaadjes daaronder. Ook heel fijn voor boeketten. (Lage tot halfhoge plant, tweejarig of vast.)
Stylomecon heterophylla (VII, VIII) is een schattig oranje papaverachtig bloeiende eenjarige, die u net als veel soorten met penwortel het beste ter plekke kunt zaaien: die houden niet van verplanten. Zaad bij T. & M. en K.B. (Eenjarig, halfhoog.)
Tagetes (VII, VIII, IX, X) - afrikaantjes jawél, waarom niet, ze zijn er in de meest vlammende tinten. (Eenjarig, laag tot halfhoog.)
Tropaeolum (VII, VIII, IX, X), ook bij de Oostindische-kers veel vuur te beleven! (Lage en over de grond rankende eenjarigen.)
Venidium fastuosum (VII, VIII, IX, X) is een heel leuke eenjarige. De grote margrietbloemen hebben een rode streepjeskrans rond het hoge hart. Het blad is mooi verdeeld, zilvergroen en wollig. (Eenjarig, halfhoog.)
Verbascum (VII, VIII) - zoals u in de border op bladzijde 56 kunt zien is het hoge geel van toortsen heel welkom in de achtergrond - er zijn wel zés geel bloeiende soorten en ze zijn allemaal heel makkelijk zelf te zaaien. (Tweejarige of vaste zeer hoge plant.)

AUGUSTUS/SEPTEMBER VIII/IX

Cosmos sulphureus (VIII, IX) is de cosmea-soort, die niet alleen gele bloemen voortbrengt, zoals haar naam doet vermoeden, maar waarvan verschillende heel mooie cultivars zijn. Ze beginnen lekker laat met frisse bloei! Voor hier zijn 'Diablo' (scharlaken - 60 cm), 'Goldcrest' (oranjegeel - 75 cm). 'Sunny Gold' (goudgeel - 30 cm) en 'Sunset' (diep oranje - 60 cm). Zaad bij K.B. (Eenjarig, laag en halfhoog.)
Hamamalis virginiana (IX, X), voor frisse strúikbloei zo laat in het jaar. Is zeker voor een grote tuin een leuk extra. (Struik.)
Helenium autumnale (VIII, IX) bloeit lekker laat in mooie warme herfstkleur. (Middelhoge plant.)
Helianthus decapetalus 'Soleil d'Or' (VIII, IX, X) is die aardige vaste zonnebloem met 'rasperig' blad. (Middelhoge plant.)
Helianthus anuus en haar hybriden (VIII, IX, X) - alle eenjarige zonnebloemen hebben tot augustus de tijd nodig om hóóg te worden. Dan pas komen de mooie grote bloemen in alle toonaarden van geel. (Eenjarig, zeer hoog.)
Heliopsis helianthoides (VIII, IX, X) begint soms al in juli, maar mag toch tot de late zonnebloeiers worden gerekend. Er zijn drie soorten en ze zijn alle in geeltinten. (Halfhoge en middelhoge plant.)
Ligularia veitchiana (VIII, IX, X) maakt mooi rond groen blad met lange warm gele pluimbloemen daarboven. Kan tegen schaduw en houdt van vocht. (Zeer hoge plant - tot 200 cm.)
**Spartium junceum* (IX) verrast in september ineens met helder gele brem-bloemen. Ze heet dan ook spaanse brem en het blad is geurig! (Struik.)
Verder voegt zich in deze tijd natuurlijk de bés bij het vlammend gebeuren - mássa's met warm gele of oranje bessen vindt u op bladzijde 142/143. Voor herfstkleurig blad kunt u op bladzijde 138/139 terecht.

OKTOBER/NOVEMBER/ DECEMBER X/XI/XII

Geen extra vlammetjes in de winterkou - als de herfstkleur in de vorm van blád van bomen en struiken is gevallen, resten nog slechts vurige 'spannende basten' en kleurige twijgen. Kies iets uit 'rood', 'abrikoos' of 'geel', daar zijn er genoeg bij die ook in de zómer in het vlammenspel passen!

BIJKLEUREND BLAD

Alle bij geel en abrikoos genoemde blad-extra's kunnen ook hier. Persoonlijk zou ik níet de roodbladigen uit het rode hoofdstuk toevoegen, dat maakt de zaak te zwaar naar mijn smaak, maar wie van een zwaar contrast houdt zou een *Cotinus* of *Corylus* uit dat hoofdstuk moeten kiezen.

KLIMMERS

Campsis radicans (VII, VIII, IX) is oranje en staat er 'Yellow Trumpet' achter, dan is de kleur geel.
Celastrus orbiculatus (VI) bloeit in juni groenig, maar dáárom staat ze hier niet, wél om de mooie geel en oranje vruchten daarna!
Clematis tangutica (VIII, IX, X), de diepst gele van de in die tint bloeiende *Clematis*-soorten. Wilt u lichtere tintjes, kijk dan bij 'zacht geel'.
Eccremocarpus scaber (VI, VII, VIII, IX, X) gedraagt zich meestal als eenjarige, maar zaait zich ook goed spontaan weer uit. Het is een rap klimmertje, met fijn verdeeld blad en lange bloemaren met oranje buisbloemen. Staat er 'Aureus' achter de naam dan zijn die bloemen geel.
Hedera - de geel-bonte klimoppen kunnen voor winterkleur natuurlijk uitstekend dienst doen.
Jasminum nudiflorum (II, III, IV) zou ik zeker nemen voor haar vroege bloei.
**Lonicera* - de bij geel en abrikoos genoemde kamperfoelie's willen ook hier geuren en kleuren.
*Roos 'Emily Gray' bloeit in juni/juli met goudgele half gevulde bloemen, met een dikke toef meeldraden in het geurige hart. (Bij V.O. - tot 6 m.)
*Roos 'Golden Showers' is een heel bekende, de knoppen zijn geel met rode nuances en de bloemen bloeien open tot goudgeel dat naar lichtere tinten verkleurt. Ze geurt lekker en wordt niet ál te woest: zo'n 3 m hoog. (Zie afbeelding op bladzijde 41.)
Streptosolen jamesonii (IV, V, VI) bloeit zéér opvallend oranje en is door haar vroege bloei zeker de moeite waard. Denkelijk alleen in Zeeland in de volle grond, maar wie een beschutte zuidmuur heeft kán haar proberen.
Tropaeolum peregrinum (VII, VIII, IX, X) is de

aardige kanariekers die met gele vlinderachtige bloemetjes bloeit. (Eenjarig.)

WATERPLANTEN

Iris pseudacorus, de gele lis is aangewezen voor langs de kant.
Lysimachia nummularia kan lelijke vijverranden aan het oog onttrekken. (Zie ook afbeelding op bladzijde 96 bovenaan.)
Nuphar 'Minima Variegatus' is een leuke bontbladige dwergplomp, die het goed doet in een klein 'vlammend' vijvertje.
Nymphaea-Hybriden 'Aurora' en 'Indiana' zijn beide heel mooi oranje. 'Aurora' kan in water van 20-40 cm diep en 'Indiana' is wat forser; voor water van 30-60 cm. (Bij H.V.)
Nymphoides peltata, de schattige watergentiaan met haar gekreukelde bloembladeren staat tot mijn verheugenis ook ineens in de catalogus van Willemse, Hillegom!
Zet deze laatste drie eens samen in een ton op een 'vlammend' (dak)terras!
Ranunculus lingua 'Grandiflora' is een waterboterbloem met inderdaad mooie grote bloemen.

BALKON EN (DAK)TERRAS

Blandfordia grandiflora (VII, VIII) is een knolgewas dat werd genoemd naar de Markies van Blandford. Het blad is bromelia-achtig getand, de bloemstengels zijn zo'n 70 cm lang en hangen vol kleine klokvormige leliebloemen, die van buiten oranje zijn en van binne geel. Zaad bij T. & M. Overwinteren bij 4-10 graden C. (Ergens in de buurt van de overwinterende *Datura sanguinea* dus - want die kan ook prima hier. Zie 'abrikoos'.)
Canna's zijn er in vele tonen geel en oranje. Kijk in de catalogus van H.B. of W.H.
**Crotalaria grevei* (VIII, IX) is een tropische klimmer, die lánge bloemaren maakt met curieus gevormde zéér geurige bloemen in geel- en oranje-tinten. T. & M. biedt zaad aan, de wintertemperatuur moet 4-7 graden C zijn, dus dat wordt dringen op de overwinterplek!
Gerbera... koop eens een *Gerbera*-plánt. Dat is een stuk leuker dan die langstelige stijvelingen die de bloemist verkoopt. Uit de lage bladhoef met mooi blad verschijnen de grote straalbloemen op normále stengelhoogte. Ze zijn er in tinten geel en oranje!

ROOD

Rood... daar kun je niet omhéén - een kleur om met omzichtigheid aan te pakken en zo hier en daar wat te temperen: met mooi roodbruin blad bijvoorbeeld. Ondanks het feit, dat rood als een 'warme' kleur geldt, kan echt fel rood alléén wel eens wat ál te knallend werken.
Wie ooit de tuinen van Hidcote Manor in Engeland bezocht, of er publicaties over heeft bekeken en gelezen, zal weten, dat ook dáár met kwistige hand blád is toegevoegd; véél roodbruin, maar ook de roodgeaderde snijbiet die 'Rhubarb Chard' heet en als ik me goed herinner ook nog de dieper gekleurde 'Vulcan', die rode nerven paart aan een roodbruine, soms bijna purper glanzende bladkleur.
Zoals bij alle kleuren het geval is, zijn er natuurlijk ook bij rood oneindig veel nuances - echt vuurrood, diep fluweelrood... kleuren die bij elkaar kunnen. Maar er is ook paarsrood en oranjerood - één van die twee kan mooi zijn, maar niet beide!
Wie paarsig rood en purper aan heel diep fluweelrood toevoegt kan verder gaan met paarsblauw erbij - wie naar de oranjerode tinten grijpt kan dóórgaan met oranje en warm geel en er een echt 'vlammend' geheel van maken. (Zie bladzijden 54 tot en met 57.) Op deze bladzijden vindt u de (naar mijn smaak) écht rode tinten die bij elkaar kunnen. Op bladzijde 67 staan een aantal combinatiemogelijkheden.

JANUARI/FEBRUARI I/II

Camellia japonica (I, II, III,IV)... op een plek waar de felle middagzon het wintergroene blad niet kan schaden (voor een westmuur dus) kunt u een van de dieper rozerode *Camellia*'s best proberen. Mijn (witte) staan op zo'n plek en overleefden daar met een flinke mestlaag én een rietmat ook de koude 84/85 winter! Bij strenge winters bloeit zij uiteraard eerder in IV, dan in I! (Wintergroene struik tot boom.)
Helleborus-soorten (I, II, III, IV) daar gáán we al met concessies aan het échte rood, maar allá, onder die toch al rozerode vroege *Camellia* mogen best een paar (zo rood mogelijke) *Helleborus orientalis* of de pruimkleurige *Helleborus dumentorum* ssp. *atrorubens*... wèl schitterend bij de purper- en roodtinten van het *Bergenia*-blad, dat de hele winter zulke kleuren houdt! (Zie 'bijkleurend blad' op bladzijde 66/67.) (Lage plant, ook voor schaduw.)

FEBRUARI/MAART II/III

Narcissus 'Professor Einstein' (II, III) is een grootkronige, met bijna echt rood! Die mag hier best. (Halfhoog bolgewas.)
Parottia persica (II, III, IV) bloeit in een diep bruinrood dat hier goed past en heeft ook een mooie herfstkleur (zie bladzijden 138/139). Weer heel mooi met verkleurd *Bergenia*-blad eronder, en een toef ópkomende drakenaronskelk erbij. (Flinke struik.)

MAART/APRIL III/IV

Anemone x *fulgens* 'Annulata grandiflora' (III, IV, V) een rijk bloeiende anemoon in helder rood met een lichtere ring rond het hart en met zwarte meeldraden. (Lage plant - ca 30 cm.)
Cheiranthus cheiri (IV, V, VI), muurbloemen zijn er in prachtige steenrode en roestig rode tinten, zoals 'Vulcan', 'Blood Red' en 'Fire King'. Zaad bijna overal verkrijgbaar, uiteraard ook bij T. & M. (Halfhoge tweejarige.)
Choenomeles (III, IV) - bij de Japanse sierkweeën zijn er verschillende in echt rood, ze hebben er ook namen naar zoals : 'Brilliant', 'Cardinalis', 'Sanguinea Plena', 'Spitfire' en 'Fire Dance'! (Struiken met aardige groengele vruchten daarna.)
Dracunculus vulgaris (IV, V, VI) - de drakenaronskelk is de spannende schoonheid die staat afgebeeld op bladzijde 61. Al heel vroeg wringt zij haar dan nog opgerolde blad en bloemtoefen boven de grond - in déze maanden bloeit ze. De bloemgeur is wat eigenaardig, maar ik vind plantengeuren nooit echt 'vies'. (Halfhoog bolgewas voor de voet van een zonnige muur.)
Primula auricula 'Feuerköning' (IV, V) is een vuurrode uit deze begerenswaardige soort. Ik vond haar bij B.D. (Lage plant.)
Rhododendron - Hybriden (IV, V) - de meest echt rode zijn 'Elizabeth'; 'Bagshot Ruby', die diep robijnrood is; 'General Eisenhouwer' in een frisse tint rood en 'Grenadier' in diep bloedrood. (Wintergroene struiken voor schaduw.)
Ribes sanguineum 'Pulborough Scarlet' (IV, V) is bijna écht rood en nét zo makkelijk als de andere *Ribes*-soorten. (Struik.)
Trillium erectum (IV, V) en *Trillium sessile* (III, VI) zijn gemáákt voor de rode voorjaarstuin. Ze zouden schitterend zijn onder de *Parottia* met de bloeikleur die licht naar bruinrood neigt. *Choenomeles* en *Ribes* zijn te fel voor de subtiele schoonheid van de *Trillium*'s. *Trillium sessile* heeft ook nog fraai geaderd blad. (Laag tot halfhoog knolgewas voor schaduw.)
Tulipa's en tulpen zijn er in deze maanden te veel om op te noemen. Kijk er uw bollen-catalogus op na. *Tulipa orphanidea* (III, IV) is een van de vroegste!

Rechtsboven: Als u in januari bij de bloemenman vóórgetrokken plantjes koopt van de Primula vulgaris *(vroeger* Primula acaulis*) kunt u precies de kleurtjes kiezen die u nodig hebt. Na de vorst gaan ze in de (kleur)tuin en komen dan elk jaar weer terug - bijvoorbeeld voor het maken van een mini-lenteschikking met piepjong rabarber-blad, dat dán roodbruin van kleur is, maar bij volwassen-worden groen verkleurt. Rechtsonder: Blijvend rood zijn bladsteel en nerven van de snijbiet 'Rhubarb Chard'* (Beta vulgaris *'Rhubarb Chard'). De witte vorm, die snijbiet 'Lucullus' heet, is hier al meer bekend; de gemengde kleuren (oranje, rood en purper) die T. & M. te koop aanbiedt als 'Rainbow Chard', zijn nog nauwelijks verkrijgbaar. Als dubbel-groente heel lekker (zie pagina 58/59), maar werkelijk bééldig in de rode border - wordt daarin ook op 'Hidcote Manor' toegepast! Links: Een overjarige, klimmende Oostindische-kers (*Tropaeolum speciosum*) vindt houvast bij struiken en bomen in de tuin van de heer en mevrouw Voorwijk in Heerde. Het blad van deze soort lijkt op* Akebia quinata *(zie pagina 84). Rechts: Indrukwekkend mooi is de drakenaronskelk* (Dracunculus vulgaris)*, die in rijke groepen bloeit naast de voordeur van Jelena de Belder in Kalmthout. Al heel vroeg komen de gedraaide blad- en bloemkegels omhoog!*

ROOD

MEI/JUNI V/VI

Adonis aestivalis (V, VI, VII, VIII) is een dóórbloeiertje met absoluut vuurrode anemoon-achtige bloemen met zwart hart. Zaad bij T. & M. (Lage tot halfhoge eenjarige.)
Anemone pavonina (V, VI) de veldanemoon kan hier op een zonnig, goed gedraineerd plekje haar stralend rode bloemen ten toon spreiden. (Laag knolgewas.)
Antirrhinum majus (VI, VII, VIII, IX) - leeuwebekjes zijn er in tal van tinten rozerood of oranjerood... het hangt er maar vanaf welke kant u op wilt... voor de eerste rode-tuin-jaren wel handig erbij. (Eenjarig laag of halfhoog.)
Astilbe Hybriden 'Fanal' (VI, VII, VIII) is de meest rode van deze planten-voor-vochtige-plek. (Halfhoge tot middelhoge plant.)
Aquilegia flabellata (V, VI) is een lief kleintje in helder rood met wit. (Lage plant.)
Aquilegia-Hybriden 'Crimson Star' (V, VI, VII) is iets lichter rood met wit. (Halfhoge plant.)
Beta vulgaris... al direct na het zaaien hebben de kleine blaadjes de fel rode nerven, maar nú zijn de planten uitzetbaar in het rode tuindeel. De 'Rhubarb Chard' staat afgebeeld op bladzijde 60 en de soort met nog meer rood (rode nerven en roodbruin blad) heet 'Vulcan'. Zaad nu bijna overal, maar in elk geval bij T. & M. (Tweejarig, soms vast, eetbaar als dubbel-groente.)
Cirsium rivulare 'Atropurpureus' (VI, VII) lijkt op een distel met haar diep rode pomponbloemetjes aan lánge stengels. Het mooi ingesneden blad vormt een fors rozet. (Hoge plant.)
Cornus florida (V) - tja, daar is dan een probleem: om de herfstkleur (zie bladzijde 144) mag je haar eigenlijk niet missen, maar de bloei-kleur (ik schrijf expres niet de bloem-kleur, want het zijn de schitterende schutbladen die de aandacht trekken!) is wat aan de rozige kant voor echt 'rood'. Naast *Magnolia liliiflora* 'Nigra' kan ik me de 'Cherokee Chief' en ook de lichter roze 'Rubra' voorstellen, maar moet het bij echt rood, dan liever voor een witte vorm kiezen - de 'White Cloud' is schitterend, het blad ook nog bronzig getint en dan later in de herfst dat vúúrwerk van kleuren!
Cotinus coggygria (VI, VII), eigenlijk gaat het hier niet om de aardige pruikebloei, maar om de blädkleur die zo noodzakelijk is om al deze 'brandende' kleuren wat te temperen. 'Foliis Purpureis' heeft blad dat bij het uitlopen pruimkleurig is, dan groenig en overgaand naar roodtinten in de herfst. 'Royal Purple' heeft purper-bourgogne bladeren, die roder worden in de herfst en van 'Rubrifolius' is het blad diep wijnrood.
Cuphea ignea (V, VI, VII, VIII, IX) - het luciferplantje is de moeite van het zaaien waard voor de rode tuin. Dat bloeit maar door met de fel rode luciferbloemetjes! (Laag tot halfhoog, 30 cm, eenjarig, ook voor halfschaduw.)
**Dianthus barbatus* (VI, VII, VIII), duizendschonen zijn er in rood en anjeliertjes (*Dianthus caryophyllus*) ook. Ik noem bijvoorbeeld de 'Red Riding Hood'. Ze zijn beide eenjarig, maar ze géuren en dat is ook leuk. (Laag tot halfhoog, eenjarig.)
Duchesnea indica (VI, VII, VIII, IX) bloeit maar door met kleine gele bloemetjes - toch is het rood van de níet eetbare aardbeitjes zo overheersend, dat het een prima bodembedekker is voor hier! (Sterk woekerende bodembedekker.)
Hemerocallis-Hybriden (V, VI, VII, VIII) kunnen met hun geraffineerde kleuren veel spanning brengen in de rode tuin. 'Bonnie Boy' is diep rozig bourgogne (heel mooi tussen *Amaranthus en Alcea*), net als het bijna zwarte purperrood van 'American Revolution', of het diepe mahonierood van 'Black Cat'. Over het brique-rood van 'Cross My Heart' ligt een blauwe gloed en het hart is geel, net als bij 'Guitar Street', die mooie gerimpelde bloembladranden heeft. 'Post Time' is robijnrood en 'Royal Garnet', zoals haar naam al doet vermoeden granaatrood. 'Seattle Slew' tenslotte heeft twee tinten rood en een groot geel hart dat groen wordt naar het centrum. Mocht u ze allemaal zélf willen zien, bestel dan de speciale *Hemerocallis*-catalogus bij H.B.
Iris Germanica-Hybriden (V, VI, VII) - écht rode zijn er natuurlijk niet, maar het bourgogne van de 'Latin Lover' of de 'Rare Wine' zijn zeker in te voegen. 'Jet Fire' is bijna echt roodbruin net als 'Cayenne Capers' - ze komen uit de catalogus van H.B. Wilt u naar paarsblauw en purper toe, kies dan voor de diepe tinten die bij 'gloomy' (bladzijden 122/123) staan. (Middelhoge plant.)
Lupinus densiflorus (VI, VII, VIII) is een groot 'etage-lupine' - heel elegant, met kransen bloemen op afstanden van enkele centimeters van elkaar. Het blad is bovendien donzig en zilverig blauwgroen. Helaas in gemengde kleuren, maar met veel tinten karmijn en cerise erbij. (Wit en geel dan maar plukken!) Zaad bij T. & M. (Eenjarig, middelhoog.)
Lupinus polyphyllus 'Abendglut' (VI, VII, VIII) heeft een mooie zacht rode kleur, die met voorzichtige hand kan worden toegepast. (Middelhoge plant.)
Lupinus regalis 'Band of Nobles - Carmine Shades' (VI, VII, VIII) wordt in de vorm van zaad door T. & M. aangeboden. Mooie rood-nuances! (Middelhoge plant.)
Lychnis chalcedonica (VI, VII, VIII, IX)... dat brándt maar door, die 'brandende liefde' en wil dat ook nog wel in halfschaduw doen. (Middelhoge plant.)
Magnolia liliiflora 'Nigra' (V) - een geváárlijke kleur, bijna bruinrood, maar met een duidelijke purperen gloed. De binnenkant van de bloemen is zachter van tint, satijnig. Wèl heel mooi voor een solitaire plek. (Niet te grote struik, voor zon.)
Malus (V) - er mag eigenlijk geen sierappel ontbreken in de rode tuin - zéker niet om de vruchten later, en vaak ook niet om het roodbruine blad (zie bijkleurend blad bladzijde 66). Een aardige voor de kleine tuin is *Malus* 'Rosseau' de bloesem is diep roze; de bladkleur bronsrood, verkleurend naar echt rood. De vruchten zijn ook rood - dus wat lét u! Zie verder 'bessen': bladzijden 142/143. (Boompje.)
**Paeonia* Lactiflora-Hybriden (VI, VII) - 'Highlight' en 'Red Charm' zijn twee diep rode, gevulde soorten met een lichte geur, bij H.B. (Middelhoge plant.)
Papaver 'Danebrog' (VI, VII, VIII) is een schitterende nieuwe eenjarige uit de *somniferum*-reeks. Helder rood met grote witte vlek op elk van de vier gefranjerde bloembladen. Een schóónheid, met een díkke krans meeldraden rond het slaapbolhart! K.B. heeft er zaad van, maar lees wél duidelijk de voorwaarden op bladzijde ...! (Eenjarig middelhoog.)
Papaver commutatum 'Lady Bird' (VI, VII, VIII) is werkelijk vuurrood met een mooie zwarte vlek. Zaad bij K.B. (Eenjarig halfhoog - 50 cm.)
Papaver orientale 'Beauty of Livermere' (V, VI) is een fraaie hoge (100 cm) in een heel mooie karmijnrode kleur. (Middelhoge plant.)
Papaver orientale 'Dwarf Allegro' (V, VI) is een lief laagje (40 cm) met varenfijn diep groen blad en vuurrode grote bloemen. Zaad bij K.B. (Halfhoge plant.)
Phlox drummondii (VI, VII, VIII, IX), onder de eenjarige 'vlambloemen' zijn echt rode, zoals 'Stellata', die heeft nog een lief wit hartje ook. (Laag, eenjarig.)
Phlox subulata 'Timescaming' (V, VI) is een kruipertje met magentarode bloemetjes. Iets voor tussen stenen in een pad. (Bodembedekker.)
Prunus x *cistena* (V) - ook bij de sierkersen is veel met roodbruin blad te beleven. Ik noem deze kruising, omdat ze neutraal wit bloeit, écht roodbruin blad heeft en purperen vruchten als toegift brengt. (Struik.)
Rhus - de verschillende soorten fluweelboom bloeien nu (VI, VII), maar het gaat meer om de fluwelen pluimen daarna én om de herfstkleur - zie bladzijden 138/139. (Flinke struik of kleine boom.)
*Roos 'Baron Girod de L ' Ain' is een grootheid (tot 2 m), maar niet voor zo hééI ver achterin, want dan kun je de bloemen die heel bijzonder gekleurd zijn (bourgogne met een zilverwit randje) niet voldoende van nabij bekijken en ook de zoete geur niet opsnuiven. De bloei van deze grootheid herhaalt zich.
*Roos 'Empereur du Maroc' is een tussenmaatje (120 cm). Ook al geurig, diep fluweelrood en doorbloeiend.
*Roos 'Norita' is diep rood en geurend - een struikroos van Bakker in Hillegom - bloeit door.
*Roos 'Pappa Meilland' - een van de beroemdste Meilland-rozen die wordt gevoerd door Ruys in Dedemsvaart. Schitterend fluweelrood, geurend en doorbloeiend.
Roos 'Scharlachglut' of 'Scarlet Fire' is een hééI vurige, die eind juni overdadig bloeit met enkele scharlaken bloemen, waarin een mooi geel meeldradenhart. Ook de bottels daarna zijn nogal vurig van tint. Omdat deze roos tot 2.5 m hoog kan worden is het iets voor achterin de rode tuin, daardoor wordt de kleur ook wat getemperd - maar zíen blijf je haar wel! Ze geurt niet, dus het is niet erg om haar achterin te zetten.

JANUARI I FEBRUARI II MAART III APRIL IV MEI V JUNI VI JULI VII AUGUSTUS VIII SEPTEMBER IX OKTOBER X NOVEMBER XI DECEMBER XII

*Roos 'Sophie's Perpetual' is van een heel bijzondere kleurcombinatie: bordeauxrood met een witte bladonderzijde. Het is een struikje van ca. 1 m, bijna zonder doornen. Ze geurt sterk en bloeit door tot in de herfst - iets voor bij *Phlox drummondii* 'Stellata' met de witte hartjes.
*Roos 'Tuscany' is een half gevulde met mooi goudgeel meeldradenhart en zwakke geur. Ze bloeit echter in juni/juli overdadig in een warm bloedrood aan elegant overhangende takken. Ze groeit welvend tot 1.5 m hoog en is príma voor middenin de rode border.
Salpiglossis sinuata 'Emperor' (VI, VII, VIII) - als u tóch bezig bent rood aan te vullen met eenjarigen - zaai deze dan mee, want de trompetbloem is nog een leuke snijbloem ook! (Eenjarig, halfhoog tot middelhoog.)
Salvia coccinea (VI, VII, VIII, IX, X) - een dóórbloeier eersteklas, met hóge (90 cm) bloempluimen, waarbij de fel rode bloemen uit zwarte stengels en diep groene kelkjes komen bloeien - héél mooi voor dit tuindeel! Zaad bij K.B. en T. & M. (Middelhoog, niet winterhard, behandelen als eenjarig.)
**Skimmia japonica*, met daarbij een mannelijke plant die *Skimmia fragans* heet en ook voor de geur zorgt (V) staan al veel eerder in rode bloemknoptoortsjes, die open bloeien naar rozig en dan weer echt rood worden, als ze bessen maken. (Wintergroen struikje.)

JULI/AUGUSTUS VII/VIII

Alcea rosea 'Nigra' (VII, VIII, IX, X) enkelbloemig - van een diep, díep purper-bourgogne, dat zowel hier als in 'gloomy' past. Zaad o.a. bij Cruydt-Hoeck, Groningen en T. & M. (Zeer hoge plant, tweejarig, of vast.)
Amaranthus caudatus 'Love Lies Bleeding' (VII, VIII, IX, X), met lánge snoeren hangende diep rode 'kattestaart'-bloemetjes; *Amaranthus tricolor* 'Flaming Fountains', met lange slanke roodbruine bladen, die bij uitkomen rozig rood zijn en *Amaranthus tricolor* 'Molten Fire' met breder roodbruin onderblad en topbladen in helder bordeaux! (Alledrie eenjarig, halfhoog, tot middelhoog.) Ook leuk in potten!
**Apocynium androsaemifolium* (VII, VIII, IX) een merkwaardige diep rood bloeiende plant, met toefen kleine bloemetjes waarin witte meeldraden. Heeft een aromatische geur die kleine vliegjes aantrekt en dat is de bedoeling, want de bloemen zijn 'vleeseters'! (Halfhoog gewas, ook voor halfschaduw.)
Celosia....(VII, VIII, IX) eigenlijk ben ik niet zo wég van 'hanekammen', maar in een vuurrood tuindeel kan een groep rode *Celosia cristata* (met die bréde, gegolfde kammen) of *Celosia plumosa* 'Red Kewpie' met scharlakenrode pluimen toch wel hélpen tot de vaste planten voldoende stoelen. (Eenjarig, laag tot halfhoog.)
Chrysanthemum (VII, VIII, IX) bij de eenjarige astertjes zijn véél rode, zoals 'Milady Scarlet' en 'Gusford Supreme', die een mooi fris wit hart heeft. (Halfhoog, eenjarig.)
Dahlia (VII, VIII, IX, X) ... over róód gesproken in alle toonaarden en hoogten! Uw bollencatalogus brengt uitkomst! (Laag, halfhoog, middelhoog en hoog knolgewas, niet winterhard: opnemen!)
Fuchsia corymbiflora (VII, VIII, IX) maakt heel lang (als u haar vorstvrij laat overwinteren bijna het hele jaar door) mooie trossen slanke en lange scharlakenrode buisbloemen. T. & M. biedt er zaad van aan. Ze kán in de tuin, maar is niet helemaal winterhard. Als u de catalogus van Mathijsen in Reeth-Elst bestelt, dan vindt u 50 pagina's met *Fuchsia*'s, waaronder twéé vol met min of meer winterharde species (*Fuchsia megellanica* is bekend) en ook een flinke lijst met winterharde cultivars! Daar zijn heel wat rode bij!
Gaultheria procumbens (VII, VIII) bloeit nu met wittige bloemetjes, maar maakt al snel de mooie rode bessen die heel fraai zijn bij het purpergetinte blad. (Wintergroen struikje voor bodembedekking - wordt niet hoger dan 15 cm en kan ook in flinke schaduw.)
Gladiolus x *colvillei* (VII) is een aardige kleinbloemige hybride, maar grote zijn winterhard.)
Lilium (VII, VIII) - een féést in de rode tuin. *Lilium martagon* in haar bestorven lakrood is natuurlijk óer-mooi, maar er zijn feller rode hybriden. Helaas géén geur bij die kleur! *Lilium* Mid-Century-Hybriden 'Paprika' hééft ook echt de kleur van die vrucht (niet zo'n hoge soort);
Lilium Fiesta-Hybriden 'Burgundy' wordt zo'n 130 cm en maakt een flínke toorts van bloedrode bloemen met mooie omgeslagen bloemblaadjes;
Lilium Bellingham-Hybriden 'Afterglow' is een reuzin (180 cm) met fraaie omgekrulde karmozijnrode bloemen; *Lilium*-Hybriden 'Empress of India' is ook voor achterin de border (150 cm) - ze is van het Aziatische type, met wijd open bloemen en duidelijke stiptekening op de karmijnrode bloembladen. Het is een creatie van Jan de Graaff. Ook van De Graaff de leuke tweekleur die 'Sunday Best' heet: in wit met over elk bloemblad een karmijnrode streep en véél stippen in dezelfde kleur. 'Red Knight' is een kruising van Percy Wright - het is een zéér diep rode soort, met wasachtige dikke bloemen, weer met omgeslagen bloemrand. Ze is middelhoog - 120 cm. 'Firebright' tenslotte is een laagje (70 cm) met wijd open sterrebloemen in een mooi warm bloedrood zónder stippen. Ook deze lelies zijn alle te bestellen via H.B., maar ik neem aan dat uw tuincentrum in de buurt zeker ook mooie rode lelies zal hebben.
Lobelia cardinalis (VII, VIII, IX) is een heel mooie voor de rode tuin. Helaas niet betrouwbaar winterhard, dus goed dekken of in kuipen kweken. Het jonge blad heeft roodtinten als de rozetten verschijnen en de plant maakt lánge bloempluimen in een diepe rode tint. (Bij B.D.) (Middelhoge plant, voor vochtige plek.)
Lobelia fulgens 'Queen Victoria' (VII, VIII, IX) heef dezelfde eigenschappen als de vorige, maar voegt purper getint blad eraan toe! (Middelhoge plant, voor vochtige plek.)
Nicotiana alata 'Domino Scarlet' (VII, VIII, IX) is de meest diep rode siertabak maar het is een laagje (30 cm). *Nicotiana alata* 'Crimson Rock' is hoog (60 cm), maar lichter van kleur. (Eenjarig.)
Salvia fulgens (VIII, IX, X) is een heel mooie doorbloeier, een vertakte struikachtige salie met elegante vuurrode bloemtoefen (Zaad bij T.& M.) - héél wat aantrekkelijker dan de eenjarige *Salvia splendens*, waarover ik in de inleiding sprak! (Niet helemaal winterhard in koudere delen van ons land voor vochtige plek - 1 m hoog.)
Tropaeolum majus nanum 'Dwarf Cherry Rose' (VII, VIII, IX, X) is een lage Oostindische-kers, half gevuld, met kersrode bloemen, die mooi boven het blad worden gehouden. Uit dezelfde lage reeks is de 'Empress of India', die rode bloemen boven donker blad houdt. (Laag, eenjarig.)
Zinnia (VII, VIII, IX, X) - uiteraard kiest u wat rode soorten van deze lekkere late bloeier voor de rode tuin én voor de 'rode vaas'. (Eenjarig, halfhoog.)

AUGUSTUS/SEPTEMBER VIII/IX

In deze maanden geen extra rode bloei, maar er zijn voldoende doorbloeiers, zoals de genoemde *Salvia*'s, dahlia's en de Oostindische-kers, waarvan de bloemen niet alleen fris en vrolijk zijn, maar ook lekker en gezond - zowel in zoete vruchtentoetjes als in hartige salade.
Voor extra kleur hogerop kunt u echter een ruime keuze maken uit bomen en struiken die mooie rode bessen en grotere vruchten maken, zoals *Malus*, *Prunus*, *Skimmia*, *Berberis*, *Sambucus*, *Sorbus* en dergelijke. Zie hiervoor bladzijden 142 en 143.

OKTOBER/NOVEMBER/DECEMBER X/XI/XII

Vanaf september begint het volle vuur van de rode herfsttinten... eigenlijk nauwelijks behoefte aan herfstblóemen dus! op de bladzijden 138 en 139 kunt u een keus maken.
Cornus florida is móói (daarover had ik het al in de mei/juni lijst) en *Parottia persica* is door haar bloei al geschikt, maar kijk ook eens naar *Acer japonicum*, *Aronia arbutifolia*, *Cornus baileyi*, *Crataegus coccinioides*, *Crataegus prunifolia*, *Malus prattii*, *Prunus sargentii* en *Rhus glabra* op de herfstkleur-bladzijden!
Voor rood middenin de winter kunt u bij 'spannende basten' terecht - zie bladzijden 126/127
Schizostylis coccinea 'Major' (X, XI, XII) is een fel scharlaken bloeiend knolgewas, dat ook wel Kafirlelie wordt genoemd. Het maakt slank grasachtig blad en slanke pluimen leliebloemetjes op stengels van zo'n 60 cm. Tenzij u een héél beschut plekje hebt in de volle zon, zou ik haar liever in een kuip kweken, want anders maakt een vroeg invallende winter een einde aan deze late bloei!

ROOD NAAR BLAUW

Onder: Rhodochiton astrosanguineus *is een fantastische kuipplant, die zich redelijk makkelijk zelf laat zaaien. Het schutblad is een diep rood hoepelrokje, de bloem daarin slank en warm paarsblauw. Rechts: Blauw en rood, een combinatie die in allerlei nuances mogelijk is. Met vuurrood en diep blauw ontstaat een resultaat, zo warm als een zoele zomeravond; met zachtere tinten blauw en abrikoos, zoals de blauwe regen en de roos hiernaast, is deze fris en subtiel, maar met echt roze en blauw kan het wat erg zoetig worden. De superromantische combinatie van rozen en blauwe regen is in wat warmer streken makkelijker te realiseren. De hier bloeiende abrikoos getinte roos 'Belle de Portugal' is in de meeste delen van ons land niet winterhard. Maar u kunt het resultaat wel krijgen met een vroeg bloeiende roos als 'Frühlingsduft' (zie afbeelding op pagina 92) of 'Frühlingszauber' en de laat bloeiende* Wisteria floribunda.

ROOD

BIJKLEUREND BLAD

Bomen, struiken en planten met roodbruin blad zijn ideale toevoeging en achtergrond voor het rood bloeiende tuindeel.

Acer palmatum 'Atropurpureum' is een niet zo snel groeiende en laag blijvende heel fraaie soort. Nóg eleganter ingesneden blad heeft *Acer palmatum* 'Dissectum Atropurpureum' - een fris groene 'uitvoering' van deze struik vindt u op de bladzijden 112/113.

Ajuga reptans 'Atropurpurea' is een bodembedekkertje dat prachtig roodbruin blad maakt. De bloei is echter blauw (V, VI). (Zie ook paars/roze, bladzijde 83.)

Atriplex hortensis 'Rubra' of 'Cupreata', de roodbladige melde, zorgt voor eenjarig roodbruin blad én bovendien voor bloei en zaadschijfjes in dezelfde kleur. Vooral niet vergeten dit makkelijke extra!

Berberis x *ottawensis* 'Purpurea' heeft een elegante groeiwijze en roodbruin blad dat meer groentinten heeft dan de volgende. *Berberis thubbergii* 'Atropurpurea' is de óverbekende roodbladige zuurbes, die zich ook heel leuk tot rode haagjes laat snoeien.

Bergenia-Hybriden 'Abendglut' maakt mooie rozetten van niet te groot en licht gegolfd blad, dat in de winter pruimkleurige tinten aanneemt. De bloei is helder roze in de lente. (30 cm.)

Bergenia-Hybriden 'Ballawley' is de grootste van alle. Het blad is in de zomer fris groen, maar krijgt bij vorst bronzen en rode tonen. De rozige bloeistengels brengen omlaag hangende trossen. (60 cm.)

Bergenia beesiana 'Purpurascens' (IV, V) heeft langer en smaller blad dan de andere soorten en bovendien is de winterkleur van het blad het meest fel rood en purper van alle! Verrukkelijke gewassen zijn het, niet alleen om de wintertuin te sieren, maar ook de winter-bloemschikking vaart er wel bij!

Bergenia crassifolia 'Autumn Red' heeft kleiner vlak lepelvormig blad, dat in de winter levendig rood verkleurt. De bloei is zacht rose, vroeg in de zomer. (30 cm.)

Berginia cordifolia maakt groot gegolfd blad, dat bij koude verkleurt naar purperrood. In de lente bloeit deze soort met fel paarsige bloemen! (45 cm.)

Beth Chatto is gespecialiseerd in planten die in de wintertuin sieren, en heeft dan deze ook alle in haar catalogus. Maar bij de verschillende kwekers hier in Nederland kunt u ze ook wel vinden. B.D. heeft er bijvoorbeeld drie.

Beta vulgaris 'Rhubarb Chard' noemde ik al in mei/juni.

Clematis recta 'Pupurea' is een struikvormige **Clematis*, die geurige kleine witte sterrebloemetjes maakt aan (soms wat steun behoevende) stengels vol purpergetint blad - interessant erbij! Al was het alleen al om de niet zo rijk met geur bedeelde rode tuin!

Cordyline australis 'Atropurpurea' kan met haar mooie roodbruine pruik in een kuip erbij staan!

Corylus maxima 'Purpurea' is een roodbladige hazelnoot, die op wat oudere leeftijd ook nog mooi 'verpakte' eetbare hazelnoten maakt.

Cotinus coggygria vindt u ook in mei/juni.

Epimedium x *rubrum* maakt eerst jong groen blad, dat vrij snel verkleurt naar een rozige steenkleur - een heel spannend extra!

Fagus sylvatica 'Roseomarginata' heeft een heel mooie echt roze tekening op het roodbruine blad: zorg ervoor dat de zon er doorheen schijnt vanuit de plek waar u er het meest naar kijkt, dan komt dat heel bijzondere goed tot zijn recht. (Bij S.W.)

Fagus sylvatica 'Riversii' is een heel mooie rode beuk... een langzame groeier, maar tóch voor een grote tuin.'

Heuchera americana bloeit zacht roze, maar maakt heel fraai blad, dat aan de bovenkant glanzend zilverig groenbruin is en aan de onderkant harig roodbruin en brons.

Houttuynia cordata - al dan niet met 'Flore Pleno' als toevoeging, bloeit wit met groen (zie ook groen op bladzijde 102 tot en met 111), maar heeft mooi bronzig en purperig getint blad: een bodembedekker die goed tegen schaduw kan.

Kochia - de gewone eenjarige 'zomercypres' is een heel makkelijk te zaaien eenjarige, die voor mooie piramide-vormen kan zorgen. Het blad is fris groen, maar kleurt in de herfst naar allerlei tinten rood. De heel fijn verdeelde structuur is een practische afwisseling tussen al het diep getinte blad-geweld. Ook de in 'wit' genoemde Kochia 'Acapulco' heeft de meest extravagante herfsttinten.

**Perilla frutescens* 'Atropurpurea', ook wel *Perilla nankinensis* genoemd, is een plant van zo'n 60 cm hoog, die prachtig netel-achtig blad maakt in pure purpertinten. Dat blad geurt bij lichte kneuzing ook nog kruidig. (Zaad hij K.B.) Próchtig om roodtinten te begeleiden. Helaas eenjarig, maar heel makkelijk te zaaien.

Photinia glabra 'Rubens' is een wintergroene soort, waarvan het jonge schot lakrood is en kan wedijveren met *Pieris*. De bloei is wittig in mei/juni, de bes daarna is rood.

Pieris formosa var. *forrestii* 'Wakehurst' is een van de mooiste voor lenterood: het jonge schot is werkelijk vuurrood, steekt mooi tegen het glanzende oude blad af en begeleidt de witte bloei in april/mei, zodanig dat de struik zelfs béter past in rood dan in wit!

Prunus ceracifera 'Pissardii' is een aardige (en bekende) roodbladige sierkers (genoemd naar Monsieur Pissard, die omstreeks 1880 werkte voor de Sjah van Perzië). De bloei is wit in maart/april, maar het blad is véél langer goed als achtergrond in de rode tuin. Komt er 'Nigra' achter de naam, dan is de bloei roze en het blad werkelijk pruimkleurig.

Vitis vinifera 'Purpurea' - zie 'klimmers'.

KLIMMERS

Clematis ... echt róde zijn er natuurlijk niet, en om te vermijden, dat er niet harmoniërende rozige tinten van de grootbloemige hybriden in komen, zou ik me beperken tot de vriendelijke kelkbloemige soort die 'Gravety Beauty' heet, die kersrood open bloeit en dan bij het ouder worden rozige tinten krijgt óf kiezen voor het heel diep purperrood van 'Royal Velours', een vierbladige schoonheid met een *viticella*-afkomst, of de wat grootbloemiger 'Madame Grangé', die vijf bloemblaadjes heeft in diep purperrood.

Ipomoea quamoclit - is een van de meeste windesoorten afwijkende vorm, met heel fijn varenachtig blad en slanke vuurrode buisbloemetjes. Eenjarig, maar ráp.

Lathyrus ... je zou zeggen já, voor de geur, maar helaas is er zo intens gekruist om zo 'echt' rood mogelijke kleuren te krijgen, dat de geur er daarbij uit is! Wilt u zo echt rood mogelijk, kies dan voor 'Winston Churchill' en mag het wat lichter zijn, dan vind ik de tweekleurige 'Apricot Queen' heel mooi: zacht en dieper oranjerood!

**Lathyrus* 'Wiltshire Ripple', die ik noem in 'gloomy', vind ik zelf een mooie keus: de bloemkleur is wittig roze, met daarop véél bourgognerode stippels én... met een sterke geur! (Bij T. & M.)

Phaselus coccineus - voor een vrolijke noot zoudt u best eens een jaartje rode pronkbonen (in Engeland 'Scarlet runnerbean' genoemd) tegen een driepoot of zelfs tegen het huis of een muur kunnen zetten: ze bloeien zéér rijk met lange vuurrode bloemstengels - de bonen zijn eetbaar!

Rhodochiton atrosanguineus - de indrukwekkende pot met deze niet winterharde klimmer werd gefotografeerd op de kwekerij van Piet Oudolf in Hummelo. Romke van de Kaa in Ellecom heeft haar ook! Ze wordt interessant voor de rode tuin door het hoepelrokvormige bourgognerode schutblad - het slanke paarsblauwe bloemetje daarin zorgt voor meer raffinement. Zaad ook bij T. & M.

*Roos 'Clg. Etoile de Hollande' is meer dan mooi voor een warme zonnige muur - het is een mutant van de struikroos met dezelfde naam en brengt grote, gevulde bloemen in prachtig diep rood met een sterke geur. Ze kan muren of pilaren tot zo'n 4 m hoog overdekken! (Bij V.O.) (Bloei herhalend.)

*Roos 'Guinée' is van het diepste zwartrood dat denkbaar is, nóg donkerder dan 'Pappa Meilland'. Ook hier weer gróte bloemen en een heel heerlijke geur. 'Guinée' bloeit in juni en geeft zo af en toe wat nabloei. (Bij V.O. - 4 tot 5 m.)

Rubus phoenicolasius is de bekende Japanse wijnbes - ideáál in rood, want je kunt er ook nog rood van snoepen. (Zie ook bladzijde 130/131.

**Schisandra rubriflora* is een zelf hechtende klimmer, die in zon of halfschaduw kan. Ze bloeit met geurige rode klokjesbloemen (V, VI) en als u een mannelijk exemplaar kunt bemachtigen hebt u nog kans op rode vruchten bij het vrouwtje ook: het zijn mooie lange trosjes.

Tropaeolum speciosum is de schitterende redelijk winterharde Oostindische-kers, die staat afgebeeld op bladzijde 60, daar gefotografeerd bij de heer en mevrouw Voorwijk in Heerde. Knollen o.a. bij H.B. en zaad bij T. & M.

Tropaeolum tricolorum is een absoluut niet winterharde klimmer, maar zo beeldig, dat u haar net als *Rhodochiton* in een pot of kuip zoudt moe-

JANUARI I FEBRUARI II MAART III APRIL IV MEI V JUNI VI JULI VII AUGUSTUS VIII SEPTEMBER IX OKTOBER X NOVEMBER XI DECEMBER XII

ten proberen! Ze maakt bloemen als rode vogeltjes op elegante stengels: het 'kopje' getekend met purper en geel! Zaad bij T. & M.
Vitis vinifera 'Purpurea' is een absolute 'must' bij het rode klimwerk, want dit is werkelijk de énige klimmer die de hele zomer door rood blad heeft en die het niet alleen van de herfstkleur moet hebben, zoals wingerd en haar aanverwanten! Zij zorgt zélf voor wijd uitwaaierende ranken die schitterend roodbruin toevoegen, vooral als de zon erdoor kan schijnen. Iets voor een saaie, kalende boom misschien? Ook over een pergola kan ze rode wonderen verrichten - combineer haar met een rankende bloeier!

BALKON EN (DAK)TERRAS

Natuurlijk denk je bij de rode potten en kuipen bijna automatisch aan *Pelargonium*'s en *Fuchsia*'s ... in tientallen tinten! Die zijn er ook, sla er de catalogus van Mathijsen maar op na!
Ook knolbegonia's en vlijtige liesjes (*Impatiens* - prima voor zelfs zwáre schaduw!) zijn natuurlijk erkende bakbewoners, alle vooral om hun lánge bloeiperiode.
Maar als u nu kijkt naar de pot met *Rhodochiton* op bladzijde 60 of dénkt aan de rode-vogeltjesbloemen van *Tropaeolum tricolorum* bekruipt u dan niet ook de lust om eens iets ánders aan uw kuipbeplanting toe te voegen?
Abelmoschus-Hybriden 'Mischief' is een eenjarig familielid van de *Hibiscus*, wat duidelijk zichtbaar is aan het aardige handvormig ingesneden blad, de kersrode bloemen met wit sterhart en de lange meeldradensliert met rood vlindertje in de top, die daaruit ontspruit. (Zaad bij T. & M., een noviteit van 1986).
Canna-soorten zijn er te kust en te keur in allerlei kleuren rood.
Crocosmia masonorum is een aardig bolgewas, waarvan u er 6 in een pot stopt, om dan in juli/augustus te genieten van de lange (75 cm) bloemaren in vurig rood. (Vorstvrij en droog overwinteren.)
Erythrina crista-galli had ik járenlang in een pot, 's winters in de vorstvrije kas, 's zomers op het terras - ze werd steeds groter deze koraalstruik, met haar zéér lange bloemtrossen, die vaak wel van april tot in de herfst verschijnen!
Eucalyptus 'Macrocarpa' en *Feijoa sellowiana* (die nu *Acca sellowiana* genoemd moet worden) brengen beide zilver naar het terras; maar ook rode 'bloei', die in beide gevallen bestaat uit bossige toefen rode meeldraden!
Gloriosa-knollen kunnen rankend rood-met-geel aan de potculturen toevoegen.
Irisine herbstii 'Brilliantissima' wordt meestal als kamerplantje aangeboden, maar deze diep rood met roze getinte bladplant is een ideale zomerondersteuning voor het rode (dak)terras!
Passiflora coccinea is nóg zo'n helaas niet winterharde klimmer die met haar werkelijk scharlakenrode bloemen béèldig is tegen een driepoot-in-een-pot! (Binnen laten overwinteren.)
Phormium tenax 'Purpureum' paart prachtig purper overgloeid zwaardrachtig stijf blad aan mat rode bloei.
Sprekelia formosissima is een vuurrood en niet winterhard zusje van de *Amaryllis*: drie in een pot stoppen in april en al in juni genieten van deze heel exotisch gevormde jacobslelie. Vorstvrij en droog laten overwinteren. (Bij H.B.)

WATERPLANTEN

Omdat er geen écht rode waterlelie's zijn en u dus zult moeten kiezen voor een diep roze, zou ik altijd de 'Nymphaea' 'Fire Crest' kiezen: die geurt! Ze dankt haar naam aan het feit, dat de meeldraden in het hart van diep roze bloembladen geel en oranje van kleur zijn. *Lobelia cardinalis* of *Lobelia fulgens* 'Queen Victoria' zou schitterend zijn voor rondom een kleine vijver, maar dan massáál toegepast, want dát is een plant voor een vochtige standplaats (zie bloeilijst VII/VIII).
Dan ín de vijver géén rozerode waterlelie bij dit scharlaken geweld: liefst alleen een paar leuke bladplanten, zoals waternavel (*Hydrocotyle* - zie 'beige') of de waterklavervaren (*Marselia quadrifolia* - zie 'groen'.)
Rood en blauw kunnen prima partners zijn in de tuin. Neemt u als toevoeging bij bloedrood echt kobaltblauw, dan ontstaat een heel directe, primaire combinatie die daardoor simpel en charmant kan zijn. Zoekt u het liever in warme rode tonen en diep blauw, dan is het resultaat zo warm en zoel als eemn zomeravond. Voegt u er purperblauwe bij en roodbladigen, dan ontstaat meer spanning, maar het is een combinatie voor nabij, want het is er een van louter wijkende kleuren! Grijpt u naar zachtere tinten, zoals lilablauw en scharlaken of zelfs abrikoos, dan ontstaan subtielere, frisse combinaties, zoals u op bladzijde 64/65 kunt zien: tot in de verte lieflijk en romantisch.
Rood, wit en blauw laten zich heel goed samenvoegen, zoals elk traditioneel veldboeket met korenbloemen, klaprozen en margrieten u kan bewijzen. Ook het befaamde 'boerenbont' serviesgoed heeft die kleurencombinatie - daar kunt u zich dus geen buil aan vallen!
Rood en oranje zijn gevaarlijk gezelschap, maar het kán, als u tenminste alléén de oranjerode tinten kiest en niet de meer naar bourgogne en fluweel neigende tonen. Voeg oranje-rood aan de 'vlammende kleuren' van bladzijde 56 en 57 toe en u zíet het. Persoonlijk vind ik het beide kleuren geen eer doen - het zachte gaat van de vlammende kleuren weg en het warme van rood is verdwenen.
Rood en groen vormen een 'natuurlijke' combinatie, omdat nu eenmaal bijna elke rode bloem natuurlijkerwijs wordt begeleid door groen blad. Je bewijst er echter de groene bloemen geen eer mee: het rood knált eruit en de groenbloemige wordt een bescheiden begeleider!
Rood en zilver kunnen een heel vrolijke tweemanschap vormen, als u van de bladzijden 134/135 de wit bloeiende soorten kiest.

Volgende bladzijde: Een subtiele blauwgroepering op een van mijn terrassen: bijzonder lang en met blauwe margriet-bloemetjes bloeit Felicia amelliodes*; moeilijk over te houden, maar prachtig met de paarsblauwe klokbloemen en het grijsblauwe blad is* Eustoma grandiflorum*. Pas later komt in ons klimaat búiten de hemelsblauwe bloei van de tot boompje opgekweekte* Plumbago *erbij en heel lang kan de houten kaasvorm met* Sedum sieboldii *'Medio-variegatum' haar blauw-metroom gevlekte blad erbij voegen, want pas in september/oktober verschijnen de roze bloemen. Dat is het voordeel van verschuifbare plant-opstellingen! Links: In de tuin van Roger Souvereyns bij Kermt in België, overleefde deze grote groep blauwe* Agapanthus *de winter van 84-85 in de volle grond! Ik gebruikte ze als achtergrond voor een blauw boeket, waarin dezelfde* Agapanthus *voorkomt, samen met riddersporen (*Delphinium*), kogeldistels (*Echinops*), de blauwe disteltjes met ook blauwe bloemsteeltjes die* Eryngium planum *heten (laten zich héél makkelijk zelf zaaien!); uiteraard* Scabiosa *en juffertje-in-het-groen (*Nigella*); een hart van paarsblauwe* Trachelium*-schermen en een sierlijke rank van de meest blauwe* Lathyrus *die ik vinden kon.*

TOPTIEN

(Naar mijn smaak)

Parottia persica - de bloei is niet zo opvallend, maar de habitus van de struik is mooi en de herfstkleur zéker.
Dracunculus vulgaris - dat vínd ik toch mooi, die mysterieuze groei en bloei van de drakenaronskelk - en ze is zo lekker vróeg met opkomen!
Trillium sessile - twéé van die vroege bloeiers, wéélde in de lente-rode-tuin.
Cotinus coggygria - één van de hier genoemde roodbladige soorten zou ik er altijd in zetten.
Beta vulgaris 'Rhubarb Chard' of 'Vulcan' - of liever nog alletwee! Dolle pret, die malle rode stelen en nerven.
Roos 'Pappa Meilland' - dát is een oude liefde van me... en die géur!
Alcea rosea 'Nigra' - dól ben ik op stokrozen, vooral de enkelbloemige en déze kleur is wel héél extravagant.
Hemerocallis-Hybriden - alle door mij genoemde soorten en dan gróte toefen van elk! Prachtig bij die stokroos.

BLAUW

Blauw-nuances kleuren voor dichtbij, tinten die je op grotere afstand nauwelijks ziet, maar heel bijzonder, een tuindeel in louter blauwen!
In de bloeilijsten heb ik mij bijna uitsluitend aan écht blauw bloeiende gewassen gehouden: het paarsblauw heb ik laten staan. Niet omdat ik het niet mooi vind, maar omdat blauw naar mijn smaak ook blauw moet zíjn; hemelsblauw, kobaltblauw, gentiaanblauw, waterblauw, dát zijn de kleuren. Een heel klein beetje uitzondering zult u wèl vinden... een paar geurige rozen die natuurlijk (nog?) niet echt blauw zijn, een malle gefranjerde 'blauwe' tulp... een geurende lelie met lavendelgloed!
Wilt u combineren, doe het dan sterk en goed.
Blauw en wit geeft een fris en duidelijk contrast en kan in elk jaargetijde uitstekend worden uitgekiend. Kies dan bij wit vooral veel geurende, want daar ontbreekt het bij blauw nogal eens aan! Twee mooie voorbeelden van blauw/witte tuindelen vindt u op de bladzijden 72 en 73.
Blauw en geel zijn fantastische compagnons. Het wat koele van de blauw-tinten wordt volledig ondervangen en aangevuld door de warme geeltinten... en dat kan al vroeg in het voorjaar als geurige narcisjes en blauw bloeiende bolletjes samen gaan met bijvoorbeeld nog wat geurige *Rhododendron molle* erbij. Goede voorbeelden staan op bladzijde 76 en 77. **Over blauw en rood**-tinten heb ik het al gehad op bladzijde 67. Bovendien vindt u een subtiele illustratie op bladzijde 64/65!

JANUARI/FEBRUARI I/II

Crocus chrysanthus 'Blue Pearl' (II, III, IV) is heel zacht lilablauw. Zet haar niet té dicht bij de hierna volgende *Scillia*! (Laag bolgewasje.)
Scillia mischtschenkoana (II, III) is het vroegst met haar porseleinblauw met wit gestreepte bloemetjes - soms al in februari, zéker in maart! Werd vroeger *Scillia tubergeniana* genoemd. (Laag bolgewasje.)
Als u geluk hebt bloeit *Iris unguicularis* nu (nog) in pot - zet haar binnen gedurende strenge vorstperioden.

FEBRUARI/MAART II, III

Crocus dalmaticus (II, III) is heel mooi mauve - detoneert niet als u haar niet bóvenop het vele echt blauw van *Scilla Iris* en consorten zet. (Laag bolgewasje.)
Iris histroides (III) is heel vroeg, en schijnt maar bar weinig last te hebben van late vorsten. Geef haar wel een zonnige plek. (Laag bolgewasje.)
Iris reticulata (III) - echt blauw zijn hier 'Blue Veil', 'Clairette' en 'Harmony' - helaas geuren deze geen van alle (alleen de paarse 'J.S. Dijt'). (Laag bolgewasje.)
Scillia bifolia (III) kan heerlijk verwilderen in gras! (Laag bolgewasje.)

MAART/APRIL III/IV

Ajuga pyramidalis 'Mentallica Crispa' (IV, V, VI) is wat hoger (20 cm) dan het gewone zenegroen en maakt bovendien gekroesd, metalig roestbruin overvleugd blad. (Bij B.D.) (Bodembedekker.)
Allium caeruleum (IV, V, VI, VII) een écht blauwe sierui, lang bloeiend en prima in boeketten. (Halfhoog bolgewas.) *Anemone blanda* 'Atrocaerulea' (III, IV) is de anemoon met fijne straalbloemblaadjes. (Laag bolgewasje, ook voor schaduw.)
Anemone nemerosa 'Royal Blue' (III, IV, V) is de meer bolle bosanemoon, maar dan in lieflijk blauw. (Laag bolgewasje, voor flinke schaduw.)
Brunnera macraphylla (IV) is de vrij forse vasteplant-vergeet-mij-niet, die er ook met wit/bonte bladeren is ('Hadspen Cream' erachter). (Halfhoge plant.) Afbeelding van de groenbladige op bladzijde 101.
Camassia cusickii (IV, V) is een van de mooiste en lichtst blauw bloeiende bolgewassen. (Eén bloem ervan ziet u in het boeketje op bladzijde 100). (Halfhoog bolgewas.)
Chionodoxa gigantea (III, IV) maakt egaal blauwe, vrij grote sterbloemen. (Laag bolgewasje.)
Chionodoxa lucililiae (III, IV) maakt de sterbloemen in blauw, dat naar het hart wit verloopt. (Laag bolgewasje.)
Crocus vernus 'Queen of the Blues' (III, IV) benadert echt lavendel en mag dus ook. (Laag bolgewasje.)
Gentiana clusii (IV, V, VI) een lief laag (10 cm) gentiaantje, dat er vroeg bij kan zijn. (Bij B.D.) (Lage plant.)
Gentiana verna var. *angulosa* (III, IV) met donker blauwe grote bloem. (Lage plant - 10 cm.)
Glechoma hederacea (III, IV, V, VI, VII, VIII, IX) hondsdraf, jawél, waarom niet als bodembedekker onder struiken, het blóeit maar door! (Bodembedekker, ook voor schaduw.)
Hepatica nobilis (III, IV) het leverbloempie, dat niet zo makkelijk is, maar dat zich in een voedzaam bosgrondje lekker voelt. (Laag plantje voor half schaduw.)
**Hyacinthus orientalis* (IV, V) natuurlijk komen er zo hier en daar toefjes hyacinten voor de geur. Persoonlijk vind ik de 'Multiflora'-soorten, met meer slanke bloemstengels uit één bol, leuker dan die doorgefokte dikke. (Laag bolgewas.)
Ionopsidium acaule (IV, V, VI, VII) is een heel schattig bodembedekkertje dat door K.B. en T. & M. wordt aangeboden. Het wordt ook wel viooltjes-kers genoemd. Zaaien doet u vanaf april, direct in de volle grond, niet uitdunnen en wachten tot ze enthousiast haar gang gaat en tussen stenen, langs randjes en in open vakken van het terras haar kleine lavendelblauwe sterbloemetjes opent. Ze is eenjarig, maar blijft soms over. Overwinterde plantjes beginnen te bloeien zodra de vorst wijkt! (Bodembedekkertje.)
Ipheion uniflorum 'Wisley Blue' (IV, V) is twijfelachtig 'blue', meer een zacht rozig violet, maar wel lief tussen al dit echte blauw in de lente! (Laag bolgewasje.)
**Iris aucheri* (III, IV) dát is er een om te hebben - het is zo'n hogere 'okselbloeier' en de bloemen geuren heerlijk naar vanille. Van Tubergen heeft haar. (Laag bolgewas - 30 cm.) *Mertensia virginica* (IV, V) is een buitengewoon lenteliefje met haar fris groene blad en omlaag gerichte hemelsblauwe klokjesbloemen. Bij O.H.; v.d.K.E. en H.C.N. (Halfhoge plant - 50 cm.)
**Muscari armeniacum* (IV), de werkelijk hemelsblauwe *Muscari azureum* (III, IV - vroeger *Hyacinthus azureus*) en de 'gewone' blauwe druifjes die 'Muscari botrryoides *heten (III, IV) komen met geurigheid de blauwgeledere versterken. (Lage bolgewasjes.) Myosotis sylvatica* (V, VI, VII), die blauwe vergeet-mij-nietjes hoef je maar één keer te zaaien - het voorplantingswerk doen ze verder zélf! (Lage eenjarige.)
Omphalodes cappadocica (IV, V, VI), een schattig familielid van de borage, bodembedekkend, ook voor half schaduw met fris blauwe bloemaartjes (15 cm). (Bodembedekker.)
Omphalodes verna (III, IV, V) bloeit vroeger in een diepere kleur blauw en kan ook diepere schaduw verdragen! (Bodemdekker.)
Paulownia totemtosa (IV, V) op het kale hout van deze enige hier winterharde, blauw bloeiende boom, openen zich nu de gróte lavendelblauwe, omlaaggerichte klokbloemen aan hóge, rijke tuilen! Later maakt ze ook nog het grote blad dat mensen (die niet beter weten) doet vragen of je een 'kamerlinde' in de tuin hebt...! Het blad is nog véél groter. (Flinke boom.)
Primula glaucescens 'Calyncina' (III, IV) is een lilablauw alpenprimulaatje (10 cm) dat door B.D. wordt aangeboden. (Lage plant.)
**Primula marginata* (III, IV) is iets heel schattigs: geurige(!) lilablauwe bloemtoefjes (10 tot 15 cm) boven blauw getand blad met een zilverwit randje! Zaad bij T. & M. (Lage plant, voor goed gedraineerde plek.)
**Primula nutans* (IV, V) is ook al een geurende van T. & M. De ovale bloemhoofden (Lijken wat op langgerekte *Primula capitata*) zijn bezet met bijna echt blauwe bloemetjes, de stengels zijn 25 cm lang! Voor een vochtige plek in halfschaduw. (Lage plant.)
Pulmonaria angustifolia (III, IV) een fantástische

blauwe bodembedekker, ook voor zware schaduw! (Bodembedekker.)
Puschkinia scilloides var. *libanotica* (IV) lijkt heel erg op *Scilla mischtschenkoana* - kan haar wat bloei betreft opvolgen! (Laag bolgewasje.)
**Scilla campanulata*, de boshyacint moet nu *Hyacinthoides hispanica (IV, V) worden genoemd. Het is het bekende geurende blauwtje, dat in aardig wat schaduw kan verwilderen. (Laag bolgewas.)*
Scilla siberica (III, IV) bloeit met méér bloemstengels uit een bolletje - het is die kobaltblauwe, die ook in halfschaduw goed verwildert. (Laag bolgewasje.)
Tecophilaea ceanocrocus (III, IV) is werkelijk gentiaanblauw, en líjkt inderdaad wel op een crocus. Iets heel bijzonders, dat op een zeer zonnig beschermd plekje moet. (Bij Van Tubergen). (Laag bolgewasje.)
Tecophilaea ceanocrocus 'Leichtlinii' (III, IV) is een lichtere uitvoering; met naar het hart wit getekende bloemblaadjes, ook bij v.T. (Laag bolgewasje.)
Tulp 'Blue Herron' (IV, V) is natuurlijk van geen kanten blauw, maar ik vind deze licht lila franjetulp zo gek, dat ik haar toch vaak gebruik, net zoals de 'blauwe' rozen! (Halfhoog bolgewas, opnemen en droog overzomeren!)
Vinca minor (III, IV), de bodembedekkende maagdeplan, die met heel weinig licht toekan, en *Vinca minor* 'Argenteo-Variegata' (III, IV, V) met witbont blad en lichter blauwe bloei. (Bodembedekker.)
Viola x *wittrockiana* 'Azure Blue' (III, IV, V, VI, VII, VIII, IX) is een fantastisch dóórbloeiende tweejarige. Zaai in de zomer, zodat ze zo vroeg mogelijk in het jaar kan beginnen. (Lage tweejarige.)

MEI/JUNI V/VI

Aconitum napellus ssp. *pyramidale* (VI, VII, VIII) is de eerste donker blauwe monnikskap voor een schaduwplek. De varieteit 'Newry Blue' maakt marineblauwe bloemen. (Middelhoge plant - 100 cm.)
Adelocaryum anchusoides (V, VI, VII, VIII) bloeit lekker lang en hoog (70 cm) met *Anchusa*-achtige bloemen. Bij O.H. (Halfhoge plant, ook voor halfschaduw.)
**Agastache foeniculum* (VI, VII, VIII) geurt heerlijk naar anijs (bij O.H.) en *Agastache mexicanum* brengt citroengeur (bij B.D.) Het zijn alletwee heel fijne tuinplanten én snijbloemen en ze worden bovendien druk door bijen bezocht. (Halfhoge tot middelhoge plant, 60-80 cm.)
Ajuga reptans (V, VI) is het gewone zenegroen dat groen blad en blauwe bloemen brengt. *Ajuga reptans* 'Burgundy Glow' maakt bourgogne gekleurd blad onder die blauwe bloemen en *Ajuga reptans* 'Rubra' wordt wat hoger en heeft (bijna de hele winter) brons getint blad. *Ajuga reptans* 'Variegata' maakt witbont blad onder de blauwe bloemen. (Prima bodembedekkers.)
Anagallis arvensis ssp. *caerulea* (VI, VII, VIII, IX) het gentiaanblauwe guichelheil is niet zo veel voorkomend als haar abrikozen zusje, maar zaad kunt u ervan krijgen bij K.B. en C.G. (Lage eenjarige.)
Anchusa azurea 'Loddon Royalist' (VI, VII, VIII, IX) is niet alleen 'royaal' met blauwe bloemen, het is ook nog een kloeke plant (125 cm), én bovendien uiterst makkelijk uit zaad op te kweken. De bloemstengels kunnen érg zwaar worden: zet er tijdig wat takken tussen! (Hoge plant.)
Anchusa capensis 'Blue Bird' (VI, VII, VIII, IX) is de eenjarige ossetong, die ook al makkelijk is. (Lage eenjarige.)
Aquilegia alpina (VI, VII), is laag (50 cm) en blauw; *Aquilegia caerulea* 'Daileyae' nog lager (35 cm) en blauw met wit; *Aquilegia flabellata* 'Nana' (V, VI) is vroeg, zeer laag (15 cm) en licht blauw met room; *Aquilegia*-Hybriden 'Ministar' is ook 15 cm, bloeit ook vroeg in mei/juni en is gentiaanblauw met wit; en *Aquilegia pyrenaica* is weer effen blauw, wat hoger (40 cm) en ook in V/VI bloeiend. Alle bij B.D., maar verschillende andere kwekers hebben ook soorten. (Lage en halfhoge planten.)
Akeleien zijn bovendien makkelijk zelf te zaaien - zaad bij K.B. en T. & M.
Asperula orientalis (VI, VII) een lief zacht blauwe eenjarig tegenhangertje van het vaste witte lievevrouwenbedstro. (Eenjarig, laag.) *Baptisia australis* (VI) lijkt nogal op een lupine en is makkelijk uit zaad op te kweken. Zaad bij K.B., planten bij O.H. (Middelhoge plant - 100 cm.)
Borago laxiflora (VI, VII, VIII, IX) is een heel laag zusje van de komkommerplant - eigenlijk niet vast, maar daar merk je niets van, want ze zaait zich net zo enthousiast als haar grotere familielid. De bloei is absoluut hemelsblauw en rijk. Onder andere bij O.H. (Lage plant, kan bodembedekker worden, met haar brede platte en enigszins rasperige bladrozetten.)
Brodiaea laxa (V) is een violetblauw bloeiend bolgewas, dat ook zéér sterk is op de vaas. Bij Van Tubergen. (Halfhoog bolgewas.)
Buglossioides purpurocaerculea (nieuwe naam voor *Lithospermum*) (V, VI) is het zeer blauw bloeiende parelzaad. (Lage plant - 20-40 cm.)
Campanula (V, VI, VII) álle blauw bloeiende *Campanula*'s mogen van mij. Ga eens bij Mieke van Kempen kijken, die heeft lijsten klokjesbloemen! En Brilleman ook. (Lage, halfhoge en middelhoge planten.)
Centaurea cyanus (VI, VII, VIII) is de eenjarige blauwe korenbloem. *Centaurea montana* (V, VI, VII, VIII) de vaste plant, die ook heel snel uit zaad opkomt en zich gewéldig spontaan uitzaait. (Halfhoge eenjarige en vaste plant.)
Clematis integrifolia 'Hendersonii' (VI, VII, VIII) is een mooie lage struikvorm (25-50 cm) die op eigen kracht kan staan en de omlaag gerichte bloemen luchtig laat dansen op die hoogte. (Halfhoge plant.)
Codonopsis ovata (VI, VII) is een liefje, met de buitenkant van de zacht blauwe bloemkelkjes iets opgeheven. Zaad bij T. & M. Planten bij Brilleman. (Halfhoge plant.)
Commelina tuberosa (VI, VII, VIII, IX) lijkt een intens blauw zusje van *Tradescantia*: héél mooi. Bij S.O. (Halfhoge plant.)
Cynoglossum amabile 'Firmament' (VII, VIII, IX) is de uiterst makkelijk zelf te zaaien tweejarige hondstong. (Halfhoog, tweejarig.)
Decaisnea fargesii (V, VI) blóeit groenig en elegant, maar zet haar toch ook maar hier, want in de nazomer zijn de dikke blauwe peulen een sieraad! (Struik.)
Delphinium ajacis (VI, VII, VIII) is de eenjarige, die (op warmte) kan worden gezaaid. De vaste soorten zaai je anders, zie volgende omschrijving. K.B. biedt op kleur geselecteerd zaad aan: hier kiest u uiteraard de blauwe. (Eenjarig, middelhoog - 100 cm.)
Delphinium grandiflorum var. *sinense* (VI, VII, VIII) zijn schattige lage, die makkelijk zelf te zaaien zijn, mits u het zaad twee weken voorkoelt in de koelkast en dan de temperatuur niet boven de 21 graden C laat komen. Zaad bij K.B. 'Blue Butterfly' en 'Blue Mirror' zijn beide mooi echt blauw. (Lage plant - 35 cm.)
Delphinium-Hybriden 'Bella Donna Improved' (VI, VII, VIII) is een fraai vertakte in verschillende kleuren blauw, met wat wit, roze en purper. Helaas nog geen 'op kleur'-zaad bij T. & M. van deze praktische middenmoot die niet hoger wordt dan 90 à 120 cm. (Middelhoge plant.)
Delphinium-Hybriden 'Gletscherwasser' (VI, VII), is fris waterblauw, voor als u niet tegen wat bindwerk opziet (180 cm.) (Zeer hoge plant.)
Delphinium-Hybriden 'Völkerfrieden' (VI, VII, VIII, IX) is een mooie intens blauwe en niet zo hoge (100 cm) dus dat geeft minder bindwerk. (Middelhoge plant.)
Echium plantagineum (VI, VII, VIII) héél makkelijk uit te zaaien dat éénjarige slangekruid! (Een- of tweejarig, laag - 40 cm.)
Eryngium planum (VI, VII, VIII) is de eerste van deze 'distels' die gaat bloeien, met kleine bloemen aan ook blauw getinte stengels. Heel makkelijk te zaaien, prima voor de snij. (Middelhoge plant.)
Gentiana (VI, VII, VIII) in deze maanden begint het blauwe gentiaangeweld! Mieke van Kempen is duidelijk een Gentiaan-fanaat. Ga eens naar Kapel-Avezaath en snuffel daar rond! (Lage, halfhoge en middelhoge planten.)
Geranium... (VI, VII, VIII) mássa's blauwe tuingeraniums zijn er. Ik vind de *Geranium pratense* 'Plenum Caeruleum' erg mooi, maar als je de lijst van Coen-*Geranium*-gek-Jansen bekijkt krijg je de neiging ze álle te nemen! (Lage tot halfhoge planten.)
Gilia capitata (VII, VIII) is een schattige eenjarige met flossige bolle bloemhoofden op stengels van zo'n 60 cm. Ook uitstekend in boeketten. Zaad bij K.B. en T.& M. (Eenjarig halfhoog.)
Globularia's (V, VI) zijn er in tien kleuren blauw - leuk, die lage kogelbloemen! (Bij B.D.) (Lage planten.)
Houstonia caerulea (V, VI) dat is een schattig bodembedekkertje, overláden met zacht blauwe sterretjes! (Bodembedekker.)

Blauw en wit leveren een mooie frisse en koele combinatie: links rankt Hyndrangea anomala *ssp.* petiolaris *óm een fraaie sierpot van maker Alfred Lörcher uit Duitsland, met daardoorheen* Campanula latifolia *en rechts een mooie groepering in de tuin van mevrouw Van Bennekom, met verschillende* Veronica- *en* Salvia-*soorten;* Nepeta sibirica *(geurt naar pepermunt en staat linksachter), riddersporen, viooltjes en kruidige* Matricaria. *Een* Buxus-*bol fungeert als vormaccent.*

BLAUW

Hydrangea macrophylla (VI, VII, VIII, IX) voor vochtige plek en aardig wat schaduw de díkke blauwe bollen van de 'hortensia'! (Struik voor schaduw.)
**Hyssopus officinalis* (VI, VII, VIII, IX) - de hysop uit de kruidentuin om haar aromatische geur, de vele vlinders en bijen die ze trekt én om haar langdurige bloei. (Lage plant.) *Iris* Germanica-Hybriden (V, VI) bij de overige kleuren heb ik gestreefd naar compleetheid of naar een goede selectie, maar bij blauw is dat absoluut onmogelijk... het zijn er téveel en ze zijn allemaal mooi! (Halfhoge tot middelhoge plant.)
**Iris hoogiana* (V) is een múst vind ik, want het is een van de weinige zoet geurende in dit jaargetijde. Prachtige iris op stengels van zo'n 50 cm - uiteraard bij Van Tubergen, want ze is genoemd naar de oud-directeuren van dat bedrijf! (Halfhoog bolgewas.)
Iris sibirica 'Blue Cape' (VI) omdat er zo weinig blauw ín de vijver is moet u deze iris er zeker een plaatsje in de buurt geven. Ze hoeft niet absoluut vochtig, maar ze houdt er wel van! (Halfhoge tot middelhoge plant.)
**Lavandula* (VI, VII, VIII), alleen om de geur al - liefst alle soorten. (Struikjes.)
**Lilium auratum* 'Lavender Princess' (VI) heeft inderdaad een vleugje lavendel over de geurige bloem... doen dan maar, net als de rozen en de tulp? (Zaad bij T. & M) (Halfhoog tot middelhoog bolgewas.)
Limonium gougetianum (VI, VII, VIII) een mooie vasteplant-statice met luchtige pluimen, kleine bloemetjes (20 cm) een hogere in lavendelblauw is *Liminium latifolum* (50 cm) het bladrozet van deze is bijna zuiver zilver. (Lage plant.)
Linum perenne (VI, VII) is het rijkelijk bloeiende vaste-plant-vlasje in hemelsblauw. (Lage plant.)
Lobelia sessilifolia (VI, VII) is een mooie hoge (90 cm) soort. Bij J.K. (Middelhoge plant.)
Lupinus texensis (VI, VII, VIII) is een laagje (30 cm) van T.& M.; eenjarig maar de moeite waard om haar mooie gevulde blauwe bloei-aren. (Lage eenjarige.)
Meconopsis betonicifolia (VI, VII, VIII) is de droom van iedereen die van blauw houdt... een lástige schone, die zich meestal gedraagt als tweejarige en toch eigenlijk vast zou moeten zijn. (Halfhoge tot middelhoge plant.)
Mertensia echoides en *Mertensia primuloides* (V, VI) zijn leuke lage met intens blauwe bloemetjes, voor halfschaduw. (Lage plant.)
Mertensia sibirica (V, VI, VII) kan flink veel schaduw hebben, maakt grijs blad en mooie hemel blauwe bloemen 50 cm. (Halfhoge plant.)
Nemophila menziesii (VI, VII, VIII), het boslíefje kan in één jaar uitgroeien tot een echt bodembedekkertje vól hemelsblauwe bloemen met wit hart. (Eenjarig, laag.)
Nigella damascena (VI, VII, VIII, IX) het-juffertje-in- het-groen is in alle stadia mooi - zie boeket op bladzijde 69. (Laag, eenjarig.)
Phacelia tanacetifolia (VI, VII, VIII) is een makkelijk te zaaien eenjarige bijenplant - léuk! (Halfhoge eenjarige.)
Physoplexis comosa (vroeger *Phyteuma comosum*) (VI, VII) is de héél mooie blauwe duivelsklauw. Iets voor een trog-tuin, dit kalkminnende alpenplantje. (Laag rotsplantje.)
Phyteuma (VI, VII en VIII) tot mijn verheugenis vond ik bij Brilleman een heleboel van deze blauw bloeiende schoonheden. (Lage planten.)
Polemonium caeruleum (VI, VII, VIII) als u haar in de hand kunt houden deze wildebras! (Halfhoge plant.)
Primula capitata (VII, VIII) een beauty, met platbolle bloemtoefen op slanke stengels (30 cm). Bij P.B. (Lage plant.)
Primula muscarioides (VI, VII) lijkt qua bloeiwijze op het blauwe druifje, wat haar naam al zegt. Bij B.D. (Lage plant.)
*Roos 'Blue Moon' (VI) is licht gevuld, geurt fijn en wordt aangeboden door Bakker in Hillegom. (Een doorbloeier). Vroeger had ik deze in de tuin - een heel spannende kleurencombinatie. (Struik.)
*Roos 'Nil Blue' is een geurige(!) zacht lila roos, die wordt aangeboden door De Wilde in Bussum. Start in juni en is een doorbloeier. (Struik.)
**Rosamarinus officinalis* (V, VI) ...lavendel en rozemarijn hóren hier, al was het alleen al om de geur! (Niet echt winterhard kruidig struikje.)
Salvia haemathodes (VI, VII, VIII, IX) bladrozetten met een lange stengel vól lipbloemen in zacht blauw (70 cm bij O.H.).
Salvia x *nemerosa* 'Blauhügel' (VI, VII) de meest echt blauwe lage. Bij O.H. (Lage plant.)
Salvia patens (VII, VIII, IX) is absoluut zuiver blauw, maar niet echt vast. Makkelijk te zaaien en als u de witte knolletjes die ze vormt voor de vorst opneemt en droog laat overwinteren gaat het prima. U kunt ook elk jaar zaaien of het beste hopen van een heel dik dek! (Halfhoge plant - 70 cm.)
Scabiosa caucasica 'Clive Greaves' (VI, VII, VIII, IX) is een mooie vaste en *Scabiosa stellata* 'Drumstick' een erg leuke eenjarige die schitterende bolle zaadtoefen maakt (met naar buiten gekeerde parapluutjes in turquoise/beige). Zaad bij K.B. (Halfhoge vaste en eenjarige.)
Scilla peruviana (díkke bloemtoefen) en *Scilla pratensis* (V, VI) voegen nog wat bollenblauw toe. (Lage bolgewassen.)
**Syringa*-Hybriden 'Katherine Havemeyer' (V, VI) is de meest 'blauwe' sering - voor de geur zou ik het doen! (Struik tot boom.)
Tradescantia-Hybriden 'Osprey' (VI, VII, VIII, IX) is een heel mooie zacht ıauwe eendagsbloem. (Lage tot halfhoge plant.)
Veronica petraea 'Madame Mercier' (VI, VII, VIII, IX, X) bloeit heel lang met licht blauwe bloemaartjes (20 cm) en geeft in het voorjaar het blad rossige tinten! (Bij O.H.) (Bodembedekker.)

JULI/AUGUSTUS VII/VIII

**Calamintha nepetoides* (VI, VII, VIII, IX, X) is niet echt blauw, maar verspreidt een heerlijke pepermuntgeur. Een geur-extra kunnen we in deze kleurstelling wel gebruiken! (Lage plant.)
Catananche caerulea (VII, VIII) een vaste droogbloem van een zilverig lavendel, op slanke stengels uit een zilvergroen rozet. (Halfhoge plant.)
Ceanothus-Hybriden 'Gloire de Versailles' (VIII, IX) is helaas de enige hier (enigzins) winterharde van deze schitterend blauw bloeiende struiken. (Struik.)
Codonopsis cardiophylla (VII, VIII) is heel zacht waterblauw en 50 cm hoog, *Codonopsis Clematidea* wat later (30 cm) en met mooie zacht blauwe klokbloemen. Beide bij B.D. (Lage tot halfhoge plant.)
Cyananthus microphyllus (VII, VIII) is een schattig blauw rotsplantje met stervormige *Campanula*-bloemetjes. (Laag rotsplantje.)
Echinops bannaticus (VII, VIII) is de mooie hoge kogeldistel die met haar bolle bloemvorm heel welkom is. (Middelhoge tot hoge plant - 110 cm.)
Eryngium alpinum (VII, VIII) is een buitengewoon mooie blauwe distel met kantachtig fijne omwindselbladeren. (Bij O.H.) Ze wordt 70 cm hoog. (Halfhoge plant.)
(Zie ook 'zilver'.)
Hibiscus syriacus 'Oiseau Bleu' en 'Coelestis' (VIII, IX) zijn twee mooie blauwe vormen van deze onmisbare tuinhibuscus. (Struik.)
Hydrangea macrophylla ssp. *serrata* (VII, VIII) met lavendel rozige schijnbloemetjes en een hart van kleine blauwtjes in het platte scherm, vind ik nét blauw genoeg voor hier. (Struik.)
Jasione laevis (VII, VIII) het zandblauwtje is een liefje voor wie tuiniert op zandige grond - mijn klei éét ze niet! (Laag plantje, in Limburg veelvuldig langs de wegen in het wild.)
Lobelia siphilitica 'Blaue Auslese' (VII, VIII, IX) is werkelijk kobaltblauw. Ik vond de mijne bij Mieke van Kempen. (Halfhoge tot middelhoge plant - 80 cm.)
**Lupinus benthamii* (VII, VIII) moet u probéren, nieuwe soort van T. & M. met zoet geurende blauwe toortsen! Zaad 24 uur voorweken! (Halfhoge tot middelhoge plant.)
Myosotodium hortensis (VII, VIII) maakt *Bergenia*-achtig glanzend blad en hemelsblauwe dikke toefen vergeetmijnietjes-bloemen. Zaad bij T. & M. - 2 weken voorkoelen, kiemtijd 1 tot 6 maanden. Staat graag tegen een noord-muur in rijke humeuze grond met in de lente vismeel als toegift. 's Winters goed dekken - lástig, maar héél mooi! (Lage plant.)
Nepeta sibirica (VII, VIII, IX) is een mooie forse plant met ópgaande stengels vol lipbloemen. Ze staat afgebeeld op bladzijde 73, links achteraan. (Middelhoge plant.)
Penstemon fruticosus 'Blue Spring' (VII, VIII, IX) is er een vól blauwe klokken! Bij B.D. (Lage plant - 40 cm.)
Penstemon hartwegii 'Bleu Gem' (VII, VIII, IX) bloeit heel elegant en luchtig, maar wil wel een flink dek in de winter! (Halfhoge plant.)
Phacelia Campanularia (VII, VIII, IX) is de meest intens blauwe eenjarige die ik ken: schattig, met wítte meeldraden uit het kelkje. (Lage eenjarige.)
Salvia uliginosa (VII, VIII, IX), meer dan manshoog, met écht blauwe bloempluimen en tóch

geen steun nodig. Een schoonheid voor late bloei! Bij Van de Kaa in Ellecom. (Hoge plant.)
Veronica incana (VII, VIII) heeft mooi grijsgroen blad en helder blauwe bloemaartjes (30 cm). (Lage plant.)
Veronica longifolia 'Blauriesin' (VII, VIII) maakt blauwe onvertakte lange (90 cm) bloempluimen. (Middelhoge plant.)

AUGUSTUS/SEPTEMBER VIII/IX

Aconitum fischeri (VIII, IX, X) is een niet zo hoge monnikskap met mooie egaal licht blauwe bloemen. (Middelhoge plant - 70 cm, voor halfschaduw.)
Aster ericoides 'Blue Star' (IX, X) is kleinbloemig, 70 cm en bijna écht blauw. Bij O.H. (Halfhoge tot middelhoge plant.)
Aster ericoides 'Lovely' (IX, X) is wat hoger (100 cm) en bloeit in licht blauw. Bij v.d.K.E. en O.H. (Middelhoge plant.)
Aster x *frikartii* 'Mönch' (VII, IX) heeft lavendelblauwe bloemen met een sprekend geel hartje (70 cm). (Halfhoge plant.)
Caryopteris x *clandonensis* (IX) een zéér rijk bloeiende toegift in de struiken-serie! (Struik.)
Ceratostigma plumbaginoides (IX, X) maakt echt groen blad met gentiaanblauwe bloemetjes en *Ceratostigma willmottianum* maakt beide iets lichter. (Bijzonder mooie halfstruikjes.)
**Perovskia atriplicifolia* 'Blue Spire' (VIII, IX) is nóg een blauw bloeiende struik voor deze tijd: heel fijn puur zilveren aromatisch blad en lánge pluimen blauwe bloemen. (Middelhoge plant - 70 cm, voor halfschaduw.)

Vergeet vooral niet bij 'zilver' te kijken, daar staat nog een 'zilveren' lijstje dat blauw bloeit!

OKTOBER/NOVEMBER/DECEMBER X/XI/XII

Niets extra, of het moet de (in pot) bloeiende *Iris unguicularis* zijn! Wèl ruimschoots genieten van blauwe bessen en bonen nog... zie bladzijde 142/143, met als extra een grijzige bast van bladzijde 126/127 en natuurlijk winter-grijs blad!

BIJKLEUREND BLAD

Hier kan ik kort zijn: álle grijsbladigen van bladzijde 134/135 zijn prachtig als achtergrond en tussen blauw. Een heel bijzondere plaats mag *Hosta sieboldiana* 'Glauca' innemen! Uitmuntend dat grote blauwe blad en de zacht lila bloei! Denk óók aan het 'winterblauw' van bijvoorbeeld Elaeagnus x *ebbingei*!

WATERPLANTEN

Er is er maar één die echt blauw bloeit ín het water en dat is *Pontederia cordata*! Maar voor eromheen zijn er heel mooie *Primula*'s en irissen (zie bloeilijsten), schattige moerasvergeetmijnietjes (*Myosotis palustris*), fraaie *Gentiana pneumonanthe*, waarop het sierlijke 'gentiaanblauwtje' (een klein blauw vlindertje) vliegt en de vocht minnende *Veronica beccabunga*, bijvoorbeeld.

KLIMPLANTEN

Clematis... grootbloemige hybriden teveel om op te noemen!
Clematis alpina 'Columbine' moet erbij voor de vroege bloei.
Clematis campaniflora is zo zacht waterblauw, dat ik haar ook bij 'wit' zette. Een snoepje is het.
Clematis heracleifolia 'Robert Brydon' en 'Campanille' hebben een afwijkende bloei: lange stengels met daarlangs hyacint-achtige bloemen, mooi en krachtig, kan ook best wat schaduw hebben.
Clematis intregrifolia 'Olgae' maakt mooie omlaag gerichte grote franjeklokken.
Clematis macropetala is ook een vroege blauwe met mooi dik meeldradenhart.
Codonopsis convolvulacea (VII) is een heel mooie met betrekkelijk grote blauwe klokbloemen. (Bij v.d.K.E.)
Lathyrus... namen als 'Blue Danube' beloven echt blauw, dat is het ook hier niet, maar het is wel mooi erbij! Geurig is in deze kleurstelling alleen *'Lady Fairbairn' en die dame is lavendelig roze (zie boeket op bladzijde 69).
Passiflora caerulea... ik blíjf het proberen, maar de laatste twee winters waren niet echt bevorderlijk voor deze tere schone. Toch heb je de hele zomer véél plezier van de exotische bloei. Ze zijn bovendien heel makkelijk te zaaien en elke bloemenman verkoopt in het voorjaar jonge planten: om zo'n hoepeltje zit (als je die voorzichtig losmaakt), een rank van wel 1 1/2 meter!
Vitis... jawel, een blauwe druif is er leuk tussen: de 'Glorie van Boskoop' maakt hónderden kleine blauwe trosjes in de nazomer: pret voor boeketten, schalen én voor de vogels.
**Wisteria sinensis* en *Wisteria floribunda* geven ná elkaar onovertroffen geurig kantwerk tegen huis of pergola.

BALKON EN (DAK)TERRAS

Dat wordt ten dele púúr traditie... want *Lobelia*'s en *Ageratum* zijn natuurlijk niet te overtreffen blauw!
Grote potten of kuipen met *Agapanthus*, zijn natuurlijk ook niet 'nieuw', maar wèl erg mooi. Ze kunnen in niet te koude streken ook prima in de volle grond, zoals u op bladzijde 69 kunt zien!
Clerodendrum ugandense (een bijzondere struik, waarvan T. & M. zaad aanbiedt), is een schátje, met losse bloempluimen die op zwérmen kleine blauwe vlinders lijken! 's Zomers in wat schaduw buiten en overwinteren bij 5-10 graden C.
Felicia amelloides vind ik een van de schattigste blauwtjes, met werkelijk de hele zomer (en ook nog op de overwinterplek binnen) zuiver hemelsblauwe margrietbloemen met geel hartje. Ze staat afgebeeld op mijn terras op bladzijde 68.
Daar ook een pot met *Eustoma* - schitterend dat zilverblauwe blad met daarboven de díkke paarsblauwe klokbloemen. Moeilijk over te houden vind ik, maar gelukkig wordt ze als eenjarige nu ook bijna overal aangeboden. Als snijbloem kent u ze al langer!
**Heliotropium* 'Marine' kan voor paarsblauwe geur zorgen op het terras.
Plumbago-op-stam... jazéker, dat gaat prima in de zomer buiten! Een régen van hemelsblauwe bloemetjes geeft dat. Uiteraard moet ze in de wintermaanden binnen.
Trachelium ziet u verwerkt in het boeket op bladzijde 69. (De vlakke schermen in het hart.) Het is net als *Eustoma* een niet winterharde plant, die u in potten makkelijker de winter doorhaalt.

TOPTIEN

(Naar mijn smaak.)

Iris aucheri en *Iris hoogiana* - beide om de geur!
Camassia cusickii - wie blauw tuiniert zou nóóit dit mooie kleurtje mogen overslaan.
Mertensia virginica - zo beeldig zacht van kleur, zowel het blauw als het blad!
Agastache - alletwee, voor de geur én voor de snij.
Aquilegia - alle soorten: lekker ouderwets die bloemen!
Campanula - geef mij ál die blauwtjes maar, kunnen ook bést tegen schaduw.
Delphinium - graag de lage soorten (aan opbinden kom ik toch niet toe...) de 'zonzijde' is dan ook gevuld.
Decaisnea fargesii - om die malle blauwe bonen en haar elegante groei.
Nigella - het juffertje-in-het-groen mág je gewoon niet voorbijgaan.
Perovskia/Ceratostigma/Caryopteris - het herfstig halfstruiken-trio!

ROZE/PASTEL

Heel zachte tintjes roze en lila laten zich verenen tot tuindelen van een heel aparte charme - vriendelijk zonder zoet te zijn, omdat er zoveel mooie verschillende bloemvormen zijn en zoveel fraai blad erbij. In een apart lijstje vindt u de roze bloeiende zilverbladigen op bladzijde 130/131 en vergeet die vooral niet, want ze doen véél tussen roze bloeiende gewassen. Vergeet ook grootbladige planten als *Rheum palmatum* en *Rodgersia* niet erbij. Natuurlijk kunt u ook ruimschoots uitpakken met geurige rozen... ze zijn ervoor gemáákt.
Omdat ik me bij deze zeer 'grote' kleur zeer heb moeten beperken heb ik absoluut niet volledig kunnen zijn zéker bij de diepere tonen paars/roze niet. Hopelijk kunt u toch een goede keus maken voor úw roze tuindeel!

pagina 76: Ook met Alpenplantjes in een trogtuin kan op kleur worden getuinierd: hier geel bloeiende Saxifraga x apiculata *en de elegante blauwe bloei van* Moltkia x intermedia.
pagina 77: blauw en geel kunnen elkaar ook innig omarmen, zoals de blauwe Clematis, *die een goudiep* (Ulmus x hollandica 'Wredei') *beklimt. Lente-geel-met-blauw én zeer geurig kan worden gevonden bij geeltinten van* Azalea mollis *(heet nu eigenlijk* Rhododendron molle*) en het blauw van boshyacintjes* (Hyacinthoides hispanica. *De witte azalea met gele stipjes is de hybride die 'Persil' heet. In de tuin van mevrouw Ter Kuile in Wassenaar een laantje van lente-gele* Acer pseudoplatanus *'Brilliantissimum' met daaronder veel lenteblauw van onder andere* Veronica *en vergeet-mijnietjes. De vogel van geglazuurd steengoed werd door mevrouw Ter Kuile zelf gemaakt. Incidenteel verkoopt zij tuinornamenten.*

JANUARI/FEBRUARI I/II

**Cyclamen coum* (soms al in XII, meestal I, II, III) een beeldig mini-cyclaampje, met mooi gemarmerd blad en zachte geur. (Laag bolgewasje.)
Tulipa pulchella 'Humilis' (soms al in I, meestal in II/III) een heel lief en heel laag roze tulpje. (Laag bolgewasje.)

FEBRUARI/MAART II/III

**Abeliophyllum distichum* (II, III, IV) vindt u ook bij wit -zóetjes geuren de vaag wit/roze bloemtrosjes! (Struik.)
Anemone blanda 'Charmer' (II, III, IV) is de vroegst bloeiende anemoon. De kleur is een vriendelijk roze. (Laag bolgewasje.)
Asperula nitida (III) een zacht roze 'vrouwenbedje'! Ik vond haar bij Brilleman. (Bodembedekker.)
Camellia japonica (II, III, IV) in tal van tinten roze. Met een muur in de rug, kan ze op het westen: bij strenge vorst een mat eromheen! (Wintergroene struik.)
Crocus chrysanthus 'Ladykiller' (II, III, IV) is wit met purperen veegjes aan de buitenkant... doet het béèldig onder een van de sierkersen. (Laag bolgewasjes.)
Crocus minimus (III) is vroeg en zacht roze, een liefje! (Laag bolgewasje.)
Crocus sieberi 'Violet Queen' (III) is diep roze met purperen veegjes aan de buitenkant. (Laag bolgewasje.)
*Narcis 'Louise de Coligny' (II, III) is een vroeg bloeiende met zalmkleurig trompetje, die ook nog geurt! (Laag bolgewas.)
**Prunus conradinae* (III) op een beschut plekje bloeit ze in absoluut schelproze en met een verrassend zoete geur! (Kleine boom.)
Prunus davidiana 'Rubra' (III), genoemd naar Missionaris David, is wat dieper roze, maar geurt niet. (Slanke boom.)
Prunus fenzliana (III), een brede struikvorm (fijn voor vormcontrast) maakt karmijnrode knoppen die openen tot zacht roze bloesem op het kale hout. Het blad later is zeegroen. (Brede struik.)
Tulipa pulchella violacea 'Rosea' (III), warm roze, heel laag en met een mooi geel hart. (Laag bolgewasje.)
Tulipa saxatilis (III) met soms wel drie helder lilaroze tulpjes op één steel en met een bijna oranje kring rond het hart, waarin zwarte meeldraden. (O.a. bij H.B.) (Laag bolgewasje.)

MAART/APRIL

Allium karataviense (IV, V) is een zilverlila schoonheid met díkke bloemhoofden, die laag worden gedragen boven het zéér fraaie dikke metalig blauwe blad. (Laag bolgewas.)
**Amberboa moschata* 'Rosea' (VII, VIII, IX) heet 'welriekende korenbloem' en dat is eigenlijk wel duidelijk. Ze geurt zoet, lijkt op een vaste korenbloem en is makkelijk te zaaien. (Halfhoge tot middelhoge plant - 80 cm.)
Anemone nemerosa (III, IV), de 'gewone' bosanemoon heeft vaak roze blosjes op de bolle bloemen.
Arisaema candidissimum (IV, V) op een beschut plekje zetten en genieten van deze gróte roze met wit en groen genuanceerde schoonheid. Bij Bloemenhoek, de Bilt. (Halfhoge plant.)
Bellis perennis (IV, V, VI) leuke dubbele roze madelieven hoef je maar één keer te zaaien of te planten, de rest doen ze zelf. (Laag, eenjarig, gedraagt zich vaak vast.)
Bergenia (III, IV, V) kijk hiervoor onder het kopje 'bijkleurend blad' (bladzijde 67) bij rood - dáár staan ook de roze bloeiende omdat het blad in de winter zulke spannende kleuren krijgt. (Lage plant.)
Buddleja alternifolia (IV) watervallen zacht lilaroze bloemtoefjes langs elegant overhangende takken met zilveren blad! Helaas nauwelijks geurend. (Zie struik ná de bloei op bladzijde 137 in het midden). (Struik.)
Cardamine pratensis 'Flore Pleno' (III, IV, V) is een schattige dubbele pinksterbloem - leuk onder al dat bloesemgeweld!
Chionodoxa luciliae 'Pink Giant' (III, IV) een 'reuzin' van zo'n twaalf centimeter! (Laag bolgewasje.)
Chionodoxa luciliae 'Rosea' (III, IV) is werkelijk púúr roze. (Laag bolgewasje.)
Choenomeles speciosa 'Rosea Plena' (III, IV) heeft gevulde garnaalroze bloemen. (Struik.)
Corydalis cava syn. *bulbosa* (III, IV, V) holworteltjes zijn lieflijke gewasjes met varenfijn blad en elegante bloei. Als u zelf wilt zaaien: het zijn koud-

JANUARI I
FEBRUARI II
MAART III
APRIL IV
MEI V
JUNI VI
JULI VII
AUGUSTUS VIII
SEPTEMBER IX
OKTOBER X
NOVEMBER XI
DECEMBER XII

kiemers, dus gewoon buiten zaaien. (Op den duur prima bodembedekker.)
Crocus 'Vanguard' (III, IV) is een mooie hybride: lilaroze van binnen en wit van buiten. Bij Van Tubergen. (Laag bolgewasje.)
Cyclamen repandum (IV) kan de *coum* opvolgen. (Laag bolgewasje)
Tulpen... (IV) natuurlijk zijn er mássa's roze tulpen die nu met bloeien beginnen. Als u de moeite van het droog overzomeren wilt nemen... aan ú de keus. (Halfhoge bolgewassen.)
Cytisus x *praecox* 'Zeelandia' (IV, V) is een flinke roze brem, helaas zónder geur, maar mooi. (Struik - tot 1.5 meter.)
**Daphne mezereum* 'Rosea' (III, IV) is een helder roze selectie die even veel geur verspreidt als de diep, lila soort. (Struik.)
Dicentra spectabilis (IV, V, VI) - of is het het 'huilend hartje' te fel van tint voor deze pastelnuances? (Halfhoge plant.)
Epimedium youngianum 'Roseum' (IV, V) maakt lilaroze bloemetjes boven het fraaie blad. (Lage plant, ook voor halfschaduw.)
Erythronium dens-canis (IV, V) het hondstandviooltje paart zeer sierlijke bloei aan fraai gemarmerd blad. (Laag bolgewasje voor halfschaduw.)
Haberlea rhodopensis (IV, V) maakt boven mooie lage bladrozetten sierlijke stengeltjes (10 cm) met uitwaaierende zacht roze bloemen. Iets voor de trog-tuin. Bij B.D. (Rotsplantje.)
Halesia monticola 'Rosea' (IV, V) met schelproze 'sneeuwklokjes'... perfect van kleur voor hier! (Boom.)
Lamium maculatum 'Carneum' (IV, V, VI, VII) maakt heel lang zacht roze bloemen. Een alleraardigste dovenetel van 30 cm hoog. (lage plant, op den duur goede bodembedekker.)
**Magnolia sprengeri* (IV) is de enige roze bloeiende én geurige in deze tijd! Bij Esveld in Boskoop. (Struik tot boom.)
**Malus angustifolia* (IV, V) brengt zalmroze bloesem met een heerlijke viooltjesgeur(!) en geelgroen vruchten daarna. (Boom.) *Malus prunifolia* 'Fastigiata' (IV), noem ik speciaal om haar slanke vorm, die in kleinere tuinen van pas kan komen. (Zuilvormige boom.)
Malus spectabilis 'Riversii' (IV, V) is een heel mooie slank opgaande boom. De half dubbele bloemen zijn rozerood in knop, maar bloeien open tot zacht roze bloesem. (Boom.)
Oxalis adenophylla en *brasiliensis* (IV, V) zijn beide roze bloeiende lage klavers. (Lage knolgewasjes.)
Peltiphyllum peltatum (IV, V) (nu *Darmera peltata*) is het leuke gewas, dat eerst wit/roze bloemstengels omhoog zendt en dán pas het mooie parasolblad, dat zo fraai verkleurt in de herfst. Zie afbeelding op bladzijde 144/145. (Halfhoge tot middelhoge plant.)
Petasites hybridus (III, IV) - het groot hoefblad begint bescheiden met roze bloeiknotsjes boven de grond. Het grote blad komt later! (Zeer hoge plant.)
Phlox subulata 'Moerheimii' (IV, V, VI) is vroeg en laag met roze bloemetjes waarin een karmijnrode ring. (Lage plant.)
Pleione formosana (IV, V, VI) de exotische aarorchideetjes kunnen er vroeg bij zijn. (Onder andere bij H.B.) (Laag knolgewasje.)
Primula x *juliae* 'Groenekan's Glorie' (III, VI, V) is zacht lila. (Lage plant.)
Primula denticulata 'Rosea' (III, IV, V) de roze bloeiende kogelprimula. (Lage plant.)
Primula farinosa var. *groenladica* (III, IV) een heel mooie meelprimula met duidelijk oog. (Bij B.D.) (Lage plant.)
Primula rosea 'Grandiflora' (III, IV) - een gróótbloemig laagje! (Lage plant.)
Prunus dulcis (de zoete amandel) en *Prunus dulcis* var. *amara* (die de bittere amandelen geeft) bloeien beide III, IV in hard roze. (Boom.)
**Prunus mume* al dan niet met 'Pendula' erachter (III, IV) brengt een heerlijke amandelgeur. (Boom, de treurvorm ook op stammetjes geënt te koop, bij Van Nijnatten in Zundert.)
**Prunus pseudocerasus* 'Cantabrigiensis' (III) is er al vroeg bij met geurige roze bloei. (Kleine boom.)
Pulmonaria rubra (III, IV) is het roze bloeiende longkruid. (Bodembedekker voor flinke schaduw.)
Pulsatilla vulgaris (III, IV) is een van de mooiste lentebloeiers, met haar grote lila anemoonbloemen, gevat in zilverig fluweel! (Lage plant.)
Symphytum x *uplandicum* (IV, V, VI) heeft allerlei nuances van zalmig, zacht roze en lavendel - doet het beeldig hier en groeit razendsnel. (Prima bodembedekker.)
**Viburnum* x *burkwoodii* (III, IV) ten dele groen blijvend, zéér sterk geurend, de knoppen roze, maar de bloei wit - toch graag hier voor de geur! (Struik.)
**Viburnum carlesii (IV, V) verspreidt ook een zeer sterke geur, bloeit open naar wit en kan de burkwoodii* opvolgen. De variëteiten 'Charis' (rode knop, roze openend, naar wit verbloeiend) en 'Diana' (compact groeiend, knop rozerood, bloem roze) hebben gelukkig de geur behouden. (Struik.)

MEI/JUNI V/VI

Acanthus balcanicus (VI, VII, VIII) moet nu *A. hungaricus* heten en heette daarvóór *A. longifolius* en dát doet ze: langer blad maken dan de andere. Voor zo'n deftig iemand als de *Acanthus*, die model stond voor véle decoratie-motieven past zo'n drietal namen wel, maar de heren botanici maken het u en mij wel moeilijk met hun constante veranderingen! *Acanthus hungaricus* dus wordt ook zo'n meter hoog en bloeit in twee tinten roze. Een mooie afbeelding staat in 'Het kleine Paradijs'. Let ook vooral op de zaadvorming: op gegeven ogenblik zijn ze bijna metalig blauwgroen in hun wat stekelige grijspurperen omhulsels - ook dán zijn ze schitterend in boeketten en in dat stadium kunnen ze ook heel goed worden gedroogd. Niet alles plukken natuurlijk: zaad laten voor spontane uitzaai is verstandig, want dat doen ze graag en royaal. (Middelhoge plant.)
Achillea millefolium (VI, VII) - u móet eens gaan kijken bij Piet Oudolf in Hummelo, die heeft allerlei nieuwe kleurtjes van dit gemakkelijke en óersterke gewas, dat ook zo lekker lang houdt in boeketten. Daar zijn heel zacht roze bij, zacht lila, primulagele en abrikoosgetinte - scháttig. (Halfhoge plant.)
Allium cernuum (V, VII, VIII) is een heel mooi sieruitje met een losse bol van sierlijk omlaag hangende roze klokjesbloemen. (Halfhoog bolgewas - 60 cm.)
Allium christophii (VI) dit is de soort met hoog gedragen (60 cm) zilverlila bloemhoofden, die in jong zaad-stadium ook zo prachtig zijn in droogboeketten! (Halfhoog bolgewas.)
Andromeda polifolia (VI, VII, VIII) is iets liefs voor een zuur rondje. Ze heet hier 'lavendelheide' en bloeit met neerwaartsgerichte bolle bloemetjes. (Zeer laag struikje - 25 cm.)
Anemone narcissiflora (V, VI) is een liefje dat ik ook bij 'groen' noem. (Lage plant.)
Arisaema griffithii (V, VI) brengt dieper roze bloemen dan de eerder genoemde *candidissima*. Prachtige bloem, op stengels van 60 cm! Zonnige plek met veel humus. Bij H.B. (Halfhoog knolgewas.)
Armeria maritima 'Rosea' (V, VI) het Engelse gras is uiteraard bekend en makkelijk. (Lage plant, kan bodembedekker worden.)
Asperula suberosa (V, VI) is een heel zacht roze lievevrouwenbedstro met púúr zilveren blad - iets voor een goed gedraineerde zonnige plek in de rotstuin. Zaad bij T. & M.: het is een koudkiemer die twee weken moet worden voorgekoeld in de koelkast. (Rotsplantje.)
Aster farreri 'Berggarten' (V, VI) is die vroege lage met mooie grote zacht lilaroze bloemen, elk op een eigen steeltje. (Lage plant.)
Astilbe-Hybriden 'Peach Blossom' en de iets donkerder 'Emden' (VI, VII, VIII) ziet u beide afgebeeld op de voorplaat naast mijn voordeurtje. Ze kunnen prima tegen halfschaduw ook. (Halfhoge plant.)
Astrantia major 'Rosea' en *Astrantia maxima* (VI, VII, VIII) brengen beide zilverig roze getinte 'Zeeuwse knoopjes'. (Bij J.K.) (Halfhoge plant - 60 cm.) Voor zelfzaaiers: het is een vorstkiemer!
Begonia martiana (VI, VII, VIII) ziet eruit als een mini-stokroos! T. & M. biedt zaad aan van deze leuke nieuwigheid, de knolletjes die de planten vormen moeten opgenomen en droog en vorstvrij overwinterd, zoals bij alle knolbegonia's. Langs de 30 tot 40 cm lange stengels staan rondom wijd open enkele roze *Begonia*-bloemen. (Laag knolgewas.)
Campanula betuliifolia (VI, VII, VIII) is een heel laagje (15 cm) met wittig roze klokjes. (Bij B.D.) (Lage plant.)
Campanula lactiflora 'Loddon Anne' (VI, VII, VIII) een teer getinte schoonheid! (Middelhoge, als ze het naar de zin heeft hoge plant.)
Centaurea dealbata (VI, VII) is een vasteplantvorm, die brééd kan uitstoelen. De bloemen zijn diep roze met een wit centrum. (Halfhoge plant.)
Centaurea cyanus 'Pink Ball' (V, VI, VII) is een

ROZE/PASTEL

*Links: Een terrasgroep in pastel-roze, gefotografeerd bij Walda Pairon in Kalmthout-Heide, België, die ook tuindecoraties verkoopt (zie ook pagina 148/149). In de potten hortensia's (*Hydrangea macrophylla*) met bolle roze bloemen, verschillende* Sedum*-soorten en* Hosta*'s, die zo lieflijk pastel-lila getinte bloem-*

aren brengen. De Acer Palmatum *'Dissectum Ornatum' op hoogstam speelt met haar rozig bruine nuance mooi mee in dit kleurenschema. Rechts: Een roze pastel boeket dat... grotendeels uit de kruidentuin komt! Zacht roze bloemen van marjolein* (Origanum vulgare) *en salie* (Salvia officinalis) *vinden een geurig weerwoord bij eau-de-cologne-munt* (Mentha x piperita *var.* citrata) *en* Reseda odorata. *Korte takjes lilaroze chrysantjes, wat kort afgesneden bloemen van de kaardebol* (Dipsacus) *en lila gipskruid* (Gypsophila elegans *'Red Cloud') geven meer kleur. Verschillende* Artemisia*-soorten (zie pagina 134/135) zorgen voor het zilver en het roodbruine blad is van de meldesoort die* Atriplex hortensis *var.* cupreata *heet.*

ROZE/PASTEL

mooie zacht roze eenjarige korenbloem. (Halfhoge eenjarige.)
Centranthus ruber 'Roseus' (V, VI, VII) doet in zacht roze, wat u op bladzijde 48 (middenin de border) in het wit ziet! (Halfhoge tot middelhoge plant - 80 cm.)
Cistus-Hybriden 'Silver Pink' (VII, VIII, IX) maakt grote zilverig roze bloemen. Voor een beschut plekje bééldig! (Bij B.D.) (Halfstruikje - 50 cm.)
**Convallaria majalis* 'Rosea' (V) wíst u dat, dat er roze lelietjes-der-dalen zijn? (Bij H.C.N.) (Bodembedekker.)
Cornus florida 'Apple Blossom' (V) bloeit in het zachte roze dat hier past! (Struik tot boom, maar lángzaam.) (Zie ook 'bijpassend blad'.)
Cortusa matthioli (VI, VII, VIII) het roze geluksklokje uit de Alpen, te vinden bij B.D.! (Rotsplantje.)
Cotinus coggyria (VI, VII), de 'gewone' met haar rozig beige poederdons-bloemen is ook hier beeldig. (Struik.)
Crambe maritima (V, VI) kan bij wit én bij roze, de bloemetjes lijken wit, maar bloeien open uit rozige knoppen en dat alles boven het prachtige grote zilverblauwe blad, dat lila overglansd is! (Halfhoge plant - vorstkiemer.)
Crataegus laevigata (vroeger *oxycantha*) 'Masekii' (V) maakt dubbele zacht roze bloemetjes, voor een grotere tuin erg leuk erbij. (Boom.)
Crataegus monogyna 'Pendula Rosea' (V, VI) is een aardig treurmeidoorntje met heel zacht roze bloei. (Treurboom, heel elegant!)
Cydonia oblonga (V, VI) de zacht roze grote bloesem van de kweepeer is erg mooi hier. Ze zijn er tegenwoordig ook op stammetjes geënt. (Struik of stamboompje.) Zie ook 'bessen'.
Cymbalaria muralis (vaak nog *Linaria cymbalaria* genoemd) (VI, VII, VIII, IX) is het bekende zacht lila muurleeuwebekje, dat ook over de grond wil frutselen. (Zeer laag plantje.)
Cypripedium reginae (V, VI)... Hoch noemt haar het Mokassin-Venus-schoentje! Hoe dan ook ze stamt uit Noord Amerika, heeft een prachtige helder roze 'slof' met wit erboven! Voor een half beschaduwde plek - 60 cm hoog. (Halfhoog knolgewas.)
Cytisus purpureus (VI, VII) is niet purper zoals haar naam zou doen vermoeden, maar heel mooi helder roze - een kleintje is het van 60 cm. (Struikje.)
Daboecia cantabrica (VI, VII, VIII, IX), Ierse heide voor bij de *Andromeda* in hetzelfde soort grond! (Laag struikje.)
**Daphne* x *burkwoodii* (V, VI) is een waardige opvolgster van de roze *mezereum*: ook híer sterke geur in heel zacht roze! (Struik.)
Delphinium x *ruysii* 'Pink Sensation', een elegante niet te hoge (80 cm) ridderspoor met luchtige bloempluimen. (Halfhoge plant.)
Deutzia-Hybriden 'Monte Rosa' (VI) ziet eruit alsof ze zóu moeten geuren, maar ze doet het niet helaas. Het zoemt er wel van de bijtjes bij de struik, die bloeit in het teerste roze dat denkbaar is. (Struik tot 2 m.)
**Deutzia* x *elegantissima* (V, VI) geurt wel, net als *Deutzia purpurascens*. Ze bloeien beide roze maar worden minder aangeboden. (Struik.)
**Deutzia* x *maliflora* 'Avalanche' (V, VI) maakt zoveel geurende bloemen, dat de takken óverhangen van het gewicht. De bloemknopjes zijn purper bewaasd en de witte bloemen hebben dezelfde gloed langs de bloemblàadjes. (Struikje.)
**Dianthus* (V, VI, VII) - anjertjes in alle stánden, enkel en dubbel, geurend en in vele tinten roze. (Lage plant.)
**Dictamnus albus* 'Purpureus' (VI, VII) is een heel mooie vorm van de vuurwerkplant, die een geur van citrusolie verspreidt, die met een lucifertje tot ontvlammen kan worden gebracht. De bloemen van deze soort zijn zilverig wit met duidelijke purperen adertjes! (Halfhoge tot middelhoge plant 60-100 cm.)
Dierama pendulum (VI, VII, VIII) ziet eruit als een grasje, maar maakt elegante stengels met omlaag gerichte lilaroze klokjesbloemen. (Halfhoge plant.)
Digitalis purpurea 'Apricot' (VI, VII) bloeit in allerlei lieve tinten roze. Het is een selectie van T. & M., die zeer de moeite waard is. (Tweejarig, zich goed spontaan zaaiend.)
Dodecatheon meadia (V, VI) het twaalfgodenkruid, misschien wat donker van roze-toon, maar wel heel bijzonder erbij! (Lage plant.)
Eremurus robustus (VI, VII) kan wel 3 meter hoog worden, een enórme bloemtoorts vol schelproze bloemen. De knol is ook al groot: een flinke 'zeester' met een heuvelhart vol beloften! (Zeer hoog knolgewas.)
Erigeron uniflorus (VI, VII, VIII) is een heel zacht wit/roze 'fijnstraal'. (Laag plantje.)
Erodium reichardii 'Roseum' (VI, VII, VIII, IX) een schattig geaderd reigersbekje (10 cm.) (Laag plantje.)
Geranium (V, VI, VII, VIII) mássa's lieflijk roze bij de tuin-*Geranium*. Bestel de lijst van Coen Jansen uit Dalfsen, of ga er een kijkje nemen: hij heeft ze bijna allemaal! (Lage tot halfhoge planten.)
Gillenia trifoliata (VI, VII, VIII) vond u ook bij wit, maar tussen roze is ze met haar fijne witte bloemetjes aan rode steeltjes ook heel opvallend! (Halfhoge plant.)
Gypsophila-Hybriden 'Rosenschleier' (VI, VII, VIII) maakt gevulde bloemetjes in heel teer roze en wordt zo'n 30 cm hoog. (Lage plant.)
Gypsophilla repens 'Rosea' (VI, VII, VIII) zorgt op 20 cm hoogte voor lieflijke diep roze wolkjes. (Lage plant.)
Hemerocallis-Hybriden (V, VI, VII, VIII) zijn bijna onmisbaar in deze kleurstelling door het zéér geraffineerde roze dat ze kunnen toevoegen: 'Valley Mist' heeft een vleugje roze door room gemengd; 'American Belle' is puur lila/roze, met een sprekend groen hart en daaruit weer roze meeldraden; 'Bambi Doll' is een liefje in schelproze met een groen hart; 'Annie Welsh' is ook zacht roze, maar heeft een gouden hart; 'Butterfly Kisses' heeft grote bloemen in een subtiele heel zacht lilaroze kleur, met citroen naar het hart en 'Forever Loving You' is teer, teer babyroze met fris geel en groen naar het hart. Alle bij H.B. en J.D. (Halfhoge plant.)
Heuchera x *brizoides* 'Walker' (VI, VII, VIII) maakt de sierlijke en luchtige bloemaartjes in roze. (Halfhoge plant voor halfschaduw.)
Hosta elata en *Hosta sieboldiana* 'Glauca' (VI, VII) zijn de eerste uit deze verrukkelijke plantenreeks, die de heel bleek lila bloemtoortsjes openen. Fantastisch in dit tuindeel! (Halfhoge plant, voor schaduw.)
Hydrangea macrophylla 'Bouquet Rose' (VI, VII, VIII, IX) is een mooie licht roze hortensia. (Struik.)
**Hyssopus officinalis* 'Rosea' (VI, VII, VIII, IX) schattig en geurig die roze hysop-vorm! (Lage plant.)
Iris-Germanica-Hybriden (V, VI) eigenlijk weer teveel om op te noemen en dus doe ik een greep: 'After All' in ivoorroze; 'Lucky Number' met opstaand zacht roze bloemblad en de neerhangende in wit met zacht roze rand; 'Love with Lace' zacht roze en inderdaad kantachtig, omdat alle blaadjes sterk gegolfd zijn; 'Mod Mode' in teer schelproze met een fijne licht purperen adering; 'Glenbrook' in duidelijk roze met een mooie oranje keel en 'Pink tafeta' in een kleur roze, die ik alleen met 'koel' weet te omschrijven. Bij H.B. en J.D. (Halfhoge tot middelhoge plant.)
Kalmia latifolia (V, VI) is een van de mooiste struikjes voor dit tuindeel, wintergroen en met dikke toefen lampionvormige knoppen die open springen tot bolle zacht roze bloemen. (Wintergroene struik, voor humusrijke rond, kan tegen halfschaduw en groeit helaas maar langzaam.)
Knautia dipsacifolia (VI, VII, VIII) lijkt op een kleine *Scabiosa* en maakt véél langstelige roze bloemetjes, die ook fijn zijn in boeketten. (Halfhoge plant.)
Kolkwitzia amabilis (V, VI) is zoals haar toenaam zegt héél 'aimabel'. Een schattig zacht roze bloeiende struik, makkelijk en met sierlijk overhangende takken, zoals u in het boeket op bladzijde 92 (links onderaan uitwaaierend) kunt zien. (Struik.)
Lamium garganicum ssp. *laevigatum* (V, VI) is een prima bodembedekkende dovenetel met roze bloemen. (Bodembedekker, ook voor zware schaduw, maar schuwt de zon niet.)
Lamium maculatum 'Checkers' (IV, V, VI, VII) maakt de bloemetjes wat fel van kleur voor hier, maar dat wordt ruimschoots goed gemaakt door het zilver van het blad! (lage plant.)
**Lavandula angustifolia* 'Rosea' (VI, VII) heel zacht roze is de kleur van deze geurige lavendel. (Struikje.)
Lavatera thuringiaca (VI, VII, VIII, IX) een allerliefst zacht roze en doorbloeiende *Malva*-soort, die mooi breed vertakt en flink hoog (150 cm) wordt. (Hoge plant.)
Leonorus cardiaca (VI, VII, VIII, IX) het 'hartgespan' bloeit met zacht roze bloemetjes aan lánge pluimen. Het leuke is dat zijdelings uit die bloempluimen weer purper getinte blaadjes uitwaaieren. Zaad bij Cruydthoek, Groningen en Medigran, Amstelveen. (Middelhoge plant - 100 cm.)

Volgende pagina: Diepe roze tonen, lilapaars en paarsblauw, brengen een warme, vrolijke sfeer in de tuin. Het helder roze zorgt voor frisse noten: alléén purperen tinten tezamen zouden wat érg somber werken. Boven klimmen twee vroeg bloeiende Clematis*-soorten door elkaar: de helder roze* Clematis montana *'Elizabeth' (V, VI) en de paarsig blauw met wit bloeiende* Clematis alpina *'Pamela Jackman' (V, VI, VII). Rechtsboven de zéér krachtig rankende* Akebia quinata*, die al in april haar geurige purperen (vrouwelijke) met zacht roze (mannelijke) bloemtrosjes te voorschijn tovert!*

Lilium cernuum (VI) is een zuiver roze lelie met omgeslagen bloemblaadjes, uit Korea. Ze wordt maar 30 tot 60 cm hoog. Bij H.B. (Laag bolgewas.)
**Lilium martagon* ssp. *caucasicum* verspreidt... verrassing... een heerlijke geur, wordt 120 cm hoog en bloeit roze met luchtig verspreide purperen stipjes. Bij H.B. (Middelhoog bolgewas.)
Limonium suwworowi 'Pink Pokers' maakt de lange stengels met minibloemetjes in fris roze. Zaad bij T. & M. (Lage plant - 20 cm.)
Linanthus grandiflorus (V, VI, VII, VIII, IX) maakt werkelijk béëldige bloemschermen met witte bloemen die naar de buitenkant van de bloemblaadjes lavendelig roze opblozen. Het hartje is oranje. Ze wordt 30 tot 40 cm hoog, zaad bij T. & M. (Lage eenjarige.)
Linaria purpurea 'Canon J. Went' (VI, VII, VIII) is de fel begeerde heel slanke en kleinbloemige leeuwebek, die 50 cm hoog wordt en zich prima uitzaait: je komt zaailingetjes óveral tegen. (Bij B.D.) Moeilijk om niet te laten kruisen met de paarsbloeiende vorm! (Halfhoge plant.)
Lonicera korolkowii 'Aurora' (VI) is een mooie zacht roze bloeiende kamperfoelie-struikvorm. Niet geurend helaas. (Struik, ook voor zware schaduw.)
**Lonicera syringantha* (VI) is een iets minder spectaculair bloeiende, maar wél geurende soort. Groeit gedrongen. (Lage struik.)
Lunaria rediviva (V, VI) is de vaste-plant-judaspenning, die in heel zacht lilaroze bloeit, maar láng niet zo spectaculair als de tweejarige! (Halfhoge tot middelhoge plant.)
Lupinus regalis syn. *polyphyllus* 'Band of Nobles Pink/White' (VI, VII, VIII) is heel mooi helder roze met wit. Zaad onder andere bij T. & M. (Middelhoge plant.)
Magnolia x *soulangeana* 'Lennei' (IV, V) maakt mooie grote en zacht roze bloemen. (Struik of boom, niet té groot!)
**Malus coronaria* (V) is een schoonheid, met zacht roze geurende bloesem en behoorlijk grote groene platte appeltjes daarna! In beide stadia beeldig in boeketten. Onder andere bij v.d. B.K. (Boom.) De variëteit 'Charlottae' maakt halfdubbele bloesem, schelproze en met viooltjesgeur. O.a. bij S.W. (Boom.)
**Malus ioensis* (V, VI) is een vrij nauwe verwant van de *coronaria* en kan haar met geur en zacht roze kleur opvolgen. De bloemen zijn groter, wel 4 tot 5 cm in doorsnede! De variëteit 'Plena' maakt half dubbele zacht roze bloemen die ook geuren gelukkig! Een heel mooie, maar niet zo sterke boom. Het blad is aan de onderkant wollig. (Boom.)
**Malus* x *zumi* (V, VI) is een kleine piramidaal gevormde boom, met roze knoppen die open bloeien tot praktisch witte geurige bloemen. De vruchten zijn fris rood. (Kleine boom.)
De variëteit 'Calocarpa' maakt een bredere vorm, maar blijft laag. De vruchtjes blijven de hele winter aan de boom, dat is een leuk gezicht - ze heet dus niet voor niets 'met mooie vruchten'. (Struik tot kleine boom.)
***Matthiola longipetala* var. *bicornis* (V, VI) is vooral overdag helemaal niet mooi, maar als de lilaroze bloemetjes zich tegen het eind van de dag openen, komt er een géur uit: door bijna niets te overtreffen! (Vandaar die twéé sterretjes!) Zaai ze tussen mooiere zaken en geniet! (Lage eenjarige.)
Mentha longifolia 'Buddleja' (VI, VII, VIII, IX) bloeit met voor een munt zéér lange zacht lila bloempluimen. Het blad is bovendien zilverwollig. (Bij Bloemenhoek in de Bilt.) (Lage tot halfhoge plant.)
Monarda didyma 'Croftway Pink' (VII, VIII) is net zacht roze genoeg om hier beeldig bij te zijn. (Middelhoge plant.)
Myosotis sylvatica 'Rosea' en 'Carmine King' (V, VI, VII), schattig roze voor overal tussen en vóór, dat doen ze op den duur ook vanzelf! (Lage eenjarige die zich zeer goed zaait.)
Nicotiana alata 'Pink Bicolor' (VII, VIII, IX), makkelijk te zaaien eenjarige. (Zaad bij K.B.), helder roze, wit verlopend naar het hart. 'Nicki Pink' is heel zacht roze. (Halfhoge eenjarige.)
**Origanum vulgare* (VII, VIII) gewone marjolein bloeit beeldig roze, is geurig en gemakkelijk. Zie ook pot op bladzijde 88. (Lage plant.)
**Paeonia*-Lactiflora-Hybriden (VI) zijn er in allerlei vriendelijk en geurig zacht roze, zoals de gevulde 'Doris Cooper' en 'Gene Wilde'. (Halfhoge plant.)
**Paeonia lactiflora* 'Reine Hortence' (VI, VII) is een van de bekendste zacht roze bloeiende van deze vaste planten. Ze geurt gelukkig goed. (Halfhoge tot middelhoge plant.)
Paeonia suffruticosa heeft ook vele roze getinte hybriden. De wereldbefaamde 'Rock's Variety' pakt veel vaker roze uit dan wit en dieper van toon is 'Sakurajishi'. (Struik.)
Papaver somniferum (VI, VII, VIII), allerlei tinten lila en roze bij deze mooie zilverbladige eenjarige. (Middelhoge plant.) Zie onder andere afbeelding op bladzijde 85 en 125.
Papaver orientale 'Cedric's Pink' (VI) is van het teerste grijzig roze met een purperen vlek. Ik vond haar op foto's in Engelse tuinboeken, raakte verliefd en vond haar gelukkig terug in de catalogus van Beth Chatto. Het is ooit een zaailing geweest die werd 'groot gebracht' én uitgebracht door Sir Cedric Morris. (Halfhoge tot middelgrote plant.)
Pensternon campanulatis (VII, VIII, en IX) is een van de vele roze bloeiende slangekop-soorten. (Lage plant.)
Pernettya mucronata 'Sea Shell' (V, VI) bloeit nu met piepkleine witte bloemetjes, maar begint al snel met het maken van de heel lang aan de struik blijvende (in dit geval schelproze) bessen. Zorg dat er altijd een mannelijke vorm bij staat, anders krijgt u de bessen doorgaans níet. (Wintergroen struikje.)
**Philadelphus*-Hybriden 'Etoile Rose' (V, VI) is een geurige jasmijn, wit, met een duidelijke roze vlek aan de bladbasis. (Struik.)
Phlox douglasii (10 cm) (V, VI) is een lief laagje in heel zacht roze. (Zeer lage plant.)
Physocarpus capitatus (VI) een niet zo bekende

ROZE/PASTEL

Voorafgaande pagina: Papaver somniferum, *de slaapbol, heeft tal van verschijningsvormen in vele tinten paarsig en roze... rodekool-planten zijn er prachtig bij, óók in de siertuin!*

struik (bij Z.B.) die mooi overhangend groeit en bolle rozige bloemtuilen maakt met daarna opgeblazen vruchtomhulsels. (Struik.)
Platycodon grandiflorum 'Perlmutterschale' (VI, VII, VIII) een heel zacht roze 'ballon-klok', naar mijn smaak véél mooier dan de bekende paarsblauwe! Bij Mieke van Kempen. (Halfhoge plant.)
Polemonium carneum (VI, VII) is een heel lief zacht roze bloeiende soort, met geel naar het hartje toe, niet te vergelijken met de wilde blauwe jacobsladder! Bij P.B. (Lage plant.)
Polygonum bistorta (V, VI, VII, VIII) is het bekende en lang bloeiende knoopjeskruid dat lánge aren brengt. (100 cm) (Middelhoge plant, voor halfschaduw.)
Primula algida (V, VI) is laag en violetroze. (Bij B.D.) (Lage plant.)
Primula polyneura (V, VI) komt uit Tibet en maakt roze bloemen op 40 cm hoge stengels. (Lage plant.)
Prunella x *webbiana* 'Loveliness' (VI, VII, VIII, IX). bloeit inderdaad allerliefst roze dit 'bijenkorfje'! (Bodembedekker, ook voor halfschaduw.)
Rhododendron (V, VI)... een eindeloze keus! De groot-bol-bloemige hybriden ga ik u echt niet allemaal noemen, wèl een paar mooie species. *Rhododendron williamsianum* (1.5 m) maakt losse trosjes schelproze omlaag gerichte belletjesbloemen. *Rhododendron yakushimanum* (1.2 m) is een wólk van bolle zacht roze bloemen in de bloeitijd. Ook daarna is ze mooi, met fluwelig zilvergroen jong blad. *Rhododendron racemosum* is een stijf opgaand struikje (1.8 m) met kleine toefjes roze bloemetjes. (Wintergroene struik.)
**Rhododendron viscosum* (VI, VII) is een bladverliezende soort, die van een vochtige plek houdt en zéér geurige zacht roze bloemen maakt. (Struik.)
Robinia x *ambigua* 'Decaisneana' en 'Bella-Rosea' (VI) zijn beide beeldig zacht roze bloeiende en flínk groeiende 'acacia's'. (Boom.)
Robinia fertilis 'Monument' (VI) wordt niet hoger dan drie meter, bloeit ook in de hier gewenste kleur en staat afgebeeld in 'Het kleine Paradijs'. (Kleine boom.)
Rodgersia pinnata 'Superba' (VI, VII) is van grote schoonheid hier: het zéér decoratieve grote blad wordt overhuifd door roze bloempluimen die tot 120 cm lang kunnen zijn. (Middelhoge tot hoge plant voor half- of diepe schaduw.)
*Roos 'Ballerina' maakt enórme tuilen met enkele zacht roze bloemetjes die een zachte zoete muskusgeur verspreiden. De takken kunnen 120 cm lang worden en na de bloei volgen kleine botteltjes.
*Roos 'Bloomfield Abundance' bloeit geurig en in het bleekste schelproze, met een toetsje van meer kleur naar het hart. Een heel mooie bloemvorm en een flinke doorbloeier.
*Roos 'Chaucer' - als ik er één moest kiezen, zou het deze zijn! Prachtige zilverig roze komvormige bloemen met een adembenemende zoete amandelgeur. Ik heb er haagjes van langs mijn kruidentuin, maar ook ín de border is ze een succes. Wordt 1 meter hoog. (Bij V.O.)
Roos 'Dainty Bess' geurt helaas niet, maar is zo opvallend mooi dat dit elegante vrouwtje mee mag spelen. De bloemen zijn groot, enkel en helder roze, in het hart koestert zij een dikke toef roestige meeldraden, wat een heel bijzonder kleureffect geeft. Ze maakt flinke takken met zo'n bloem of acht per stengel, wordt niet hoger dan 80 cm en vaart wèl bij een dichte aanplant, omdat de struikjes niet echt dicht gevuld zijn. (Bij V.O.)
*Roos 'De Meaux', een klein struikje (80 cm) met echt roze rozen, gekwartierd, goed geurend en mooi bij het blauwgroene blad. Ze wordt ook wel *Rosa centifolia pomponia* genoemd en dan wordt het formaat (3 à 4 cm) van de roosjes ineens duidelijk. Bloeit vroeg eind mei/juni, maar herhaalt de bloei niet.
*Roos 'Fantin Latour' is genoemd naar een Franse schilder die veel bloemstillevens op het doek zette. De roos heeft dan ook een ouderwetse vorm met de buitenste bloemblaadjes naar buiten gekeerd bij het open bloeien, een mooi gevuld enigszins gekwartierd hart dat iets dieper van tint is dan de rest van de roos. Ze geurt verrukkelijk, bloeit in juni, maar herhaalt helaas niet. (150 cm.)
*Roos 'Félicité Parmentier' staat afgebeeld op bladzijde 93 en behoeft eigenlijk verder geen betoog, behalve dan dat u de zéér zoete geur niet van de bladzijden kunt opsnuiven. (Bij V.O.)
*Roos 'Felicia' maakt weelderige tuilen van soms wel dértig gevulde en zeer geurige roosjes, die elk zo'n zeven cm doorsnede zijn. Wie niet snoeit, kan op den duur een geurheuvel verwachten van zo'n 175 cm hoog en wel drie meter breed! Hoofdbloei in juni/juli met een herbloei in de herfst.
*Roos 'Fritz Nobis' staat afgebeeld op bladzijde 84, kan 175 cm hoog worden, geurt, bloeit niet door, maar maakt mooie bottels.
*Roos 'Kathleen' is weer een enkelbloemige, maar met een geur die je bijna door de hele tuin ruikt! Ze vereent wit en roze in de bloemen die 3 cm doorsnede zijn, en worden getooid met een mooi meeldradenhart. Op den duur kan ze 2 meter hoog worden. Iets voor achterin de border.
*Roos 'La France' heeft een perfecte gevulde bloemvorm en verspreidt een werkelijk verrukkelijke geur. De kleur is zilverig roze en ze bloeit vanaf juli tot in de herfst. Het is een kleintje (70 cm) - iets voor in de buurt van de iris 'Love with Lace' zou ik zeggen!
*Roos 'Madame Pierre Oger' is van een unieke schoonheid, de blaadjes als brede schelpen in een tere tint, met een glans van parelmoer. Ze verkleurt een beetje bij zon en warmte, wordt dieper en lichter van toon. De bloemen hebben een doorsnede van 7 cm, geuren en verschijnen ook in herbloei. (180 cm.)
*Roos 'Maidens Blush' is werkelijk héél oud, waarschijnlijk stamt ze al uit de veertiende eeuw. De maagdelijke blos is schelproze, de groei krachtig (2.5 m) en de geur heel uitstekend.
*Roos 'Mousseline' is héél teer van tint: een soort romig roze, de vorm is die van een kommetje met een mooie vulling van meeldraden. De roos geurt, begint in juni te bloeien en gaat door tot in oktober. (120 cm.)

JANUARI I
FEBRUARI II
MAART III
APRIL IV
MEI V
JUNI VI
JULI VII
AUGUSTUS VIII
SEPTEMBER IX
OKTOBER X
NOVEMBER XI
DECEMBER XII

Zie voor pastelroze bloeiende gewassen die zilver of grijs blad maken vooral het hoofdstuk 'zilver'.

Roos 'Nozomi' is een bodembedekker, die ook goed in balkonbakken of potten kan. Ze bloeit níet geurig, (maar voor haar bodembedekkende eigenschappen maak ik graag een uitzondering), en is schelproze, met grote tuilen kleine bloemetjes, die een warm geel hartje hebben. Bloeit tot in augustus.
*Roos 'Ophelia' is waarschijnlijk de bekendste vroege thee-hybride. Prachtig zacht roze, met hier en daar een donkerder vleugje, bloeit ze open uit bijna oranjeroze knoppen. Ze heeft glimmend blad, wordt niet erg hoog (70 cm) en geurt prima.
*Roos 'Sarah van Vleet' is een flink groeiende *rugosa*-hybride die 2.5 tot 3 meter hoog kan worden. Dat mág ze, want ze geurt zoet, is eerlijk warm roze en doet het ook prima in de schaduw.
*Roos 'Souvenir de la Malmaison' is uiteraard een zeer oude roos (1843). Het is een kleintje (70 cm) met flinke takken heel zacht roze roosjes die bijna wit worden als ze volledig open zijn. Goed geurig en bloei herhalend tot in september.
*Roos 'The Fairy' is een piepklein 'elfje'. De struikjes worden niet groter dan zo'n 60 cm en dan bolrond van vorm. Het is wel een dáppere sprookjesfiguur, want ze bloeit bijna de hele zomer met geurige licht roze half gevulde bloemetjes in flinke vertakte tuilen. Ook op stam geënt verkrijgbaar.
*Roos 'The Wife of Bath' heeft drie heel beroemde stamouders, vandáár dat ze fantastisch geurt, flinke struikjes van 90 cm vormt en goed doorbloeit. Haar maker is de beroemde rozenkweker David Austin, die ook 'Chaucer' en de iets dieper roze 'Constance Spry' creëerde.
**Rosa alba* 'Celestial' had ik bij mijn vorige huis tegen een noordmuur staan - ook dáár deed ze het prima en geurig! Ik vond haar bij Louis Lens in België, maar V.O. heeft haar ook.
**Rosa centifolia* 'Bullata' wordt ook wel 'Rose à feuilles de laitue' genoemd. Het blad is inderdaad groot, bronskleurig en gegolfd, maar niet écht zo groot als van sla. De half gevulde, knikkende bloemen zijn zeer geurig en verschijnen in de zomermaanden. (180 cm.)
**Rosa damascena* 'Celsiana' is dubbelop geurig, niet alleen de lilaroze rozen geuren, maar ook het grijsgetinte blad is aromatisch. Ze wordt 2 m hoog en het is een éénmalige zomerbloeier.
**Rosa pimpinellifolia* 'Stanwell Perpetual' is een schatje van 150 cm, met varenfijn blad, vlakke, gevulde zeer teer licht roze bloemen die prima geuren en een bloei die de hele zomer doorgaat!
Rosa roxburghii is een enkele roze roos met mooi klein blad, zeer zwakke geur, maar práchtige kastanje-achtige bottels!
Rosa rubrifolia heet nu *Rosa glauca* - het is die bekende kleinbloemige, met grijsgroen tot purper bewaasd blad. Niet geurig, maar ook nog met een mooie herfstkleur. (Afbeelding op bladzijde 84 rechts vooraan.)
Sidalcea 'Elsie Heugh' (fris roze) en 'Sussex Beauty' (zeer zacht roze) (VI, VII, VIII) zijn schitterende borderplanten met elgante bloemtoortsen. (Halfhoge tot middelhoge planten 60-80 cm.)
**Syringa* (VI) kies bij de seringen eens een van de (geurende) botanische soorten, met kleinere bloemtrossen, die zijn heel elegant. *Syringa komarowii* en *tigerstedtii* zijn twee mooie. (Struik tot boom.)
Thalictrum aquilegifolium (V, VI, VII) maakt poederdonstoefen in mooi sterk roze en *Thalictrum diptecocarpum* (VI, VII, VIII) vormt elegante luchtige bloempluimen met lila bloemetjes. (Middelhoge planten.)
Trillium grandiflorum 'Roseum' (V, VI), door Hoch aangeboden: een werkelijk bééldschone zacht roze *Trillium*! (lage plant, voor schaduw.)
**Valeriana officinalis* (VI, VII) alleen om de geur al, deze schone uit de (medicinale) kruidentuin. Zéér licht roze en zéér geurig is ze, makkelijk te zaaien en spontaan met eigen uitzaai. (Hoge plant.)

JULI/AUGUSTUS VII/VIII

Acanthus mollis (VII, VIII) is meer bekend dan de eerder genoemde, maar begint wat later met bloeien en *Acanthus spinosus* blijft wat lager (80 cm) dan de beide andere. Het blad is nog fijner verdeeld en is wat stekelig. Alle bij J.K. (Halfhoge en middelhoge plant.)
Alcea rosea (VII, VIII, IX), met allerliefste schelproze en dieper roze tintjes. Stokrozen zijn bijna overal mooi bij. Ik houd persoonlijk meer van de enkele dan van de dubbele. Ze zijn ook wat 'vaster' naar mijn ervaring. Geef ze wel een steuntje in de rug, een muur of een schutting, waartegen ze ook wat minder zichtbaar kunnen worden aangebonden. (Zeer hoge tweejarige of vaste plant.)
Althaea officinalis (VII), de heemst is niet meeveranderd van naam! Prachtige middelhoge tot hoge vaste planten, bédden vol uit één zakje zaad en ze zaait zich ook nog goed spontaan uit. De mijne kwamen van Van Beusekom in Utrecht en zijn witroze met een iets dieper getinte lila adering en een dikke lila toef meeldraden in het hart. De meeste zaden die je koopt geven zuiver roze bloei. (Middelhoge tot hoge plant.)
**Arum creticum* (VII, VIII) ... een géurende aronskelk, met een abrikooskleurige spadix in een schutblad met purperroze gloed en randen en dan óók nog zoet geurend... ik werd er heel opgewonden van, toen ik de afbeelding en de omschrijving in de catalogus van T. & M. vond! Dat was in 1985 en ik had toen geen tijd om zaad te bestellen. In 1986 stond zij er niet meer in, maar ik ben ervan overtuigd, dat ze wel weer ergens opduikt - in ieder geval is ze de moeite van het zoeken waard. De bloem wordt 35 cm hoog. Ze moet zon hebben en kan niet zoals haar Italiaanse familie in bosjes. (Laag knolgewas.)
Crinum powellii (VII, VIII, IX) is een fraai diep roze bloeiend bolgewas (bij v.T.) dat verrassend winterhard is, als je de bollen goed diep in de grond zet. (Laag tot halfhoog bolgewas.)
**Datura ceratocaula* (VII, VIII, IX)... ik wist niet wat ik belééfde, de eerste keer dat ik die bloemen zag: kelken van wel 15 cm doorsnede, mooi gedraaid in knop en open bloeiend tot zilverig wit met zacht roze ribben verspreidden een fantastische zoete geur. Jammer, dat het een eenjarige is, maar dík, dík de moeite van het zaaien waard! De planten worden zo'n 60 cm hoog en vormen vreemdsoortige zaadzaken, waaruit het weer goed oogsten is. Zaad bij Cruydthoek, Groningen. (Halfhoge eenjarige.)
Dipsacus (VII, VIII) - zie 'zilver'.
Eustoma grandiflorum (VII, VIII) is de mooie porseleinroze vorm van de blauwe klokbloem die in een pot staat op bladzijde 68. Heel mooi ook tegen het blauwgrijze blad. Niet winterhard en naar mijn ervaring niet makkelijk te zaaien en ook niet makkelijk over te houden. Wordt later elk jaar in de vorm van jonge planten aangeboden. (Lage tot halfhoge plant.)
Hosta (VII, VIII), alle andere *Hosta*'s gaan nu in hun lieflijke zacht lila bloei en mogen dus alle hierbij! (Lage planten.)
Lilium... de 'Pink Perfection' vind ik te zwaar voor hier, die vindt u bij paars/roze. Wel heel lief kan hier 'Corsage' zijn, die bloeit in juli (VII) met elegante kleine bloemen in room met roze en wat donkere stippen naar het hart. 'Tamara' maakt stervormige leliebloemen in juni (VI) in zacht roze met vanille naar het hart en een subtiele stiptekening. 'Rosita' is een kruising van het Aziatische type, in een helder lilaroze met een béétje stipjes in het hart. De roestige meeldraden zorgen voor een spannend kleurcontrast. 'Imperial Pink' bloeit schitterend helder roze met wat dieper roze stippen in augustus (VIII) op stengels van 150 cm - tot nu toe de hoogste, de andere waren 120 cm hoog. Middelhoge en hoge bolgewassen.)
**Lilium* 'Everest' (VIII) geef ik een plaatsje apart, want deze hoge (160 cm) schoonheid bloeit met lange en vertakte bloeistengels, waaraan wijd open witte bloemen met véél rozerode stippen, een sterke en gezonde groeier die bovendien een heerlijke geur verspreidt! (Hoog bolgewas.)
Pterocephalus parnassi (VII, VIII), een nieuw bodembedekkertje van T. & M., dat het ook goed doet in rotstuinen en tussen stenen van bestrating. Het wordt niet hoger dan 10 cm, maar elk plantje kan wel een oppervlakte van zo'n 60 cm doorsnede afdekken. De bloei lijkt op een zacht lilaroze *Scabiosa*, donkerder in knop, wat een leuke kleurspeling geeft. (Bodembedekker.)
Sanguisorba obtusa (VII, VIII, IX) is de grote pimpernel of het sorbenkruid, dat bloeit met pluizige fris roze pijpewissertjes. (Halfhoge tot middelhoge plant - 60-100 cm.)
Saponaria officinalis (VII, VIII, IX) is het rijkelijk lila bloeiende zeepkruid, dat ook tegen halfschaduw kan. (Lage tot halfhoge plant - 50-80 cm.)
Sedum en *Sempervivum* kunnen in deze maanden veel laag en frutselig roze brengen. (Lage planten.)
Stokesia laevis (VII, VIII, IX) lijkt wat op een vaste korenbloem, maakt mooie stevige planten met zilverig lilaroze bloemen. (Lage plant.)
Triteleia laxa (VII), een bolgewas met heel zacht getinte en sterke bloeistengels in pasteltintjes roze en lila. (Laag tot halfhoog bolgewas.)

Boven: Helleborus orientalis *en* Erica herbacea*-soorten staan vaak al vanaf december (tot in april) paraat voor kleine winterschikkingen! Midden: Deze* Bougainvillea*-in-pot staat 's zomers buiten en 's winters ín de serre - ze vaart er wél bij! Uiterst rechts: Het dakterras van fotograaf Kees Hageman in Amsterdam ziet er altijd 'voorbeeldig' uit. Hij probéért ook veel in pot: zoals doodgewoon fluitekruid (*Anthriscus sylvestris*); het in de tuin zo woekerende gewas dat nu* Reynoutria cuspidata *heet en dat ook in een flinke pot snel lelijke plekken aan het oog onttrekt en inzicht wegneemt; het fraaie zilver van een artisjokplant (*Cynara scolymus*) en flinke* Rhododendron*-struiken. Niet álle komen elk jaar terug, maar dat is vooral voor het 'onkruid' en de woekeraars geen probleem, die kunnen worden aangevuld.*

ROZE/PASTEL

AUGUSTUS/SEPTEMBER VIII/IX

Amaryllis bella-donna (VIII, IX) - leuk zo'n late bol met flinke toefen zacht roze en slanke *Amaryllis*-klokken. (laag tot halfhoog bolgewas.)
Anemone japonica 'September Charm' (IX, X) is een mooie enkele roze herfstanemoon. (Halfhoge plant.)
Aster ericoides 'Esther' (IX, X) brengt op stengels van 70 cm fijne roze bloemetjes. Bij O.H. (Halfhoge plant.)
Cyclamen cilicium en *hederifolium* (IX, X) beginnen nu te bloeien met hun vriendelijke lage bloemetjes tussen gemarmerd blad. (Laag bolgewasje.)
Colchicum byzantinum (IX) stuwt véle roze crocusbloemen uit één bol omhoog. (Laag bolgewasje.)
**Impatiens gladulifera* (VII, VIII, IX, X) - springbalsemienen... hebt u ze afgezworen? Ik doe dat elke keer als ik een nieuwe tuin begin - en tóch, als er dan weer ergens vanuit een meegenomen pot of plant wat zaailingen opkomen, kan ik het niet over mijn hart verkrijgen om ze allemáál uit te trekken. Mens-hoge bérgen, vréémde geur, en hónderden zoemende bijen. Ze zijn toch een feest eigenlijk! (Zeer hoge, zich zéér rijkelijk en ver uitzaaiende eenjarige.)
Nerine bowdenii 'Rosea' (IX, X), op een beschut plekje in de volle zon wil dit leuke bolgewas haar zacht roze bloemhoofden wel ontwikkelen. (Halfhoog bolgewas - 60 cm.)
Polygonum affine 'Roseum' (VIII, IX) is de prima bodembedekker (20 cm) die met vele licht roze bloemaartjes bloeit. (Bodembedekker, ook voor halfschaduw.)
**Polygonum campanulatum* (VIII, IX, X) is een mooie hoge, die véle zacht geurende knoedeltjes-trossen met zacht roze bloemen brengt. Bij O.H. (Middelhoge plant - 100 cm.)
Sedum spectabile 'Brilliant' (VIII, IX) maakt helder lilaroze bloemen boven vettig groot blauwgrijs blad. (Lage plant.)
Tricyrtis stolonifera (IX, X) is misschien wat fel van kleur tussen alle pasteltintjes, maar dán juist komen de curieuze roze bloemen met diep, purperen vlekjes goed tot hun recht! Bij Piet Oudolf in Hummelo. (Lage plant.)

OKTOBER/NOVEMBER X/XI

Calluna en *Erica* zijn er natuurlijk in grote roze hoeveelheden met winterbloei. (Lage struikjes.)
Crocus goulimyi is een zacht lila bloeiertje dat nú al de lente in het hoofd heeft. Bij Van Tubergen. (laag bolgewasje.)
**Crocus longiflorus* (X, XI) brengt géurige bloemetjes in dit jaargetijde. (Laag bolgewasje.)
Schizostylis coccinea 'Sunrise' (X, XI) is een leukje dat lang bloeit met kleine leliebloemetjes in toefen, tussen grasachtig blad. (Lage tot halfhoge plant - 40-50 cm.)

Viburnum farreri (XI, XII) is de eerste geurige winterbloeiende 'sneeuwbal' - belangrijk erbij! (Struik.)

DECEMBER XII

Cyclamen coum (XII, I, II, III), een lekker dóórbloeiende soort, die soms al voor Kerstmis begint. (Laag bolgewasje.)
Prunus subhirtella 'Autumnalis Rosea' (XII e.v.)... gelukkig is er ook een roze uitvoering van deze winterbloeiende sierkers, die in elke dooiperiode nieuwe zendingen knopjes opent. (Struik tot boom.)
**Viburnum* x *bodnantense* (XII, I, II, III) voegt haar geurige bloei bij de ook nog doorbloeiende *farreri*. Zowel 'Dawn' als 'Deben' zijn roze. (Struik.)

BIJKLEUREND BLAD

Acer negundo 'Flamingo' staat afgebeeld op bladzijde 96/97. Ik kreeg de mijne van Schiphorst in Wageningen en ik vind het een fantastisch extra in de roze/pastel-tuin! (Struik tot boom.)
**Actinidia kolomikta* hoort eigenlijk bij de klimmers, maar het blad is zo schitterend wit met helder roze getekend dat ze hier een plekje apart krijgt! Op den duur bloeit ze ook nog met kleine en geurige hangende witte klokjes!
Ajuga reptans 'Multicolor' is roze/wit/zenegroen, een heel mooi bodembedekkertje.
**Amelanchier canadensis* mag er zéker met de rozige voorjaarstinten als vulstruik bij.
Cercidiphyllum japonicum geeft haar groene blad het hele seizoen een mooie rozige gloed mee - erg mooi in de roze tuin, vind ik. Zie ook 'herfstkleur'.
Cornus florida 'Tricolor' geeft haar blad vele tinten mee: eerst room en garnaalroze voor de zomermaand en dan purperbrons met rozerood als toegift in de vorm van herfstkleur! (Onder andere bij d.B.K.)

Volgende pagina: Een fraai overhangende tak van de parkroos 'Frülingsduft' zorgt voor de geur in de geel/roze combinatie van dit boeket. Het roze komt terug in een tak van de lieflijke Kolkwitzia amabilis *(V, VI). Voor geeltinten zorgen akeleien* (Aquilegia-Hybriden *'Maxi-Star'), IJslandse papavers* (Papaver nudicaule*) en een paar takjes vrouwenmantel* (Alchemilla)*. Neutrale toevoegingen zijn een tak* Stephanandra, Astrantia carniolica *en de luchtige bloempluimen van* Thalictrum minus.

Crataegus laevigata 'Gireoudii' geeft het jonge blad romige en roze vlekjes mee. (Boom.)
Easculus neglecta 'Erythroblastos'... eigenlijk een probleem, deze kastanje. Ze bloeit wit en krijgt op den duur ook 'normaal' groen blad, maar als het ontluikt is het van een zo krankzinnige garnaalkleur dat ze moeilijk te plaatsen is. Ik zette haar uiteindelijk toch in de witte tuin, maar in roze met wat felle lentebloei eronder lijkt ze me ook leuk.
Fagus sylvatica 'Roseomarginata' - zie 'rood'.
Hipoestes sanguinolenta 'Pink Splash' wordt meestal als kamerplant verkocht, maar ze kan ook uitstekend op balkon of terras of zelfs als eenjarige in de border ertussen. Ze zorgt voor véél roze! Een leuke bladplant. (Zaad onder nadere bij T. & M.)
**Salvia officinalis* 'Tricolor' is salie met romige, roze en purperen vlekken op het zachte blauwgroene en aromatische blad.
Saxifraga stolonifera 'Tricolor' heeft gemarmerd blad met grijzige, romige en rozige tinten erop. (Lage plant.)

KLIMMERS

Clematis - ik noem wéér niet alle grootbloemige!
Clematis douglasii var. *scottii* 'Rosea' is zo'n mooie met omlaag gerichte, dikke harige klokbloemen in roze en **Clematis* 'Edward Prichard' maakt geurige bloemtrosjes met veel kleine roze sterbloemetjes.
Clematis 'Little Nell' is een kleine vijfbladige in zacht lila, die krachtig groeit en voor zomerbloei zorgt.
Clematis montana voor de vroege bloei (V, VI). Zie afbeelding op bladzijde 84. Kan wat bloemvorm en kleur betreft, worden gevolgd door *Clematis chrysocoma* (VII, VIII, IX).
**Lathyrus odoratus* - bij de siererwten is veel lieflijk roze en daar zijn ook goede geurende bij.
**Lonicera periclymenum* 'Belgica' is goed rozig van tint en goed geurig - een fijne kamperfoelie!
Solanum jasminoides is een bekende klimmer met lila bloemen, die wat fel kunnen zijn hier.
**Solanum crispum* verspreidt een heel zacht geurtje.
**Wisteria sinensis* 'Rosea' is de vroege roze bloeiende regen. *Wisteria floribunda* 'Pink Ice' en 'Rosea' zijn twee mooie later bloeiende soorten. Bij Esveld, Boskoop.
Zacht roze bloeiende, geurende rankende rozen zijn: **Rosa gentiliana*; **Rosa lucens erecta*, 'Francis E. Lester'; 'François Juranville'; *'Madame Alfred Carrière' en de niet geurende, maar zeer rijk doorbloeiende 'New Dawn'!

WATERPLANTEN

In het water gaan natuurlijk roze waterlelies en die zijn er in allerlei 'maten'. *Nymphaea* 'Rose Arey' is mooi zacht roze met slanke bloemblaadjes en voor water van 30-80 cm; *Nymphaea* 'Madame Wilson Gonnère' maakt de bloemblaadjes wat ronder en kan in dezelfde waterdiepte. *Nymphaea x laydekeri* 'Lilacea' is veel feller van kleur, maar een lief kleintje voor water van 20-60 cm.
Onmisbaar is ook de zwanebloem (*Butomus umbellatus*) die van juni tot eind augustus haar elegante hoge bloemstengels heft.
Het door mij zozeer beminde waterdrieblad **Menyanthes trifoliata* maakt haar geurige franjebloemetjes zo licht roze van tint, dat ze hier kan, maar ook in de wit bloeiende vijver.
*Watermunt (*Mentha aquatica*) is wat feller van kleur: bloeit in stevig lila en maakt purper getint blad. ze is wel lekker aromatisch erbij!
Orchis... er zijn allerlei leuke wilde orchideetjes (die overigens niet allemaal *Orchis* heten!), die snoezig zijn direct op de oever van de roze bloeiende vijver. Ada Hofman heeft er een boel in haar collectie.

JANUARI I
FEBRUARI II
MAART III
APRIL IV
MEI V
JUNI VI
JULI VII
AUGUSTUS VIII
SEPTEMBER IX
OKTOBER X
NOVEMBER XI
DECEMBER XII

PAARS/ROZE

Weinig plaats helaas voor de dieper getinte gewassen die toegevoegd aan roze/pastel zorgen voor krachtige kleurcombinaties. Ik moet daarom heel beknopt te werk gaan!

JANUARI/FEBRUARI/ MAART/APRIL I/II/III/IV

**Daphne mezereum* zou ik er altijd bijzetten met haar fel lila bloei en sterke geur, met daarbij wat **Iris reticulata* 'J.S. Dijt', de enige soort die geurend bloeit.
**Viola odorata*, het maartse viooltje uiteraard ook voor de geur en *Pulsatilla vulgaris* in zacht lila of de 'Rubra' in dieper purperrood, béëldig zijn ze alletwee.
Helleborus orientalis, de purper getinte exemplaren zijn er natuurlijk onmisbaar. Ook *Helleborus dumentorum* ssp. *atrorubens* is fijn voor vroege bloei.
Pulmonaria saccharata 'Mrs. Moon' is een mooie bodembedekkertje voor schaduw: paarsblauwe bloei en wit gemarmerd blad heeft ze.
Rhododendron reticulata (IV, V) is een vroege bloeier met mooie herfstkleur en *Primula denticulata* is daar schattig bij.
Voor purper getinte *Fritillaria*'s het diep purperen lijstje bij 'gloomy' raadplegen. Wat daarin staat kan trouwens allemaal in paars/roze worden toegepast!

MEI/JUNI/JULI V/VI/VII

Allium giganteum, A 'Globemaster' en *A. aflatunense* zijn mooie paarse sieruien.
**Hedysarum coronarium* maakt lánge klaverachtige diep rozerode bloempluimen, die lekker geuren. Hoogte 100 cm; bloeitijd V, VI, VII; zaad bij T. & M.
Bij *Iris*-Germanica-Hybriden en *Hemerocallis*-Hybriden is de keus weer zeer groot, net als bij de tuin-*Geraniums*. Zie catalogi van Hoch en Coen Jansen.
Muscari comosum ssp. *plumosum* (V, VI) voegt luchtige bloempluimen in fel paarspurper toe; *Tulipa aucheriana* is een laat bloeiend (V) fel lila mini-tulpje en *Scilla pratensis*, de sterhyacint, die mooie lilapaarse bloempluimpjes maakt.
Nicotiana alata-soorten in diep roze kunnen nu gaan bloeien, maar geuren helaas niet. Schattig daartussen kunnen de diep roze bloeiende vergeetmijnietjes (*Myosotis alpestris* 'Carmine King') zijn.
Rheum palmatum is een gigantische schoonheid met rozerode bloei en groot blad en bij *Rhododendron* is de keus natuurlijk overweldigend in dit kleurenschema.
Bij de geurige oude rozen zou ik kiezen voor *'Lavender Lassie'; *'Belle Amour'; *'Magenta'; *'Roseraie de l'Hay'; *'Comte de Chambord'; *'René d'Anjou' of *'William Lobb'. Prachtig diep purperpaars zijn: *'Cardinal de Richelieu' en *'Tour de Malakoff' - mooi gestreept zijn de bloemen van **Rosa* 'Mundi', die ook *Rosa gallica* 'Versicolor' wordt genoemd én van **Rosa* 'Variegata di Bologna'. Alle te bestellen bij Verhue en ten dele afgebeeld in zijn rozenboek.
Stachys grandiflorum vind ik een fijne robuuste plant (bloei VI, VII, VIII) en *Primula vialii* (VI, VII) een droom van een primula met haar vuurpijlachtige bloei in lila en diep purperrood.
Veronica surculosa en *Veronica spicata* bloeien in diep roze en violette tinten en *Verbascum* 'Pink Domino' bloeit tot diep in augustus.
Weigelia, *Tamarix*, en dieper getinte *Syringa-soorten zijn mooi bloeiende struiken. *Robinia hispida* bloeit ook diep roze van tint, maar is teer van hout!
Uiteraard zijn de schitterende schaduwstruiken die *Hydrangea aspera* ssp. *sargentiana* (VII, VIII); *Hydrangea macrocephala* 'Lilacina' (VI, VII, VIII, IX) en *Hydrangea macrocephala* ssp. *serrata* (VII, VIII) heten, onmisbaar in deze kleurstelling. Ze maken alle vlakke schermen met een krans grotere schijnbloemen in roze tinten en een hart van kleine bloemetjes in purper/blauw. Twee staan er afgebeeld in 'Het Kleine Paradijs'.

AUGUSTUS/SEPTEMBER VIII/IX

Amorpha fruticosa en de geurende **Duddleja davidii* in verschillende kleuren paars en purper zorgen voor struikenbloei in deze maanden.
Chelone obliqua is een stevige vaste plant en *Cosmos sulphureus* 'Candy Stripes' een fantastische eenjarige. (Zaad bij K.B. en T. & M.)
**Lavandula stoechas* is de kuiflavendel die doorbloeit tot oktober, als ze tenminste een beschut plekje heeft en *Lespedeza thuhbergii* een gróte (2 m) struik die in september/oktober bloeit met elegante purperen bloemtrosjes.
Lillium 'Pink Perfection' is de diep roze soort die hier mooi bij kan en *Lillium* 'Jamboree' een zeer hoge (180 cm) in diep purperroze.
Lythrum-soorten, de kattestaarten bloeien tot diep in september en trekken vlindertjes bij de vleet en *Polygonum amplexicaule* bloeit met zéér opvallende lange bloemaren in een diep rozerood.

OKTOBER/NOVEMBER/ DECEMBER X/XI/XII

Crocus speciosus, battanicus en *medius* zijn leuke winterbloeiende bolgewasjes net als *Colchicum* 'Violet Queen' en de dubbelbloemige *Colchicum* 'Water Lilly'.
Disanthus cercidifolius is een struik die in oktober purperpaars bloeit; *Liriope muscari* een leuk gewas voor een beschut plekje met metalig diep paars/purperen gloed over het blad en lange purperen druifjes als bloei.

Voorgaande bladzijde:
Linksboven: De Roos 'Félicité Parmentier' is er een uit de Alba-groep, dat wil zeggen, dat ze geurt (en déze wel heel zoet en sterk). De roos werd in 1836 gecreëerd door Louis Parmentier, een Belgische rozenkweker. Ze bloeit rijk in juni, en past door haar gelige bloemknop en zuivere zacht roze kleur prima in de geel/roze tuin. Rechtsboven: bij de Lantana-Hybriden zijn vele felle kleurtjes te vinden. Déze komt uit de 'Camara Mixed' van T. & M., maar ze zijn bijna overal op kleur uit de zoeken (ik vond zelfs een witte op stam!). Het leuke van deze kleurslag is, dat de bloemhoofdjes warm geel en zacht roze in zich verenen - ideaal voor een balkon of terras in deze kleurstelling! Onder: Onder de naam 'Gentse azalea's' worden de vele kruisingen tussen Rhododendron molle en verschillende Amerikaanse species aangeboden - vroeger noemden we ze Azalea mollis. Sommige ruiken heerlijk, vooral de oervorm, de gele, verspreidt een sterke zoete geur - ideaal voor een schaduwrijke lentehoek in warm geel en zacht roze!

KLIMPLANTEN

Naast de lichter roze klimmers kunt u aanplanten:
**Akebia quinata*, geurend, vroeg bloeiend (IV, V) en afgebeeld op bladzijde 84.
Clematis uiteraard te kust en te keur in diep purper en donker roze, zoek ze een beetje uit op bloeitijd, dan hebt u bloemen van het vroege voorjaar (bijvoorbeeld *Clematis alpina* 'Ruby') tot in de herfst (*Clematis viticella*, *Clematis purpurea* 'Plena Elegans' en bijvoorbeeld *C.* 'Minuet' en 'Venosa Violacea').
Eccremocarpus 'Roseus' in diep fris roze, eenjarig meestal, maar makkelijk te zaaien.
Lathyrus latifolius, niet geurend maar vast en in een érg hardroze kleur.
**Lathyrus odoratus* in tal van kleuren en geurend.

Bij de dieper getinte rozen-ramblers zou ik kiezen voor:
*'Gerbe Rose', die vooral tegen de avond sterk geurt; de allerliefste lila *'Kew Rambler'; de befaamde *'Veilchenblau' of de heel elegante *'Paul's Himalayan Musk Rambler'. De klimmende *'Bleu Magenta' is niet 'bleu' maar een soort kardinaalspaars en 'Zépherine Drouhin' heeft geen geur maar ook geen doorns!

JANUARI I FEBRUARI II MAART III APRIL IV MEI V JUNI VI JULI VII AUGUSTUS VIII SEPTEMBER IX OKTOBER X NOVEMBER XI DECEMBER XII

BALKON EN (DAK)TERRAS

Hier heb ik de kleuren maar alvast gemengd...
Abutilon vitofolium is een soort met beeldschone lila klokbloemen die zich heel gemakkeijk laat zaaien. (Zaad bij T. & M. - zie ook Turkenburg achterin!)
**Aloysia triphylla*, de zeer sterk aromatische citroenverbena is een geurdroom voor een kuipje en **Datura* 'Champagne' brengt geurige dikke klokken in heel zacht roze!
Ballota pseudodictamnus vond u al bij zilver.
Convolvulus cneorum moet in de meeste tuinen toch in een pot met haar beeldige pastelklokjes en zilveren blad
Malvastrum is de naam van de schattige bolle struikjes die staan afgebeeld op de voorplaat van dit boek. Ze zijn ook te koop geënt op stammetjes van verschillende hoogte. Onder andere bij Schiphorst in Wageningen.
Het spreekt vanzelf dat het zilverige roze van 'vetplanten' als *Crassula* en *Echeveria* (zie potten op tafeltje voorplaat) alleen in de zómermaanden in buitengroepen kan worden opgenomen.
Passiflora quadrangularis en *antioquiensis* bloeien beide in kuipen met heel interessante bloemen tegen een flinke driepoot. Daarvoor kunt u ook zaaien: *Maurandia erubescens* met mooie fluwelige bloemtrossen. Zaad bij K.B. en T. & M.
**Viburnum tinus* is leuk, geurig, wintergroen en winterbloeiend in een pot.

Volgende bladzijden: Bij Ton ter Linden en Anne van Dalen bloeit het op gegeven moment aan één kant van de vijver allemaal in geel en roze. Voor het geel zorgen Alchemilla, Lysimachia nummularia *en* Telekia, *het roze wordt vertegenwoordigd door* Astilbe-Hybriden *'Peach Blossom', en fris roze waterlelies. Daaronder: Wolken zacht roze rozen van de roos 'Cato' (gekregen van mevrouw Canneman), hoog opschietende* Telekia *(rechts), weer* Alchemilla *en lilaroze* Geranium endressii *bepalen hier de geel/roze kleurstelling, die op dit moment de hoofdmoot is van deze in pasteltintjes bloeiende tuin van Joyce Brinkworth. Geheel rechts: Een van de weinige echt roze toevoegende blad-soorten, de* Acer negundo *'Flamingo'.*

WAAR KUN JE DAT ALLES KOPEN?

Een lánge lijst deze keer! Met veel adressen, die u ook in 'Het Kleine Paradijs' aantrof, en aangevuld met vele nieuwe, ook een plantjesmens blijft 'volop in beweging', nietwaar?
Bij de adressen vindt u bovendien een heel korte specialiteiten-opsomming, ten dele van planten die de kweker zelf erg aanspreken, ten dele omdat ik ze daar verheugd vond.
Het aanvragen van de catalogi wordt u gemakkelijk gemaakt: er staat bij of dat gratis is ('op aanvraag') of dat u er een (klein) bedrag voor moet overmaken. Ook de openingstijden (als die er zijn) staan vermeld, zodat u geen vergeefse (lange) tochten hoeft te maken.
De codering refereert aan verwijzingen in het boek.

B.O. Vruchtboomkwekerij 'De Batterijen', Bonegraafseweg 68, 4051 CH Ochten. Tel. 03444 - 1271. Vruchtbomen en kleinfruit (op verzoek ook hoogstam).
Ma. - vr.: 7.30 - 17.00 uur.
Za.: 7.30 - 10.00 uur.

d.B.K. Mevrouw Jelena de Belder, Arboretum Kalmthout, Heuvel 2, Kalmthout, België. Tel. 09-32 3 6666741. Houtige gewassen, o.a. eigen selecties van *Agapanthus, Hosta, Hamamelis* en *Hydrangea paniculata*. Zaden van minder bekende houtachtige gewassen en vaste planten ter plaatse verkrijgbaar. Regelmatig ook kleine hoeveelheden bijzondere planten en struiken.
Ma. - vr.: 9.00 - 17.00 uur.
Za., zo. en feestd.: 10.00 - 17.00 uur.

B.B. De Bloemenhoek, Utrechtseweg 275, De Bilt. (Alle post: Postbus 287, 3730 AG De Bilt). Tel. 030 - 763451. Niet alledaagse vaste planten en alpine soorten, o.a. *Androsace, Dianthus, Aster, Campanula, Gentiana, Saxifraga*.
Catalogus: op aanvraag.
Ma. - za.: 9.00 - 17.00 uur.

B.C.E. Beth Chatto Gardens ('Unusual Plants'), White Barn House, Elmstead-Market (Nr. Colchester), Essex CO7 7DB, Engeland. Tel. 09-44 20622 2007. Beth Chatto is al jáaren hét adres voor bijzondere plantjes. Wat opvalt is een prachtige collectie planten die 's winters mooi blad houden!
Catalogus: op aanvraag; verzending in lente en herfst.

v.d.B. Theo van den Bosch, De Gaardenhof, Hoefblad 61, 4102 JS Culemborg. Ouderwetse en zeldzame fruitbomen, o.a. aan klimaat, grondsoort etc. aangepaste regionale rassen.
Catalogus: op aanvraag.
Vr. en za.: 9.00 - 17.00 uur.

B.D. Martin Brilleman, Binnenweg 2, 7431 AG Diepenveen. Tel. 05709 - 1908. Vaste planten, rots- en alpine planten; *Gentiana, Primula* en *Codonopsis*.
Catalogus: op aanvraag.
Ma. - vr.: 8.00 - 12.00 en 13.00 - 18.00 uur.
Za.: 8.00 - 17.00 uur.

B.H. G.A.H. Buisman & Zn., Oenerweg 16, 8181 RH Heerde. Tel. 05782 - 1530. Rozen.
Catalogus: op aanvraag.
Ma. - vr.: 8.30 - 12.00 en 13.30 - 17.00 uur.
Vanaf half juli: za.: 9.00 - 15.30 uur.

B.H.T. Burford House Gardens, Tenbury Wells, Rochestershire WR15 8HQ, Engeland. Tel. 09-44 584 810777. Heeft een adembenemende *Clematis*-lijst!
Catalogus: op aanvraag, 'Clematis-booklet'.
De tuinen van Burford House zijn ook open ter bezichtiging, u kunt ze dus zelf gaan halen. Helaas verzendt Burford House geen kleine bestellingen meer, maar de *Clematis* zijn bestelbaar bij I. Jensen, Taruper Hauptstrasse 18, D-2390 Flensburg - Tarup, Duitsland.

C.B. Cruydenhof (Hugo Messiaen), Wetterse-steenweg 194, B 9263 Bavegem, België. Tel. 09-32 91628281. Vaste planten, inheemse soorten, doorlevende snijbloemen en aromatische kruiden.
Catalogus: op aanvraag.
Alle dagen (incl. zo.): 14.00 - 18.00 uur.

C.G. Cruydt-Hoeck, Postbus 1414, 9701 BK Groningen. (Geen tel.) Zaden van inheemse planten, (genees)kruiden, verfplanten, bijenplanten en bijzondere soorten. Ook natuurlijk verantwoorde mengsels voor bloemrijke inheemse begroeiing met uitvoerige aanwijzingen. Inheems uitgangsmateriaal.
Catalogus: *f* 5,- op giro 4058000.

C.S. Chiltern Seeds, Bortree Stile, Ulverston, Cumbria LA12 7PB, Engeland. Uitgebreide zaadlijst (bloemzaden, heesters en bomen, groenten etc.) op aanvraag.

v.D.N. C.J. van Delft, Gooweg 21, 2211 XV Noordwijkerhout. Tel. 02523 - 74909. Vaste planten, rots- en alpine planten.
Uitsluitend za. 8.00 - 12.00 uur.

E.B. Fa. C. Esveld, Rijneveld 72, 2771 XS Boskoop. Tel. 01727 - 13289. Houtige gewassen; o.a. *Acer, Rhododendron* en *Azalea, Magnolia, Fagus*. (Vooraf bestellen.)
Catalogus: op aanvraag.
Ma. - vr.: 8.30 - 12.00 en 13.00 - 16.30 uur. (Liefst aanmelden v.t.v.) Mooi esdoornpark (mei - juni en herfst).

E.S. Ewals, Saardijk 11a, 5975 NW Sevenum. Tel. 04767 - 2280. Alles voor de vijver.
Catalogus: op aanvraag.
Ma. - do.: 9.00 - 18.00 uur. Vr.: 9.00 - 21.00 uur.
Za.: 9.00 - 16.00 uur.

F.B. Florida Tuincentrum, Goudse Rijweg 2, 2771 AE Boskoop. Tel. 01727 - 13555. Heesters, coniferen, klimplanten en vaste planten.
Catalogus: op aanvraag.
Ma. - vr.: 9.00 - 17.30 uur. Za.: 9.00 - 16.00 uur.

H.C.N. Hetty Cox, kwekerij 'De Walburg', Boord 64, 5674 NE Nuenen. Tel. 040 - 831483. *Primula, Helleborus* en *Geranium*; verder *Haberlea, Ramonda* etc.
Catalogus: op aanvraag.
Wo. en do.: 13.00 - 17.00 uur.
Za.: 8.30 - 17.00 uur.

H.O. De Heliant, Oude Willem 2, 8426 SM Appelscha. Tel. 05162 - 3292. Wilde planten, bijen-, verf- en stinsenplanten. Inheemse varens.
Catalogus: op aanvraag.
Bezoek graag na telefonische afspraak.

H.B. Albrecht Hoch, Potzdamerstrasse 40, 1000 Berlijn 37, Duitsland. Tel. 09-49 30 8026251. Bol- en knolgewassen, o.a. *Iris, Lilium, Paeonia, Hemerocallis*.
Catalogus: 7 internationale antwoordcoupons.

R.B. Hoveling Plant bv, Oosteinde 27a, 2825 AH Berkenwoude. Tel. 01826 - 555. Heemplanten, (genees)kruiden, verfplanten, ouderwetse tuinplanten, stinsenplanten.
Catalogus: op aanvraag.
Ma. - vr.: 8.00 - 17.00 uur.
Za.: 9.00 - 17.00 uur.

H.V. Ada Hofman, Westeindigerdijk 3, 7778 HG Loozen (Gem. Gramsbergen). Tel. 05246 - 2448. Water-, oever- en moerasplanten, o.a. zuurstofplanten (zachtbladige onderwaterplanten die het water zuiveren).
Catalogus: op aanvraag.

J.D. Coen Jansen, Ankummer Es 15, Dalfsen (Alle post: Kievitsbloem 27, 7721 HX Dalfsen). Tel. 05293 - 3124. Vaste planten, o.a. *Anemone, Aster* (kleinbloemige), *Hemerocallis, Hosta, Phlox*.
Catalogus: op aanvraag.
Ma. en di.: 9.00 - 12.00 en 13.30 - 17.00 uur.
Do.: 9.00 - 12.00 uur.

J.K. Kwekerij 'Joghmanshof' (Mieke van Kempen), Laageinde 3, 4013 CT Kapel-Avezaath. Tel. 03446 -1415. Vaste planten, o.a. *Anemone, Saxifraga* en klimplanten.
Catalogus: op aanvraag.
Ma. - vr.: 13.30 - 17.00 uur.
Za.: 8.00 - 18.00 uur.

K.B. Kieft Bloemzaden bv, Postbus 1000, 1695 ZG Blokker. Tel. 02290 - 61723. Heeft voor Nederland een unieke zaadcatalogus, levert bijvoorbeeld ook aan T&M en is dus een groothandel. Al eerder schreef ik dat u voor *f* 5,- per stuk monsterzakjes kon bestellen: dat liep wel eens mis, omdat Kieft natuurlijk niet één zakje van een halve gram uit een baal van 50 kilo kan gaan scheppen en dat dan ook nog met een postzegel gaan verzenden. Ik heb nu een 'regeling' met Kieft gemaakt, omdat hij zóveel begerenswaardigs heeft. U kúnt bestellen, maar het minimumorderbedrag is *f* 50,— en daarvoor kunt u dan tien soorten à *f* 5,- kiezen (en géén vijftig voor één gulden!). Catalogus (zonder illustraties overigens, maar om te likkebaarden voor iedereen) op aanvraag.

v.d.K.E. Kwekerij van de Kaa, Arnhemsestraatweg 14, Dieren. Tel. 08330 - 13166. Niet alledaagse vaste planten, o.a. *Helleborus*, varens en klimplanten.
Catalogus: op aanvraag.
Di. en za.: 9.00 - 17.00 uur.

K.P.Z. De Kleine Plantage, De Handerweg 1, 9967 TC Eenrum. Tel. 05959 - 1604. Vaste planten, bijzondere eenjarigen, stinsenplanten.
Vr. en za.: 9.00 - 18.00 uur.

L.L.O. Louis Lens, Kwekerij van Roselaars en Bomen, Mechelbaan 147, B 2860 Onze-Lieve-Vrouwen-Waver, België. Tel. 09-32 15 201052. Moderne en ouderwetse rozen.
Catalogus: op aanvraag.

M.R.-E. Fuchsia's Mathijsen, Wolfhoeksestraat 9, 6662 PH Reeth-Elst (Gld.). Tel. 08819 - 72003. *Fuchsia's*, *Pelargonium* en *Oleander*.
Catalogus: op aanvraag.
Ma. - za.: 9.00 - 17.00 uur.

N.G. Nimfea, (Gebr. Van Tol), Vossenburchkade 113, 2805 PD Gouda. Tel. 01820 - 11451. Water- en moerasplanten, inheemse planten en varens.
Catalogus: op aanvraag.
Ma. - vr.: 8.00 - 12.30 en 13.30 - 17.00 uur.
Za.: 8.00 - 13.00 uur.

v.N.Z. Simon van Nijnatten, Meirseweg 26a, 4881 DJ Zundert. Tel. 01696 - 72605. Laan- en sierbomen, o.a. treurvormen, bolvormen etc.
Za.: 8.00 - 16.00 uur.

O.H. Piet Oudolf, Broekstraat 17, 6999 DE Hummelo. Tel. 08348 - 1120. Uitgelezen assortiment vaste planten, bamboes en siergrassen.
Catalogus: op aanvraag.
Do. - za.: 10.00 - 16.00 uur.

P.B. Th. Ploeger & Zn., Blauwkapelseweg 73, 3731 EB De Bilt. Tel. 030 - 202602. Vaste planten, varens en heemplanten o.a. *Geranium* en *Primula*.
Catalogus: op aanvraag.
Za. en ma.: 9.00 - 17.00 uur.

R.D. Ruys, Kon. Kwekerij Moerheim, (Moerheimstraat 78), Postbus 1, 7700 AA Dedemsvaart. Tel. 05230 - 12345. Vaste planten en rozen, o.a. *Delphinium* en Meilland-rozen.
Catalogus: op telefonische aanvraag.
Ma. - za.: 9.00 - 17.00 uur.

S.N.S. Sandwich Nurseries (Graham Trevor), Dover Road, Sandwich, Kent CT13 ODG, Engeland. Tel. 09-44 304 614377. Een lijst met veel *Geranium*, mássa's *Hebe*, *Thymus*, *Salvia* en 17 *Mentha*-soorten!
Catalogus: 1, bestellingen buitenland minimaal 50.

S.W. Schiphorst, Mansholtlaan 9, 6708 PA Wageningen. Tel. 08370 - 12284. Bijzondere laanbomen en heesters, ook in grotere maten, sierkersen, (hoogstam)vormbomen etc.
Zondag gesloten.

S.O. Kwekerij Stam, 44 R.I.-straat 10, 4051 AR Ochten. Vaste planten, heesters, klimplanten, rozen.
Catalogus: op aanvraag.
Ma. - do.: 9.00 - 12.30 en 13.30 - 18.00 uur.
Vr.: 9.00 - 21.00 uur.
Za.: 9.00 - 17.00 uur.

S.H.S. Suffolk Herbs, Sawyers Farm, Little Cornard, Sudbury, Suffolk CO10 ONY, Engeland. Tel. 09-44 787 227247. Zaden van kruiden, bijzondere groenten, droogbloemen etc.
Catalogus: 2 internationale antwoordcoupons.

T.&M. Thompson & Morgan, London Road, Ipswich IP20 BA, Suffolk, Engeland. Tel. 09-44 473 218821. Uitgebreide en rijk geïllustreerde zaadlijst (bloemzaden, heesters en bomen, groenten etc.) op aanvraag.

v.T. Van Tubergen, (Achterweg 33), Postbus 86, 2160 AN Lisse. Tel. 02521 - 19030. Bol- en knolgewassen, bloemzaden.
Catalogus: op aanvraag.

V.O. Rozenkweker Verhue, 'Belle Epoque', Molendijk 9, 3233 LN Oostvoorne. Tel. 01815 - 3382. Ouderwetse en zeldzame rozen.
Catalogus: op aanvraag.
Bezoek na afspraak. (Rosarium altijd open).

v.d.V.N. J.F. van der Valk, Oosterstreek 79 en 81, Noordwolde (Fr.).Tel. 05613 - 2034. Wilde vaste, rots- en alpine planten van over de hele wereld, o.a. *Primula* en *Meconopsis*.

d.W.B. Rozenkwekerij De Wilde, (Prinses Irenelaan 14), Postbus 115, 1400 AC Bussum. Tel. 02159 - 16511. Rozen.
Catalogus: op aanvraag.
Rosarium altijd open.

W.H. Willemse, (Haarlemmerstraat 16-22), Postbus 60, 2180 BB Hillegom. Tel. 02520 - 18774. Eén van de 'verzendkwekers' met naast gewonere zaken altijd bijzondere fruitsoorten, óók voor potten.
Catalogus: op aanvraag.

v.d.Z.N. Mevrouw R. van der Zalm-Van Bohemen, de Boender 6, 2204 AG Noordwijk. Tel. 02523 - 72193. Bijzondere bolgewassen, o.a. *Allium* en *Camassia*.
Catalogus: op aanvraag.
Bezoek uitsluitend na telefonische afspraak.

Z.B. Pieter Zwijnenburg jr., Halve Raak 18a, 2771 AD Boskoop. Tel. 01727 - 16232. Houtige gewassen en bijzondere klimplanten, o.a. minder winterharde gewassen. (Van tevoren bestellen en afspraak maken om op te halen).
Catalogus: op aanvraag.

NB. Wilt u meer adressen van Engelse kwekers en hun vaak prachtige tuinen, bestel dan het boek (een dikke pocket!) 'Shopping by Post for Gardeners' van Joy Montagne. Uitgever Exley Publications, Watford, Engeland.

HOE BOUW JE EEN BORDER VOL?

Van laag naar hoog - dat wist u! Daarom heb ik achter alle planten in de lijsten een borderopbouw-code gezet.
Helemaal vooraan komen: 'bodembedekkers' en 'lage bolgewasjes'.
Daarachter: 'lage planten' en 'lage bolgewassen'.
Dan komen: 'halfhoge planten' en 'halfhoge bolgewassen'.
Vervolgens: 'middelhoge planten' (en natuurlijk ook bollen).
Daarbovenuit: 'hoge planten' (plús bollen en knollen).
Tenslotte: 'zeer hoge planten'.
Wilt u verder gaan, dan volgen 'struiken', maar die moeten er vaak ook tussen omdat ze kleiner zijn dan de hoge en zeer hoge planten!
De achtergrond kan worden gevormd door 'bomen'.
Als de planten echt goed tegen schaduw kunnen, heb ik dat apart erbij vermeld.

* voor de naam betekent dat het gewas (de door mij zozeer gewaardeerde) geur verspreidt.

GROEN/BLAUW

Echt blauw en zacht groen bloeiende planten vormen een prima combinatie, die heel lieflijk wordt gedemonstreerd bij het lenteplaatje (geheel rechts) van de vaste-plant-vergeet-mij-niet Brunnera macrophylla *(IV, V, VI)* en de slanke stengels met groenige klokjes van de Tellima grandiflora *(V, VI). Nóg vroeger in het jaar komt de bloeitoef op zacht groen bladrozet van het Japanse groot hoefblad (*Petasites japonicus*) omhoog (III, IV) - een leuk idee om er een cadeautje mee te versieren (links). Een tweede cadeautip: laat een tak van de kronkel-wilg (*Salix matsudana *'Tortuosa') op water bewortelen en geef er zo'n zelf 'gemaakt' jong boompje bij! Midden: bij deze terras-tafelschikking gebruikte ik ook groen en echt blauw: groene artisjokken en peren worden geflankeerd door een lenteboeketje waarin groene zaaddozen van* Helleborus foetidus *samen gaan met blauwe akeleitjes, boshyacint-jes en* Camassia cusickii. *Zacht gele primula's herhalen de tint van serviesgoed en citroenen.*

GROEN

Wie eenmaal wég is van groene bloemen: van de subtiele rust en schoonheid die er van een groenbloemig aangeplant tuindeel uitgaat, zal die kleurstelling steeds meer omhelzen en uitbreiden. Zo is het tenminste mij vergaan, en ik heb allang spijt dat ik mijn groene tuindeel niet groter maakte! Om toch alle groentjes die mijn hart bekoorden te kunnen toepassen, ben ik met combineren begonnen en ik kwam tot de conclusie dat groene bloemen heel mooi zijn bij heel zacht en écht blauw (zie pagina 99 t/m 101).
Groen en wit zijn ook uitstekend te combineren en dat laten de bloemen zélf al zien - kijk maar op pagina 108 en 109, daar staan bloemen en plantgroepen in groen-met-wit.
Bloemen in groentinten en beige-nuances leveren een heel subtiele kleurcombinatie op - een mooi voorbeeld staat achterop het omslag van dit boek en als u de beige bloeiende gewassen op bladzijde 128 en 129 opslaat kunt u zich zó al voorstellen dat die beeldig zijn bij de groene bloeiers van dit hoofdstuk.
Heel natuurlijk werken ook groen en zacht geel... heel veel 'groene' bloemen zijn immers eigenlijk al 'geelgroen' of 'groengeel' en dat gaat zoetjes in elkaar over met écht zacht geel!
Heel fris en frank zijn de abrikoostinten bij groen - zie bijvoorbeeld een groep *Euphorbia wulfenii* voor ogen, met daarnaast de frisse tint (én frisse geur!) van *Lilium hansonii* (afbeelding op bladzijde 152), dat is lékker!
Wie groen en roze wil combineren zal zich echt moeten beperken tot de pasteltinten, fel lilaroze, paars en purper zijn té overheersend naast het bescheidener groen.
Het heel diep rood van de drakenaronskelk (pagina 61) en bijvoorbeeld de roos 'Pappa Mailland' kan ik me weer wél voorstellen met groen, maar het is niet een combinatie die ik zelf zou kiezen - het groen is er dan meer om het rood te 'illustreren' en niet voor de eigen schoonheid, die beter tot haar recht komt in subtielere combinaties.
De hele 'gloomy' lijst (pagina 122 t/m 125) kan bijvoorbeeld zómaar in de groene tuin worden geplant en heel veel 'zilver' (pagina 134 t/m 137) kan er ook een 'glansrol' spelen!

JANUARI/FEBRUARI I/II

Garrya elliptica (I, II, III) voor een héél beschut plekje bij een westmuur waar felle middagzon het wintergroene blad bij vorst niet kan schaden. Met haar heel lange groenige katjes dik de moeite van het proberen waard. (Grote muur-struik).
Helleborus cyclophyllus komt in Engeland zo hier en daar nog in het wild voor, de bloemen zijn fris en groen en gaan open in maart.
Helleborus foetidus begint in december al met het ontwikkelen van de bloemtoefen, ze gaan pas echt open in III en IV.
Helleborus lividus ssp. *corsicus* (afbeelding op pagina 105), hiervoor geldt hetzelfde als voor de *foetidus*, beide zijn máánden mooi, ook ná de bloei als de klokjes gevuld zijn met dikke zaadpeulen!
Helleborus x *sternii* is een kruising tussen *Helleborus lividus* ssp. *corsicus* en de niet winterharde *Helleborus lividus* ssp. *lividus*, die een roze blos over de groene bloemen heeft. Die blos heeft ze meegegeven aan x *sternii*, voor de bloeimaand geldt hetzelfde als bij voorgaande.
Helleborus viridis is de soms nog in het wild voorkomende wrangwortel, die heel fel groen bloeit.
Alle hier genoemde *Helleborus*-soorten zijn middelhoge, altijd groene planten.

FEBRUARI/MAART II/III

Galanthus nivalis 'Viridapicis' (II, III) heeft zulke dikke groene stippen op het witte (sneeuw)klokje, dat het bést in groen mee mag spelen. (Laag bolgewasje.)
Hermodactylus tuberosus (vroeger *Iris tuberosa*) (II, III, IV, V) is dat mooitje dat in het Nederlands vingerknol heet en op een droog zonnig plekje soms al héél vroeg bloeit. (Laag bolgewas.)
Iris 'Katherine Hodgkin' (III) is een kruising tussen *Iris histroides* en *Iris danfordiae*, met prachtig geaderde blauwgroenige opstaande blaadjes en gelig groen gespikkelde neerhangende. (Laag bolgewas.)
Iris persica is een totaal grijsgroen schoonheidje dat het net als de voornoemde irisjes ook heel goed in 'gloomy' zou doen. (Laag bolgewas.)
Petasites japonicus (II, III, IV), het fikse Japanse groot-hoefblad, heeft onder de crème-groene bloemtoef een werkelijk appelgroen bladrozet, dat bij openbloeien mee omhoog komt. Zie afbeelding op bladzijde 100. (Hoge plant voor vochtige standplaats.)
Ribes laurifolium (II, III), voor beschutte delen in Nederland, anders in kuip kweken, maar dik de moeite waard met fraaie groene trossen. (Groenblijvende struik.)

MAART/APRIL III/IV

Anemone nemerosa 'Green Fingers' (III, IV, V) waarvan de bloemblaadjes zijn verdeeld als filigrain met een wit hartje! (Bij J.D.) (Laag bolgewasje.)
Arisaema triphyllum (III, IV) is Jan-op-de-preekstoel, een prachtig lid van de *Araceae*, met groen/zwart gestreepte bloemen en later rode bes. (Laag knolgewas voor halfschaduw.)
Arum italicum (IV, V) is de bekende bosaronskelk, met de hele winter door blad voor boeketten; in april/mei de groenige bloemen en fel oranje bessen later in het jaar, als het blad weer weg is! (Laag knolgewas voor schaduw.)
Arum maculatum (IV, V) is de gevlekte aronskelk die staat afgebeeld in 'gloomy' (pagina 125), maar die ook híer en in beige past. (Laag knolgewas voor halfschaduw.)
Capsella bursa-pastoris (III, IV, V, VI, VII, VIII, IX, X)... het herderstasje bloeit vrijwel het hele jaar en ik zet haar niet om de kleine witte bloei in deze lijst, maar omdat de zaadschijfjes (de 'herderstasjes' ofwel *bursa-pastoris*) zo leuk zijn in de tuin én in boeketten. (Eenjarig, zich zéér rijk uitzaaiend halfhoog gewasje.)
Cardiospermum halicacabum (VI, VII, IX), een leukje die ballonklimmer, maakt opgeblazen ballonnetjes die eerst heel groen zijn en langzaam naar beige verkleuren met een zwart zaad in het hart. (Eenjarige klimmer.)
Chrysosplenium alternifolium en *Chr. oppositifolium* (IV, V, VI) zijn de twee voorkomende soorten goudveil, die van vochtige halfschaduw houden - zoals u op pagina 112/113 kunt zien. (Lage plant.)
**Daphne laureola* (III, IV) is het absoluut groen bloeiende peperboompje dat voor geur zorgt in de vroege groene hoek! (Wintergroen struikje.)
**Daphne pontica* (IV, V) bloeit buitengewoon geurig, maar wat later. Maakt daarna zwart-blauwe bessen! Voor beschutte plek. (Wintergroen struikje.)
Euphorbia cyparissias (IV, V), de cypreswolfsmelk komt ook veel in het wild voor! (Lage plant.)
Euphorbia polychroma (IV, V), de voorjaarswolfsmelk, is het vroegst bloeiend uit deze imposante tuinplantengroep. (Lage plant.)
Euphorbia robbiae (IV, V) is een fijn vroeg bloeiende met mooi donkergroen blad en diep groene bloemen. (Bij H.C.N.) (Middelhoge plant.)
Ficus carica; de vijg begint zodra het warmer wordt de kleine naar binnen gekeerde bloeiwijzen te ontwikkelen - er kunnen ook vruchten van het vorig jaar zijn die narijpen. (Boom of struik voor beschutte plek!)
Foresteria neo-mexicana (IV, V), een redelijk hard lid van de olijffamilie met mooie groene bloemtrosjes. (Struik.)
Fritillaria chlorantha (IV, V) heet officieel 'groene kievitsbloem' en dat is ze... zéér groen! (Laag bolgewas.)
Fritillaria graeca (IV, V), de griekse kievitsbloem maakt prachtige dikke blauwgroene klokjes met

een beige randje! (Onder andere bij H.B.) (Laag bolgewas voor droge halfschaduw.)
Ginkgo biloba (IV, V), in de hoop dat u man én vrouw krijgt aangeleverd, zodat vruchten ontstaan, want dat zijn net pruimen, die van groen naar wit rijpen. (Boom.)
Hacquetia epipactis (III, IV, V), een teer liefje, dat margrietachtige, gifgroene schijnbloemen maakt met een geelgroen bloemetjeshart. (Lage plant voor halfschaduw.)
Iris pumila 'Greenspot' (IV, V) is een laag liefje (bij J.D.) dat in geen vroege groene border zou mogen ontbreken. (Laag bolgewas.)
Narcis 'Spellbinder' (IV) heeft een heel spannende kleurcombinatie van zwavel en giffig groen - niet tè dicht bij de tulp 'Court Lady' zetten, die is teerder van toon, maar wel dóen, die narcis! (Halfhoog bolgewas.)
Ornithogalum umbellatum (IV, V), vogelmelk in wit met dikke groene hartjes is beeldig in groen-met-wit, zoals op pagina 108/109. (Laag bolgewasje.)
**Parabenzoin praecox* (IV, V), vroeg bloeiend met niet zo grote geelgroene blóemetjes op het kale hout, maar het hele zomerseizoen met aromatisch blad! Zie struik op de achterplaat en bladzijde 149. (Struik.)
Paris polyphylla (IV, V), de veelbladige eenbes, staat afgebeeld in 'Het Kleine Paradijs'... móói! Heeft veel rode zaden in de opensplijtende vrucht! (Middelhoge plant.)
Primula auricula 'Orb' en 'Lovebird' (IV, V, VI), twee geselecteerde groenbloeiende soorten die door T. & M. worden aangeboden. (Lage plant.)
Pulmonaria argentea (III, IV, V)... daarvan neem ik de vroege blauwe bloei op de koop toe, want het puur zilveren blad is heel mooi in de groene tuin, zoals u op de achterkant van het omslag kunt zien! (Lage plant.)
Ranunculus ficaria 'Greenpetal' (III, IV, V), groen bloeiend speenkruid (bij J.D.), dát is leuk als bodembedekkertje-voor-overal! (Bodembedekker.)
Tulipa viridiflora 'Court Lady' (IV) is een van de vele namen die de verschillende kwekers aan de groen/wit gestreepte vorm gaven. (Halfhoog bolgewas.)
Ulmus... alle iepen (en méér bomen) bloeien groen, maar vooral de *Ulmus glabra* (III, IV) doet dat met opvallend grote toefen op het kale hout. Ze is wel gevoelig voor iepziekte! (Boom.)

MEI/JUNI V/VI

Alchemilla alpina (VI, VII, VIII) is lager dan de bekende vrouwenmantel, bloeit langer en het blad is diep ingesneden en zilver gerand. (Lage plant.)
Alchemilla mollis (VI) is niet meer weg te denken met haar zilveren blad, groenige bloempluimen en enthousiaste uitzaai! (Lage plant.)
Allium multibulbosum (V, VI) staat afgebeeld op pagina 108. Ik kreeg de bollen van mevrouw Van der Zalm. (Middelhoog bolgewas.)
Allium siculum - zie *Nectaroscordum siculum* (V) bij beige... is ook beeldig hier!
Allium victorialis (V, VI, VII) heeft net als *multibulbosum* wit en groen in zich, en is te koop bij B.D. (Middelhoog bolgewas.)
Anemone narcissiflora (V, VI), dat is een liefje in wittig met een vleugje roze, met spikkeltjes en een dik groen hart... past bij véél en is onder andere te koop bij P.B. (Lage plant.)
Anemone megellanica (VI, VII) maakt vrij grote groenige anemoonbloemen en dikke witte aardbei-achtige zaaddozen daarna. De pluiszaden kiemen in een potje buiten binnen drie weken! Bij J.K. (Halfhoge plant.)
Angelica archangelica (VI, VII, VIII), bekend maar mooi en gróót die engelwortel! (Tweejarig, zeer hoog.)
Aquilegia viridiflora (V, VI); overtuig u van de charme van dit akeleitje - het staat afgebeeld op pagina 117 en is onder andere te koop bij v.d.K.E. en B.D. (Halfhoge plant.)
Arisaema propinquum (V, VI) wordt wat groter dan Jan-op-de-preekstoel en als u haar 's winters met dik blad bedekt, kán ze hier. (Halfhoog knolgewas.)
Astrantia carniolica (VI, VII, VIII) is de meest zilver-groene van de Zeeuwse knoopjes. (Middelhoge plant.)
Astrantia major 'Sunningdale Variegata' heeft als extra heel mooi romig getekend blad. (Bij J.K.) (Middelhoge plant.)
Astrantia major 'Alba' (VI, VII, VIII) is wat hoger en heeft groenwitte bloemen. (Bij P.B.) (Middelhoge plant.)
Azorella trifurcata (VI, VII), een stevig bodembedekkertje dat groengeel bloeit. (Bodembedekker.)
Castanea sativa (V, VI) is voor een gróte groentuin de mooiste: als lange kralensnoeren hangen de bloemen erin en gaan over in dikke toefen groenstekelig omhulde eetbare kastanjes! (Boom.)
**Cestrum parqui* (VI, VII), wie niet een heel beschut plekje heeft zal haar in een kuip moeten kweken, maar het is de moeite waard, want vooral tegen de avond komt de sterke geur van de groengele bloemen vrij. (Struikje.)
Chiastophyllum oppositifolium (VI, VII), een alleraardigste bodembedekker met bloeitoortsjes in groengeel (tot 20 cm). Onder andere bij P.B. en B.D. (Bodembedekker.)
Corydalis ophiocarpa (VI, VII, VIII, IX), een hoge helmbloem (70 cm) met groengele bloemen, die wordt aangeboden door B.D. (Middelhoge plant.)
Cotinus coggygria (VI, VII), beeldig die groenige pruikjes in dit tuindeel! (Struik.)
Decaisnea fargesii (V, VI) is een van de mooiste groen bloeiende struiken, met zeer elegante bloemtrossen en dikke blauwe bonen daarna. Die zijn ook nog eetbaar! (Struik.)
Digitalis viridiflora (VI, VII) wordt niet zo hoog als de andere (70 cm), maar bloeit wel lekker groen. (Bij B.D.) (Middelhoge plant.)
Enkianthus perulatus (V), een schoonheid, waarvan de witte klokjes mooie groennuances hebben. (Struik.)
Eriogonum umbellatum (VI, VII, VIII, IX) is een heel lief halfstruikje voor een beschutte plaats met wat kalk; de voet van een zuidmuur dus! (Lage plant.)
Euphorbia characias ssp. *wulfenii* (V, VI), de mooiste van deze zeer begerenswaardige groep! De mijne kwamen van Mieke van Kempen in Kapel-Avezaath. (Hoge plant.)
Euphorbia niciciana (V, VI, VII, VII, IX) bloeit lekker lang en diep groen met 40 cm lange stengels. (Bij J.K.) (Halfhoge plant.)
Euphorbia sikkimensis (V, VI) is nóg een grootheid (tot 120 cm!) die de echte groentuinier zal willen hebben. (Bij J.K.) (Hoge plant.)
Euphorbia helioscopia (IV, V, VI, VII, VIII, IX), máándenlang kunt u het aardige kroontjeskruid als 'onkruidje' vinden. Plant ze bij elkaar in de groene tuin en zie hoe leuk dat is! (Eenjarig, laag, maar zéér spontaan met eigen uitzaai.) Voor *Euphorbia exigua* geldt hetzelfde!
Euphorbia myrsinites (V, VI) is de lage met véél blauw vlezig blad, die u achter op het omslag over het terras ziet liggen. Is heel gemakkelijk zelf te zaaien, zoals overigens verrassend veel *Euphorbia*'s! Mijn zaad kwam van T. & M. (Lage plant.)
Gladiolus-Hybriden 'Groene Specht' en de gefranjerde 'Jade Green' (VI, VII)... voor de gladiolenliefhebber. Ik zie ze het liefst in een boeket! (Middelhoog bolgewas, niet winterhard, dus opnemen.)
Hemerocallis 'Silver King' (VI, VII) is citroenig groen met een diepere gloed vanuit het bloemhart. 'Green Flutter' heeft nóg meer groen. Beide verkrijgbaar bij J.D. (Middelhoge plant.)
Herniaria glabra (VI, VII, VIII) is een makkelijk geelgroen bloeiend gewasje van nog geen 5 cm. (Bodembedekker.)
Heuchera x *brizoides* 'Greenfinch' en *Heuchera cylyndrica* var. *glabella* (VI, VII, VIII) bloeien beide met fijne groenige bloemetjes. (Halfhoge plant.)
Houttuynia cordata 'Flore Pleno' (V, VI) kan voor mooie nuances zorgen met haar bronzig getinte blad en hoge bloemheuveltjes van witte bloemen met groene veegjes. (Bodembedekker.)
Iris-Germanica-Hybriden (V, VI, VII)... ik noem een paar groenige baardirissen, zoals 'Pride of Ireland', 'Green Quest' en 'Fluted Lime'. Ze komen uit de catalogus van H.B. (Middelhoge plant.)
Iris foetidissima (VI) bloeit vrijwel grijsgroen en maakt heel fraaie zaaddozen die openspringen en drie omhulsels vól oranje zaden laat zien. (Zaad onder andere bij T. & M.) (Middelhoog bolgewas.)
Iris sanguinea 'Snow Queen' (VI, VII) is wit met toetsjes groen! (Bij B.D.) (Halfhoge plant.)
Juglans regia (V), wie een gróte tuin heeft zou de walnoot niet mogen overslaan, mooi in bloei én beeldig als de groen omhulde noten erin hangen. Verdrijft bovendien vliegen en muggen. (Boom.)
Liriodendron tulipifera (VI, VII, VIII), een van de mooiste bloeiende bomen voor de groene tuin,

Een boeketje 'groen'... met bekende zaken, zoals de groene hoepelrokjes van Molucella laevis *(VII, VIII), het witgerande blad van de eenjarige* Euphorbia marginata *(VII tot X) en de opgeblazen zaaddoosjes van juffertje-in-het-groen (*Nigella*), maar ook met níeuws! Dikke zaaddozen van* Papaver somniferum, *met daaromheen een krans van vergroeide meeldraden en beeldige harige zaadknotsjes van een* Phyteuma*-soort. Ik kocht ze beide als 'snijbloem', maar voor de laatste kunt u ook de makkelijk zelf te zaaien* Scabiosa *'Drumstick' kiezen.*
Links: Rijk bloeiende Helleborus lividus *ssp.* corsicus *(III, IV) in de tuin van mevrouw van Bennekom in Domburg, torent elegant boven de strakke vorm van een* Buxus*-bol. Om de hoek de etage-stengels van* Phlomis fruticosa *(VI, VII) en in de achtergrond de roestige jonge uitlopers op* Pinus mugho.

GROEN

deze tulpenboom! De 'tulpjes' zijn groenig/gelig/beige. (Boom.)
Magnolia acuminata (V, VI), met voor een magnolia niet zo heel opvallende bloemen, maar wél groen met metalig blauwe veegjes en later komkommer-achtige vruchtjes. (Grote struik of boom.)
Magnolia cordata (V, VI) maakt bloemen die van buiten groenig en van binnen vanille-kleurig zijn. (Grote struik of boom.)
Maianthemum bifolium (V), (dalkruid, een groenig zusje van het bekende lelietje-der-dalen! (Bodembedekker voor zéér diepe schaduw, kan ook onder beuken.)
Malus fusca (V, VI) bloeit wit, maar maakt daarna groenbruine én eetbare vruchtjes. (Boom.)
Mandragora officinalis (VI, VII), de alruin is een kruid dat overladen is met bijgeloof en dat vroeger goed was voor vrijwel álles. Het is bovendien het 'liefdesappeltje' dat al in de Bijbel voorkomt - een sterk afrodisiacum! Ik zou er niet van snoepen, want een overdosis kan leiden tot delirium! De plant bloeit groen en stengelloos, de 'appeltjes' zijn amberkleurig. Zaad bij T. & M. (Lage plant.)
**Marrubium vulgare* (VI, VII, VIII), de malrove, wordt door ooievaars in nesten verwerkt, naar men zegt om vleermuizen te weren. Een geurig gewas met leuke groenige bloemkransjes! (Halfhoog, makkelijk zelf te zaaien.)
**Melissa officinalis* (VI, VII, VIII) brengt kruidige geur in de groene tuin én in het boeket. De bloei is onopvallend, maar de spontane uitzaai des te meer! (Halfhoge kruidenplant.)
**Mentha*-soorten (VI, VII, VIII) zou ik voor de geur toevoegen, bijvoorbeeld de wittig bloeiende kruizemunt (*Mentha spicata* var. *crispa*) of de beeldige witbonte appelmunt (*Mentha rotundifolia* 'Variegata'). (Halfhoge plant, woekert sterk.)
Mitella breweri (V, VI), een vrij hoge 'saxifraag' (20 cm), die groen bloeit en te koop is bij B.D. (Lage plant, bodembedekker.)
**Nepeta govaniana* (VI, VII, VIII) is een pittig geurend groenig bloeiend kattekruid, dat te koop is bij v.d. K.E. (Halfhoge plant.)
Ornithogalum pyrenaicum (VI, VII) is een veel hoger groeiende en zwavelgroen bloeiende soort dan de gewone vogelmelk. (Halfhoog bolgewas.)
Papaver miyabeanum (VI, VII, VIII, IX) is het allerschattigste papavertje dat ik ooit kreeg (van O.H.): uit een rozet van blauwgroene blaadjes richten zich slanke stengeltjes waarop zwavelgroene papaverbloemetjes met daarin weer een dik blauwgroen hart. (Lage plant.)
Patrinia gibbosa (V, VI) maakt zeer wijd uitwaaierende bloemhoofden met pieperige bloemetjes (zie afbeelding op pagina 116). (Middelhoge plant.)
**Phellodendron amurense* (VI), de kurkboom, is best interessant, het blad geurt naar terpentijn, de bloemhoofden zijn groen en de bessen daarna groenig zwart. (Boom.)
Pinellia tripartita (V, VI) maakt zeer slanke en langgerekte *Arum*-bloemetjes met een vér uitstekende groene spadix. Nieuw bij J.D.! (Laag knolgewas.)
Polygonatum multiflorum (V, VI), de salomonszegel, past met haar streepjesbloemen zowel in 'gloomy' als in groen! (Middelhoog, voor schaduw.)
Pterocarya fraxinifolia (VI). Dát is een beauty, de vleugelnoot: niet alleen het grote geveerde blad is de moeite waard, maar de lánge (tot 60 cm!) smaragdgroene bloeisnoeren zijn uitzonderlijk decoratief. Wél voor een grote tuin. (Flinke boom.)
Raoulia subsericea (VI, VII) is het allerlaagste plantje dat bestaat, als een schimmeltje kruipt het vlak over de grond (hooguit 3 cm!) in groen, citroen en grijs! (Bij B.D.) (Bodem- en steenbedekker.)
Rheum alexandrae (VI, VII), de nog steeds moeilijk te bemachtigen, maar zeer fraaie soort, met omlaag gerichte grote groenige schutbladeren langs een hóge stengel! (Hoge plant voor vochtige plek.)
Rhus trichocarpa (VI) is een zusje van de fluweelboom, maar met mooie groene pluimen en gelige vruchten daarna. (Kleine boom of struik.)
Rosa chinensis 'Viridiflora' (VI, VII, VIII, IX), de intens groene schoonheid van deze (helaas niet geurende) roos kunt u op pagina 117 bewonderen. De mijne kwam van V.O., maar S.W. heeft ze ook. (Struik.)
Ruscus hypophyllum (V, VI) is de muizendoorn, waarvan het blad (met aan de onderkant eerst minimaal kleine witte bloemetjes en later rode besjes) werkelijk wéken goed blijft in boeketten. (Halfhoog - 30 cm - halfstruikje.)
**Ruta graveolens* (VI, VII, VIII), een van de mooiste halfstruikjes voor de groene én de kruidentuin. Is bij niet te strenge koude winterzilverblauw, en bloeit lekker lang groenig. (Struikje.)
**Sambucus nigra* 'Viridis' (VI, VII) kwam in mijn tuin door stekken van Jelena de Belder - deze bloeit wittig en geurend, maar maakt daarna bessen die groen blijven, ook als ze rijp zijn en dat betekent eindelijk bessen oogsten, want tot nu toe waren de vele vogels mij altijd voor. Moet bovendien heel mooie siroop en gelei geven - groen van tint! (Zaad ook bij D.B.K.) Zie ook het hoofdstuk 'Bessen' op pagina 142/143! (Boom.)
**Sanguisorba minor* (V, VI, VII, VIII), de kleine pimpernel maakt knoedeltjes-bloemen in groen met een toetsje rossig. Het blad is lekker kruidig en blauwgroen. Zaait zich zéér spontaan. (Halfhoge plant.)
**Sassafras albidum* (V) is een gewas met mooi geveerd blad, dat in al haar onderdelen kruidig geurt: hout, blad én bloei! (Struik of boom.)
Sisyrinchium striatum (VI, VII) bloeit in groengeel met bruine adertjes en past dus hier, in geel en ook bij beige of 'gloomy'. (Halfhoge plant, makkelijk zelf te zaaien.)
Smyrnium perfoliatum (V, VI) maakt absoluut púúr groene schutbladen, een interessant gewas dat na het jonge zaaistadium verdwijnt en pas in het tweede jaar opkomt om te gaan bloeien. Zaait zich goed spontaan. (Tweejarig, middelhoog.)
Sorbus tigrani staat afgebeeld op pagina 121. De foto werd genomen in het Arboretum Kalmthout van Jelena en Robert de Belder. Het is zeker een van de meest elegant groeiende lijsterbessen. Maakt bovendien mooie rode bessen. (Niet te grote boom.)
Symphyandra pendula (V, VI, VII, VIII) lijkt op een *Campanula* en maakt een bérg van flinke omlaag gerichte klokbloemen die heel lang groenig zijn en dan naar crème open bloeien - van mij mág ze bij groen - ik kreeg haar van J.K. (Middelhoge plant.)
Tellima grandiflora (V, VI) is een van mijn lievelings groentjes. Ze staat afgebeeld op pagina 101, de bloei is beeldig met die kleine klokjes die ook heel lang goed blijven op de vaas, maar ook het blad is mooi, bijna rond met golfrandjes. Bij niet te strenge kou is het de hele winter een groen heuveltje. Komt er nog 'Purpurea' achter de naam, dan is het blad purper en bronzig genuanceerd! (Halfhoge plant.)
**Thalictrum flavum* (V, VI) komt soms nog in het wild voor en is geurig (80 cm). T. & M. biedt onder de naam *Thalictrum speciosissimum* de soort aan, die eigenlijk *Th. flavum* ssp. *glaucum* heet. Maakt prachtig geveerd blauw blad en dikke bloemhoofden met citroengele bloemen. (Hoge plant.)
Thalictrum minus (VI, VII, VIII, IX) komt sporadisch in het wild voor. De naam 'minus' slaat op de kleine bloemetjes (zie boeket op pagina 92), maar de plant kan bij gunstige grondomstandigheden tot 120 cm worden! (Hoge plant.)
Viburnum opulus (zie foto op pagina 120) en *Viburnum plicatum* 'Rotundifolium' (V, VI) maken beide sneeuwballen die heel lang groen zijn voordat ze naar wit open bloeien. De eerste is een flinke struik of kleine boom, de tweede een flinke struik.
Weigelia middendorfiana (V, VI) is een twijfelgeval, de bloei is groenig geel, maar mag bést in deze kleurcombinatie meespelen. (Struik.)

JULI/AUGUSTUS VII/VIII

Amaranthus caudatus 'Green Thumb' (VII, VIII, IX, X) is een leuke nieuwe gifgroene, met véél rechtopstaande 'duimpjes' op een tros. Zaad bij T. & M. (Eenjarig, halfhoog.)
Amaranthus caudatus 'Viridis' (VII, VIII, IX, X) is de al lang bekende lichtgroene met mooie hangende pluimen, die ook zo fijn is in boeketten én als potplant op het terras. (Eenjarig, middelhoog.)
Broccoli 'Romanesco'... in de paars/roze tuin rode kolen, waarom hier dan niet de bijzonder fraaie groene 'Romanesco' met een minaretten-bloem die niet hoeft te worden dicht gedekt met het omringde blad! (Eenjarig, eetbare kool.)
Bupleurum fruticosum (VII, VIII), een wintergroene struik voor een beschutte plek (alleen avondzon!), maar met mooie bolle groene schermen. Z.B. biedt haar aan. (Wintergroene struik.)
Campanula thyrsoides (VII, VIII), een heel bijzondere tweejarige *Campanula* (zaad bij T. & M.,

planten bij B.D.) met een fier rechtopgaande bloemtoorts met groengele bloemen. (Tweejarig, halfhoog.)
Cephalanthus occidentalis (VII, VIII) is een aardig struikje, met mooi geelgroen blad en bolle crème-groene bloemhoofdjes die verkleuren naar beige als ze zaad zetten. (Struik.)
Eryngium protaeflorum (VII, VIII) maakt heel fraaie, inderdaad suikerbossie-achtige bloemen in metalig blauwgroen, v.d. K.E. heeft haar (H.B. ook) en vele andere *Eryngium*-soorten. (Middelhoge plant.)
Euphorbia marginata (VII, VIII, IX, X) zaait u niet om de bloem, maar om het mooie wit getekende blad, zoals u op pagina 104 kunt zien. (Eenjarig, halfhoog, steeds opnieuw zaaien.)
Euphorbia peplus (VII, VIII, IX, X), leuke eenjarige met fel groene schutblaadjes, die u ook in het wild kunt vinden. (Eenjarig, halfhoog.)
Euphorbia lathyris (VII, VIII), een heel makkelijke tweejarige, met in de winter zeer fraaie lila bewaasde stengels en bij de bloei zéér wijde schermen en groene bloemen die overgaan in bolle zaaddozen, die ópen springen en het zaad wegschieten... ze zaait zich makkelijk en vér. (Tweejarig, maar spontaan met herzaai.)
Galtonia viridis is meer iets voor in potten, maar de ook groen bloeiende Kaapse hyacint, die *Galtonia princeps* heet, is wat harder. Stam in Ochten had ze ineens in potten én in bloei! (Middelhoog bolgewas.)
**Itea ilicifolia* (VIII) is niet écht winterhard, maar als u een beschut plekje hebt zonder winterzon, dan is ze alleszins de moeite waa:d, want de lange groenig gele katjes geuren fantastisch, vooral in de avonduren. (Wintergroene struik.)
Leontopodium souliei 'Mignon' (VII, VIII), een lage Edelweiss (10 cm) met groenwitte bloemen. (Lage rotsplant.)
**Lilium* Imperiale-Hybriden 'Green Magic' (VII) is een geurende schoonheid met lánge groene vegen aan de buitenkant. Onder andere bij Hoch, Berlijn. (Hoog bolgewas.)
Molucella laevis (VII, VIII) wordt bijna het hele jaar bij de bloemenman aangeboden - en terecht, want het is een onmisbare boeketschone, met haar hoepelrok-achtige schutbladen. (Zie dan ook afbeelding op pagina 104.) De moeite waard om elk jaar zelf te zaaien, maar doe dat niet te vroeg in het jaar en bij voorkeur bij 25 graden C. (Eenjarig, halfhoog.)
Morus alba (bloemen in V, vruchten nu) bloeit eerst met naar binnen gekeerde knoedeltjesbloemen en nú rijpen die tot de bijna transparante witte bessen - alleszins de moeite waard in dit tuindeel (of de kruidentuin). De vruchten zijn niet adembenemend lekker, zoals van de zwarte moerbei, maar best te eten - en dat vinden de vogeltjes ook! (Boom.)
Nicotiana alata 'Lime Green' (VII, VIII, IX) is de bekende groengeel bloeiende die nu bijna overal als zaad of in de vorm van jonge plantjes te koop is. (Eenjarig, middelhoog.)
Nicotiana langsdorffii (VII, VIII) is het snoepje met klokvormige groene bloemen, waarin werkelijk hemelsblauwe meeldraden schuil gaan, dat staat afgebeeld op pagina 116. Zaad en plantjes bij v.d. K.E. (Eenjarig, middelhoog tot hoog.)
Onopordum acaulon (VII, VIII) is een lage distel met een rozet, zeer groot ingesneden zilverig blad en een heuvelhart van stevige bolle groene bloemen. (Tweejarig, laag.)
Origanum rotundifolium (VII, VIII) is de mooie witmet-groene die staat afgebeeld op bladzijde 109 - een teer geval, dat u dík moet dekken of liever nog vorstvrij laten overwinteren! (Lage plant.)
Papaver somniferum 'Hen & Chickens' (VII, VIII), is de naam van de slaapbol die de díkke krans met 'kuikentjes' in de vorm van vergroeide meeldraden maakt. De bloemblaadjes zijn onbetekenend en vallen vrijwel direct af - óver blijft de heel decoratieve 'groenling', die ook als snijbloem zo fijn is, zoals u kunt zien in het boeket op bladzijde 104. Zaad bij K.B. (Eenjarig, middelhoog.)
Plantago major 'Rosularis' (VII, VIII, IX, X) maakt voor een weegbree heel grote en wijde bloemaren met groenige bloemen. Ik vond haar bij J.D. (Lage plant.)
**Reseda odorata* (VII, VIII, IX) is de geurende eenjarige, die zowel hier kan als in beige! (Eenjarig, halfhoog.)
Rudbeckia 'Tetra Green Eyes' (VII, VIII, IX, X) is een eenjarige met mooie zachtgele bloemen, waarin een dik groenig heuvelhart. Zaad vond ik tot nu toe alleen bij T. & M. (Middelhoog, eenjarig.)
Rudbeckia occidentalis (VII, VIII, IX) is een nieuwe groen bloeiende van J.D. (Hoge plant.)
Sedum roseum (VII, VIII) moet tegenwoordig *Sedum stevanianum* worden genoemd - hoe dan ook, het is een mooie soort met dik vlezig blauwgroen blad en zwavelgroene bloemhoofden. (Lage plant.)
Teucrium scorodonia 'Crispa' (VII, VIII) is een soort met gekroesd blad (vandaar het 'crispa') en geelgroene bloemen. (Middelhoge plant.)
**Tilia* x *moltkei* (VII) - ik noem déze lindesoort, omdat ze al op vrij jeugdige leeftijd haar zéér geurige bloemen ontwikkelt, wat niet van alle lindes kan worden gezegd! (Boom.)
Veratrum viride (VII, VIII) is de fel begeerde groene soort, die nog vrij moeilijk te bemachtigen is. Coen Jansen zal haar tegen eind 1986 sporadisch hebben. (Hoge plant.)
Zinnia 'Envy' is een heel lieve chartreuse-groene soort, waarvan T. & M. zaad aanbiedt. (Eenjarig, halfhoog.)

AUGUSTUS/SEPTEMBER VIII/IX

Gelukkig ook hier naast de dóórbloeiers soorten die in augustus/september heel fris en frank begínnen met verse bloei!
Arum pictum (IX, X) - is niet zo makkelijk te vinden, maar door die lekkere late bloei, die nogal lijkt op die van *Arum maculatum*, is het toch de moeite waard om ernaar te zoeken. (Laag knolgewas.)
Cimicifuga racemosa var. *cordifolia* (VIII, IX) maakt lekker laat mooie lange groenige pluimen. (Hoge plant.)
Codonopsis pilosula (VIII, IX) maakt 130 cm lange ranken met groene bloemen, geen echte klimmer, maar meer een 'leuner' voor in een (nú uitgebloeide) struik! J.D. heeft haar. (Ranker.)
Codonopsis ussuriensis 'Hemst' (VIII, IX) is nog zo'n leun-geval, maar maakt wat langere ranken (150 cm). Ook bij B.D. Beeldig om over een niet te hoge driepoot te laten slingeren! (Ranker)
Gentiana tibetica (VIII, IX), een heel leuke groengele gentiaan (bij B.D.), zo'n 40 cm hoog en lekker laat! (Halfhoge plant.)
Hedera helix arborescens (VIII, IX, X), in deze maanden valt de mooie groene bloei van de struikklimop en daarna volgt nog de zwartgroene winterbes, die zo heerlijk is in boeketten. (Wintergroene struik.)
Helianthus salicifolius (IX, X), in het groene tuindeel hóeft deze zeer elegante 'zonnebloem' eigenlijk helemaal niet (geel) te bloeien! Zie afbeelding op pagina 40. (Zeer hoge plant.)
Yucca whipplei (VIII, IX) is een groen-met-witte gigant (2 m!) die niet winterhard is, dus beter in een kuip kan worden gekweekt. (Bij B.D.) (Zeer hoge plant.)

OKTOBER/NOVEMBER/DECEMBER X/XI/XII

In de wintermaanden niks te beleven in de groene tuin? Dat líjkt maar zo... er is niet veel dat nu echt bloeit, maar alle *Helleborus*-soorten zijn al vól beloften: met appelgroene opkomende toefen de *H. foetidus* en met dikke knopheuvels de *H. Lividus* ssp. *corsicus* en *H.* x *sternii*...! Wie een zeer beschut plekje heeft kan toch iets van bloei verwachten in *Eucalyptus gunnii* (X, XI), en aan de vrouwelijke exemplaren van *Maclura pomifera* kunnen heel lang de dikke groene sinaasappel-vruchten hangen! In het hoofdstuk 'Spannende basten' vindt u een geraffineerd lijstje met groenig getekende stammen die de winter willen 'versieren' en in december piept vaak al het blad van de sneeuwklokjes (hier de 'Viridapicis') omhoog!

BIJKLEUREND BLAD

Natuurlijk kleurt in de groene tuin vrijwel elk groen blad, zoek het daarom bij de bomen die ook groen bloeien of bij planten die heel bijzondere bladvormen hebben, zoals *Gunnera*, varens en asperges (*Asparagus*-soorten). Denk vooral ook aan de wintergroene struiken en gewassen, omdat er 's winters niet veel bloeit in het groene tuindeel. Ik bedoel bamboe-soorten en siergrassen. Heel elegant en praktisch (tegen inkijk) is daarbij de fijnbladige bamboe (*Sinarundinaria murielae*). Omdat het *Hosta*-blad zoveel verschijningsvormen heeft en de bloei mooi teer van

Groen en wit gaan prima samen, ten bewijze hier groepen én planten welke die twee kleuren al ín zich hebben.
Links: Allium multibulbosum *(V, VI) heet dit verrukkelijke bolgewas dat wit en groen in zich vereent! Rechts: Een pompoen als 'bodembedekker... dat gaat razendsnel, de groenig witte kleur van deze 'apple squash' past prima in een groen/wit tuindeel. Rechtsonder:* Origanum *'Rotundifolium', een buitengewone schone, maar téér! Midden: Groentinten en wit gaan ook bij terrasgroepen uitstekend samen. Hier een kaaskuip met nog niet bloeiende* Eucomis autumnalis *(die zoals haar naam zegt lekker laat bloeit); een bloeiende eenjarige* Datura metel, *het heel fraaie citroenig groen van* Helichrysum angustifolium *'Lime Light'; het blauw/crème getinte blad van* Sedum sieboldii, *die er tot de late (roze) bloei bij mag; het altijdgroen van een geschoren* Buxus*-kipje, en het fluwelige naar pepermunt geurende blad van* Pelargonium tomentosum.

GROEN

kleur is, kunnen ook díe worden toegevoegd aan het groenige tuindeel. Een mooie bodembedekker met wollig en gekroesd blad is *Rubus calycinoides*. Er zijn trouwens méér aardige kruipende *Rubus*-soorten en zéker allerlei fijnbladige klimopjes (*Hedera*) in verschillende groene en bruinige nuances. Ik vond er een heel stel bij Mieke van Kempen in Kapel-Avezaath. Voor een snel eenjarig en hóóg groen-accent kan het dessertblad (*Malva verticillata* - vaak nog aangeboden als *Malva crispa*) dienen. Het wordt meer dan manshoog, heeft mooi gekroesd en gekarteld groot blad en zéér kleine wittige bloemetjes in groen omhulsel.
Ook bij de zilverbladigen (zie bladzijde 134/135) kunt u voor aanvulling uitstekend terecht - kies daar dan voor de onopvallend wittig of (weinig) geel bloeiende!

WATERPLANTEN

Weinig echt groen bloeiende waterplanten: de enige is de *Euphorbia palustris* (V, VI), die ook na de bloei, als ze de zaadbolletjes binnen de schutbladen stopt, nog heel mooi is.
Verder kunt u natuurlijk kiezen voor alle rietachtigen en bamboe's, die vaag getinte bloempluimen maken en voor de vele (sub)tropische drijfplantjes die niet of nauwelijks bloeien. Ze staan ten dele afgebeeld in de waterton op bladzijde 149. Heel mooi is de lidsteng (*Hippuris vulgaris*) die haar sierlijke stengels met rondom naaldachtige bladkransen hoog uit het water heft. Heel lief is ook de niet of nauwelijks bloeiende waterklavervaren (*Marselia quadrifolia*)... allemaal klavertjes-vier-te-water! Mooie groenige bloeiknotsen en (bij aanraking) zeer zoet geurend blad maakt de kalmoes (*Acorus calamus*). Er is ook een bonte vorm van, die heeft dan 'Variegatus' achter de naam. B.D. biedt verder een groengeel bloeiend zusje aan van de bij beige genoemde *Hydrocotyle vulgaris*: het heet *Hydrocotyle novae-zelandiae* (VII, VIII).

BALKON EN TERRAS

Arisaema jacquemontii (VI) - als u deze werkelijk gifgroene slangenlelie kunt bemachtigen is dat een schitterende aanwinst voor in een grote pot of kuip.
Buxus-figuren zijn vooral bij de groene terrasgroep erg leuk en dat mogen van mij best vogels en kippetjes zijn!
Ceropegia-species... ze zijn er in tal van 'uitvoeringen', de lantaarnplantjes. Leuke rankende gewassen met heel vaak appel- of gifgroen getinte lantaarn-bloemen!
Fuchsia procumbens is een kruipertje of hangplant, die heel spannend gekleurde (maar kleine) bloemen maakt in diep groen met een toetsje geel en oranje, met een snufje purper en met lila bepoederde meeldraden... onder andere bij Ruys in Dedemsvaart en Mathijsen in Reeth-Elst.
Helichrysum petiolatum 'Lime Light' is de mooie citroenig grijsgroene bladplant die staat afgebeeld op bladzijde 8. Daar is de pot gevuld met jonge planten, maar ze groeien wijd uit en bloeien in de nazomer ook nog met toefjes in crèmig groen.
Nepenthes is een van de vele vleeseters. Ze passen niet alleen in beige, zoals u op bladzijde 33 kunt zien!
Pelargonium's - uitsluitend de welriekende soorten, die zovéél bladvormen en vooral bladgéúren hebben, zijn ideaal hier. Ze bloeien alle onopvallend en laat in het seizoen! Een keur van soorten met de meest exotische geuren: van rozen tot peper, van perzik tot pepermunt en van kruidnagel tot chocolade vindt u bij Mathijsen in Reeth-Elst, die zijn hele catalogus heeft gevuld met uitsluitend *Fuchsia*'s en *Pelargonium*'s! Er staan er twee afgebeeld op bladzijde 149 naast de waterton en ook een op bladzijde 109, op de rand van het marmeren bad op mijn terras.
Phormuim cookianum 'Yellow Wave', of tegenwoordig *Phormium colensoi*, is een heel mooi gewas met grijzig groene lancetbladen en lange stengels met kleine lelie-achtige groene bloemen. Moet wel 's winters naar binnen!
**Solandra hartwegii* moet tegenwoordig *Solandra maxima* (VII, VIII) worden genoemd. Het is een prachtige subtropische ranker met bolle geurende klokbloemen die van buiten groenig zijn en van binnen citroengeel met een bruinig streepje!
Zantedeschia aethiopica 'Green Goddess' is nóg zo'n moeilijk te bemachtigen bolgewas, maar wel de moeite van het zoeken waard, want de gróte aronskelkbloemen hebben flinke groene vegen en punten aan het bloemblad.

KLIMMERS

Ampelosis brevipedunculata (VI, VII) bloeit onopvallend, heeft mooi ingesneden blad, maar haar grootste sierwaarde zijn de bes-trossen in de nazomer, die hebben héél leuke kleurtjes: porseleinblauw, groenig, purper en turkoois en dat alles in één trosje!
Aristolochia macrophylla met groenig en bruin gekleurde bloemen mag in beige, maar ook hier!
Cardiospernum en *Codonopsis*, de niet zo héél hoog klimmende soorten noemde ik al in de bloeilijsten.
Clematis 'Alba Luxurians' heeft vier witte bloemblaadjes, die veel groene vegen hebben! Een sterke groeier.
Clematis 'Duchess of Edinburgh' maakt dikke gevulde crème bloemen, maar de fraaie propperige knoppen zijn wékenlang groen!
Clematis fargesii var. *souliei* heeft de bloemen in trosjes van drie, als anemoontjes met een mooi groen hart. De middelste anemoonbloem opent altijd het eerste en wordt dan geflankeerd door twee dikke groene knoppen!
Clematis napaulensis is wintergroen en heeft groene klokjesbloemen met bruinzwarte meeldraden, maar moet zéér goed gedekt in de winter. Liever nog in een kuip kweken.
**Clematis rehderiana* heeft echt groene klokjesbloemen en die geuren nog ook! Bij héél strenge winters niet overblijvend!
Clematis tosaensis is veel harder, bloeit heel beeldig groen, maar geurt niet.
Humulus lupulus (VII, VIII) is zeker de meest groenbloemige van alle klimmers. De dikke hopbellen zijn in de nazomer een féést. Als ze het naar de zin heeft, kan het een wilde woekeraar worden!
Parthenocissus (VI, VII). Er zijn verschillende wingerdsoorten, ze worden geen van alle voor de bloei aangeplant, maar wel voor de snelle groei en de zéér fraaie herfstkleur (zie bladzijde 141)!
Vitis... een 'Witte van der Laan' zou wel erg leuk zijn hier, met de mooie groene vruchttrossen, maar ook de sierdruif die *Vitis coignetiae* heet en zéér groot blad en zéér lange sterke ranken maakt, kan heel goed functioneren bij groen.

TOPTIEN

(naar mijn smaak)

Helleborus - álle wil ik ze, want niets is zo opbeurend als die strálende winterbloei!
Petasites japonicus - móói zijn die aan de vijverkant.
Fucis carica - hannes ik mijn hele leven al mee rond: dán weer ingevroren, dán weer opgeschoten - maar léuk die vijgjes bij je huis.
Hacquetia epipactis - moeilijk, maar 'oei' wat mooi!
Angelica archangelica - zó'n grootheid naast die kleine voorganger... Een féést, die trotse engelwortel.
Euphorbia... en wéér wil ik ze allemaal, zo 'zorgelijk' als ze kunnen zijn, eigenlijk net niet winterhard, vrágend om stro- en blad-omhulsels, maar als beloning écht fantastisch.
Rosa chinensis 'Viridiflora' - niet om de geur, die heeft ze niet, maar wat een kleurtjes maakt dat roosje!
Papaver miyabeanum - pietepeuterig gezelschap voor de *Hacquetia*!
Tellima grandiflora - ik weet echt niet waaróm, maar ik ben er al járen weg van!
Thalictrum en *Nicotiana* - alwéér moet ik smokkelen, want kiezen kan ik haast niet!
Liriodendron tulipifera... als er dan toch gesmokkeld wordt: déze er nog bij!

Volgende bladzijden: Acer palmatum *'Dissectum Viridis' werkt als teer groen kant en niet alléén in de lente, het hele jaar door! Ideáál voor de groene tuin dus. De onderbeplanting van goudveil* (Chrysosplenium) *is drie maanden mooi, want dit gewasje bloeit van april tot juni! In de voorgrond toefen van de altijd groene* Pachysandra terminalis, *die geurig bloeit in april.*

GLOOMY

In de loop van de laatste jaren heb ik zo hier en daar in geschriften al eens het woordje 'gloomy garden' laten vallen en ook over het principe van het 'gloomy' kleurenschema wat gezegd. Mijn bedoeling was oorspronkelijk dat dit tuindeel allemaal in vage kleurtjes bloeiende gewassen zou bevatten, liefst met spannende stippel- of streeptekening en dat in de nazomer alles zwarte bessen zou krijgen. Dat gaat dus al mooi niet op met de super-gloomy *Arum maculatum*: die maakt ze fel oranje! Voor dergelijke schitterende uitzonderingen ruim ik echter graag een plaatsje in.
In mijn eigen 'gloomy' tuindeel houd ik ook zoveel mogelijk vast aan het oorspronkelijke plan, heb er donkerbessige hagen omheen, donker-bastige bomen in en zoveel mogelijk planten die zwarte bessen maken.
Omdat echter een aantal mensen bij triest onmiddellijk aan het diep purper van bijvoorbeeld *Geranium phaeum* denkt en díe kleurstelling als 'gloomy' is gaan betitelen, heb ik een lijstje in-triest purper toegevoegd. Met wat nachttinten uit andere tuindelen (staan erin vermeld!) is daar een heel apart gloomy tuinhoekje van te maken!

JANUARI I
FEBRUARI II
MAART III
APRIL IV
MEI V
JUNI VI
JULI VII
AUGUSTUS VIII
SEPTEMBER IX
OKTOBER X
NOVEMBER XI
DECEMBER XII

JANUARI/FEBRUARI I/II

**Chimonanthus praecox* (I, II, III) is geurig en tweekleurig, zacht geel met purper, die mag hier een solo-rol gaan spelen zo vroeg. (Struik.)

FEBRUARI/MAART II/III

Alnus glutinosa (II, III), de zwarte els is natuurlijk gemáákt voor gloomy, zeker in de wintermaanden, als ze vol hangt met zwarte 'propjes'. In II/III voegen zich de vaag getinte katjes daarbij (Boom.)
Galanthus viridapicis, (II, III), het groen gestipte sneeuwklokje uit de 'groene' tuin, kan ook gloomy-lentebode zijn. (Bolgewasje.)
**Hamamelis vernalis* (II, III) bloeit in een geurig grijsgeel, dat zo vaag van kleur is, dat het hier niet misstaat. (Struik.)
Hermodactylus tuberosus (II, III, IV). de vingerknol is súpergloomy, met haar vaag groenig gespikkelde, opstaande bladeren en bijna zwartpurperen hangend blad. Zie ook 'groen'. (Laag knolgewas.)
Iris persica (II, III) staat ook in 'groen', maar slaat hier met haar grijzig groene bloemkleur een uitstekend figuur. (Laag bolgewas.)

MAART/APRIL III/IV

Allium nigrum (IV, V, VI) lijkt heel gloomy, doordat ze de zacht gele bloemetjes met donkere meeldraden op purperen steeltjes in het bloemhoofd zet. (Laag bolgewas.)
Amana edulis (III, IV) is zeer nauw verwant aan de tulp, en dat is duidelijk zichtbaar aan de bloei: kleine tulpachtige sterbloemen, wit van binnen, purpergrijs aan de buitenkant en met een duidelijke lange groene stijl in de gele meeldraden. Langs de bloemstengel twee kleine blaadjes. (Bolgewasje.)
Arisaema ringens (II, IV) maakt een fraaie gestreepte bloeischede met diep zwartpaarse uiteinden die omkrullen en eruit zien als twee glanzende slakken! Zaad bij T. & M. (Zaaitemperatuur tussen de 12 en 15 graden C - kiemtijd tussen 1 en 6 maanden.) (Laag bolgewas.)
Arisaema triphyllum (III, IV) vindt u ook in 'groen'.
**Arum dioscoridis* (III, IV) heet niet voor niets 'stinkende aronskelk', ze verspreidt een geur van rottend vlees... maar glóómy, niet te vergelijken: de bloeischede kan variëren van bijna helemaal zwart tot vaag oker met zéér veel zwarte stippen. Het blad verschijnt al eerder. De beste plek voor dit stinkertje is aan de voet van een beschutte muur, maar ik zou niet de terrásmuur nemen in dit geval. (Laag bolgewas.)
Arum maculatum (IV, V), de gevlekte aronskelk staat afgebeeld op bladzijde 125 - ook déze schoonheid past hier of in 'beige'. (Laag knolgewas.)
Asarum canadense en *Asarum europaeum* (III, IV) zijn prima bodembedekkers met glanzend blad en daaronder enigszins verstopte kastanje/purperen bloemen. Zie ook 'beige'. Zaad bij T. & M. - zaaitemperatuur tussen 15 en 18 graden C. (Bodembedekker, wintergroen, voor schaduw.)
Fritillaria (IV, V)... alle mooie gespikkelde en gestreepte die ik bij 'groen' en 'beige' noemde, zijn ook heel geschikt voor hier. Erg mooi is ook het purper geblokte kievitseitje dat officieel *Fritillaria meleagris* heet. Kunt u haar bemachtigen dan is de bijna zwart bloeiende *Fritillaria tuntasia* (III, IV) natuurlijk heel mooi hierbij. Hoch biedt de ook bijna zwartpurperen *Fritillaria camtschatcensis* aan! Zie verder lijstje 'diep purper'. (Lage bolgewassen.)
Helleborus guttatus is de bijzonder mooie kerstroos die doorgaans wit met zeer duidelijke purperen stippeltekening is. Een schoonheid! (Lage plant.)
Iris 'Katherine Hodgkin' (III, IV) is een laag liefje met opstaand grijsblauw geaderd blad en hangend vaag geel met stippels en streepjes. Bij H.B. (Laag bolgewasje.)
Ornithogalum nutans (IV, V) is de knikkende vogelmelk, die in grijzig groen/wit bloeit en die staat afgebeeld op bladzijde 125. Een gloomy topper vind ik! (Laag bolgewas.)

GLOOMY

Plantago lanceolata (IV, V, VI, VII, VIII, IX) kan buitengewoon lang de gloomy gelederen versterken. Het is de botanische naam voor de gewone smalle weegbree, die bijna vóór al de bermen siert met haar grijszwart getopte bloeitoortsjes. Ik vind haar énig en ze zaait zich als de beste: óveral staat ze tussen! (Lage plant, prima bodembedekker.)
Salix gracilistyla 'Melanostachys' (II, IV) maakt zeer donkere, bijna zwárte katjes met rode meeldraden daaruit, en dat alles vóór het blad. Een bijzonder wilgje! (Niet te grote struik.)
Tulipa pulchella 'Pallida' (III) is een buitengewoon mooi (en helaas ook kostbaar) tulpje. Het wordt 12 cm hoog en heeft mooie stevige witte bloemen met een vaag metalig blauwe gloed erover. Verder een diep purperen tekening in het hart en dikke zwarte meeldraden. Bij Hoch, Berlijn. (Laag bolgewasje.)
Viola papilionacea (nu *Viola soraria* - IV, V) is een schattig wit/purper gevlekt viooltje (Bij mevrouw Van der Valk.) (Lage plant.)

MEI/JUNI V/VI

Allium christophii (VI, VII) vindt u ook bij roze/pastel, maar ook in dit tuindeel is ze mooi met haar mysterieuze bolle zilverlila bloemhoofden (Halfhoog bolgewas - 60 cm.)
Arisarum proboscideum (V) is de muizenplant, waarvan de bloei inderdaad op een grijsbruin muisje met lánge staart lijkt. De bloemen staan onder het hoge en decoratieve blad. Zaad bij T. & M. Kan een goede bodembedekker worden. Zie ook 'beige'. (Laag knolgewas, voor schaduw.)
Atropa bella donna (VI, VII), *Hyoscyamus niger* (zie voor beide 'beige') , en *Phytolacca* (zie 'bessen') kunnen de zaak extra triest maken met hun mooie vage bloei en fraaie maar giftige bessen. Ik aarzelde om ze te nemen - niet omdat er bij mij gifbessen-snoepende kindertjes zijn, maar omdat mijn pauwen zich vrijelijk door de tuin begeven en graag zo hier en daar een besje pikken. Na overleg met de dierenarts, die mij geruststelde met de mededeling dat deze voor de mens zéér ongezonde zaken het gevogelte niet deren, ben ik dus toch aan het zaaien geslagen. (Halfhoge tot middelhoge plant.)
Cotinus purpureus (VI, VII) - de naam kan de indruk wekken alsof het blad purpertinten zou hebben, maar in dit geval is het groen en zijn het de poederdonsbloemen die een grijspurperen indruk geven: als rookpluimpjes. Ze wordt in Engeland dan ook 'burning bush' genoemd. Prachtig als achtergrond voor hier. (Struik.)
Gentiana 'Buthan' is een zéér gloomy gentiaan, die ik van Romke van de Kaa kreeg: grijs/zwart gestreept zijn de bloemen en díkke zaaddozen maakt ze daarna. Prachtig. (Lage plant.)
Geranium macrorrhizum 'Album' (VI, VII) is naar mijn smaak nogal gloomy, omdat ze de wittige bloemen in bruinige kelkjes en knoppen stopt. (Lage plant.)
Geranium pratense 'Striatum' (VI, VII, VIII) maakt mooie grijzig gestreepte bloemetjes. (Lage tot halfhoge plant.)
Geranium renardii (VI) is een dwergsoort (20 cm) die grijzig blad maakt en bijna parelgrijze wittige bloemetjes, die duidelijke smalle purperen lengtestreepjes hebben. (Lage plant.)
Gladiolus-Hybriden 'Papilio' is een vrij aardige soort, met klokvormige bloemen in vaag purper en grijzig geel. (Halfhoog knolgewas - opnemen en vorstvrij overwinteren.)
**Gladiolus tristis* (V, VI) is een sterk geurende en beige getinte species, die helaas moeilijk te bemachtigen is. Van Tubergen biedt in de buitenland-catalogus een kruiskind aan dat *Gladiolus grandis* 'Christabel' heet. Deze is vaag geel, maar géurt! (Laag bolgewas.)
Iris-Germanica-Hybriden (V, VI) kunnen bijna echt zwart toevoegen aan het vage streep- en stipgebeuren! 'Night Owl' en 'Nightside' hebben die onbestemde zwartpaarse of zwartblauwe kleur tot ín de baard. 'Opening Night' heeft een zwartgroene vleug over de diep purperen tint. 'Dusky Dancer' lijkt van puur fluweel in purperzwart en bij 'Black Swan' neigt de tint meer naar nachtblauw. Wilt u naar een andere gloomy toon, dan kan 'Caliente' in bijna zwart/bourgogne met oranje keel u zeker bekoren, of anders 'Royal Trumpeter' in bijna egaal diep kastanje!
Ook al onder 'beige' genoemde *Iris*-Germanica-Hybriden misstaan in gloomy niet. (Alle bij H.B. en J.D.) (Halfhoge tot middelhoge planten.)
Iris atropurpurea (V) is zo diep purper, dat het een zwarte indruk maakt. Een kleine compacte bloem (13 cm doorsnede) op slanke, hoge stengel (50 cm). (Laag tot halfhoog bolgewas.)
Iris gatesii (nu *Iris heylandiana*) (V, VI) is een vrolijk 'weeuwtje' dat alle bloembladeren in een grijzig wit maakt, met subtiele zwartpurperen adering. Bij H.B. (Laag bolgewas - 25 cm.)
Iris 'Hermona' (V, VI) is een wat vrolijker weduwe dan de *susiana* hieronder: het fraaie gegolfde hoge blad is wit met beigebruine tere adering, de onderbladeren zijn diep bruin gevlekt. Bij H.B. (Laag bolgewas - 30 cm.)
Iris lortetii (V, VI) is een hoge schone (30 cm) die haar opstaand blad wit met zacht purperen adertjes maakt en het neergaande in gevlekt bruinig. Bij H.B. (Laag bolgewas.)
Iris susiana (V, VI) wordt ook wel weduwe-iris genoemd, schitterend is ze, deze in-treurige dame: helemaal zwartbruin gespikkeld! Bij H.B. (Laag bolgewas - 25 cm.)
Alle hier genoemde irissen vragen een zonnig en beschut plekje
**Muscari commutatum* (V, VI) is een klein bijna zwart/purperblauw druifje. Het groeit op stengeltjes van 20 cm. (Laag bolgewas.)
**Myrrhis odorata* (V, VI) bloeit natuurlijk helemaal niet gloomy met haar geurige roomwitte bloemhoofden boven het fijne kervelblad. Maar daarna... maakt ze hóge toefen bijna zwart ingepakt zaad en kan dan prima meedoen in de gloomy tuin. Bovendien kan een extra geurtje er geen kwaad. (Halfhoge tot middelhoge plant, ook voor halfschaduw.)
Nothofagus antarctica (V) vindt u ook bij 'beige', maar met haar grillige groei, donkere bast en kleine donkere blad vind ik haar ideaal in mijn gloomy tuindeel. (Kleine boom.)
Ornithogalum arabicum (V, VI) is een heel mooie soort met trossen parelig witte bloemen, waarin een dik zwartgroen 'knoopje'! Alleen op zeer beschutte plekken buiten kweken, anders in potten (of bollen-containers in de grond) en 's winters droog en vorstvrij overwinteren. (Laag bolgewas.)
Paris quadrifolia (V, VI), de eenbes is gloomy in optima forma: bloeit vaag en groenig en maakt één dikke zwarte bes boven de vier blaadjes. Zie afbeelding op bladzijde 124. (Lage plant voor schaduw.)
Podophylla hexandrum (zie 'wit') (V) mag om haar prachtig gevlekte blad hierbij (Lage plant.)
Polygonatum multiflorum (V, VI), salomonszegel is ook heel gloomy en kan fijn tegen (ook zware) schaduw. (Halfhoge plant.)

JULI/AUGUSTUS VII/VIII

Astrantia carniolica, het zilverig groene Zeeuwse knoopje voegt zich ook heel goed in het gloomy schema. (Lage tot halfhoge plant.)
Coix lacryma-jobi (VII, VIII) is een eenjarig siergras met díkke grijze pareltranen. (Eenjarig, halfhoog gras.)
Digitalis lanata (VII, VIII) is bijzonder mooi erbij, bloeit in twee tinten grijzig beigebruin. Zaad bij T. & M., planten bij O.H. en v.d. K.E. (Halfhoge tot middelhoge plant.)
Lilium - de bij 'beige' genoemde soorten. Lilium nepalense en *Lilium* 'Black Dragon' zijn het mooist in de gloomy tuin.
Aralia elata (VIIII, IX), de gewone groenbladige is prima hier: de stekelige staken met het wijd uitwaaierend blad en dan de flodderige bloemhoofden met roomwitte bloei, die snel wordt gevolgd door diep purperen bessen, die heel lang aan de struik blijven... leuk erbij! (Struik.)
Arum pictum (IX, X) is het laat bloeiende zusje van de *Arum maculatum* die op bladzijde 125 staat. (Laag knolgewas.)
Hedera helix 'Arborescens' (IX, X) bloeit in deze maanden, maar daarna maakt ze de dikke toefen zwarte bessen. Ik heb langs de gloomy-tuin hagen hiervan, en ook van *Ilex crenata* en van een van die nieuwe hulstsoorten die donkerpurperen takken maakt. (Struik.)
Miscanthus sinensis 'Silberfeder' is een mooie rietsoort met zilvergrijze lange pluimen (180 cm). (Hoog siergras.)
Pennisetum alupecuroides (VIII, IX) - lampepoetsersgras heet deze schoonheid, met mooie bolle heuvels grijzige aren. Ze doet het geweldig in de 'gloomy garden'. (Halfhoog siergras.)

VERDIEPT MET PURPER

Wie het gloomy liever vertaalt met diepe purpertinten, kan terecht bij dít lijstje:
Alcea rosea 'Nigra' is de schitterende diep pur-

peren stokroos die ik ook al noemde bij 'rood'. (Zeer hoge plant.)
Buddleja davidii 'Black Night' is inderdaad diep nacht-purper van tint. (Struik.)
Fritillaria persica 'Adiyaman' is een mooie soort met een lange bloemtoorts vól omlaag gerichte purperen klokjes. (Halfhoog bolgewas.)
Fritillaria tubiformis, de Franse kievitsbloem, is een diep purperen geblokte. (Laag bolgewas.)
Geranium phaeum, de 'weduwe-geranium', is zo langzamerhand goed bekend en op veel adressen te koop. (Lage tot halfhoge plant.)
Helleborus orientalis en de andere bij paars/roze genoemde, komen met hun winterbloei uiteraard zéér in aanmerking. (Lage plant.)
Hemerocallis - zie de onder 'rood' genoemde!
Iris-Germanica-Hybriden noemde ik hiervoor al.
Liriope muscari, die laat bloeit en zulk vreemd zwart/paars getint blad heeft en lánge bloemstengels als purperen langgerekte druifjes... (Lage plant.)
Lupinus 'Purple Prince' is van een schitterend diep purper, met slechts een toetsje oranje aan de lip. (Middelhoge plant.)
Rhododendron 'Purple Splendour' is een mooie erbij... om maar een voorbeeld te noemen. (Struik, wintergroen.)
En * *Akebia quinata* mag er dan bij als purperen klimmer!

VROLIJKER MET STREEPJES

Om er een stralender 'gloomy' van te maken kunt u aan de vage stippels en streepjes natuurlijk fris getinte toevoegen. De lila gestreepte kleurslag van *Papaver somniferum* op bladzijde 125 is er een goed voorbeeld van. In de lente zouden dat gestreepte en gespikkelde tulpen als 'Mayblossom' (lila/wit) en 'Sorbet' of 'Make-up' (beide rozerood/wit) kunnen zijn en in de zomer fraaie gestreepte rozen als *Rosa* 'Mundi' en 'Camaïeu'. Ook de wat feller roze gestreepte *Geranium*-soorten komen dan in aanmerking.

VAGE BLOEI/ZWARTE BES

Ariona melanocarpa is een kleine struik met trosjes witte bloei en zwarte bessen daarna.
**Euodia daniellii* bloeit met een vreemd geurtje in de zomer en trossen glanzend zwarte vruchtjes daarna.
Gaylussacia baccata bloeit in mei met dof rode bloemetjes en maakt glanzend zwart en eetbaar fruit daarna.
Ilex crenata bloeit nauwelijks zichtbaar, maar maakt wel leuke zwarte bessen.
**Ligustrum*... ideáál voor hier, want ze bloeien nog geurig ook vóórdat ze de decoratieve zwarte bestrossen produceren.
Paris quadrifolia doet dus eigenlijk precies wat de bedoeling is: vaag bloeien en een dikke zwarte bes maken.
Rhodotypos scandens, niet zo heel bekend, maar een schattige en makkelijke struik, met fris een beetje 'kreukelig' aandoend groen blad, witte ronde bloemen van zo'n 4 cm en díkke zwarte bessen daarna, die láng aan de struik blijven.
Rubus... gewone bramen beantwoorden als ze rijpen absoluut aan de gloomy eisen!

KLIMMERS

Aristolychia macrophylla, de Duitse pijp, is ook prachtig in het kleurenschema.
Bennicasa hispida... wie een zéér warme 'gloomy' wand heeft of een stukje wintertuin ter beschikking wil stellen, zou dit lid van de *Cucurbitaceae* eens moeten proberen: práchtige, zeer lange en grote vruchten met dikke grijze waslaag maakt ze. In warmer landen gebruikt voor pickles en chutney's. Kweken als meloenen of komkommers. Zaad bij T. & M.
Clematis vitalba bloeit vaag wittig en maakt prima gloomy grijze zaadpluizen daarna.
Codonopsis rotundifolia (VI, VII), is de buitengewoon mooie ranker die staat afgebeeld op bladzijde 124. Zie ook 'groen'. (Halfhoge plant.)
**Lathyrus odoratus* 'Wiltshire Ripple' is een sterk geurende siererwt, die parelwit is met veel bourgogne stippeltjes - heel gloomy! Zaad bij T. & M. (Ranker, eenjarig.)
Menispernum canadense heet hier 'Canadees maanzaad'. Het is een rappe ranker met klimopachtig blad en trosjes zwarte bessen na onopvallende bloei. In warmer streken kan ze wintergroen zijn, bij ons sterft ze tot de grond af, maar loopt weer uit.
Passiflora caerulea bloeit in zo onopvallend grijs/blauwe kleur, dat ze heel mooi is in gloomy... de vrucht echter is púúr oranje!

WATERPLANTEN

**Aponogeton distachyos* is de vanille-geurige Kaapse waterlelie, die veel zwarte meeldraden uit haar horizontaal uitwaaierende witte bloemaren steekt.
Hippuris vulgaris, de lidsteng, die er met haar donker gestreepte stengels en kransen van naaldfijn blad uitziet als een conifeertje-te-water, vind ik mooi en best gloomy.
Phragmites australis - het gewone riet - mooi met die grijzige halmen, maar moet wel in een gróte vijver!
Wilt u meer aanvulling dan kunnen de waterplanten uit 'groen' en 'beige' worden toegevoegd.

BALKON EN (DAK)TERRAS

Aristolochia elegans is een Duitse pijp voor de wintertuin of voor 's zomers buiten tegen een driepoot-in-pot. Ze maakt zéér grote bloemen, die in 'knop' (een soort opgerold zakje) wit met bruine aders zijn en in geopende toestand bruin met witte adertjes.
Macropidia filiginosa... het zwarte kangoeroepootje dat ook voor exotische bloemschikkingen en voor droogboeketten wordt aangeboden. T. & M. heeft er zaad van. Het duurt enige jaren voordat u uit zaad de groenig met absoluut zwarte bloemen, aan ook zwarte stelen, kunt verwachten. Gebruik cactusgrond en houd de planten in de winter behoorlijk droog. Het zijn woestijnbewoners, die maar sporadisch water krijgen, zéker in de rusttijd. Uiteraard moeten ze in de wintermaanden binnen.
Nepenthes en aanverwanten... alle vleeseters vind ik uiterst gloomy, of ze nu groene of beige vangbekertjes hebben! Zie afbeelding op bladzijde 33.
Passiflora edulis (zaad bij K.B. en T. & M.) brengt heel mooie bloemen in een soort parelmoer, met fijne franje en een zwartpurperen ring rond het hart. De vruchten zijn eetbaar en purper of geel van kleur. Mákkelijk op warmte te zaaien!

GROEN/BLAUW

Onder: Van Hydrangea arborescens *'Grandiflora' (VII, VIII) zijn de bloemhoofden breed en zéér groenig, een waardige achtergrondplant in de groene tuin. Bovendien een prima bodembedekker, want ze stoelt breed uit! Rechts in de groene klokbloemetjes van* Nicotiana langsdorffii *(VII, VIII) zitten hemelsblauwe meeldraden! Daarnaast: Heel wijde bloemtoefen maakt* Patrinia gibbosa *(V, VI), beeldig, net een groene suikerspin!*

Links: Een groen hoekje in de tuin van fotografe Marijke Heuff, waar Euphorbia characias *ssp.* wulfenii *en* Acer japonicum *'Aureum' de hoofdrol spelen. Onder: Een van mijn lievelings-'groentjes',* de Rosa chinensis *'Viridiflora' (VI tot IX). Niet alleen in de groene tuin, maar zéker ook in schikkingen een opvallende verschijning: één takje in een karaf kan al voldoende zijn! Rechts: Wát een liefje, het groenige akeleitje dat officieel* Aquilegia viridiflora *(V, VI) heet!*

BEIGE

Een heel subtiele kleur, beige. Niet zo groot en er is zeker bij de spectaculaire bloeiers niet zo'n ruime keus, maar genoeg om met een paar grote plantengroepen zoals *Macleaya*, de met zeer dikke toortsen bloeiende *Digitalis ferruginea* en op kleur geselecteerde enkele stokrozen, de rustige schoonheid van deze kleurstelling op te roepen. De verschillende soorten stekelnootjes (*Acaena*) vormen de meest ideale bodembedekkers in deze kleurstelling - en dat ze ook na een fikse regenbui er nog beeldig uitzien, bewijst de illustratie op de volgende bladzijden!
Een prima ondersteuning vormen uiteraard allerlei grasjes die met beige halmen bloeien en in de bloeilijsten vindt u er genoeg: van heel zacht beige tot wat diepere bruintinten. Bruin is natuurlijk heel mooi bij beige, maar zoek het vooral niet in de roodbruine kleuren van bijvoorbeeld beuk en hazelaar - die zijn te donker en ze hebben teveel rood in zich om het beige goed tot zijn recht te laten komen. Kies liever de koperkleuren erbij van *Acer*-tjes en bijvoorbeeld *Koelreuteria*, waarvan het blad vooral in het voorjaar allerlei lieve tintjes rozig beige en zacht geel heeft.
Beige combineren met een van de voorgaande kleuren vereist een heel verfijnd kleurengevoel - en de mooiste resultaten krijgt u door menging met groen bloeiende gewassen en dan vooral de zilver- en blauwbladigen. Op de achterkant van het omslag van dit boek ziet u zo'n combinatie bij een van mijn eigen terrassen: rijk bloeiende *Eucomis bicolor* (wat een gewéldige én goedkope potplant is dat!) met daarnaast een pot niet meer bloeiende, maar door de gevlekte bladstelen nog steeds boeiende *Sauromatum guttatum* (beide bij v.T.). Daarnaast het 'vettige' blauwgroen van *Euphorbia myrsinites* en potten met het allerliefste frutselige blauwgroen van *Sedum bithyricum* 'Glaucum'. Deze *Sedum*-soort bloeit wit, maar de bloemen hebben een beige omhulseltje en bloemsteel, waardoor ze heel goed in het kleurenschema passen. Bovendien doen ze het uitstekend in potten, zoals u ziet op pagina 8 (net aangeplant) en op de achterkant van dit boekomslag (twee maanden later).
Wit lijkt een 'kleur' die met vrijwel alle andere te combineren is, maar teveel en te helder wit kan het zachte van de beigenuances teniet doen. Wilt u er wit door mengen, kies dan voor witte bloemen met een duidelijk bruinig hart, zoals de *Echinacea purpurea* 'White Lustre', die staat afgebeeld op pagina 36, of de bijzondere fraaie lelie met de toenaam 'Black Dragon', die wit van binnen is en roestbruin aan de buitenkant.
Een lieflijke combinatie kan worden gevonden met heel zachtblauwe bloemen, zoals de *Codonopsis clematidea*, *Delphinium* 'Gletscherwasser', lichtblauwe *Scabiosa* en *Camassia cusickii*.
Hoewel de abrikoos-tinten en beige vrij dicht bij elkaar liggen, is deze combinatie toch niet ideaal: de fellere abrikooskleuren kunnen het zachtere beige doodslaan. Wel kan voor de lichtere tint van bijvoorbeeld de kiwi (*Actinidia chinensis*) worden gekozen - de bruinig behaarde vruchten zijn bovendien een welkome toevoeging in de nazomer! In de wintermaanden, als er geen subtiele beige getinte bloemen zijn, maar bruinige basten en potten met vetplanten de taak overnemen, kan er wél een feller tintje in het beige tuindeel worden toegepast, van *Hamamelis* bijvoorbeeld of van een van de fel verkleurende struikheidesoorten.

JANUARI/FEBRUARI I/II

Calluna vulgaris 'Multicolor' met prachtig verkleurend bronzig blad, zou aardig zijn als winterextra in potten, dan kunnen ze tijdens de bloeiperiode (augustus/september) die paarsig is, in een andere kleurgroep worden geplaatst. (Laag struikje.)
Erica cinerea 'Golden Drop' kan op dezelfde manier als voornoemde *Calluna* worden toegepast, maar deze zou ook vast kunnen staan, want het blad is altijd bronskleurig en de bloei (juli/augustus) slechts zeer spaarzaam. (Laag struikje.)
*?*Hamamelis* x *intermedia* (I,II,III), omdat er in deze maanden weinig zacht beige te beleven is, kan een van de wat feller getinte *Hamamelis*-soorten uitstekend de bloeitaak op zich nemen. Kies bijvoorbeeld *Hamamelis* x *intermedia* 'Jelena' (genoemd naar Jelena Belder uit Kalmthout, België) die bloeit in een koperkleurige tint of de al wat langer bekende 'Feuerzauber', die ook wel 'Magic Fire' wordt genoemd, welke bijna roestig rode bloemen brengt. Omdat de *Hamamelis* x *intermedia* een kruising is tussen de zwak geurende *H. japonica* en de sterk geurende *H. mollis* geven sommige soorten een zwakke geur, maar zeker is dit helaas niet! (Struik.)
Sedum album 'Coral Carpet' bloeit weliswaar wittig in juni/juli, maar geeft het hele jaar door een dekentje van vlezige roestbruine blaadjes, dat bijzonder mooi is als ondersteuning van het beige tuindeel - zéker in dit jaargetijde. (Bodembedekker.)

FEBRUARI/MAART II/III

Crocus chrysanthus 'Gipsy Girl' (II, III, IV) is fris geel met aan de buitenkant purperen streepjes die een bruine indruk wekken en *Crocus chrysanthus* 'Zwanenburg Bronze', dieper geel met mooie bronskleurige vegen aan de buitenkant van het blad. Kleuren die, als er nog niets anders bloeit, heel goed in het beige tuindeel kunnen. Kiest u voor de teerdere tinten van de volgende groep, dan deze dóórbloeiende crocusjes laten vervallen! (Laag bolgewasje.)

MAART/APRIL III/IV

Arum maculatum (IV, V), de gevlekte aronskelk die staat afgebeeld op pagina 125 bij het 'Gloomy' kleurenschema, is natuurlijk bijzonder mooi bij beige/bruin! (Laag knolgewas voor halfschaduw.)
Asarum canadensis (III, IV, V), een prachtig wintergroen bodembedekkertje met diepgroen en bruin gemarmerd blad en zeer lage, paarsig bruine bloemen in april/mei, en *Asarum europaeum* (IV, V), met meer groen blad en nog dieper weggestoken paarsbruine bloemen. (Bodembedekker voor schaduw.)

Volgende bladzijde: De heel gewone 'gelderse roos', of 'sneeuwbal' (Viburnum opulus) bloeit in mei/juni met bolle bloemschermen, die heel lang groenig zijn en pas bij het openbloeien wit worden.

Bellevalia longipes (III, IV), een niet zo makkelijk te bemachtigen bolgewasje, maar voor de fanatieke beige-tuinier zéér de moeite waard, want de wel 25 cm lange bloemstengels maken eerst vele kleine klokjes die beige zijn met witte randen en vervolgens verlengen de bloemstengeltjes zich om eveneens beige vruchtjes wijd te laten uitwaaieren! Voor goed gedraineerde, zonnige plaats. (Middelhoog bolgewas.)
Epimedium peralderanum 'Frohleiten' (IV, V) bloeit weliswaar zacht geel, maar het fraaie groen met bruine blad is héél lang mooi, tot de winter toe. *Epimedium* x *rubrum* heeft gelig blad met roestige randen en kan ook heel goed dienst doen. (Lage plant.)
Fritillaria lusitanica (III, IV, V, VI, VII), een van de vele zeer begerenswaardige *Fritillaria*'s, die zowel bij de groen bloeiende als de beige groep kan horen! (Onder andere bij H.B.) (Middelhoog bolgewas.)
Fritillaria messanensis (III, IV, V, VI), bruin met groen gestreept, een schoonheid die de hoge aanschafprijs waard is. (Onder andere bij H.B.) (Middelhoog bolgewas voor halfschaduw.)
Iris x *warlsind* (III, IV), een witte iris met geelbruine lippen, houdt van zon net als haar ouders *Iris warleyensis* en *Iris aucheri* (zie blauw). (Middelhoog bolgewas.)
Myrica gale (IV), de gagelstruik bloeit in april, maar is máánden daarvóór mooi, met de opgeheven roestig beige knoparen! (Struikje.)
Pieris japonica 'Dorothy Wyckoff' (III, IV, V) geeft behalve de fraai getinte jonge bladscheuten ook nog eens bloemtoefen in een heel zachte beigetint! (Struik.)
Primula auricula 'Tan' (IV, V), een schitterende soort die T. & M. aanbiedt: koperkleurig met wit oog. (Lage plant.)
Salix hastata 'Wehrhahnii' (IV, V), niet omdat de katjes beige zijn, want die zijn puur zilver in april/mei, maar al het hout, tot het kleinste takje toe, is zo mooi roestbruin, dat dit wilgje hier prima past! (Struik of op stammetje geënt.)

MEI/JUNI V/VI

Acaena anserinifolia, *A. buchananii* en *A. novaezelandiae* (VI, VII, VIII) zijn alle mooie bodembedekkertjes met blauwgetinte blaadjes en bolle roestig beige bloemetjes die ze de naam 'stekelnootjes' bezorgden. Een beeldige basis voor beige-groepen. Zie afbeelding op pagina 127/128. (Bodembedekker.)
Antennaria magellanica (V, VI, VII), een allerliefst bodembedekkend rozenkransje met bruinige bloemetjes. (Bij B.D.) (Bodembedekker.)
Arisarum proboscideum (V, VI, VII, VIII) maakt een dicht tapijt in flinke schaduw en de bruine muis-achtige bloeiwijze, die haar de Nederlandse naam muizenplant bezorgde, zit half onder het *Arum*-achtige blad verscholen. (Bodembedekkend knolgewas voor schaduw.)
Astrantia carniolica (VI, VII, VIII), grijzig, en *Astrantia major* (VI, VII), rozig, voegen zich beide heel goed in het beige-schema. (Middelhoge plant.)
Atropa bella-donna (VI, VII), een gevaarlijke schone, die in al haar onderdelen zeer giftig is, maar wel móói met die purperbruine klokken en zwarte bessen. (Hoge plant voor halfschaduw.)
Briza maxima (V, VI), mooi eenjarig trilgras dat zich makkelijk laat zaaien. Het past niet alleen goed in de beige tuin maar ook in het droogboeket. (Middelhoog siergras, eenjarig.)
Bromus lanceolatus (VI, VII, VIII), fraai eenjarig siergras met dichte bruin-beige gestreepte bloeiaren. (Middelhoog siergras, eenjarig.)
Calceolaria darwinii (VI, VII), een prachtig bronzen 'pantoffeltje' dat zich thuis voelt op een vochtig koel plekje in de rotstuin, in half schaduw, met goede drainage. (Zaad bij T. & M.) (Lage plant voor halfschaduw).
**Calycanthus floridus* (V, VI, VII) en *Calycanthus occidentalis* (VI, VII, VIII) bloeien beide met kruidig geurende roestig getinte bloemen; fijn, want geur is niet zo dik gezaaid in het beige tuindeel! (Struik voor halfschaduw.)
Cerinthe major (VI, VII), makkelijk te zaaien eenjarige. Dik de moeite waard, niet alleen om de buisvormige klokken die diepbruin starten en geel eindigen, maar ook omdat het er zóemt van de nectar-zoekende bijen! (Zaad bij T. & M.) (Eenjarige plant, middelhoog.)
Cotinus coggygria (VI, VII) bloeit rijkelijk met poederdonzige beige-rozige bloemtoefen en geeft in het najaar fellere tinten bij het blad. De zaadtoefen zijn grijzig. Heel fraai dit alles bij beige! (Struik.)
Cypripedium calceolus (V, VI), wie een kalkrijke grond heeft kan het op een beschut, half beschaduwd plekje proberen met zo'n beeldig venusschoentje in bruin en zachtgeel! (Middelgroot knolgewas.)
Dipteronia sinensis (VI), de bloei in juni is groenig, maar de daarop volgende platte zaadschijfjes in hoge pluimen zijn mooi rozig beige! Het blad is groot en geveerd. (Hoge struik of boom voor beschutte plek.)
Enkianthus campanulatus, een beauty van een struik, langzaam groeiend, maar de moeite van het wachten waard, want de elegant zijwaarts geheven takken hangen in mei vol met rozig-beige klokbloemetjes. Kan tegen halfschaduw. (Struik.)
Geum rivale (V, VI) is het knikkend nagelkruid, dat heel soms nog op vochtige schaduwplekjes in het wild voorkomt. U kunt er voor de tuin zaad van bestellen bij C. G. (Lage plant.)
Hemerocallis-Hybriden (V, VI, VII, VIII), een prachtige vrij nieuwe soort is koperbruin en heet 'Painted Lady'. (Bij H.B.) (Middelgrote plant.)
Iris germanica-Hybriden (V, VI, VII), hier zijn heel wat beige-tinten en bruin-tonen bij! Ik noem bijvoorbeeld 'Saucy Sue', 'Dream Spun' en 'Kilt Tilt', allemaal soorten die te bestellen zijn bij H.B., maar uw eigen tuincentrum heeft vast ook wel goede variëteiten. (Middelgrote plant.)
Iris innominata (VI), bijzondere zachtgeel met brons geaderde species, waarvan T. & M. zaad aanbiedt. (Middelhoog knolgewas.)
Iris 'Sari' (V, VI) is een schitterende Iris uit de 'Onco'-groep, in drie tinten bruin! (Bij H.B.) Middelhoog knolgewas.)
Iris 'Sylphide' (V, VI) brengt prachtig diepbruin gevlekte, neergaande bloembladen, met teer geaderde opstaande bladen. (Bij H.B.) (Middelhoog knolgewas.)
Lilium-Imperiale-Hybriden 'Black Dragon' (VI, VII) noemde ik al in de inleiding. Een schitterend soort: wit van binnen, roestig bruin aan de buitenzijde. (Onder andere bij H.B.) (Hoog bolgewas.)
Molinia arundinacea (VI, VII, VIII), mooi siergras dat niet alleen beige-bruine pluimen maakt, maar in het najaar bronzig verkleurt. (Middelhoog tot hoog gras.)
Nectaroscordum silicum (vroeger: *Allium silicum*) (V), met een prachtige toef klokjesbloemen in beige met groen, die overgaan in lantaarnvormige beige zaaddozen. Zéér de moeite waard! (Middelhoog bolgewas.)
Nothofagus antarctica (V) bloeit rozig beige, heeft prachtige donkerbruine stam en twijgen en klein diepgroen blad. (Langzaam groeiende boom.)
Oenothera campylocalyx (VI, VII, VIII) bloeit amberkleurig en is heel spannend van kleur in dit schema. (Zaad bij T. & M.) (Halfhoge tweejarige plant, die zich spontaan zaait.)
Paeonia delavayi (VI), de vrij kleine bruinrode bloemen van deze boompioen passen in geen enkel ander kleurenschema, behalve bij het neutrale groen-bloemige, maar híer kunnen ze voor veel spanning zorgen. Het blad is vóór en na de bloei een sieraad op zich (Struik).
Rhamnus frangula (V, VI), niet om de bloei, die is groenig, maar om het bruine hout met wratjes, de bruin-viltige knoppen en de zwartbruine vruchten. Deze 'vuilboom' is bovendien voedselplant voor het 'citroentje', het heldergele vlindertje dat bij ons overwintert en al in februari begint te vliegen. Hiermee lokt u dus vlinders naar de tuin! (Boom tot 4 m.)
Rhododendron-Hybriden 'Mrs. Betty Robertson' (V), een cultivar met romig beige bloemen en veel bruine stippen die het kleureffect versterken. (Wintergroene struik.)
Rodgersia podophylla (VI, VII); de bloei van deze *Rodgersia*-soort is onopvallend vaag crème, maar het jonge blad is zo fraai brons getint, dat een groep in de achtergrond hier niet misstaat. (Hoge plant.)
Roos 'Café', (doorbloeier), zoals u op de afbeelding op pagina 128 ziet de enige écht beige roos, al zou 'Buff Beauty' uit de abrikoos-tuin hier ook niet misstaan. (Bij V.O.) (Struikje.)
Stephanandra incisa 'Crispa' (VI); de bloei in juni is van een vaag crème dat zich naar vele kleuren voegt, óók naar de groen bloeiende tuin. (Zie ook tak in boeket op pagina 92.) (Struik voor plek waar deze kan woekeren.)
Stipa gigantea (VI, VII), elegant gras met wijde beigebruine bloei-aren. (Middelhoog gras.)

BEIGE

Voorgaande bladzijde: In het Arboretum van Jelena en Robert de Belder in Kalmthout België, staat deze vlier, die een heel fraaie uitwaaierende groeiwijze heeft. Het is Sambucus tigrani, die geelgroen bloeit en later rode bessen maakt.

JULI/AUGUSTUS VII/VIII

Alcea rosea (VII, VIII, IX); het zal een kwestie zijn van zelf zaaien óf uit uw eigen of andermans enkele stokrozen zo'n mooi beige exemplaar selecteren. De enkele stokrozen gedragen zich doorgaans (bij niet al te felle koude) als vaste plant. (Tweejarige of vaste, grote plant.)
Carlina acaulis ssp. *acaulis* (VII, VIII, IX) is heel mooi in deze kleurgroep. De bloemen hebben diep bruine harten en zilverige bloemblaadjes. (Lage plant.)
Digitalis ferruginea (VII, VIII) is het soort dat staat afgebeeld op pagina 129. Maakt indrukwekkende bloemtoortsen met veel rechtopgaande vertakkingen. (Zaad bij T. & M., planten bij O.H.) (Middelhoge tweejarige, die zich redelijk makkelijk spontaan weer uitzaait en vast is als ze het naar de zin heeft.)
Digitalis lanata (VII, VIII) past met haar grijzig bruinige bloemen niet alleen in 'Gloomy', maar ook hier (Zaad T. & M., planten v.d. K.E.). (Middelhoge tweejarige, zaait zich makkelijk en is vast bij gunstige omstandigheden.)
De genoemde en andere *Digitalis*-soorten kunnen aardig wat schaduw verdragen, maar voelen zich ook prima in de zon.
Gunnera manicata (VII, VIII); eigenlijk zijn de bruinige bloemknotsen niet de grootste sierwaarde, maar het gigantische blad, zoals u op pagina 148 kunt zien. Hebt u echter in het beige tuindeel een vijver, dan is een *Gunnera* de aangewezen oeverplant! (Zeer grote plant voor vochtige standplaats.)
Helenium-Hybriden (VII, VIII, IX); als u de meest bruine soort kiest zou deze lekker late bloeier erbij kunnen, maar te fel oranje tinten slaan het beige dood. (Hoge plant.)
Hydrangea paniculata (VII, VIII) bloeit weliswaar crème, maar verkleurt al snel naar allerlei tinten rozig beige en is tot diep in de herfst mooi in de beige tuin. (Struik.)
Hyoscyamus niger (VII, VIII, IX); als u deze giftige plant aandurft, is het een unieke schoonheid in de beige tuin. De bloemkelken zijn heel fraai geaderd en ook de zaadbekertjes zijn elegant en zeer beige! (Een- of tweejarig, middelhoog).
Koelreuteria paniculata (VII, VIII) bloeit met grote pluimen groenige bloemetjes en maakt mooie opgeblazen lichtgroene peulen daarna, beide misstaan niet bij beige, maar de grootste beigeverdienste ligt in de vele lentetinten van het fraai verdeelde blad. (Boom of struik, maximum 5 m.)
Lilium nepalense (VII, VIII), een beauty met zeer grote, omlaag gerichte bloemen, die aan de buitenkant groenig zijn en van binnen chocoladebruin gespikkeld en dieper naar binnen zelfs helemaal bruin. Van de oersoort kon ik geen leverancier vinden, maar H.B. biedt *Lilium nepalense* 'Robustum' aan, en die zijn beter afgehard dan de soort. (Hoog bolgewas.)
Macleaya cordata (VII, VIII) een van de mooiste beige bloeiende: hoog, elegant en alleen al door het fraaie blauwgroene blad de moeite waard. Afgebeeld op pagina 129. (Hoge plant.)
Panicum virgatum 'Rehbraun' (VII, VIII, IX), prachtig hoog en diepbruin siergras, dat lekker lang doorbloeit. (Hoog gras.)
Pennisetum villosum (VIII, IX), vriendelijk beige siergras, eenjarig zusje van de grijzere (zie 'Gloomy') *Pennisetum alupecuroides*. (Eenjarig middelhoog gras.)
Phalaris canariensis (VII, VIII), nóg een siergras, nu met bolle bloempluimen. (Eenjarig middelhoog gras.)
**Reseda odorata* (VII) voegt zich bij veel kleurschema's, zoals wit, groenig en beige... alleen om de geur al! (Onder andere verwerkt in boeket op pagina 80/81). (Lage eenjarige plant.)
Ricinus communis (VIII, IX, X) de wonderboom is hier beeldig, met haar fraai verdeelde blad, bruine stelen, en later prachtige roestige stekelige zaadpeulen. (Eenjarig, hoog.)
Sedum bithyricum 'Glaucum' (VII, VIII) noemde ik in de inleiding al. Zie afbeelding op achterplaat. (Bodembedekker en potvulling.)
Sempervivum-soorten. Kies net als bij de *Sedum*-soortjes liefst degene die neutraal wittig bloeien of die mooie bruine rozetten maken. Er zijn teveel soorten om op te noemen en elk zichzelf respecterend tuincentrum heeft in het voorjaar series dozen staan, waaruit u de bruinige kunt kiezen. Doorgaans bloeien ze niet te fel roze, wittig of zacht geel en dat hoeft bij beige niet te detoneren. (Zie ook afbeelding op pagina 133.) (Bodembedekker en potvulling.)
Viola 'Love duet' (VI, VIII, IV): een liefje dat crème gekleurd is met diep kastanjebruine vlek. (Zaad bij T. & M.) (Laag, eenjarig.)
Zigadenus elegans (vroeger *Zygadenus elegans*), iets heel sierlijks, dat op een minilelietje lijkt, maar dan wijd vertakt, met veel bloemetjes, groen met beige. (Bij C.J.) (Middelhoge plant.)

AUGUSTUS/SEPTEMBER VIII/IX

Naast de doorbloeiers uit de vorige categorie zijn er ook nog een paar die nú pas beginnen met nieuwe frisse bloei!
Arum pictum (IX, X), het moeilijk te bemachtigen zusje van *Arum maculatum*, maar de moeite waard door de late bloei! (Lage plant.)
Aster divaricatus (IX, X); de lange pluimen en kleine witte asterbloemetjes met bruine meeldraadharten worden gedragen op diep bruine stelen boven groen/bruin getint blad... dáárom! (Middelhoge plant.)
Carlina acanthifolia (VIII, IX) een heel mooie soort met metalig beige bloemblaadjes en een diep bruin hart! (Zaad bij T. & M.) (Middelhoge plant.)

OKTOBER/NOVEMBER X/XI

Crocus melantherus (XI, XII, I, II), een winterbloeiend crocusje met witte bloemen, die aan de buitenzijde fraai bruin gestreept zijn. Ook de meeldraden zijn bruin. Omdat het graag in stenige grond in de volle zon staat, op een 'onmogelijke' tijd bloeit en 's zomers droog gehouden moet worden, misschien beter in een verplaatsbare kweekbak! (Laag bolgewasje.)

DECEMBER XII

Clematis cirrhosa var. *balearica* (XII, I, II, III) een winterbloeiende *Clematis*! Inderdaad, en nog prachtig ook, met bruinig varenachtig blad en groen met beige klokjesbloemen. Toch niet denken dat dat allemaal zomaar tegen de buitenmuur middenin de winter gebeurt, haar liever in een grote kuip kweken, zodat ze bij te felle kou naar binnen kan! (Klimplant.)

Gedurende de hele winter kan de beige- of bruinsfeer natuurlijk heel fantastisch worden opgeroepen met bomen die fraaie beige of bruine basten hebben. Een lijst vindt u op pagina 130 en 131.

BIJKLEUREND BLAD

Acer - een schier onuitputtelijk geslacht waarbij voor elke kleurtuin wel iets te vinden is - en waarvan sommige bij veel kleuren kunnen, zoals de onovertroffen *Acer pseudoplatanus* 'Brilliantissimum'. (Zie de afbeelding op pagina 77, waar de jonge voorjaarskleur is gefotografeerd - later wordt het blad wat zachter van kleur - groen met vaag geel.) Bij de *Acer palmatum*-soorten zijn ontelbaar veel bladkleuren te vinden. Mocht u deze niet kennen, dan zou een bezoekje aan de kwekerij van Esveld in Boskoop in de lente of zomer de moeite waard zijn, want deze is gespecialiseerd onder andere in allerlei *Acer*-soorten.
Een heel waanzinnige kleur heeft *Acer palmatum* 'Katsura', bij het uitkomen is het blad bijna oranje om daarna af te zwakken tot tinten die aardig overeen komen met die van de afgebeelde stokroos op pagina 128.
Koelreuteria paniculata heb ik om haar blad al genoemd.
Matteucia struthiopterus, de struisvaren, heeft vaak bruinige tinten in het blad, en houdt van een vochtige plaats. (70 cm.)
Osmunda cinnamomea is een koningsvaren met kaneelkleurige sporendragers en is schitterend in dit tuindeel, maar ook weer op een vochtig plekje. (Bij O.H. en v.d. K.E.) (100 cm.)

KLIMMERS

Aristolochia macrophylla (vroeger *A. durior*), de duitse pijp, met haar curieus gevormde kromme pijpebloemetjes in bruin en groenig, is natuurlijk heel geschikt en zorgt bovendien voor een fijn bladcontrast.
Clematis-soorten die beige bloeien zijn niet zo rijk gezaaid. De in december bloeiende *Clematis cirrhosa* var. *balearica* noemde ik al bij die

JANUARI I
FEBRUARI II
MAART III
APRIL IV
MEI V
JUNI VI
JULI VII
AUGUSTUS VIII
SEPTEMBER IX
OKTOBER X
NOVEMBER XI
DECEMBER XII

maand, maar daarnaast is er de heel bijzondere *Clematis afoliata*, die zoals haar naam al zegt, géén blad brengt: dat is overgegaan in een soort langgerekte kurketrekkertjes, die er wel in de winter aanblijven, dus ze is een soort wintergroen! In mei (V) brengt ze slanke beige, papierachtige bloemklokjes. Bijzonder mooi van kleur is ook *Clematis fusca* (VII, VIII), die bloeit met omlaag gerichte dikke bruine urntjes, welke aan de binnenkant wat lichter van tint zijn.

BALKON EN (DAK)TERRAS

Dioscorea balcanica... nóg zo'n allerliefste klimmer, die ook het beste in een pot kan worden gekweekt, want de winterhardheid is twijfelachtig. Heeft ze het naar de zin dan groeit ze snel, bloeit onopvallend, maar maakt daarna lang blijvende driekante, vlezige zaaddozen in een subtiele beige tint! (Zaad bij T. & M.)
Eucomis bicolor is (samen met *Sauromatum*) dé bol voor het beige balkon of terras. Drie bollen, die elk enkele guldens per stuk kosten zijn méér dan voldoende voor het vullen van een fikse pot. De bloemknotsen zijn niet alleen tijdens de bloei schitterend, maar ook als ze dik in de driekante vlezige zaaddozen zitten: deze zijn groenig met purperbruine vlekken, ongeveer zoals de bladstelen van *Sauromatum* - ze staan beide op de achterkant van het omslag van dit boek. Op bladzijde 33 in de voorgrond een pot met schulprand, waarin drie bollen die net ontluiken. De bollen kunt u droog en vorstvrij binnen laten overwinteren en het is absoluut geen heksentoer om ze elk jaar weer in bloei te krijgen.
Sarracenia alata en bijvoorbeeld de gevlekte *Sarracenia* x *mooreana* zijn de 'vleesetende' planten met hoge vangbekers, die ook zónder de purperbruine bloemen bijzonder mooi zijn. *Sarracenia purpurea* maakt de lage krans met bolle purperbruine vangbekers. Ook de dichtklappende vangschijven van *Dionaea muscipala* hebben beigeïge tinten. Een klein groepje van deze planten vindt u bij de terrasgroep op bladzijde 33.
Zonnedauw (*Drosera*) heeft ook mooie groene en bruinige nuances... tótdat de plant gaat bloeien, want dán verschijnen slanke stengeltjes met fel lila bloemetjes. (Een pot met zonnedauw staat in de ton met waterplanten op pagina 149. Ook in déze voor de zonnedauw echt niet optimale situatie ging de plant tot het maken van bloeistengels over!)
Bij heel veel bloemenwinkels en tuincentra worden deze en andere vleeseters tegenwoordig te koop aangeboden. Ze kunnen 's zomers buiten in ton of waterschaal en moeten vorstvrij, dus binnen overwinteren.
Sauromatum guttatum maakt in het voorjaar laag boven de grond schitterend bruin gevlekte aronskelk-achtige bloemen. Ze doet dit ook als 'naaktbloeier' in de vensterbank, maar ik vind ze in potten met aarde natuurlijker. Na de bloei volgt het heel fraai ingesneden blad met purperbruin gevlekte stengels, die u achter op het omslag ziet afgebeeld. In mijn pot hebben de bollen al vele 'jonkies' gemaakt en die geven leuke kleine blaadjes ertussen. (Bollen onder andere bij v. T.)
Sedum en *Sempervivum*... hiervan ga ik geen eindeloze lijsten geven - u kunt bovendien in de verschillende terrasplantgroepen en vooral op bladzijde 133 zien, dat er naast winterharde *Sedum*'s en *Sempervivum*'s, ook heel fraaie beigeresultaten met níet winterharde *Crassula*'s, *Echeveria*'s, *Pachyphytym* en de kruising x *Pachyveria* te bereiken zijn. Dat de kleur van zo'n aardbeipot een flink beige-woordje meespreekt, is duidelijk en dat een pot met een dergelijke vulling 's winters naar binnen moet óók!
Voor kleine snelle bruin-effecten ertussen kunnen potten met bruin gevlekte 'pantoffeltjes' (*Calceolaria*) zorgen, misschien ook wat geelbruin gevlekte *Mimulus* en de bruinste afrikaantjes (*Tagetes*) die u vinden kunt.

WATERPLANTEN

Vergeet vooral ook in uw beige-bruin bloeiende vijver de zuurstofplanten niet, die voor het evenwicht en dus helder water zorgen. U vindt ze op pagina 19.
Cyperus longus (VI, VII, VIII, IX), het cypergras, is natuurlijk beeldig met de toefen beige pluimen op slanke stengels. Kan aan de rand van de vijver, net erin of net eruit.
Hydrocotyle vulgaris (VII, VIII, IX) bloeit niet zo spannend, maar wel beige. De grootste sierwaarde ligt in het absoluut ronde blad dat op stengels van zo'n 20 cm wordt gedragen. Ook een plant voor nét in of nét uit de vijver.
Typha (V, VI, VIII, IX), de aardige bruine sigaren die van mei tot september dit oevergewas sieren (kan tot 30 cm diep water hebben) doen hier al snel naar grijpen bij de beige/bruine vijveraanplant. De grotere soorten (*Typha angustifolia* en *Typha latifolia*) maken echter elke kunstmatige vijverbegrenzing (of dit nu folie of beton is) kapot. Die kunnen alleen in natuurlijke vijvers worden aangeplant. De sierlijke kleine *Typha minima* met bijna ronde bloeiknotsjes is echter wel geschikt, óók voor een ton!
Waterlelies... wilt u er absoluut een in dit kleurenschema, kies dan voor een van de in 'abrikoos' genoemde soorten - ze zijn wat fel van kleur, maar nemen door het water voldoende afstand van de teerder tinten op de wal!

Linksboven: Héél, héél mooi zijn de geaderde klokbloemen van de rankende Codonopsis rotundifolia *(VI, VIII) - zéker niet alleen voor 'gloomy', maar ook mooi bij groenig en beige! Linksonder: Super-'gloomy' is de eenbes (*Paris quadrifolia*), want zij bloeit niet alleen neutraal groenig (V, VI), maar brengt daarna ook nog zwarte bessen - één dikke per vierbladige stengel... vandaar de Nederlandse én de botanische naam. Middenboven: De knikkende vogelmelk (*Ornithogalum nutans*) zorgt voor vroege bloei (IV, V) in verrukkelijk vage kleurtjes! Middenonder:* Arum maculatum *(V, VI) is nóg een vroege bloeier, die ook heel goed in beige kan! Rechts: 'Gloomy'-met-meer-kleur krijgt u als u gestreepte bloemen in frisse kleurtjes toevoegt, zoals deze subtiele kleurslag van* Papaver somniferum *(VI, VII, VIII).*

SPANNENDE BASTEN

Om de kleur ook in de winter te laten 'doorlopen' kunnen bomen met fraai getinte basten uitkomst brengen. Voor de witte tuin zijn dat bijvoorbeeld uiteraard berken (zie pagina 29), maar er is méér te beleven dan die alléén. Fraaie stammen voor grotere tuinen, maar ook strúiken die in de winter spannend gekleurd hout hebben! Omdat die hóútkleur soms van pas komt in een kleurschema, maar de blóémkleur niet, heb ik deze laatste tussen haakjes erachter gezet.

WIT bomen
**Eucalyptus gunnii* - voor de warmere delen in ons land en in België, een droom in blauwgroen met wit! (Bloeit groenig, heeft geurig blad.)
Betula... berken uiteraard. *Betula pendula*, met een regen van treurtakjes langs de witte stam omlaag en *Betula papyrifera*, waarvan de bast wit blijft, ook als de boom een hoge leeftijd heeft bereikt. *Betula jacquemontii* is de meest witte, met ook de takken tot bijna in de toppen wit getint. (Bloeien alle groenig.)
Salix daphnoides, een niet te grote wilgsoort, die purperen takken heeft met een dik wit waas erover, kan ook in een purperen schema. (Katjes zilvergrijs.)
WIT struiken
Rubus biflorus, de groene takken hebben een dikke witte waslaag. (Bloeit wit en maakt eetbare gele vruchten daarna!)
Rubus cockeburnianus brengt purperen takken met dikke witte laag. (Bloeit diep roze, maar onopvallend en brengt zwarte vruchten.) Beide *Rubus*-soorten zijn heel mooi, maar woekeren als een gek en zijn ook geen plantjes om zonder handschoenen aan te pakken!

BEIGE bomen
Acer griseum, een van de mooiste basten die bestaan, de terugkrullende bovenschors geeft de stam een kantachtig omhulsel en laat de jonge kaneelkleurige onderbast zien. (Bloeit groenig en blad verkleurt oranjerood in herfst.)
Betula nigra heeft een nog sterker terugkrullende bast en is vooral in de winterzón bijzonder mooi. De boom is geschikt voor vochtige plaatsen! (Bloeit groenig.)
Betula albo-sinensis 'Septentrionalis', met een stam in allerlei tinten rozig beige met af en toe een toets van grijs! (Bloeit groenig.)
Prunus maackii, de glanzende kaneelkleur van deze sierkers is bijna haar grootste sierwaarde. De onopvallende witte bloei in april en de kleine zwarte vruchtjes in het najaar maken haar makkelijk invoegbaar in het beige-schema!
**Stewartia sinensis*, voor niet te koude streken een schoonheid met afschilferende bast, die een gladde kaneelkleurige onderhuid laat zien. (Bloeit wit en geurig!)
BEIGE struiken
Corylus avellana 'Contorta', de kronkelhazelaar is beeldig in de winter. Tegenwoordig ook op hoogstam geënt verkrijgbaar. (Bloeit beige.)
Euonymus alatus, langzaam groeiend, met mooie verkurkte platte delen in de takken, jong blad rozig, herfstkleur abrikoos. (Bloeit groenig.)
Euonymus phellomanus, een iets sneller groeiende soort met verkurkte takken. (Bloeit groenig, maar maakt fel roze zaaddozen met vier zaden.)
BRUIN bomen
Metasequoia glyptostroboides maakt vooral op oudere leeftijd heel mooie geplooide boomstammen met bruinige schilfers. Het roodbruin van de 'redwood' past zowel bij beige als bij bruin, zie afbeelding op pagina 132! (Deze 'bladverliezende' conifeer bloeit groenig.)
Prunus dawyckensis blijft een kleinere boom met prachtige diepbruine bast en donzige jonge twijgjes. (Bloeit zachtroze in april en maakt amberkleurige kersjes.)
Prunus x *schmidttii*, snel groeiend en slank, met een glanzend gepolijste, diepbruine stam. (Bloeit zachtroze.)
Prunus serrula, een schitterende soort met mahoniebruine glanzende stam en krullerige schilfers. De kleur van de stam maakt haar ook geschikt voor rood-in-de-winter. (De bloei is wit in april, tegelijk met het blad.)
BRUIN struiken
Prunus canescens, een flinke struik met donker mahonie stammen en schilferende bast, takken sierlijk overhangend. (Met vroeg in april kleine roze bloesem en rode eetbare vruchten daarna.)
Salix fargesii, een flinke struik, waarvan het hout in het tweede jaar roodbruin kleurt. (Katjes slank en grijs.)
Salix moupinensis lijkt op de voorgaande, maar blijft wat kleiner.
Stephanandra tanakae wordt wat groter dan de in 'beige' genoemde *Stephanandra incisa*, en heeft diep bruine overhangende takken. (Bloeit groenig crème.)
GROEN bomen
Acer davidii wordt niet zo groot en heeft een heel fraaie wit met groen gestreepte glanzende bast. (Bloeit groenig en maakt véél groene zaaddoosjes met rossige blos.)
Acer grosseri blijft een kleinere boom en heeft een schitterende groen met witte 'slangenbast'. (Bloeit groenig en heeft fraaie herfstkleur.)
Acer pensylvanicum, kleine boom met een fraaie groene bast met witte en jadegroene strepen. Maakt zeer groot blad dat diepgeel verkleurt. (Bloeit groenig.)
Acer rufinerve, kleinere soort, met groen/wit gestreepte stam en het jonge schot blauwgroen - móói! (Bloeit groenig, herfstkleur geel en rossig.)
GROEN struiken
Leycesteria formosa, maakt opvallende holle blauwgroene twijgen, die sierlijk overhangen. (Bloeit wit met purper en maakt purperen bessen, die eetbaar, maar niet lekker zijn.)
GRIJS bomen
**Eucalyptus*... heel veel soorten maken prachtige meer of minder grijze basten... maar helaas zijn ze slechts in (kleine) delen van ons land in de volle grond te handhaven!
Zaai voor in potten vooral de **Eucalyptus citriodora* - het zaad komt uiterst makkelijk en in verrassend grote hoeveelheden op. Het blad is zéér '*citriodora*', zodat het de moeite loont om de potten vorstvrij te laten overwinteren... je hoeft ze maar aan te raken om de citroengeur vrij te maken!
GRIJS struiken
**Rosa roxburghii* is een heel boeiende species, waarvan de takken grijs en kaneelkleurig getint zijn. De bloei is geurig en heel zachtroze en de kastanje-achtige bottels groen/bruin met dikke stekels.

Rubus leucodermis maakt blauwgrijze stengels, woekert zoals veel *Rubus*-soorten, bloeit klein en

*Volgende bladzijden: Het stekelnootje (*Acaeana*) (VI, VII, VIII) is de meest ideale bodembedekker voor het beige tuindeel... ook na een fikse regenbui nog bééldig! (onder). De roos 'Café', een dóórbloeier is de enige echt beige bloeiende roos. Linksboven: Bij de enkele stokrozen (*Alcea*) (VII, VIII, IX) zijn de meest fantastische kleuren te vinden... ook exemplaren in beige-nuances. Middenlinks: De pluimpapaver (*Macleaya*) (VII, VIII), paart subtiele beige bloei aan héél decoratief zilverblauw groot blad. Rechtsmidden: Opvallend rijk bloeiend met fikse kandelabers vol harige bloemen is het vingerhoedskruid dat *Digitalis ferruginea* (VII, VIII) heet!*

wit en maakt zwartpurperen eetbare vruchten.
Salix acutifolia 'Blue Streak' maakt glanzende zwartpaarse takken met een dikke blauwgrijze waslaag - héél fraai van kleur. (Katjes grijzig, vóór het blad.)
Salix irrorata maakt ook diep getinte takken met een dikke diepgrijze waslaag. Katjes vóór het blad, grijs met steenrode meeldraden.

ROOD bomen
Prunus serrula heb ik al bij 'bruin' genoemd.

ROOD struiken
Cornus alba, onovertroffen rood van tak, goedkoop en makkelijk; groen van blad; crème van bloem en waterblauw van bes... past bij véél!
Cornus baileyi kan drie meter hoog worden, ook met rood hout, maar met als extra: felle herfstkleur bij het blad en witte bes.
Leucothoe grayana is niet voor elk deel van ons land geschikt, maar in de gematigde streken zijn het rode hout in de winter, de lichtgroene bloei en het in de herfst brons met purper verkleurende blad héél welkom!
Rubus phoenicolasius heeft borstelige roodbruine stengels; dicht behaarde bloemknoppen met witte bloemetjes, die rijpen tot de bekende eetbare rode wijnbessen - is dus altijd mooi in de rode tuin!

ABRIKOOS bomen
Acer palmatum 'Senkaki', dát is een niet te groot wordende winterschone: alle jonge takken hebben een abrikozige koraaltint en in de herfst verkleurt het blad in zachte kanarietinten. (Bloeit groenig.)
Betula ermanii vereent het wit van de stam met koperig oranjebruine twijgen! Kan dus bij wit én abrikoos. (Bloeit groenig.)
Salix alba 'Chermesina', het jonge hout is in de winter bijna scharlaken van tint, opvallender naarmate de boom vaker wordt gesnoeid, dus ook geschikt om te knotten.
Salix x *erythroflexuosa*, een heel opwindende wilg, niet te snel groeiend en met sierlijk overhangende abrikoosrode kurketrekkertakjes én licht gedraaid blad. (Bloeit groenig.)

ABRIKOOS struiken
Rosa omeiensis 'Pteracantha' kan met haar fel oranjerode gróte en brede doorns ook in de rode wintertuin. (Bloeit spaarzaam wit en maakt oranjerode eetbare bottels.)

GEEL bomen
Acer hersii maakt niet alleen een mooie groen/geel gevlekte stam, maar heeft ook een rijke herfstkleur en lánge snoeren vruchtjes.
Carya ovata, een hier winterhard zusje van de pecan-noot (*Carya illinoensis*), heeft een mooie gelig gevlekte bast als ze ouder wordt, geeft het blad een rijk gele herfstkleur en maakt ook eetbare noten.
Fraxinus exselsior 'Jaspidea'... dát is nog eens geel: de oudere takken matgeel, de jonge twijgen glanzend goudgeel, de herfstkleur fris geel... heette vroeger niet voor niets 'Aurea'!
Platanus... de meest bekende geel gevlekte bast - álle soorten platanen doen dat, dus kies maar uit!
Salix alba 'Vitellina' maakt eierdooiergele jonge takjes, veel feller dan de soort. Blijft ook wat kleiner dan de soort, wat in kleinere tuinen fijn is. Kan uitstekend tegen snoeien en knotten, waardoor de groei van jong eierdooierhout wordt gestimuleerd.
Salix x *chrysocoma*, de bekende treurwilg is behóórlijk geschikt in geel!
Stewartia pseudocamellia.... helaas uitsluitend voor Zeeland en België, maar daar dan ook dik de moeite waard en niet alleen om de fraaie gele stam met diepgroene vlekken, maar zéker ook om de grote witte bloemen met toefen geelbruine meeldraden in juli en augustus. Maakt fraai geel en rood herfstblad.

GEEL struiken
Cornus stolonifera 'Flaviramea', de bekende geelhoutige kornoelje, die zo gemakkelijk uitgroeit tot een stevige struik met véél wintergele takken.

PURPER bomen
Acer negundo, 'Violaceum' wordt een kleine boom of forse struik met mooi verdeeld blad en lange trossen rozige bloemetjes in de lente. Hier gaat het vooral om de jonge purperen takken met wit waas in de winter.
Salix acutifolia blijft een kleine boom of wordt een forse struik, met mooie wit bewaasde pruimkleurige takken in de winter en grijzige katjes vóór het blad.
Salix daphnoides lijkt op de vorige, maar maakt wat grotere katjes.

PURPER struiken
Cornus alba 'Kesselringii' maakt in de winter bijna zwartpurperen twijgen, blad groen, bessen waterblauw.
Cornus amomum is zéér begerenswaardig, want de wintertwijgen zijn violetpurper en de bessen zijn bijna écht blauw.
Rubus thibetanicus is nóg zo'n wildebras met purperen stengels met witte waslaag. Plezierig is, dat ze ook paarsig bloeit en bijna zwarte vruchten brengt en dus in het purperen kleurenschema altijd past.

ZILVER

Bijna net zo belangrijk als mooi contrasterende bladvórmen in de tuin (zie bladzijde 146 t/m 153) zijn fraai contrasterende bladkleuren. Planten met blauwgroen, of zelfs zilverblauw blad zijn dan ook omisbaar voor het inrichten van boeiende borders en struikgroepen. Dat zilver kan laag over de grond frutselen zoals bij *Acaena* en *Stachys*, of hoog boven alles uitglanzen, aan bomen als zilverpopulier, *Sorbus aria* 'Lutescens' en *Pyrus salicifolia*.

Het inrichten van tuindelen met lóuter zilverbladigen is mogelijk en kan als u de bladvormen goed contrasterend kiest ook mooi zijn, maar betere combinaties krijgt u als u het zilver op bloeikleur door andere planten mengt. Roze bloeiend zilver door de roze tuin; blauw bloeiend in het blauwe tuindeel etc.

Heel mooie resultaten geeft een combinatie van de wit en groenig bloeiende zilverbladigen met een sterke contrastkleur als abrikoos of oranje.

Het geel bloeiend zilver is fantastisch voor een geel/wit ingedeeld tuinstuk en de zacht blauw bloeiende zilverbladigen kunnen heel geraffineerd zijn bij groen bloeiende gewassen.

Het zilver/roze vind ik persoonlijk eigenlijk alleen tot zijn recht komen bij andere roze, lila en paars bloeiende gewassen, of met echt krachtig blauw.

ZILVER MET WITTE OF GROENIGE BLOEM

Achillea ageratifolia is een leuk wit bloeiend duizendblad met echt zilvergrijs blad. (Lage plant.)
Achillea clavenae maakt het blad werkelijk bijna zilverwit en bloeit daarboven ook nog stralend wit. (Lage plant.)
Achillea serbica is een 'alpientje' met zilverwit blad en witte bloei. (Lage plant - 10 cm.)
Actonitus helianthi is een nieuwe eenjarige (kan zich ook vast gedragen), waarvan T. & M. zaad aanbiedt. Op stengels van ca 60 cm brengt ze werkelijk zilverwitte bloemen boven zacht zilveren blad. (Halfhoge plant, eenjarig of vast.)
Anaphalis margaritacea wordt wel Siberische Edelweiss genoemd. Ze wordt uiteraard veel groter (60 cm doorgaans), maar de losse bloemtoefen zitten inderdaad vól mini-Edelweissjes. De bloei is van juni tot september, en het blad is heel viltig zilver. (Halfhoge plant.)
Anaphalis triplinervis 'Summersnow' geeft véél witte bloemetjes boven zilvergrijs in dezelfde maanden. (Lage plant - 20 cm.)
Anthemis cupaniana is een heel mooie 'kamille', die kussens zilvergrijs neerlegt en daarboven behoorlijk grote witte margrietbloemetjes maakt, telkens één op een steel. (Rotsplant.)
Argemone grandiflora, zijdezacht wit van de grote papaverbloemen en stekelig zilver van het blad! (Lage tot halfhoge plant.)
**Artemisia abrotanum* is de struikvorm die zeer aromatisch geurt (naar een gekruide citroen) en ook geschikt is voor hagen en randen. (Struikje van zo'n 100 cm.)
Artemisia absinthium is de flink hoge absinthalsem, die voor likeur wordt gebruikt, maar bij overmatige toepassing niet gezond is. (Middelhoge plant.)
Artemisia absinthium 'Lambrook Silver' blijft wat lager (50 cm) en is veel meer zilver dan de soort. (Halfhoge plant.)
Artemisia assoana, *Artemisia genipii* en *Artemisia nitida* zijn alledrie heel lage kruipertjes (10 cm), waarvan de bloei onbelangrijk is, maar het zilveren kleedje dat zij neerleggen heel fijn. (Bodembedekkertjes.)
Artemisia canescens is een van de mooiste met een wolk van filigrainfijn verdeeld blad in púúr zilver. Mooie bolle groeiwijze tot 45 cm.
Artemisia discolor is wat compacter dan *canescens*, uit de wat kronkelige stevige takken ontspruiten wááiers van licht viltig, vederfijn blad. (45 cm.)
Artemisia ludoviciana is een sterke soort, die zich geheel op eigen wortelstokje door de border begeeft - in grote tuinen is dat fíjn! (100 cm.)
**Artemisia* 'Powis' is een kruis-kind van de geurende struikvorm (*abrotanum*), ook met licht kruidige citroengeur, maar compacter: vormt een heuveltje van zo'n 60 cm hoog.
Artemisia purshiana voegt aan het mooie slanke zilveren blad fijn vertakte bloemstengels met grijze parelknopjes toe - een héél mooie is het! (100 cm.)
Artemisia schmidtiana vormt puur zilverwitte kussens van zo'n 30 cm hoog, met rondom de stengels weer heel fijn kantwerk, in rozetten. De vorm die nog 'Nana' achter de naam krijgt wordt maar 15 cm hoog.
Artemisia 'Silver Queen' maakt heel leuk blad, dat slank begint en eindigt in een langwerpig, gespreid vorkje. Het is een flinke van zo'n 90 cm.
Artemisia stelleriana maakt voor een *Artemisia* vrij groot maar wel puur zilveren blad. Een afbeelding staat op bladzijde 136. Wordt 60 cm hoog.
Artemisia x *latiloba* 'Valerie Finnis' is een heel fraaie verschijning: ze wordt 75 cm hoog en het jonge schot eindigt in rozetten van een intens zilverwit. Ze geven de indruk alsof de plant zilveren blóemen maakt!
De hier genoemde *Artemisia*'s zijn alle verkrijgbaar bij Mieke van Kempen in Kapel-Avezaath, maar veel kwekers hebben een (eigen) selectie in de catalogus.
Astragalus angustifolius lijkt wat op een kruipend klavertje dat om de drie centimeter een bol bloemhoofdje in wit langs de zilvergrijs bebladerde stengels maakt. (Zeer lage plant, 10 cm.)
Astrantia carniolica - hiervan is niet het blad, maar de bloei zilvergroenig! Mooi erbij tussen zilverig wit. (Lage tot halfhoge plant.)
Centaurea montana 'Alba' is de wit bloeiende vaste korenbloem, die veel zilver aan het blad meegeeft. (Lage tot halfhoge plant.)
Cerastium alpinum ssp. *lanatum* is een zéér wollig zilverbladig hoornbloemetje! (Zeer laag, 10 cm.)
Cerastium tomentosum, deze makkelijke hoornbloemetjes dragen hun witte sterretjes ook boven een puur zilveren dekje. (Bodembedekkertje.)
Chrysanthemum argenteum (vroeger *Tanacetum argenteum*) is een mooie lage zilveren, met lepelvormig kantwerk als blad. Een mooitje voor de voorgrond, bij J.K. (Lage plant - 25 cm.)
Chrysanthemum haradjanii is nog een lief laag zilveren gewasje dat doet denken aan de voorgaande. Bij J.K. (Lage plant - 30 cm.)
Convolvulus cneorum, kan hierbij of bij het roze bloeiende zilver, een bééldige plant, maar niet echt winterhard, meestal beter in pot of kuip te kweken. Afbeelding op bladzijde 137 in de voorgrond.
Crambe maritima - ook deze kan net als de genoemde *Convolvulus* zowel hier als in roze/zilver. De brede bloemtoefen zijn roze in knop en bloeien praktisch wit open. Het grote kool-blad is prachtig gegolfd en vereent zilver, blauw en een lila gloed in zich. (Lage tot halfhoge plant.)
Crassula milfordiae is een leuke zilver-vétte met witte bloemen. Ik zou haar in een pot kweken, mooi tussen 'gewoner' wit en zilver. In de volle grond moet ze heel dik gedekt. (Zeer lage, 5 cm!)
Dicentra cuccularia noemde ik al uitgebreid in wit, een schatje is het met het waterige zilverblauwe blad en de curieuze witte bloemen. Zaad bij T. & M., planten bij J.K. (Lage plant.)
**Elaeagnus* x *ebbingei* een schitterende wintergrijze struik, die ook nog zeer geurig bloeit, met opvallende kleine witte bloemetjes. (Struik, wintergroen.)
Elaeagnus angustifolia, de bladverliezende olijfwilg maakt na de bloei beeldige zilverbepoederde bessen, die eetbaar zijn. (Grote struik tot boom.)
Elymus arenarius, de strandhaver groeit ook in het wild in onze duinen, stérk dus dat prachtige lijnvormige zilveren blad. (Siergras, 100 tot 150 cm hoog.)
**Eucalyptus*... wie ze kán hebben qua klimaat moet niet verzuimen minstens een van die geurige zilvergrijze schoonheden aan te planten. (Boom.)
Lamium maculatum 'Beacon Silver' en *Lamium maculatum* 'White Nancy' zijn beide wit bloeiende en zéér zilverbladige schoonheden. Onder andere bij B.B. (Bodembedekkers.)
Leontopodium - alle soorten Edelweiss brengen natuurlijk mooi zilvergrijs blad - in de meeste

Volgende bladzijde: De naaldverliezende 'Redwood' (Metasequoia glyptrostroboides) is zéker in de winter een blikvanger in de beige/bruine tuin. Meer 'spannende basten' vindt u op pagina 126/127

gevallen wèl iets voor een trogtuin; een apart aangelegd rotstuintje of een mini-alp! (Rotsplant.)
Lychnis coronaria 'Alba', de wit bloeiende en zilverviltig bebladerde prikneus is een schóólvoorbeeld van zilver/wit! (Lage tot halfhoge plant.)
Marrubium candidissimum heeft hetzelfde grijsviltige blad en maakt wat meer geprononceerde witte bloemkransjes. (Bij O.H.) (Lage tot halfhoge plant - 40 cm.)
**Marrubium vulgare* maakt wollig zilvergrijs blad; kleine knoedeltjes-bloemen in kransjes en geurt auromatisch. (Halfhoge plant.)
Plantago argentea is weegbree met grijsgroen blad en ook grijzige bloemaren. Onder andere bij J.K. (Lage plant.)
Plantago nivalis, een heel schattige weegbree die grijswittig blad maakt en groenige bloemen. Mieke van Kempen heeft haar! (Lage plant.)
Populus alba, welja, een kanjer van een boom en puur in het zilver - héét dan ook zilverpopulier. Voor wie haar qua formaat kan hébben, natuurlijk wonderschoon. Er kunnen ook zilveren knotvormen van worden gemaakt. (Boom.)
Potentilla alchemilloides heeft net zoals *Alchemnilla* zilverig blad, ze maakt daarbij witte bloemen. (Lage plant - 20 cm.)
Potentilla nitida 'Compacta' en 'Elongata' zijn miniganzerikjes met puur zilveren blad en witte bloemetjes. (Zeer laag: 5 cm.)
Pyrus salicifolia al dan niet met 'Pendula' achter de naam is vooral voor de kleinere tuin de meest praktische zilver-bóóm die bestaat. (Kleine boom, ook op stam geënt te koop.)
Raoulia wordt wel het laagste plantje ter wereld genoemd: het kruipt inderdaad zéér vlak over grond en stenen, in zilver met toetsjes oker, grijs en nauwelijks groen!
Romneya coulteri de witte boompapaver is niet alleen uiterst fraai van bloem, maar ook heel zilverig van blad! (Bij H.C.N.) (Halfhoge tot middelhoge plant.)
Salix exigua maakt grijsbruine takken en zijdeglanzend zilveren blad dat heel fijn getand is. De slanke katjes verschijnen samen met het blad. (Slanke struik tot kleine boom.)
Salix glaucosericea is een ministruikje voor de rotstuinier.
Salix helvetica geeft werkelijk puur wollig zilver, en is ook geschikt voor kleine tuinen. De katjes zijn in de lente een leuk extra tussen het blad. Zie afbeelding op bladzijde 136.
Salix repens ssp. *argentea*, is een niet te hoge, over de grond gaande struik, met zilverzijdig blad. Wordt ook op stammetje geëent en vormt dan een leuk treurboompje. (Struik.)
Salix repens ssp. *rosmarinifolia* (dat repens zat er vroeger niet tussen en ze kruipt ook helemaal niet...), maakt zoals haar naam al zegt rozemarijnachtig blad, mooi slank, lang en zeer zilver. (Flinke struik.)
Salvia argentea is tweejarig, maar vooral het bladrozet in het eerste jaar is een dróóm van zilver. De bloeistengel geeft véél witte lipbloemetjes. (Halfhoge tot middelhoge tweejarige.)
**Salvia officinalis* 'Alba' is de wit bloeiende en grijsbladige salie, die voor een extra aroma kan zorgen. (Struikje.)
Sedum en *Sempervivum* kunnen leuk vettig of rozettig zilver en blauwgrijs toevoegen. (Lage plantjes.)
Silene maritima 'Weisskelchen' geeft haar blad een heel frisse en zachte grijsgroene tint mee, die prachtig is tussen zilver. (Lage plant.)
Sorbus aria 'Lutescens' is een heel erg mooie zilverbladige boom, die in een flinke zilver-tuin niet mag ontbreken. (Boom.) *Eryngium giganteum* is van het puurste en hóógste zilver dat bestaat: aan stengels tot 120 cm maakt zij zéér wijd vertakte bloemschermen, met prachtige zilveren distelbloemen! Zaad bij K.B. en T. & M., planten onder andere bij O.H. (Middelhoge tot hoge plant.)
Stachys byzantina 'Cotton Ball' is een wit bloeiend zusje van de bekende zilveren bodemdekker, die op bladzijde 137 staat afgebeeld. Als ze bloeit wordt ze 60 cm hoog. (Lage tot halfhoge plant.)
Veronica longifolia 'Schneeriesin' is een mooie hoge (90 cm) en slank bloeiende soort met zilvergrijs blad. Bij O.H. (Middelhoge plant.)

ZILVER MET GELE EN GROENGELE BLOEMEN

Achillea-Hybriden 'Moonshine' maakt prachtig zeer fijn verdeeld groot zilvergrijs blad en licht gele platte bloemschermen. (Lage tot halfhoge plant.)
Alchemilla mollis vindt u bijna óveral in dit boek, want het is een verrukkelijke plant. Hier hoort ze zeker ook met haar zilverblauwe blad! (Lage plant.)
Alyssum cuneifolium is een heel mooi zilverbladig schildzaad. (Bij J.K.) (Bodembedekker.)
Anaphalis triplinervis 'Schwefellicht' is uitzonderlijk mooi met haar bijna zilverwitte blad en zéér frisse zwavelbloemen. (Lage plant.)
Chrysanthemum millefoliatum (vroeger *Tanacetum millefolium*) maakt goed gevulde bladkussens met mooi overhangend fijn verdeeld blad en gele knoopjes-bloemtoefen op stengels tot 50 cm. (Lage tot halfhoge plant.)
Dicentra chrysantha is een flink hoge met blauwgrijs blad en sierlijke zacht gele bloemen. Ze wordt wel 60 cm. (Halfhoge plant.)
Dionysia aretioides is een liefje voor de trogtuin: grijswitte kussentjes met gele gentiaan-achtige bloemetjes erboven maakt ze. (Rotsplantje.)
Glacium flavum - een uiterst makkelijk te zaaien eenjarie zéér zilver, met prachtige gele papaverbloemen (heet ook hoornpapaver) en zéér lange en slanke zaadpeulen. Zaad bij K.B., T. & M. en vele anderen.) (Lage eenjarige.)
Helichrysum arenarium is natuurlijk een bekende grijs/gele en *Helichrysum milfordiae* een heel laag bodembedekkend familielid. (Lage plant en bodembedekker.)
Hieracium villosum is het geel bloeiende en zilverwollige havikskruid. (Lage plant.)
Hippophae rhamnoides - de duindoorn bloeit zilverwittig, dat is duidelijk, maar ze maakt zulke opvallende oranje bessen dat ik haar toch in deze

Voorgaande bladzijde: Bij het beige-tuinieren mag je best een beetje 'smokkelen'... zoals door het toevoegen van (véél) beige getint aardewerk! Hier een aardbeipot met een niet winterharde vulling van bruinig getinte bladrozetten van Crassula, Echeveria, Pachyphytum *en x* Pachyvaria. *Die pot gaat uiteraard 's winters naar binnen! In de achtergrond een wintergroene struik, die* Ardisia crenata *heet en bij strenge vorst ook niet buiten te vertrouwen is!*

kleur-lijst heb geschoven. (Boom.)
Phlomis fruticosa en *Phlomis samia* zijn de twee schitterende met gele kransen bloeiende en zilverwollig blad makende planten die in geen zilver/gele tuin zouden mogen ontbreken. Een plant nog in bloemknop staat afgebeeld op bladzijde 104. (Middelhoge plant, die ik nooit achterin zou zetten, omdat het zilveren blad laag gedragen wordt - liever in een ondiep aangeplante rand tegen het huis: zo staat ze ook op de foto. Een tíkje beschutting mag ze bovendien wel hebben.)
Potentilla argentea draagt de gele ganzerikbloemetjes boven zilveren blad. (Lage plant - 245 cm.)
Primula auricula mag met haar gele bloemen en grijsgroene blad bést in deze lijst! (Laag plantje.)
Rudbeckia maxima is een afwijkende soort: ze maakt werkelijk púúr zilveren toefen van groot blad en draagt hoog daarboven intens gele bloemen met mooi bruin heuvelhart. (Middelhoge plant.)
**Ruta graveolens*, de wijnruit is geurig en prachtig en ik dacht zo langzamerhand bij iedereen wel bekend. (Lage plant, ook geschikt voor randen en haagjes, ten dele wintergroen.)
Santolina chamaecyparissus, een struikachtige, die zo langzamerhand bij de zilvertuinier wel ingeburgerd is! Er zijn verschillende subspecies en variëteiten van! Lage plant.
Sedum roseum (*Rhodiola rosea* moet ze nu eigenlijk heten) geeft een erg mooie zilverblauwe tint aan haar vettige blad. De bloei is groengeel. (Bij J.K.) (Lage plant.)
Senecio bicolor 'Silverdust' is de eenjarige, die elk jaar weer óveral wordt aangeboden als het meest pure zilver dat bestaat. Ze bloeit (gelukkig) niet zo sterk. Past u haar in een geel tuindeel toe, dan stoort de gele bloei niet, gaat ze als zilver-extra in andere tuindelen, dan is het niet zo moeilijk om de bloemen even weg te plukken en als vulmateriaal in boeketten te gebruiken. Bij niet te strenge winters blijft ze over, en gaat dan in het tweede jaar sneller tot bloemzetting over. (Lage plant.)
Teucrium polium maakt mooi zilver behaard blad en vaag geelgroene bloemhoofden - een vriendelijke kruiper. Bij B.D. (Lage plant.)
Thalictrum speciosissimum is de fraaie zwavelgeel bloeiende soort, met prachtig zilverblauw en mooi groot, verdeeld blad. (Middelhoge tot hoge plant.)
Verbascum bombiciferum geeft het zilverwollig tot bovenin de bloemaren mee! (Hoge tweejarige - tot 2 m.)
Verbascum densiflorum maakt mooi groot zilveren blad en wijd vertakte hoge bloemstengels. (Hoge tweejarige.)
Verbascum nigrum heeft de duidelijkste purperen meeldraden in de bloem en gedraagt zich doorgaans als vaste plant. (Hoge plant.)
Verbascum 'Polarsonne' is een nieuwe hybride, die prachtige puur zilveren bladrozetten maakt in het eerste jaar. Die rozetten zijn 30 cm hoog, en dáárom wordt ze gekweekt.

ZILVER MET LILA EN ROZE BLOEMEN

Acanthus - zie het hoofdstuk 'Op een basis van blad'.
Antennaria is het zacht roze kattepootje met grijzig blad. (Lage plant.)
Asperule suberosa is een mooitje voor de trogtuin of een ander goed gedraineerd plekje. (Lage plant.)
Astrantia maxima en *Astrantia major* 'Rosea' maken wel geen zilveren blad, maar zilverig roze bloemen en dat is bééldig erbij! (Halfhoge plant.)
Ballota pseudodictamnus moet bij mij althans echt in een pot. Een schoonheid is het met haar kleine fluwelen blaadjes en roze bloemkransjes. (Halfhoge plant.)
Buddleja alternifolia maakt wátervallen van zilver op fijn hoog niveau. De sierlijk overhangende bloeitwijgen zitten vól knoedeltjes van lila bloemen. (Struik, zie afbeelding op bladzijde 137 middenin.)
Centaurea candidissima, is buitengewoon zilver (opkomende zaailingetjes lijken wel wit!).(Halfhoge plant.)
Centaurea cyanus 'Pink Ball' geeft mooie gevulde korenbloemetjes aan lange stengels met zilverige blaadjes. (Halfhoge tot middelhoge eenjarige.)
Centaurea gymnocarpa maakt zéér groot en heel fijn ingesneden blad, is makkelijk te zaaien en bloeit klein en met lilaroze bloemetjes. (Halfhoge plant.)
Centaurea koeningi en *simplicifolia* bloeien beide met roze korenbloemen boven zilverig blad. (Lage plant.)
Circium rivulare 'Atropurpureum' is een mooie voor achterin (140 cm). Het decoratief ingesneden blad is distelig en zilverblauw. Bij O.H. (Middelhoge tot hoge plant.)
Convolvulus cneorum - zie zilver/wit.
Crambe maritima - kijk onder zilver/wit.
**Dianthus* bij de anjeliertjes veel zilver/blauw én geurig roze te vinden! (Lage plantjes.)
Dicentra eximea 'Boothmans Variety' maakt mooi blauwgrijs blad met rozig witte bloemetjes. Bij O.H. (Lage plant.)
Dipsacus sativus - de kaardebol is niet écht zilverbladig, maar doet het met haar stekelige zacht lila bloemen en teer getint blad uitstekend tussen zilvergroepen. (Hoge tweejarige.)
Geranium farreri is flink grijzig van blad en lief roze van bloem. Het is een kleintje van 15 cm. (Lage plant.)
Hosta sieboldiana 'Glauca', niet direct zilver, maar heel blauw en dus prachtig tussen zilver! (Lage tot halfhoge plant.)
Lamium maculatum 'Chequers' is zéér zilver van blad en diep rozerood van bloem. Erg mooi overal tussen! (Lage plant.)
Limonium globularifolium, de roze bloeiende zeelavendel stuurt haar sierlijke bloemstengels op uit zilverblauwe bladrozetten. (Lage plant.)
Lychnis coronaria, de purper bloeiende prikneus is een leuke contrastplant in een zilver/rozig tuindeel. (Lage tot halfhoge plant.)

Mentha longifolia 'Buddleja' maakt zéér zilverwollig blad en lieflijke, lánge lila bloempluimen. (Bij B.B.) (Halfhoge plant.)
Onopordum acanthium (2 m) en *Onopordum bracteatum* (3 m) worden ook wel 'ezeldistel' genoemd, of dat nu is, omdat ze zo zacht viltig zijn, dat ze op de binnenkant van ezeloortjes lijken of omdat ezels met hun zachte mond, ook déze zeer stekelige distels lekker vinden, is me niet duide-

lijk. In ieder geval is dit een van de meest imposante en makkelijkst te bemachtigen zilverbrengers. Het zaaien van deze tweejarige grootheden hoeft u maar één maal zelf te doen. Daarna vindt u in de tuin voldoende (stekelige) zaailingen om er telkens weer groepen van uit te planten op plekken waar u ze wilt. (Zeer hoge plant.)
Papaver orientale 'Cedric's Pink' is een uitzonderlijk mooie grijsroze grote papaver met zilverblauw blad! Bij Beth Chatto, Engeland. (Halfhoge plant.)
Papaver somniferum - mag zéker een plaatsje met haar mooie gegolfde blauwe blad en véle kleuren lila en roze bloemen. De zaadhoofden daarna zijn ook zilverig op de bol! (Halfhoge eenjarige.) (Zie ook afbeelding van 'Hen & Chickens' op bladzijde 105.)
Primula pulverulenta, de diep roze bloeiende etageprimula, waarvan bloemsteel en ook het blad ten dele zeer sterk wit bepoederd zijn - érg mooi erbij! (Halfhoge plant.)
Primula rosea, een lief laagje met wat 'vettig' blad dat licht zilverig is. (Lage plant.)
**Salvia sclarea* is wat mij betreft een topper! Zacht lila en roze is de kleur van de lipbloemetjes, de schutbladen kunnen zacht purper aangegloeid zijn en de harige bladen zijn zilver genoeg om hier mee te doen. Daar komt nog bij dat de plant een frisse en bijzonder kruidige geur verspreidt, makkelijk te zaaien is en zich ook goed spontaan zaait. (Middelhoge plant, tweejarig, soms vast.)
Silybun marianum, een prachtige grote distel met zwaar gemarmerd zilverblauw blad, dat zéér stekelig is. Doorgaans hoeft u deze eenjarige maar éénmaal zelf te zaaien, de rest doet ze zelf. De zaailingetjes zijn direct herkenbaar aan hun stekelige en dan al gemarmerde blaadjes. (Hoge eenjarige - 150 cm.)
Stachys byzantina 'Silver Carpet' bloeit zelden of nooit, is bedoeld als zilveren 'vloerbedekking' en vervult die functie met overtuiging, zoals u op bladzijde 137 kunt zien. Als ze bloeit is dat rozig en wollig. (Bodembedekker.)
**Thymus citriodorus* 'Variegatus Silver Queen' is een zilverbont zusje van de geelbladige citroentijm; geurt héérlijk. (Bodembedekker.)

ZILVER MET BLAUWE BLOEMEN

Agastache - alle soorten hebben behoorlijk zilverig blad, maar *Agastache anisata* heel speciaal, het naar anijs geurende blad is bijna zilverwit! Zaad bij T. & M. (Halfhoge plant.)
Baptisia australis, die zo op een diep blauwe lupine lijkt, begeleidt die bloei met mooi diep zilverblauw blad - een fijne plant vind ik en nog makkelijker zelf te zaaien ook. (Halfhoge plant.)
Buddleja fallowiana laat zich heel makkelijk uit zaad kweken, heeft zilverwollig blad en slanke lavendelblauwe bloempluimen. De winterhardheid is niet honderd procent, maar ik ken toch tuinen waar ze de laatste twee winters overleefde! Zaad bij T. & M. (Struik.)
Caryopteris x *clandonensis* maakt al aardig blauwgroen blad, maar *Caryopteris incana* lijkt bedekt met een zilvergrijze viltlaag. (Struikje.)
Catananche caerulea maakt lavendelkleurige 'droogbloemen' boven een kussen van fijn slank zilveren blad. (Lage plant.)
Centaurea montana. de vaste-plant-korenbloem maakt méér dan voldoende viltig zilver voor een rol in deze lijst.
Centaurea cyanus, de gewone eenjarige korenbloem, maakt smalle blaadjes, maar die zijn aardig blauw/zilverig. De variëteit 'Blue Diadem' is intens blauw en de bloemen zijn als poederdonsjes dik gevuld. (Halfhoge eenjarige.)
Cynara cardunculus, de Spaanse kardoen en *Cynara scolymus*, de artisjok maken een 'vuurwerk' van zilver, als ze eenmaal aan de gang zijn: zéér groot en mooi verdeeld blad en hóge (tot 2 m) bloemstengels. Van de kardoen zijn de bladnerven eetbaar, van de artisjok worden de bloemknoppen gegeten. In de zilvertuin nemen ze een plek apart in: ze houden van flink veel mest en vocht, wat van de meeste zilverbladigen niet gezegd kan worden. In de winter is wat aanheuvelen en goed dekken wel aanbevolen. (Hoge plant.)
Echinops bannaticus, de kogeldistel draagt haar kogelronde blauwe distelbloemen op mooi vertakte stengels boven zilveren blad. (Middelhoge plant - 100 cm.)
Edrainthus dinaricus is een zilver/blauwtje voor de rotstuin: op grijze kussentjes heft zij staande campanula-achtige kelkjes. (Rotsplantje.)
Eryngium alpinum, zuiver blauw (en niet stekelig!) boven zilver (40 cm); *Eryngium amethystinum* met meer lavendelkleurige kleinere sterbloemen aan vertakte stengels (80 cm), *Eryngium bourgatii*, met zilverig azuur op stengels van 40 cm en de heel bijzondere *Eryngium proteiflorum* (syn. *delaroux*, daaronder aangeboden bij T. & M. - 75 cm) met grote metaalblauwe bloemen spelen een belangrijke rol in zilver/blauw. (Lage en halfhoge planten.)
**Lavandula* - natuurlijk komen in de zilver/blauwe tuin lavendelsoorten, die zijn niet alleen mooi zilver en blauw, maar ze zorgen voor zoete geur. (Struikje.)
Rosmarinus officinalis, rozemarijn komt er om dezelfde reden in als de eerder genoemde lavendel. Helaas in veel delen van ons land niet winterhard dat struikje: goed deken of in kuipen kweken dus. (Struikje.)
Limonium latifolium, de zeelavendel met haar luchtige takken met mini-bloemetjes is heel bijzonder hierbij: de bladtoef waaruit ze komen bloeien is zilverblauw. (Lage tot halfhoge plant.)
Lupinus argenteus maakt mooie bossige struikjes met zilvergrijs blad en luchtige violetblauwe bloemtoortjes. Wordt 60 cm hoog. Zaad bij T. & M. (Halfhoge plant.)
Perovskia atriplicifolia begeleidt haar zeer lange en lekker laat bloeiende bloeiaren met púúr zilveren blad. Zelfs de stengel lijkt zilverviltig. (Struikje.)
Primula auricula 'Old Irish Blue' (15 cm); *Primula capitata* (20 cm), en *Primula marginata* (15 cm) bloeien alle min of meer blauw en maken ook zilver/grijsblauw blad. (Lage planten.)
Salvia azurea var. *grandiflora* is een mooie blauwe laatbloeier (augustus/oktober), waarvan het blad goed grijzig is. Bij J.K. (Hoge plant - 150 cm.)
Salvia haemathodes - het bladrozet is niet zo wollig en zilverblauw als van *Salvia sclarea* (zie roze), maar toch is ook deze zeer de moeite waard. (Halfhoge plant - 70 cm.)

EEN PAAR APART

Acaena - alle erg leuke variëteiten van dit kruipertje maken meer of minder zilverig blauw blad en bolle beige bloemhoofdjes. Zie afbeelding op bladzijde 128/129. (Bodembedekkertje.)
Glaucium phoenicium (syn. *grandiflorum*) is een bijzonder getinte hoornpapaver, met fraai zilveren gefronst blad en diep oranje papaverbloemen. Ook deze heeft net als *Glaucium flavum*, lange zaadpeulen. Ze groeit wijd uitwaaierend over de grond, is eigenlijk vast, maar kan het beste als eenjarige worden behandeld. Een bijzondere kleurencombinatie, die haar een plaatsje apart doet vragen! (Lage plant.)
Helichrysum petiolatum 'Lime Light' neemt een heel bijzondere plaats in: het blad is zilvercitroenig en de bloei bijna romig beige. Zoals u op bladzijde 9 en 109 kunt zien een kleur, die bijna óveral spannend bij is.
Macleaya heb ik al op veel bladzijden bezongen, maar het is ook een fantastische plant: schiet razendsnel omhoog met schitterend blad, aan de bovenzijde zilverblauw, aan de onderkant puur zilver en laat daar nog bovenuit de elegante en luchtige beige bloempluimen torenen. Zie afbeeldingen op bladzijde 109 en 148. (Hoge plant.)
Melianthus major is een uitzonderlijk mooie halfstruik, die ik voor het eerst middenin de winter bewonderde in een perk op een van de terrassen van Burford House (waar een schitterende collectie *Clematis* te koop is - zie bladzijde 160.) De stengels die zo'n meter hoog waren (max. 150 cm), rondom vol bezet met heel mooi verdeeld blad in een soort zacht zilvergroen, dat enigzins neigt naar de kleur van de 'Lime Light'-blaadjes (zie *Helichrysum* hierboven). In Nederland moet ze bijna overal in kuipen worden gekweekt. Mijn eerste poging ging zelfs bínnen bij vier graden onder nul teloor. Het was een jonge plant en die kunnen natuurlijk nog minder hebben Het belangrijkste is, dat ze in de winter zeer goed gedraineerd is, bevroren water aan de voeten doet meer schade dan bevroren grond. Als ze de winter doorkomt mét blad hebt u kans dat de plant op den duur haar bijna kastanjebruine bloemen zal ontwikkelen.

ZILVER

Linksboven: Artemisia stelleriana *is een van de vele púúr zilveren* Artemisia-*soorten! Links-onder:* Salix helvetica *is vroeg in het jaar dubbel-op zilver: zowel het blad als de katjes spelen mee. Rechts: Een groep zuiver zilver, overhuifd door de fraaie horizontaal uitwaaie-rende groeivorm van* Cornus controversa *(VI, VII), met centraal de zilveren toef van* Buddleja alternifolia *(VI); rechts daarvan het markante blad van* Acanthus *(VII, VIII) en als 'vloer-bedekking' onder dit alles* Stachys byzantina *'Silver Carpet'. In de voorgrond een toefje bij strenge kou niet te vertrouwen* Convulvulus cneorum.

HERFSTKLEUR/BESSEN

Het toepassen van herfstkleur in de kleurtuin, kan in de nazomer een fantastisch extra zijn, maar kan tijdens de bloei 'problemen' veroorzaken. *Prunus sargentii* bijvoorbeeld heeft heel mooie oranje en rode tinten in september, maar bloeit in maart/april roze... waar haar te plaatsen??? Voor de lentebloei bij roze of voor de herfstkleur in de 'vlammende' tuin?!
Omdat vroeg in de lente de kleurtuinen toch nog niet écht weelderig zijn, zou ik voor de herfstcombinatie kiezen en er dan voor zomerbloei bijvoorbeeld nog een *Clematis* 'Bill Mackenzie' (zie bladzijde 41) doorheen laten frutselen. Maar de keus is aan u. Om deze wat gemakkelijker te maken heb ik herfstkleur en bloei duidelijk naast elkaar gezet...

Acer capillipes: bloei groenig (V) - herfstkleur geel/oranje. Niet zo grote boom of struik, met aantrekkelijke gestreepte bast en ook nog koraalrode uitlopers, dus de keus is niet moeilijk!
Acer ginnala: bloei groenig (V) - herfstkleur oranje/rood. Grote struik of kleine boom met fris groen drielobbig blad.
Acer japonicum 'Aconitifolium': bloei diep rood (V) - herfstkleur diep rood/roestig - díe is voor de rode tuin!
Acer nikoense (moet tegenwoordig *Acer maximowiczianum* worden genoemd): bloei groenig (V) - herfstkleur oranjerood. Een middelgrote boom met mooi enigzins harig blad.
Acer palmatum moet echt worden beoordeeld op de zómerkleur van het blad, want die kan van witgerand ('Albomarginatum'), tot geel ('Aureum') en diep bruinrood ('Atropurpureum') zijn! Dat geldt ook voor de soorten met dieper ingesneden blad, die dan *Acer palmatum* 'Dissectum' heten. Een mooi fris groen voorbeeld staat op bladzijde 112/113.
Acer platanoides - het voorgaande geldt ook voor deze esdoorns, want die zijn er ook in witgerand ('Drummondii') en purperbruin ('Crimson King') etc...
Aesculus parviflora: bloei wit (VII, VIII) herfstkleur in geeltinten. Een fijne laat bloeiende struikvorm!
Aesculus x *neglecta*: bloei heel zacht geel (V, VI) - herfstkleur diep geel/roestig. Dus ook geen moeilijke keus. Zie voor de variëteit 'Erythroblastos' - roze/pastel.
Aesculus flava: bloei geel zacht (V, VI) - herfstkleur geelbruin, dát is niet zo moeilijk!
**Amelanchier laevis*: bloei geurig wit (V) - herfstkleur diep rozig rood, jong blad zacht rozig van tint - ondanks de bloei overheersend roze dus! Grote struik, op den duur boom.
Amelanchier lamarckii: bloeit wat rijker en vroeger (IV, V), maar geurt niet - herfstkleur diep rozig rood, jong schot roze. Grote struik, op den duur boom.
Aronia arbutifolia: bloei wit (IV, V) - herfstkleur scharlaken, deze struik maakt ook nog rode bessen - voor de rode tuin dus! (Zie voor andere beskleuren bladzijde 123 en 142/143).
Berberis - de zuurbessen zou ik liever uitkiezen op de bladkleur in de zomer en de bessen daarbij! De herfstkleur voegt zich daarnaar. *Betula*-soorten: bloei groenig (V) - herfstkleur geel. Ik zou de berk niet kiezen op de neutrale gelige herfstkleur, maar op de veel opvallender bast: zie bladzijde 126/127
Carya ovata: bloei groenig, noot eetbaar(!) - herfstkleur diep geel. Hier winterharde zuster van de 'pecan'-noot.
**Cedrela sinensis* moet nu *Toona sinensis* worden genoemd: bloei geurig wit (V, VI) herfstkleur vele tinten geel. Voor een beschut plekje de moeite waard met haar 30 cm lange geurige bloemtrossen.
**Cercidiphyllum japonicum*: bloei onopvallend groenig (V) - herfstkleur een berookt grijzig roze, een kleur die het blad vaak de hele zomer al vaag ten toon spreidt. Ik zet haar daarom bijna altijd in rozige tuindelen! Het blad geeft in het najaar bovendien een heel aparte geur.
**Cladrastis lutea*: bloei geurig wit (VI, VII) herfstkleur helder geel. Bloeit pas op latere leeftijd met *Robinia*-achtige trosjes.
**Clethra alnifolia*: bloei wit en geurig (VII, VIII, IX) - herfstkleur geel. Dit is de meest bekende, met staande bloeitrosjes, de andere bloeien met hangende trossen.
**Clethra acuminata*: bloei wit en geurig (VII, VIII) - herfstkleur geel. Wordt een flinke struik.
**Clethra barbinervis*: bloei wit en geurig (VII, VIII, IX) - herfstkleur rood en geel. Middelgrote struik.
**Clethra fargesii*: bloei wit en geurig (VII, VIII) - herfstkleur diep geel.
Cornus controversa: bloei romig wit (VI, VII) herfstkleur purperrood. De fraaie groeiwijze van deze boom kunt u zien op bladzijde 137.
Cornus baileyi: bloei wit (V, VI) - herfstkleur wat je noemt 'vlammend' rood, houtkleur ook nog roodbruin.
Cornus florida: 'bloei' (met schutblad!) wit, roze of rozerood (V) - herfstkleur 'vlammend' tot zéér rood - zie afbeelding op bladzijde 144!
Cornus officinalis: bloei geel (II, III) - herfstkleur geel/oranje - lijkt op *Cornus mas*, maar heeft mooiere herfstkleur. *Cotinus* kies ik doorgaans om de wazige pruikebloemen óf om het zomerroodbruine blad, maar de herfstkleuren zíjn spectaculair: in allerlei tinten rood!
Crataegus coccinioides: bloei wit (III, IV) herfstkleur rossig, bessen rood, maar ook het jonge blad heeft rood-tinten - ze heeft niet voor niets de toenaam *coccinioides*! Kleine boom met ronde kroon.
Crataegus pannitifida 'Major': bloei wit (V) herfstkleur diep rood, maar ook de bessen zijn glanzend rood. Kleine boom.
Crataegus x *prunifolia*: bloei wit (V, VI) herfstkleur purperrood - het meest opvallend door de zéér lang aanwezige oranjerode vruchten, maar ook door het zomerglanzende blad.
Disanthus cercidifolius: bloei purper (X) herfstkleur rozerood en bourgognepurper - die keus is dus niet zo moeilijk!
Euonymus-soorten verkleuren alle; het felst van kleur: *Euonymus oxyphyllus*, die diep rood en purperrood blad paart aan karmijnrode vruchten.
Fagus - ook de beuken liever op zomerbladkleur kiezen dan op de herfstkleur.
**Fothergilla gardenii*: bloei geurig wit (IV, V) - herfstkleur diep geel. De andere *Fothergilla*-soorten geuren niet.
Fraxinus angustifolia ssp. *oxycarpa*: bloei groenig (IV) - herfstkleur in pruim- en purpertinten. Niet te groot.
Fraxinus excelsior 'Jaspidea': bloei groenig (V) - herfstkleur goudgeel, jong schot helder geel, takken geel in de winter - zie ook bladzijde 130/131.
Gymnocladus dioicus: bloei groenig wit (V, VI) - herfstkleur helder geel. Jong blad rozig van tint en de lánge peulen bruin!
Hydrangea macrophylla spp. *serrata* 'Preziosa': bloei diep roze (VII, VIII) - herfstkleur purper, jong schot purper - dus makkelijk te plaatsen!
Hydrangea quercifolia: bloei wit (VI) - herfstkleur in alle tinten purper-rossig en roestig die er zijn. Zie afbeelding bladzijde 140.
Liquidambar styraciflua: bloei groenig (III) onopvallend - herfstkleur geel en rossig oranje - érg mooi. De soort 'Aurea' brengt geelbont blad en lichtere herfstkleur; de soort 'Lane Roberts' maakt diepere roodtinten in de herfst en 'Variegata' krijgt rozige gloed over de roomwit gevlekte bladen.
Malus florentina: bloei wit (V, VI) - herfstkleur oranje en scharlaken, vruchten klein en rood.
Malus prattii: bloei wit (V) - herfstkleur, purperrood. Het blad heeft in de zomer bovendien rode nerven, de vruchten zijn geel en rood.
Malus tschonoskii: bloei wit met een toetsje roze (V) - herfstkleur zéér rijk in geel, oranje, purper en scharlaken! Vruchten bovendien geelgroen met een purperrode blos! Flinke boom.
Nyssa sylvatica: bloei groenig (VI) - herfstkleur goudgeel en warm oranje. Prachtig, deze tupeloboom, met een slanke opgaande lijn, en tot de grond omlaag uitwaaierende takken.
Parabenzion praexox: bloei groenig (III, IV) herfstkleur diep geel. Zie achterkant omslag.
Parrottia persica: bloei diep roodbruin (II, III, IV) - herfstkleur warm oranje en scharlaken - een heel mooie, langzaam groeiende struik.
Peltiphyllum peltatum (tegenwoordig eigenlijk *Dramera peltata*) voor de volledigheid ook deze vaste plant tussen de struiken en bomen, vooral ook omdat er op bladzijde 144/145 zo'n fraaie herfstopname van staat!
**Phellodendron amurense*: bloei groen (VI) herfst-

JANUARI I
FEBRUARI II
MAART III
APRIL IV
MEI V
JUNI VI
JULI VII
AUGUSTUS VIII
SEPTEMBER IX
OKTOBER X
NOVEMBER XI
DECEMBER XII

kleur helder geel. Het grote verdeelde blad van de kurkboom heeft bovendien een aromatische (terpentijn)-geur bij kneuzing!
Photinia villosa: bloei wit (VI) - herfstkleur scharlaken en goud. Een flinke struik wordt de glansmispel, of een kleine boom, de vruchten zijn klein, ovaal en helder rood.
Populus alba - de zilverpopulier maakt in het najaar het zilveren blad geel. *Populus canescens* heeft mooie herfstkleur maar mooier zijn eigenlijk nog de lange roodbruine (mannelijke) katjes in februari.
Prunus sargentii: bloei enkel roze (V) - herfstkleur oranje en rozerood, jong blad bronzig rood, bast diep kastanjekleurig. Een flinke boom, maar een van de mooiste sierkersen.
Prunus incisa: bloei roze (III, IV) - herfstkleur warm oranje en purper. De variëteit 'Praeox' bloeit nog vroeger.
Prunus pumila ssp. *besseyi*: bloei wit (V) - herfstkleur roestig en purper, de zwartige 'zandkersen' ontwikkelen zich spaarzaam.
Prunus litigiosa (syn. *Prunus pilosiuscula* 'Barbata'): bloei wit hangende trosjes (IV) - herfstkleur warm oranje rood. Leuk omdat deze zuilvormig groeit en niet zoveel plaats vraagt.
**Ptelea trifoliata*: bloei geelgroen en geurig (V), vruchten groen als hopbellen van vleugelvruchten - herfstkleur geel. Lage boom of flinke struik.
Quercus - de meeste eiken verkleuren heel mooi, maar speciaal *Quercus coccinea*, die in de herfst scharlaken opvlamt; *Quercus palustris*, die wel wat op de vorige lijkt, maar wat eleganter van habitus is (zelfde kleuren in herfst) en *Quercus rubra*, de grootste van de drie, met robijnrode verkleuring met gele en roestige nuances.
**Rhododendron luteum (vroeger Azalea ponticum*), bloeit geurig geel (V) - herfstkleur bronzig purper.
Rhododendron reticulatum: bloei paarsig (IV, V) - herfstkleur bourgognepurper, jong schot ook purper. Dus niet zo moeilijk te plaatsen!
Rhus trichocarpa heeft groengele pluimen in de nazomer, de herfstkleur is diep oranje en het jonge blad heeft een koperig roze gloed.
Rhus tiphyna is de meest bekende 'fluweelboom', maar door de waanzinnige hoeveelheid wortelopschot wat lastig in de tuin.
Rhus glabra: de rode fluwelige vruchtpluimen zijn belangrijker dan de bloei en kleuren mooi bij de felle oranje en rode herfstkleur.
Ribes americanum: bloei gelig (IV, V) herfstkleur rozerood met geel. Niet te grote struik.
**Ribes odoratum*: bloei goudgeel en geurig (IV, V) - herfstkleur in alle tinten oranjerood en purper.
Rosa hugonis heeft varenachtig fijn licht groen blad, dat in de herfst een bronzige gloed krijgt. De bloei is botergeel.
Rosa nitida: bloei rozerood (V, VI) - herfstkleur rozerood en purper. Een aardige bodembedekker, maar zonder geur.
Rosa rubrifolia moet tegenwoordig *Rosa glauca* heten, maar het is dat bekende liefje met bewaasde takken, rossig blauwgroen blad en een pruimkleurige herfstkleur. Roosjes roze (zie afbeelding in tuin vooraan rechts op bladzijde 84).
**Rosa rugosa* (en haar cultivars) verkleurt ook aardig geel. Vooral de 'Blanc Double de Coubert' is erg mooi, ook als losse haag. *Rosa virginiana* maakt het jonge blad bronskleurig. In de herfst verkleurt het naar warm oranjerood en diep geel. De bloemen zijn rozerood.
**Sassafras albidum*: bloei groenig (IV, V) herfstkleur diep geel in tonen. Een leuke slanke boom of struik, die in al haar onderdelen aromatisch is. Niet volledig winterhard, dus voor beschutte tuin.
Sorbus - bij de lijsterbessen ook mooie herfstkleuren. Ze bloeien alle wit (V, VI), dus daarom vermeld ik bij de mooist in de herfst verkleurende de béskleur. *Sorbus alnifolia*: helder rode bes - herfstkleur scharlaken en oranje. *Sorbus commixta*: oranjerode bes - herfstkleur zéér rijk, jong blad met een koperen gloed. Slanke boom, bijna zuilvormig. *Sorbus* 'Embley' lijkt op voorgaande, maar krijgt wat later de herfstkleur en het blad blijft er langer aan. *Sorbus* 'Joseph Rock' is een van de mooiste geelbessige en de herfstkleur is in alle toonaarden van oranjerood, koper en purper! (Zie ook bladzijden 142/143).
Stephanandra incisa 'Crispa': bloei groenig crème - herfstkleur gelig en brons. Makkelijke kruipende 'vulstruik'.
**Stewartia sinensis*: bloei wit en geurig (VI, VI) - herfstkleur warm rozig rood. Zie ook 'Spannende basten' op bladzijde 126/127. Voor een beschutte tuin!
Vaccinium corymbosum: bloei wit (V), bessen zéér blauw - herfstkleur scharlaken en bourgogne! Deze amerikaanse bosbes is alleszins de moeite waard - óók op het balkon. Zie 'Blauw' bladzijde 74 en 'Bessen' bladzijde 142/143.
Viburnum prunifolium: bloei wit (IV, V), bes blauwzwart, zoet en eetbaar - herfstkleur rijk, in vele toonaarden. Flinke struik. Zie ook bladzijden 142/143.
**Viburnum carlesii*: bloei rozig wit en geurend (IV, V) - herfstkleur koper en purper.
Viburnum opulus: bloei groenig openbloeiend naar wit (V, VI - zie bladzijde 120) - herfstkleur geel en brons.

Bij de naald-verliezende coniferen *Larix, Metasequoia glyptrostroboides* (zie bladzijde 132) en moerrascypres (*Taxodium*) kunt u warme geelnuances verwachten. De 'blad'-verliezende conifeer die *Ginkgo biloba* heet wordt héél warm oranjegeel voordat zij kaal de winter in gaat.
Bij de klimmers kiest u voor herfstkleur uiteraard een van de wingerd-soorten (*Parthenocissus* - zie bladzijde 141) of een wilde wingerd (*Ampelopsis* - zie ook 'Groen', bladzijden 110/111). Alle boomwurgers (*Celastrus*) verkleuren heel fraai geel/oranje en de meeste druiven (*Vitis*) spelen mee met geel-tinten. Bij de grootbladige sierdruif (*Vitis coignetiae*) krijgt het blad rood- en purpertinten.

HERFSTKLEUR/BESSEN

*Onder: Een van de meest opwindende besplanten is de karmozijnbes (*Phytolacca americana*), die in juli begint te bloeien en dan tot diep in de herfst prachtig is met purperrode, bijna zwarte bessen. Een plant voor halfschaduw. Middenboven:* Hydrangea quercifolia *is niet de meest opvallende bloeier van de hortensia-soorten, maar het fraai ingesneden 'eik'-achtige blad is de hele zomer mooi en in de herfst wordt het een kleurenfeest van diepe purperrode en roestige tonen. Rechts: Werkelijk vúúrrood verkleurt het blad van de 'onbestendige wingerd' (*Parthenocissus tricuspidata*) - zij beklimt verheugd álles wat zij aan vastigheid tegenkomt!*

BESSEN

Twee pagina's vól bessen-op-kleur, om meer dimensie aan de nazomer- en herfsttuin te geven!

WIT

Actaea pachypoda en *Actaea spicata* 'Fructu Albo' zijn vaste planten met mooie witte bessen. Zie afbeelding op bladzijde 29. (Halfhoge plant.)
Callicarpa japonica 'Leucocarpa' maakt wítte bessen in plaats van paarse. (Struik.)
Cornus alba maakt waterblauwe bessen, die ook voor wit willen doorgaan.
Euonymus europaeus 'Albus', een spectaculaire soort met spierwitte jasjes om de rozerode zaden! Een blanke kardinaal... (Boom.)
Gaultheria cuneata is een heel mooi wit-bessig familielid van *Gaultheria procumbens*, de bergthee. (Laag struikje voor zure grond.) *Gautheria miquelina* maakt ze wit of roze en éétbaar.
Morus alba is een schitterende witbessige, met mooi ingesneden blad, meer dan *Morus nigra*. (Boom.)
Pernettya mucronata 'White Pearl' maakt prachtige witte parels (als er een man in de buurt staat tenminste). (Struikje.)
Sorbus... lijsterbessen die mooie trossen witte vruchten maken heten *Sorbus cashmiriana*; *Sorbus hupehensis* 'Aperta' en *Sorbus koehneana*. *Sorbus reducta* maakt witte bessen met een roze blos. (Boom.)
Symphoricarpos albus is de gewone sneeuwbes met mássa's knapperbessen, die ook fijn zijn in boeketten. *Symphoricarpos* x *doorenbosii* 'White Hedge' is een compacte rechtop groeiende soort, die ook heel goed als haagje kan worden aangeplant. (Struik.)

ROZE

Berberis 'Bunch O'Grapes' maakt behoorlijk lange trossen rozerode besjes.
Euoymus europaeus doet roze jasjes om oranje bessen. (Boom.)
Cotoneaster roseus maakt redelijk roze getinte vruchten, van *Cotoneaster* 'Pink Champagne' zijn ze champagnekleurig, verkleurend naar de exquise roze champagne!
Pernettya buxifolia en *Pernettya mucronata* 'Pink Pearl' maken zacht roze dikke bessen. Zet er wel een man bij voor bevruchting. (Struikje.)
Podophyllum hexandrum noem ik hier, omdat haar rozerode vruchten eetbaar zijn! (Lage plant.)
Sorbus... lijsterbessen zijn veel leuker dan je als tuin-beginner denkt: ze groeien elegant, zijn niet veeleisend, maken vaak heel sierlijk klein geveerd blad en hebben bessen in álle gewenste kleuren. De bloei is onopvallend wit, dus die detoneert in geen enkel kleurenschema. Róze bessen maken *Sorbus hupehensis* 'Obtusa', *Sorbus insignis* en *Sorbus poteriifolia*. Rozerood zijn de vruchten van *Sorbus* 'Rose Queen' en *Sorbus* 'Edwin Hillier', deze laatste blóeit ook nog roze). Wit en roze zijn de besjes van *Sorbus* 'Pearly King', *Sorbus reducta*, *Sorbus ursina* en *Sorbus vilmorinii*.
Symphoricarpos x *chenaultii* wordt hier 'radijsstruik' genoemd, en dat is wat ze doet: véle roze radijs-bessen maken.
Symphoricarpos x *doorenbosii* 'Mother of Pearl' maakt grotere bessen in een zacht schelproze. (Struik.)

PURPER EN PAARS

Actaea rubra, een vaste plant die de bessen purperrood maakt. (Halfhoge plant.)
Aronia prunifolia, verwant aan *Pyrus* en *Sorbus*, leuke struiken, met witte bloemtoefen en zeer diep purperzwarte bes. (Struik.)
Callicarpa bodinieri var. *giraldii* maakt de bessen wat rustiger lila van kleur. (Struik.)
Callicarpa japonica, heeft bessen zó intens paars, dat het nodig is er een bodembedekkend antwoord in de vorm van bijvoorbeeld *Ajuga* 'Burgundy Glow' onder te zetten. (Struik.)
Doispyros lotus, een direct, wat meer winterhard zusje van de *Diospyros kaki* (die zoete oranje vruchten maakt, lijkend op tomaten, die je nu bij elke groenteman kunt krijgen). De *lotus* maakt pruimkleurige (of zacht gele) vruchten, ook in de vorm van (kleine) tomaten. (Boom.)
Gaultheria shallon is een bergthee-soort met grote trossen diep purperen vruchten. (Struikje voor zure grond.)
Leycesteria formosa, een van mijn lievelingsgewassen, maakt werkelijk prachtig getinte hangende trossen met purperen bessen. Haar Nederlandse naam is 'karamelbes', maar ik kan niets karamelligs er aan proeven! (Struik.)
Malus - tal van purpertinten bij de sierappels. **Malus* 'Profusion' is bijvoorbeeld een mooie, bloeit ook nog licht geurig en wijnrood. *Malus baccata* 'Street Parade' bloeit wit, maakt purperen appeltjes en behaalde een gouden medaille op de Floriade. De mijne kwam van Jelena de Belder in Kalmthout. (Boom.) *Malus* 'Wisley Crab' maakt echt flinke purperen appeltjes, heeft ook aardig groot blad en is een gezonde groeier. (Boom.)
Morus nigra is eigenlijk net zo kleurrijk als *Phytolacca*: de vruchten eerst groen, dan helder rood en vervolgens purperzwart en heerlijk zoet, wat je van de karmozijnbes niet kunt zeggen! Ik zou de moerbei niet willen missen in de (kruiden)tuin!
Phytolacca - de karmozijnbessoorten hebben zovéél kleuren, eerst groen, dan rood en later bijna zwartpurper, zie afbeelding op bladzijde 140.
Prunus... als we het over purperen vruchten hebben, waarom dan niet meteen een gróte vrucht kiezen die ook nog eetbaar is: een kwets, een wijnpruim of de bijzonder grote oude soort die 'Monsieur Hatif' heet. (Stond in 1986 ineens in de catalogus van Willemse, Hillegom.) Uiteindelijk zijn het allemaal cultivars van *Prunus domestica*. Er is ook een kruising tussen pruim en kers (*Prunus avium*-Hybride) ontstaan, die heet 'Sprite' en de vrucht heeft een zwartpurperen kleur. (Boom.)
Sambucus canadensis maakt niet alleen de bessen purper, maar het hele scherm, dat ook nog uitzonderlijk groot is, heeft een purperrode kleur. (Struik tot boom.)

GEEL-TINTEN

Choenomeles - in welke kleur de sierkwee ook bloeit, ze maakt altijd de gele vruchten, die ook heel leuk kunnen zijn in boeketten. (Struik.)
Crateagus azarolus is een heel mooie meidoornsoort, die eetbare gele vruchtjes maakt, behoorlijk groot voor de soort. (Boom.)
Cucurbita - pompoenen en courgettes mag je ook tot vruchten rekenen, nietwaar? Een leuke groep fel gele banana-courgettes is enig in het geelschema... ze bloeien nog groot en geel ook!
Cydonia oblonga, op den duur worden de kweeperen echt diep geel, met een mooie wollige laag over de huid. *Cydonia oblonga* 'Champion' is de geurigste en een goede peervormige. (Struik.)
Daphne mezereum 'Alba' maakt na haar geurige witte bloei heel mooie okerkleurige vruchtjes. Ze zijn echter net zo giftig als de rode! (Struik.)
Eriobotrya japonica is een wintergroene struik, die ook wel Japanse mispel of 'loquat' wordt genoemd. Ze bloeit zeer geurig in september/oktober en als er dan ook nog niet al te kouwelijke bestuivers langs kwamen, ontstaan zure, maar lekkere vruchten! Ik kweekte er vroeger een op uit een pit, en zette haar 's winters in de kas, waardoor de bloeitijd werd verlegd. Is ook als kuipplant alleen om het blad al de moeite waard: het is bronzig van tint en aan de onderkant dik viltig. (Struik tot boom.)
Ilex aquifolium 'Fructu Luteo' is de heel mooie gele beshulst, die het ook erg leuk doet bij een goud-gele kerst. (Boom.)
Malus 'Golden Hornet' is de meest bekende geel-vruchtige. Maar er zijn er méér, zoals *Malus* 'Gibb's Golden Gage' met bijna transparante gele vruchten en *Malus* 'Butterball' met vele kogelronde appeltjes, die van geel naar een diepere eierdooier-tint verkleuren en eetbaar zijn. (Boom.)
Poncirus trifoliata, gedoornd, met sterke citrusgeur van de bloemen en mooie nep-citroentjes als vrucht - een léuke struik! *Sambucus nigra* 'Fructu Luteo', een bijzondere vlier met mooie amberkleurige bessen.
Sorbus - ook in geel zijn er lijsterbessen genoeg te vinden: *Sorbus* 'Apricot Lady' maakt echt abrikozen vruchtjes; *Sorbus aucuparia* 'Xanthocarpa' geeft ze een amberkleur mee. *Sorbus discolor* geeft een roomgele kleur en *Sorbus folgneri* 'Lemon Drop' maakt de besjes citroenig geel. Bij *Sorbus japonica* 'Calocarpa' verkleuren de bessen van room naar oranje-geel. *Sorbus* 'Joseph Rock' is waarschijnlijk de meest bekende, de vruchttrossen zijn eerst zacht en dan amber-geel. (Boom.)
Viburnum opulus 'Xanthocarpum' is een sneeuwbal die eerst wit bloeit en daarna zware trossen gele vruchten maakt. Als ze rijpen worden ze bijna transparant.

ORANJE/ROOD

Arum italicum maakt laag bij de grond heel opvallende besknotsen. (Laag knolgewas.)
Berberis 'Orangeade' noemde ik al in 'abrikoos' om de subtiele kleur, maar er zijn natuurlijk massa's zuurbessen die oranjerood of roodoranje van tint zijn. (Struik.)
Celastrus orbiculatus (ik maak een uitzondering voor deze klimmer hier) stopt oranjerode zaden in amberkleurige hoesjes: kan een flink kleurenfeest betekenen in minder mooie bomen, of over

(stevige!) schuurtjes. Het is wel een krachtpatser, die 'boomwurger', dus pas op waarover u haar laat groeien! (Ranker.)
Cornus mas maakt na de vroege gele bloei oranjerode eetbare vruchten. (Fikse struik.)
Cotoneaster... daar begin ik niet aan: ik houd er niet van, dat ten eerste (en een mens mag in zijn eigen boek best zijn eigen smaak laten prevaleren, nietwaar?), maar het zijn er bovendien tevéél. (Ten dele wintergroene struiken.)
Crataegus - de meeste meidoorns maken rode vruchten - de afwijkende kleuren heb ik in de verschillende kolommen vermeld. (Boom.)
Euonymus - er is meer spannends te beleven bij de kardinaalsmutsen dan ik hier in kort bestek kan vertellen, maar let eens op namen als 'Red Cascade', die dóen wat ze beloven. (Struik tot boom.)
Hippophae rhamnoides, de duindoorn maakt de takken dík bezet met helder oranje vruchten. Het plukken is geen werk om zonder handschoenen aan te pakken, maar duindoorngelei ís verrukkelijk en zit barstensvol vitaminen. (Boom.)
Ilex - behalve de soort die ik onder 'geel' noemde, maken verder alle vrouwelijke exemplaren meer of minder rode bessen. (Struik en boom.)
Malus... heel veel in de goede kleur: de 'John Downie' is heel bekend, en terecht, want de grote ovale appeltjes zijn geel met oranjerode blos en ook nog eetbaar. (Boom.)
Prunus - ook hier teveel om op te noemen helaas. (Struik en boom.)
Rosa - ook dát is onbegonnen werk, praktisch alle goed bottelende rozen maken hun vruchtjes immers in tinten oranje en rood? (Struik.)
Rubus tricolor, niet voor honderd procent winterhard, maar wel een spannende bodembedekker, maakt als ze het goed naar de zin heeft fris rode, eetbare bessen.
Sambucus tigrani, die u in bloei ziet afgebeeld op bladzijde 121 maakt mooie oranjerode bessen. *Sambucus racemosa* overigens ook. Vergeet vooral niet dat uitsluitend de purperzwarte bessen van de *Sambucus nigra*, en dan nog alleen in rijp stadium én gekookt, goed zijn voor de gezondheid! (Struik tot boom.)
Skimmia, dat wintergroene struikje is natuurlijk overbekend. Leuke bloei én leuke rode bessen voor boeketjes. (Wintergroen struikje.)
Sorbus - de afwijkende kleuren als wit, roze en geel noemde ik uitgebreid - de oranjerode blijven over! (Boom.)
Virburnum - als er geen 'Sterile' achter de naam van uw *Viburnum opulus* staat(zie afbeelding op bladzijde 120, dat is wél een steriele) dan kunt u rode bessen verwachten. 'Notcutt's Variety' geeft aardig grote bessen. (Struik tot boom.)

GROENIG/BRUINIG

Aesculus - de gewone paardekastanje, die wit of roze bloeit, maakt grote groene 'bessen' met daarin het 'kastanjebruine' zaad. (Boom.)
Ampelopsis brevipedunculata (weer een klimuitzondering) maakt zulke uitzonderlijke kleuren, dat ik haar apart nog eens noem. In de trossen bessen van allerlei kleurtjes groen, turquoise, purper, lavendel en porseleinblauw - ze verzwaren het sierlijke gordijn dat deze snelle groeier over van alles heen wil hangen.
Castanea sativa, de tamme kastanje maakt denkelijk wel de meest opvallende groene vruchten: mooie stekelige toefen, met daarin de lekkere 'zaden', die wij tamme kastanjes noemen. (Boom.)
Cucurbita - zoals bij geel de banana-courgettes een leuk extra zijn, kunnen hier de pompoenen en squashes met groene en bruinige vruchten een fantastische aanvulling vormen. Zie afbeelding op bladzijde 144, daar staan ze alle bij elkaar. (Eenjarige ranker of plant.)
Juglans is de naam van de walnoot, en ook die maakt mooie groen omhoesde noten voor consumptie. (Boom.)
Maclura pomifera is een fijnbladige boom, die als ze ouder wordt prachtige vruchten maakt, die heel lang eruit zien als dik gerimpelde groene sinaasappels. In ons klimaat rijpen ze meestal aan de boom niet tot hun oranje eind-kleur, dat doen ze hooguit later op een schaal. De kleur groen is uitzonderlijk krachtig en mooi. U moet wel mannelijke en vrouwelijke exemplaren samen hebben. (Bij d.B.K. en S.W.)
Malus angustifolia is een geurig bloeiende (zalmroze), die geel-groene vruchten maakt en *Malus coronaria*, de eveneens geurende zacht roze soort, die mooie grote en platte groene appels aan haar takken hangt. (Boom.)
Ptelea trifoliata behoort tot de geurigste aller bomen en maakt groen-gele bloemtrossen, met daarna vruchten die aan hop-bellen doen denken. (Struik tot boom.)
Pyrus x *lecontei* is een sierpeer, die zowel door haar rijke witte bloei als door de mooie peertjes opvalt. Zeer de moeite waard! (Boom.)
Pyrus salicifolia maakt behalve prachtig zilverig blad ook nog alleraardigste kleine peertjes. (Boompje of treurvorm.)
Rosa hugonis en haar kruiskind roos 'Canary Bird'; *Roda pimpinellifolia* var. *adenochata* en var. *altaica* maken alle bruinige botteltjes. *Rosa roxburghii* maakt kastanjevormige bottels in groenig. (Struik.)
Sambucus nigra 'Viridis' is een vlier die eetbare groene bessen maakt. Bij d.B.K. (Struik tot boom.)
Sorbopyrus auricularis is een kruising tussen *Sorbus aria* en *Pyrus communis* en wordt ook 'lijsterpeer' genoemd. De vruchtjes zijn groen met een rossige blos en eetbaar. (Boom.)
Sorbus met bruine vruchten zijn: *Sorbus caloneura*, *Sorbus megalocarpa* en *Sorbus torminalis*. (De bloemen geuren aanzienlijk sterker dan de vage geur die de overige geven.) Soorten met groene bestrossen heten *Sorbus keissleri*, *Sorbus pallescens* en *Sorbus rhamnoides* - bij de eerste twee hebben de vruchtjes een rood wangetje aan de zonzijde. Groen met bruine spikkels en vlekken zijn de bessen van *Sorbus cuspidata* (een erg mooie soort, met gróte vrucht), *Sorbus epidendron*, *Sorbus lanata* (blad viltig, maar een vrij tere soort, die beschutting vraagt) en *Sorbus* x *vagensis*. *Sorbus* 'Wilfrid Fox' (uit de *aria*-groep) maakt de vruchten eerst groen en laat ze dan verkleuren naar een diepe ambertint met grijze spikkels. (Struik tot boom.)
Sorbus domestica 'Pyriformis' maakt peervormige vruchtjes, die eetbaar zijn en als er 'Maliformis' achter staat zijn die uiteraard appelvormig. (Bij E.B. - boom.)
Staphylea colchica krijgt na de witte bloei mooie opgeblazen vruchtdozen, niet direct een bés, maar toch... (Struik tot boom.)

BLAUW-TINTEN

Ampelopsis brevipedunculata zou ook hier kunnen... (Zie 'groenig'.) (Klimmer.)
Berberis candidula en *Berberis gagnepainii* - zijn beide soorten (er zijn méér!) die zwarte bessen maken met een prachtige blauwe rijplaag. (Struik.)
Caulophyllum thalictroides is een laag struikje met in de lente zacht gele bloei en in de nazomer opvallende blauwe bessen. Houdt van humeus plekje in de schaduw. (Laag struikje.)
Gaultheria forrestii en *Gaultheria fragrantissima* bloeien beide geurig voordat ze blauwe bessen maken. (Struikje voor zure grond.)
Clerodendrum trichotomum maakt na geurige bloei in purperrode kelkjes ook nog eens fel turquoise bessen daarin! (Struik tot boom.)
Coprosma petriei is een bodembedekkende struik voor een beschut plekje - ze maakt opvallende blauwe bessen. *Coprosma porpinqua* wordt wat hoger en doet hetzelfde. (Struikjes.)
Cornus alba noemde ik al bij wit, met haar waterblauwe vruchtjes. (Struik.)
Cornus bretschneideri maakt ook rood hout en de vruchten in een diep nachtblauw; *Cornus amomum* maakt paars hout en mooie blauwe bessen; *Cornus obliqua* lijkt op *amomum*, maar maakt blauwe en witte bessen door elkaar. *Cornus rugosa* heeft een wollige laag aan de onderkant van het blad en bleekblauwe bessen (Struik.)
Daphne pontica met haar zéér geurige groene bloei maakt nachtblauwe bessen daarna. (Struikje.)
Decaisnea fargesii noemde ik al verschillende malen om haar elegante groene bloei en mooie habitus en vooral om de vlezige blauwe bonen daarna. (Struik.)
Mahonia - die kunnen álle, want na de geurige gele bloei maken ze fraaie trossen turquoise berijpte besjes, die goed zijn om in jams en chutney's te verwerken. (Struik.)
Prunus spinosa is de haagdoorn, met díkke blauwe bessen, die prima zijn voor drankjes en geleien. (Struik.)
Ribes sanguineum - als die het naar de zin hebben kunnen ze na de rozige of witte bloei vól hangen met blauw berijpte zwarte bestrosjes. (Struik.)
Vaccinium corymbosum maakt de grootste vruchten van de bosbes-soorten: ook erg leuk in een grote pot of kuip!
Viburnum davidii, de wintergroene lage struik, die zulke prachtige metalig blauwe bestoefen boven het blad houdt. (Wintergroen struikje.)
Viburnum prunifolium maakt zwartblauwe en zoete, eetbare bessen en bovendien een mooie herfstkleur. (Flinke struik.)
Viburnum tinus maakt dezelfde bes als *davidii*, maar het blad is veel kleiner, de bloei is licht geurig en ze moet (bij mij althans) in een pot. (Struik.)
Viburnum utile maakt ook diep blauwe vruchten, niet eetbaar, maar de bloei daarvóór is wel geurig! (Wintergroene struik.)

Zie voor zwarte *bessen het hoofdstuk 'Gloomy'.*

Linksboven: Allerlei soorten pompoenen en courgettes horen zéker tot de dikste 'bessen' van de nazomer - richt er eens een herfstachtige pompoenmaaltijd mee aan, of geef een 'oogstfeest', zoals dat in Amerika veel gebeurt.
Linksonder: Cornus florida *is een verwengewas: niet alleen bloeit het in mei onovertroffen mooi, maar in de herst krijgt het blad ook nog eens de meest onwaarschijnlijke kleuren!*
Rechts: Peltiphyllum peltatum *moet volgens de nomenclatuur-wijzen ineens* Darmera peltata *worden genoemd. Jammer, klinkt lang zo gezellig niet en het is zo'n mooi gewas, met eerst in april/mei uit de blote grond de wit/roze bloemstengels, en daarna pas het parasolblad dat zo fraai verkleurt in de herfst!*

OP EEN BASIS VAN BLAD

Tuinieren in verschillende tintjes van een kleur is een féést, tuinieren met alleen maar groenen en bladcontrasten een kunst op zich. Grootbladigen naast fijn gelijnde bamboe's, mooi parasolblad naast vingervormen en frutselig groen over de grond onder sierlijke geboomte... het is werken met de grove kwast en het fijne penseel tegelijk! Gelukkig is er ook hier een zeer ruime keus aan materiaal - *Rubus* met dartele blaadrandjes murmelt een vriendelijk melodietje onder gróótbladige *Paulownia*... mooi marmerwerk van aronskelken speelt een wintermelodie samen met room-gevlekte hulst en *Sarcococca* geeft geur mee aan duistere bosschages...
Het mooiste is natuurlijk, als ook in wintermaanden de tuin een groene weelde is met hier en daar wat kou trotserend bloemgewas. Om dat te bereiken is het uiteraard noodzakelijk wat wintergroene groeisels de voorrang te geven die zij verdienen. Een ríjke helpende hand bieden daarbij hagen en heggetjes, bollen, pyramides en andere vormen van wintergroene struiken. Het spreekt daarbij voor zich, dat ook naaldgewassen mogen meedoen, maar dáárover gaat het in dit boek nu niet direct.
Dat ik het hier niet heb over de véle kleinbladige gewassen, maar dat het gaat om die planten, struiken en bomen die door groot of interessant gevormd blad opvallen zal duidelijk worden uit de volgende opsomming.

Acanthus (80 - 120 cm)
Zowel *Acanthus hungaricus* met haar mooie lange blad, als de meer bekende *Acanthus mollis* en de wat lager blijvende *Acanthus spinosus*, kunnen schitterend kantwerk leveren voor fraaie grote groepen. Niet voor niets zijn de decoraties van de Korintische zuilen geïnspireerd op dit blad en heeft het motief eeuwenlang navolging gevonden! De bloei is zacht zilverig roze met gedempt purper, dat zal in de meeste gevallen absoluut niet detoneren. Een mooie groep, nog niet in bloei, staat op bladzijde 137 aan de rechter zijde.

Aesculus (boom - 30 m)
Hoe mooi een 'gewone' paardekastanje kan meespelen in het spel der bladcontrasten ziet u op bladzijde 148. Ook na de bloei en vóór de mooie vruchten een feest! Het wordt wel een grote boom, dus het is niet iedereen gegeven ervan te genieten.

Aesculus (struik - 3 m)
Aesculus parviflora is de fijne laat bloeiende struik-kastanje, die geen vruchten, maar een heel mooie heuvel van bloemen en ingesneden blad maakt.

Ailanthus altissima (boom - 20 m)
De 'hemelboom' *Ailanthus altissima* is wel niet de hoogste aller bomen, zoals je van haar toenaam zoudt verwachten, maar 20 meter is toch een respectabel formaat. Ze maakt prachtig lang en fijn verdeeld blad, dat weer goed kan contrasteren bij bomen met wat kleinere en rondere blaadjes.

Alchemilla (15 - 30 cm)
De lage *Alchemilla alpina* kan in kleinere groepen heel goed werk doen met haar zilvergerande blaadjes. Voor groterer zilverwerk zorgt de onvolprezen *Alchemilla mollis*, die van elke dauw- of regendruppel een parel maakt! Heel bijzonder is (nog) de ook lage *Alchemilla erythropoda*, waarvan de bloemstengeltjes rood zijn.

Angelica archangelica (175 cm)
Zolang de bladtoef in het eerste jaar laag is, is het een mooie lage toevoeging, maar zodra de bloemstengel omhoog komt, in het tweede jaar begint pas het echte geweld... groot blad komt er mee met daarboven groenige bloemtoefen en later dikke groene zaadhoofden! Gelukkig zaait ze zich redelijk spontaan, zodat je nooit zónder hoeft te zitten. Het geurige blad is niet alleen lekker om er de steeltjes van te versuikeren (voor taarten en toetjes): het is ook een beeldig extra voor boeketten, met de licht groene kleur en het friszoete parfum dat het verspreidt.

Arum (20 - 30 cm)
De bosaronskelk *Arum italicum* is het makkelijkst te bemachtigen en het gemakkelijkst te kweken. De hele winter door heb je schitterend blad onder bomen en in boeketten, de wit/groene bloem in het voorjaar en de knaloranje bessen als het blad verdwenen is, zijn leuke extra's. Het blad van de soort is al aardig gemarmerd, maar *Arum italicum* 'Pictum' heeft nog een veel sterkere marmertekening. *Arum maculatum* en *Arum pictum* uit de beige tuin en 'gloomy' mogen uiteraard ook een blad-rol spelen, maar zijn lang niet zo makkelijk als de bosaronskelk, bovendien hebben ze 's winters geen blad.

Astilbe (60 - 175 cm)
In kleinere groepen kunnen de roze en wit bloeiende en lagere *Astilbe*-Hybriden ook na de bloei voor mooi kantwerk zorgen. De zeer grote *Astilbe rivularis* (175 cm), die van vochtige grond houdt kan in de buurt van vijvers voor mooie contrasten zorgen met grootbladige vochtminnaars, als *Gunnera*, *Rheum* en *Astilboides*.

Astilboides tabularis (125 cm)
Vroeger heette dit wonderschone gewas *Rodgersia tabularis*. Het bloeit in juni/juli met mooie romige bloempluimen en is het hele jaar mooi met enorme parasolvormige bladen. Groeit in halve of diepe schaduw, is niet moeilijk, maar heeft wel graag flink wat vocht aan de voeten.

Aucuba (struik - 3 m)
Een echte 'Victoriaanse' struik - was in die tijd zeer in zwang, maar ik kan geen echte liefde voor dat glanzende, al dan niet gemarmerde (*Aucuba japonica* 'Variegata') blad opbrengen. Sóms, middenin de winter is het wel handig voor vulmateriaal in boeketten en het is natuurlijk met de wintergroene gevulde groeivorm een prima figuur om lelijk uitzicht of ongewenst inzicht weg te nemen.

Bergenia (30 cm)
De loftrompet over het de hele winter prachtige blad, dat ook nog tal van 'vurige' kleuren aanneemt (die door koude worden veroorzaakt), heb ik al uitgebreid in het hoofdstuk 'rood' gestoken. Mocht u nóg niet overtuigd zijn, ga dan eens 's winters naar het Arboretum van Jelena en Robert de Belder in Kalmthout (bijvoorbeeld bij een van de zondagse '*Hamamelis*-feesten'!) en zie hoe ze daar ook 's winters de bodem dekken met schoonheid.

Buxus
*Buxus*struiken zorgen niet alleen voor wintergroene bladcontrasten met hun kleine ronde blaadjes, maar doordat ze zo makkelijk te snoeien zijn, kunnen *Buxus*-figuren voor fantastische vormcontrasten zorgen. Bollen kunnen symmetrisch paden en doorgangen accentueren, maar kunnen ook losjes in de border worden geplaatst om voor een bolletje-groen te zorgen (zie bladzijde 73 en 105.)

Broussonetia (struik - 4 m)
De papiermoerbei (*Broussonetia papyrifera*) kan niet alleen vier meter hoog worden, maar ook vier meter brééd. Een schitterende struik vind ik. Niet om haar mooie bloei (die is klein) ook niet om haar roestig getinte vruchten (aan de vrouwelijke struiken) maar om het blad, dat op allerlei manieren is ingesneden, getand en gelobd, soms hart- en soms schop-vormig!

Carpinus betulus
De haagbeuk staat hier niet om haar mooie blad, maar om dezelfde reden als de *Buxus*: je kunt ze fijn snoeien in allerlei vormen. Hagen, schaduwschermen, pyramides en kolommen - die zijn dan weer vórm-contrast. Verliest 's winters wel het blad, maar als ze goed (dus vooral in het begin vaak) gesnoeid is, houdt ze die vorm, gevuld met véle beige takjes.

Catalpa (boom - 10 m)
Niet alleen om de mooie bloei in juni/juli zijn de trompetbomen begerenswaardig, maar ze maken ook heel mooi groot blad, dat fantastisch is tussen fijnbladiger exemplaren. *Catalpa bignonioides* 'Aurea' geeft dat blad bovendien een schitterende gele kleur mee. *Catalpa* x *erubescens* maakt héél lange zaadpeulen die láng - ook nog aan de al kale - boom hangen.

Cotinus (struik - 2 à 3 m)
De groenbladige *Cotinus coggygria* wordt hoger dan de rood- en purper-bladige exemplaren. De donzige bloem- en zaadpluimen spreken wèl een flink decoratief woordje mee bij deze struik! Kijk bij 'rood', 'beige', 'roze/pastel' én 'gloomy' - ik ben dus dól op die struiken en heb er tot mijn grote droefenis een soort 'verwelkingsziekte' in!

Cucurbita (30 cm)
Voor snelle bladcontrasten kunnen alle soorten pompoenen zorgen, die méterslange ranken over de grond en óver obstakels leggen , álle met prachtig groot blad en later ook díkke vruchten.
Cynara (150 cm)
Vindt u uitgebreid beschreven bij 'zilver' op bladzijde 134/135.
Davidia involucrata (boom - 15 m)
Eigenlijk is dat niet helemaal eerlijk: het blád is niet zo heel opwindend, maar de bloei in mei/juni des te meer. Ze verdient zeker in een grote tuin een plek daarom, want de 'vaantjes' of 'zakdoeken' (de witte schutbladen die de bloem begeleiden) behoren tot de gróótste bloeivorm die bestaat. Wilt u ermee beginnen, doe het dan snel, want ze bloeit meestal pas na zéven jaar (of langer)!
Decaisnea fargesii (struik - 2.5 m)
Aan stijve, maar mooi vertakte stengels maakt deze bijzondere struik elegant uitwaaierend verdeeld blad, hangende trosjes groene bloemetjes en verrassend grote blauwe en vlezige bonen daarna (zijn eetbaar). Ik vind het een van de mooiste struiken zowel voor de 'groene' als de 'blauwe' tuin, om haar bloei, die bonen én om haar mooie habitus.
Dracunculus vulgaris (80 cm)
Niet alleen de diep rode bloei van de drakenaronskelk is prachtig, zoals u op bladzijde 61 kunt zien, maar ook het glanzende en interessant ingesneden blad is mooi. Al heel vroeg in het jaar wringt het zich in opgerolde kegels uit de dan nog zeer koude grond!
Epimedium (30 cm)
In de voorgrond van de border kunnen alle *Epimedium*-soorten voor alleraardigst bladcontrast zorgen. Ze zijn er in verschillende kleuren en ik heb ze in de passende kleur-lijsten opgenomen. *Epimedium peralderanum* is in niet te strenge winters 'wintergroen' en kan dus heel láng meespelen. (Leuk bij het grotere blad van *Bergenia*.)
Euphorbia (20 - 120 cm)
Bijna alle *Euphorbia*-soorten, van laag tot hoog brengen naast de spannende groene bloei, ook heel fraaie bládstengels. Bij niet te strenge koude wintergroen en fraai - bij vorst minder mooi, omdat er dan 'winterjassen' van stro of blad omheen moeten!
Ficus carica (boom - 9 m)
De vijg heeft prachtig ingesneden en behoorlijk groot blad, wie haar tegen een zuidmuur heeft, zal dat beamen!
Foeniculum (150 - 250 cm)
De gewone groene venkel (*Foeniculum vulgare*) wordt niet zo heel hoog, maar het blad is ragfijn verdeeld en beeldig als extra tussen grofbladiger zaken. Het riekt bovendien aromatisch. *Foeniculum vulgare* 'Bronze Giant' eist het hoogste cijfertje voor zich op en maakt bronsbruin kantwerk, tot hoog in de toppen van de plant. Zie afbeelding op bladzijde 40, rechts achterin de border - vér uitstekend boven de haag!
Garrya elliptica (muurstruik - 3 m)
Begeerd om haar prachtige lange katjes, die onder gunstige omstandigheden in maart de wintergroene struik sieren. Alléén geschikt voor een beschutte plek op het westen of noorden, maar waar het kán en lukt: een dróóm!
Gunnera manicata (2 à 3 m)
Het gigantische stekelige parasolblad van de *Gunnera* kunt u zien op bladzijde 148, waar de plant nog niet eens zo oud is: een jaar of vier staat hij op die plek. Het is een vochtminnaar, maar echt aan de rand van de vijver hoeft niet, maar mag wel! Voordat de eerste vorsten komen het grote blad over de plant vouwen, turfstrooisel erover en ertussen deponeren en eventueel nog afdekken met een oude paardedeken. Géén plastic, dat broeit teveel! Mocht u zelf willen zaaien: het is een 'donkerkiemer', die dus geen licht op het zaaibed wil.
Helianthus salicifolius (100 - 250 cm)
Hoe hoog uw exemplaar wordt hangt een beetje van het grondje af: ze houdt van vóedzaam, deze merkwaardige 'zonnebloem' die eigenlijk het mooist is vóórdat ze bloeit. Zie afbeelding op bladzijde 40, waar ze het hele linker borderdeel van achtergrond voorziet.
Helleborus (20 - 80 cm)
Alle *Helleborus*-soorten hebben zomer en winter mooi blad, de een donker groen en diep ingesneden (*Helleborus foetidus*), de ander gezaagd en zilverig (*Helleborus* x *sternii*, en allemaal krijgen ze die schitterende bloei erbij, op momenten dat alle andere planten uitgebreid aan hun winterslaap bezig zijn.
Heracleum mantegazzianum (300 cm)
Een béétje bereklauw is toch al gauw manshoog, met een schitterende voet van groot fraai ingesneden blad en een bloemenhoed waar geen mens omhéén kan. Prachtig zijn ze, óók langs de grote weg, waar ze op sommige plekken decoratieve colonies vormen in de buurt van minder mooie 'geluidswanden'. De allergie die bij sommige mensen optreedt, 'geldt' alleen bij warm weer en vochtige huid en dán bij aanraking van de plant. Het zijn tweejarigen die zich uiterst spontaan zelf zaaien en in hun eerste jaar bezig zijn met het maken van die grote bladvoet. Op lelijke plekken, waar snel effect moet ontstaan, kan een groep bereklauwen wonderen verrichten. De grote zaadschermen zijn ook heel mooi in gedroogde staat, maat dát is zo langzamerhand genoegzaam bekend.
Hosta (60 - 120 cm)
Werkelijk álle *Hosta*-soorten kunnen als contrastplant worden gebruikt. Prachtig al die tinten en vormen; die strepen en blauwglanzen... en dan weer die bij praktisch niets detonerende zacht lila of witte bloei. Máchtige planten zijn het. Wilt u zelf zaaien? Het zijn koudkiemers, die dus niets van uw zorgzaam verwarmde kasje moeten hebben!
Ilex aquifolium (boom - 8 m)
Het duurt een poos voordat de hulstbomen hun maximumhoogte van 8 meter hebben bereikt, maar in die jaren daarvóór zijn ze ook al mooi, in

Links: Een bijzonder fraaie demonstratie van de schoonheid die alleen al op een basis van blad kan worden bereikt! Uiterst links en rechtsboven: Bij Walda Pairon in Kalmthout-Heide, België, is duidelijk te zien, dat zij in de tuin en om het huis haar decoratieve kunnen demonstreert: zij verkoopt tuinornamenten: potten, vazen, banken, stoelen en beelden. Met geraffineerde hand is daaromheen en als achtergrond gebruik gemaakt van bladcontrasten. Een gewone wit bloeiende paardekastanje is de hele zomer mooi met het gevingerde blad, dat sterk contrast vindt bij de gigantische bladen van Gunnera manicata. *Daartussen nog het mooi ingesneden zilverblauwe blad en de beige bloei van* Macleja cordata *en in de voorgrond een veelheid van bladvormen door klimopjes* (Hedera), Sedum spectabile, *varens en* Hosta's. *Midden: Ook in en om de waterton kunnen alleen bladvormen al heel mooi zijn. Deze staat op mijn terras en wordt omgeven door de wild woekerende* Reynoutria japonica *(VIII, IX, X), die ik toch telkens weer haar gang laat gaan omdat ze zulke mooie roodgetinte stengels heeft en zo lekker laat bloeit; daarnaast het frisse blad van de heel vroeg groengeel bloeiende* Parabenzoin praecox *(III, IV). Rechts de wijd uitwaaierende takken van de pepermuntgeurige* Pelargonium tomentosum, *waarvan het blad fluwelig behaard is en daarnaast het diep ingesneden rasperig voelende blad van* Pelargonium radens. *(Ga voor het 'besnuffelen' van deze en andere bijzondere* Pelargonium*-soorten eens naar Mathijssen in Reeth-Elst!) In de ton een waterdrieblad* (Menyanthes trifoliata)*, die zelfs na een winter-in-een-klomp-ijs (die van 84/85!) in mei vrolijk haar geurige behaarde witroze bloemen weer liet ópbloeien! Zo deden ook de* Calla palustris *en de* Alisma plantago aquatica*! In de voorgrond het roestige dauwdruppelblad van een pot zonnedauw* (Drosera) *en drijvend op het water de frutselblaadjes in blauwgroen en roestbruin van* Salvinia natans *die heel veel bloemenwinkels en tuincentra in de zomer verkopen.*

de bladbasis. Zomer en winter met glanzend blad, vaak met aardig gegolfde rand, soms met een heel veel stekels en ook in allerlei wit- of goudbonte verschijningsvormen. Bijna alle hulstsoorten kunnen uitstekend tegen snoeien en vormen een ideale haag. Niet giftig zoals *Taxus* en niet bladverliezend zoals de beuk en de haagbeuk. Snel is een hulsthaag echter niet. Ik plantte langs mijn 'gloomy' tuindeel een 'slangenhaag' van een van die 'moderne' soorten met mooi donker hout en koos daarbij uitsluitend vrouwelijke exemplaren, omdat ik in díe haag per se geen rode bessen wil. (Het hadden natuurlijk ook alleen heren mogen zijn.)

Ilex crenata (boom - 6 m)
Nog langzamer dan de 'gewone' hulst is de *Ilex crenata* die Japanse hulst wordt genoemd. Een leuke struik is het, die meer aan een grootbladige *Buxus* doet denken dan aan hulst. In het Arboretum in Kalmthout staan volwassen exemplaren en dan is het toch een hele boom. Daar staan ze dan ook al dertig jaar. Je kunt de *crenata* ook voortreffelijk snoeien tot hagen en bollen en dat is weer eens iets anders! Er is ook een bontbladige soort die *Ilex crenata* 'Golden Gem' heet.

Inula magnifica (175 cm)
Inula magnifica en *Telekia speciosa* lijken wel wat op elkaar, het zijn beide fiks uit de kluiten wassende planten, die al mooi zijn als ze de bladtoef vormen en bezig zijn de bloeistengel omhoog te werken. Grote groepen van dergelijke planten kunnen vóór bosschages of als solitaire piramide tussen lagere groeisels heel indrukwekkend zijn. Het blad is fris groen en de bloemknoppen van deze *magnifica* hebben een wollig jasje aan.

Iris (60 - 90 cm)
Vooral de irissen met witbont blad kunnen met hun waaiervormige groeiwijze (op vochtige plekken) voor mooi contrast zorgen. *Iris pseudocarus* 'Variegata' is de bonte lis en *Iris pallida* 'Variegata' een vorm die zéér waaiervormig te voorschijn komt.

Itea ilicifolia (struik - 3 m)
Aarzelend noem ik deze wintergroene schone met fijn verdeeld glanzend blad (lijkt op een 'kruising' tussen hulst en mahoniestruik qua blad), want de winterhardheid moet zéér in twijfel worden getrokken helaas. Mijn eerste poging is door vorst teloor gegaan maar ik probeer dit struikje zéker weer. Ze hangt namelijk in augustus vol met lange groenige katjes, die zo heerlijk geuren (vooral tegen de avond), dat je met één takje in een karaf een hele kamer kunt parfumeren. In de winter hangen de knoppen van die katjes er al in! Zwijnenbrug in Boskoop, die gespecialiseerd is in 'net niet winterharde' gewassen, kan haar leveren.

Kirengeshoma (60 - 100 cm)
Kirengeshoma palmata is al vele malen bezongen als dé blad- en bloei-plant voor schaduw. Ze is ook mooi met haar fraai ingesneden kruisgewijs staande blad, de zacht gele buisbloemen en de mooie zaaddozen daarna.

Kochia (100 cm)
Met de eenjarige en makkelijk te zaaien 'zomercypres' zijn allerlei leuke dingen te bedenken: je kunt er een 'proefhaag' mee maken op plekken waar je dénkt een haag te willen hebben, maar nog niet zeker bent van het effect. Je kunt ze in potten kweken en er balkon- of (dak)terrasaanplant mee aanvullen. Je kunt er zelfs op je dak een haag-in-potten mee neerzetten. In het najaar neemt het zeer fijne blad allerlei fraaie herfsttinten aan. Voor de wit-tuinier is er de leuke zilverwitte *Kochia* 'Acapulco Silver'. Ook deze verandert haar zilver tegen de herfst in bourgogne en robijnen.

Leycesteria (struik - 2 m)
Kan een prachtige brede struik worden met sierlijke overhangende takken, waaraan het blauwgroene blad ópstaat en de dikke trossen moet purper/witte bloemen (en daarna purperen bessen) omlaag hangen. De holle groene stengels van de *Leycesteria formosa* zijn ook in de winter mooi, bij strenge vorst willen ze wel eens tot de grond terugvriezen, maar de struik maakt door gaans nieuw opschot óf heeft zich van nakomelingen voorzien via spontane uitzaai.

Ligularia (100 - 200 cm)
Alle soorten *Ligularia* hebben mooi blad, van heel verschillende loed zoals bij de *Ligularia dentata* en haar variëteiten of fris groen zoals bij *Ligularia veitchiana* en *Ligularia wilsoniana*. De *dentata* bloeit met platte bloemschermen met 'margriet'-bloemetjes, de andere soorten alle met hoge statige pluimen. Planten voor halfschaduw zijn het.

Ligustrum
Ook de liguster noem ik, omdat ze bijna helemaal wintergroen is en zich zo heel goed in vormen laat snoeien. De net niet helemaal winterharde vorm die *Ligustrum henryi* heet en kleine vrij ronde blaadjes heeft (waarvan de leuke vogels en bolletjes op stam worden 'gemaakt') wordt steeds vaker aangevoerd. Het is een kleine moeite om alléén in de strenge vorstweken de potten met figuren even binnen te zetten.
Laat een gewone *Ligustrum ovalifolium* ook eens ergens achterin uw (struiken)border dóórgaan: de bloei is zéér geurig en de zwarte bessen daarna zijn welkom in boeketten.

Lysichiton (50 - 100 cm)
Als de *Lysichiton* het in de buurt van water echt naar de zin heeft, kan het een bladplant van imposante schoonheid en hoogheid worden. De *Lysichiton americanum* (50-60 cm) is wat bekender met haar gele aronskelkbloemen; de *Lysichiton camtschatcensis* (80-100 cm) met eerst witte aronskelkbloemen en dan het zéér grote en slanke blad is zéker de moeite waard om naar te zoeken.

Macleaya (200 - 300 cm)
Zie voor de onovertroffen blad-schoonheid van de pluimpapaver het hoofdstuk 'zilver' én de afbeelding op de bladzijden 129 en 148.

Magnolia
Voor blad-contrast zou de *Magnolia grandiflora* met haar grote glanzende en wintergroene blad natuurlijk voor iedereéén prachtig zijn, maar helaas dat is moeilijk. Ik sleur mijn mini-mini-exemplaar nu al twee winters erdoor met meststro-rietmat combinatie, tegen een westmuur, daar waar de *Camellia*'s het wél goed doen, maar het is niet écht weelde! Toch zal het in Zeeland denkelijk lukken voor een muur met alleen maar avondzon, waar de felle middagstraling het blad niet kan schaden.

Magnolia hypoleuca is vooral in de zomer minstens zo mooi: heel groot langwerpig blad dat prachtig is heeft ze en de geur van de bloemen is onovertroffen. Leuk is ook *Magnolia salicifolia*, een flinke struik, met smal wilgachtig blad (maar dat begreep u al door haar toenaam). Wat daar níet uit spreekt is dat dat blad citroengeurig is!

Mahonia
De vele soorten mahoniestruiken zijn zomer en winter een schitterend sieraad - niet alleen in tuinen, maar ook in openbare aanplant, waar ze verrassend veel uitlaat-gas-ellende kunnen hebben. Vaak hebben de altijd groene bladen in de winter mooie bronstinten, de bloei is geurig en de turquoise bessen daarna zijn beeldig en ook nog eetbaar! *Mahonia bealei* behoort tot een van de hoogste, maar groeit heel elegant, heeft gróót geveerd blad en is absoluut winterhard.

Pachysandra (30 cm)
Een prima blad-basis-plant, die in zware schaduw kan en daar een altijd groen dek legt met onopvallende, maar geurige bloei in maart/april.

Paulownia (boom - 10 m)
Dát is nog eens bladgeweld! Enorme bladen maakt de *Paulownia tomentosa* als ze haar prachtige blauwe bloei op het kale hout heeft 'afgewerkt'. Ze ziet er wat moeilijk uit deze schoonheid, maar als ze eenmaal aan de gang is, groeit ze razendsnel en maakt ook fraai uitwaaierende takken. In de winter heeft ze een heel eigen sierwaarde, omdat ze dan is getooid met de hoge toortsen, vol beige bolletjes-knoppen. Alleen bij zeer strenge vorst en daarbij stormachtige winden, gaan die knopjes teloor. Ze kan goed tegen snoeien (als een tak u té ver over het pad hangt) mits u wonden dicht met lac-balsem of een ander wond-helend middel.

Peltiphyllum/(Darmera) (50 - 100 cm)
De *Peltiphyllum peltatum* die ineens *Darmera peltata* moet heten is een unieke blad-schone: eerst verschijnen uit de kale grond de wit/roze bloemen op slanke stengels en daarna het mooie parasolblad met ingesneden kartelrand, dat wel tot een meter hoog kan worden als de plant het naar de zin heeft. Het krijgt ook nog mooie herfstkleuren, zoals u op bladzijde 144/145 kunt zien! Ze houdt van een koele plek in de schaduw en heeft ook graag vocht aan de voeten.

Podophyllum (30 - 50 cm)
Podophyllum hexandrum (vroeger *Podophyllum emodi*) maakt mooi ingesneden en groen/bruin gevlekt blad, *Podophyllum peltatum* gedraagt zich als de *Peltiphyllum/Darmera*: lós van elkaar de bloeit (anemoonbloemetjes op slanke stengels) en dan het mooie ingesneden blad op stengels van zo'n 40 cm. De *Podophyllum hexandrum* maakt bovendien na de bloei rozerode langwerpige eetbare vruchten.

Populus (boom - 10 m)
De door mij tot vervelens toe gepropageerde balsempopulier *Populus balsemifera* var. *balsamifera*, zou iedereen móeten nemen om haar verrukkelijke geur, die ze al geeft als in februari de zon de kleverige bladknoppen beschijnt en waarmee ze doorgaat zolang ze blaadjes blijft openvouwen (en dat is tot diep in augustus!). Ook in kleine tuinen kun je best een balsempopulier hebben, eenvoudigweg door haar in knotvorm te snoeien. Hetzelfde geldt voor de heel leuk bontbladige *Populus balsamifera* 'Aurora'. Deze laatste geurt echter niet.

Prunus (struik - 4 m)
Omdat het hier ook gaat over de winter-bladbasis, noem ik ook de *Prunus laurocerasus*, de laurierkers, die snel groeit en eigenlijk best aardig bloeit met staande trosjes, maar die ik nog steeds niet mooi kan vinden. Fraaier maar lang niet zo winterhard is de *Prunus lusitanica*, die kleine spits wintergroen blad maakt en lange trossen geurige bloei!

Pterocarya (boom - 20 m)
Pterocarya fraxinifolia is niet wat je noemt een kleintje, maar het is wel een heel mooie boom met héél lang geveerd blad en in de bloeitijd (juni/juli) ook nog gesierd met lánge groene snoeren (wel 60 cm)! Een boom die het verdient meer te worden aangeplant - ook als straatbeplanting, want ze is makkelijk en snel en gooit geen dikke vruchten af, zoals de kastanje, waarbij men net zolang heeft gekruist tot er nietvruchtende exemplaren ontstonden. De habitus van de vleugelnoot (zo wordt deze *Pterocarya* in Nederland genoemd) is bovendien mooi compact.

Rheum (200 - 250 cm)
Wonderschone blad-gewassen zijn dat. Oók de 'gewone' eet-rabarber (*Rheum rhaponticum*) of de sterker gekroesde *Rheum rhabarbarum* mogen al meedoen, maar het allergrootste sierblad maakt natuurlijk de *Rheum palmatum*, die ook nog fraaie bronzige en rossige tinten aan het blad meegeeft. De kleur van de zéér hoge bloei is daarbij aangepast: rozerood. Eens zal toch ook in Nederland de *Rheum Alexandrae* wel verkrijgbaar zijn: schitterend voor een vochtige plek, met in juni/juli de bloeistengels met daarlangs de omlaag gerichte groengele schutbladen!

Rhododendron (struik - 3-6 m)
Natuurlijk is het wintergroene blad van alle rododendrons prima, maar helaas de soorten die heel mooi groot blad maken of blad dat goudviltig is aan de onderkant (*Rhododendron fictolacteum* bijvoorbeeld) zijn hier niet of nauwelijks winterhard. *Rhododendron sinogrande* die het blad aan de onderkant zilvergrijs maakt is nog het hardst van deze fraaie soorten.

Rodgersia (50 - 175 cm)
Schitterend geweld in de schaduwhoek van deze planten. Het hoogst wordt *Rodgersia podophylla*, die het jonge blad een mooie rozige roesttint meegeeft: dan volgt *Rodgersia pinnata*, waarvan de variant 'Superba' heel mooie roze bloempluimen maakt (zie 'roze/pastel'). Middelgroot (100 cm) wordt *Rodgersia aesculifolia*, die romige bloemtoortsen maakt en het kleinst blijft *Rodgersia purdomii* (50 cm). Ze hebben alle diep ingesneden 'kastanje-achtig' blad, dat vooral bij *podophylla* nog heel mooi gezaagd en getand is.

Rubus
Heel veel verschijningsvormen bij de braamsoorten. Fikse struiken die opvallen door houtkleur in de winter vindt u op bladzijde 130/131. Hier wil ik een paar leuke bodembedekkers noemen. *Rubus tricolor* is niet helemaal winterhard, maar loopt toch telkens weer uit met lánge scheuten waaraan het blad groen is met toetsjes rood en purper naar de randen en een wollige laag aan de onderkant. Een heel mooie kruiper is ook *Rubus calycinoides* die de blaadjes een gefronste rand meegeeft en waarvan de bladkleur een warm blauwgroen is. De over de grond kruipende takken wortelen waar ze de grond maar raken, dus het afsteken van jonge planten is een leuk extra.

Ruscus hypophyllum (30 cm)
U kent de muizendoorn vast wel van de bloemenman: stengels, vol bezet met leerachtig groen blad, dat éeuwen houdt op water. Het leuke van deze plant is, dat de bloemetjes middenonder het blad op de nerf verschijnen - ze zijn klein en wit. Daaruit rijpt in de nazomer een rood besje.

Sarcococca (struik 50 cm)
Leuke wintergroene struikjes zijn het, met van januari tot maart zéér geurige, maar niet heel opvallende bloei. Kunnen ook tegen zware schaduw, dus geschikt om samen met *Pachysandra* onder bomen te planten.

Veratrum (100 cm)
De heel vroeg uit de grond komende bladtoefen van de verschillende *Veratrum*-soorten zijn een féést. Ze verschijnen vaak nog vroeger dan die van de *Hosta*'s! Ook voor en na de prachtige bloei is de *Veratrum* heel aantrekkelijk.

Viburnum (struik 40-250 cm)
Voor wintergroen kan de lage *Viburnum davidii* zorgen, mooi diep generfd blad maakt ze, dat aan de onderkant bruinviltig is. Haar grootste sierwaarde vormen echter de metalig blauwe bestoefen! *Viburnum* x *burkwoodii* is ten dele wintergroen. Erg leuk zijn daartussen de beige knopheuveltjes, die zich al in het najaar vormen en die de hele winter (zéér geurige) beloften inhouden!
Viburnum tinus is ook wintergroen, bloeit licht geurig en maakt ook metalige bessen. In de meeste delen van ons land moet ze in een kuip of pot - in Frankrijk wordt ze tot haag gesnoeid en ook in Engeland begrenst ze met geurigheid de tuinen!

Denk niet dat ik de heel fraaie zilverbladigen heb vergeten bij deze blad-basis-planten: die kregen een apart hoofdstukje en staan op bladzijde 134/135.

Bamboe's, grassen, varens
In één adem genoemd deze niet of nauwelijks zichbaar bloeiende gewassen die álle voor verrukkelijke contrasten kunnen zorgen. Eigenlijk niet helemaal eerlijk, maar in de verschillende kleurlijsten komt u ze tegen!

Naaldbomen
Natuurlijk is er véél 'blad-contrast' bij de naaldgewassen te beleven, maar omdat ik in dit boek het naald-gebeuren nergens noemde, sla ik ze ook hier over.

Boeken
In dit boek heb ik gerefereerd aan enkele Nederlandse tuinboeken:
'Ouderwetse en Zeldzame Rozen', geschreven door Mineke Kurpershoek en Walter Verhue; uitgever Hollandia, Baarn.
'Het Vijverboek', geschreven door Ada Hofman; uitgever Zomer & Keuning, Ede.
'2850 Tuin & Kamerplanten', geschreven door Rob Herwig; uitgever Zomer & Keuning, Ede. Is bovendien een handig boek voor het leren kennen van planten - er staan véél plaatjes in : 2850 dus!
'2000 Tuin/Kas en Kamerplanten', geschreven door Hay en Synge; uitgever Becht, Amsterdam - gelukkig een herdruk van dit handige plaatjes-boek!

Tuinornamenten en hekken
Lia Drost, Pieter de Hoochstraat 20 hs in Amsterdam, heeft een fantastische collectie rood aarden potten en vazen uit Italië.
Arie Boer, Doefseweg 49, Giessenburg, heeft een levensgroot graanpakhuis vol oude spullen - daar zijn vaak heel leuke en minder gebruikelijke plantcontainers bij. Zijn zonen smeden bovendien oude en nieuwe hekken, poorten en pergola's,
'Queen of The South' is de naam van een heel bijzonder etablissement van de heer en mevrouw Raaymakers, Hasseltweg 377, Genk in België. Je kunt er niet alleen de meest extravagante hekken, marmeren ornamenten en zuilen kopen, maar er uitzonderlijk lekker eten is ook mogelijk.
Axel Vervoordt, Kasteel (van en te) 's Gravendeel, België, is een van de meest bekende antiquairs van de wereld. Zeer hoogwaardige tuin-ornamenten vindt u in het park, maar ook mooie smeedijzeren poorten en pergola's die naar oud voorbeeld worden gemaakt - zie tekeningen op bladzijden 10/11, 14/15 en 18/19.

TURKENBURG ZADEN

Elisabeth de Lestrieux - Selectie
Voorjaar 1987 brengt Turkenburg zaden van een twintigtal planten, die tot nu toe niet of nauwelijks verkrijgbaar waren in Nederland.
Abutilon vitifolium - een beeldschone kuipplant met tuilen lila klokbloemen.
Acanthus mollis - wonderschone bloeier, statige bladplant.
Asphodeline lutea - een lid van de leliefamilie dat zich verrassend makkelijk laat zaaien.
Centaurea macrocephala - een gigantische gele 'korenbloem'.
Chelone obliqua 'Alba' - de witte vorm van deze oersterke border- en boeketplant.
Clematis flammula - maakt lekker laat veel sterbloemetjes met amandelgeur!
Clematis viticella - ook de klokvormige lila bloemen van deze soort zijn geurend!
Cosmos bipinnatus 'Candy Stripe' - een erg leuke diep roze met wit gestreepte soort.
Delphinium x cultorum 'Green Expectations' - bij het streven naar gróen bloeiende riddersporen ontstonden allerlei fraaie nuances.
Digitalis ferrunginea - het mooie vingerhoedskruid dat staat afgebeeld op baldzijde 129.
Euphorbia myrsinites - een makkelijke en bijzonder mooie wolfsmelksoort. (Zie achterkant omslag van dit boek.)
Gaura lindheimeri - een schatje is dat, met lange pluimen witte bloemetjes als dansende vlinders. (Zie bladzijde 29.)
Helleborus foetidus - prachtig diep groen blad en grote tuilen appelgroene klokjesbloemen.
Helleborus lividus ssp. *corsicus* - een witte winterschone die staat afgebeeld op bladzijde 105.
Lunaria annua 'Alba' - de wit bloeiende judaspenning!
Lupinus benthamii - een diep blauwe lupine met geurige bloemen.
Myrrhis odorata - roomse kervel maakt gróte kantheuvels (eetbaar) blad en romige zeer geurige bloemtoefen.
Oenothera pallida - een geurende wit bloeiende teunisbloem, die praktisch de hele zomer bloeit.
Phlomis samia - uit een bed van zilverwollig blad verschijnen de lange stengels met kransen gele bloemen.
Thalictrum flavum 'Glaucum' (syn. *speciosissimum*) - de heel mooie soort met groot blauwgroen fijn verdeeld bid en donzige wolkjes citroengele bloemen.
Op de zakjes vindt u duidelijke instructies voor het zaaien van al dit schoons, want er zijn vorstkiemers bij: zaden die voorgekoeld of gekweekt willen worden, maar ook soorten die graag lekker warm liggen.

Waar werd dat allemaal gefotografeerd?
Mevrouw E. Beeuwkes - van Bloem, Voerendaal - bladzijde 29.
Mevrouw Jelena de Belder, Arboretum Kalmthout, België - bladzijde 20, 29, 60, 120, 121, 132, 144/145.
De heer en mevrouw Van Bennekom-Scheffer, Domburg - bladzijde 61, 73 en 105.
De heer en mevrouw Brattinga-Bodon, Amsterdam - bladzijde 13.
De heer Sante Brun, Nieuwenhagen - bladzijde 109 en 124.
De heer en mevrouw Brinkworth-Makeham, Loosdrecht - bladzijde 69.
De heer en mevrouw Dekker-Fokker, Veere - bladzijde 21 en 48.
De heer en mevrouw Eschauzier-van Rood, Wassenaar - bladzijde 85 en 91.
Kwekerij Gevaert, Oostkamp, België - bladzijde 133 en 152.
De heer en mevrouw Goossenaerts-Miedema, Berkel-Enschot - bladzijde 110/111, 137 en 140.
De heer en mevrouw Greve-Verhaar, Heerlen - bladzijde 17, 25 en 152.
De heer en mevrouw De Haes-Voorbeijtel Cannenburg, Wemeldinge - bladzijde 128.
De heer en mevrouw J. de la Hayze, Middelburg - bladzijde 116.
De heer en mevrouw Heuff- van Oven, Kapel Avezaath - bladzijde 84.
Mevrouw M. Hofker-Hueter, Amsterdam - bladzijde 41.
Mevrouw R. Jonker-van Boven, Boekelo - bladzijde 36 en 60.
Kwekerij Romke van de Kaa en Piet Oudolf - bladzijde 29, 36, 41, 64, 101, 116 en 128. De foto's werden genomen toen de kwekerij nog twee eigenaren had. Inmiddels is Romke van de Kaa verhuisd naar Ellecom. Piet Oudolf vindt u op het oude adres in Hummelo - de gefotografeerde planten kunnen beiden leveren!
De heer en mevrouw Ter Kuile-Nijpels, Wassenaar - bladzijde 77.
De heren Ton ter Linden en Anne van Dalen, Ruinen - bladzijde 96.
Tuinarchitect G. Lutz, Stuttgart, Duitsland - bladzijde 72.
De heer en mevrouw Michielsen-van Pelt, Schalkhaar - bladzijde 76.
Mevrouw Walda Pairon, Kalmthout-Heide, België - bladzijde 80, 148 en 149.
Stichting Tuinen Mien Ruys, Dedemsvaart - bladzijde 40, 56 en 60 (moestuin van Pien van de Stadt).
De heer en mevrouw Roger Soevereyns, Restaurant Scholteshof, Stevoort, België - bladzijde 69, 88 en 104.
De heer en mevrouw Voorwijk-Luca, Heerde - bladzijde 37, 49 en 60.
Kasteel Wijlre, Wijlre - bladzijde 120.

Linksboven: Allemaal potten met de parasolblaadjes van Cacalia peltifolia *zijn ook zónder bloem énig om een trapje of andere vorm mee te belijnen. De in september/oktober verschijnende gele pompoenbloemetjes zijn eigenlijk niet eens nodig! Zó maakt mevrouw Greve klimop-spiralen in pot! Hier de* Hedera helix *'Golden Heart'. Onder: Bijna alle* Hosta*-soorten zijn verrassend makkelijk in pot te kweken. Bij zo'n rijke bladpruik is de lieflijke zacht lila bloei een tóegift! (Hier* Hosta undulata, *die bloeit van juli tot september.)!*

REGISTER OP KLEUR

GLOOMY

GROEN

ROZE/PASTEL PAARS/ROZE

SPANNENDE BASTEN

VLAMMENDE KLEUREN

WIT

OPLOSSING VAN UW TUINPROBLEEM

De laatste bladzijden van dit boek zijn ingeruimd voor een achttal tuintekeningen - een greep uit de ontwerpen en ontwerpjes die ik in de loop der jaren maakte. Daarbij heb ik uiteraard die plannen gekozen waaraan een zo groot mogelijk aantal mensen iets zou kunnen hebben - niet de gigantische tuinen die ik (gelukkig) ook af en toe mag maken, maar kleinere tuinen die veel voorkomende problemen naar voren brengen: hetzij de wat krappe maat, waarin toch van alles moet; hetzij door de moeilijke ligging op de zon; of door een uiterst merkwaardige vorm.
Niet dat ik nu het idee heb, dat hiermee alle tuinproblemen van de baan zijn, maar de tekeningen geven oplossingen die vrij vertaald kunnen worden en vormen die heel makkelijk vergroot en uitgebreid of juist verkleind en ingekrompen kunnen worden.
Het spreekt vanzelf, dat ik níet de voor de eigenaars speciaal gemaakte beplantingsschema's hierbij publiceer, maar nieuwe, voor dit boek samengestelde, in andere kleuren. Ook heb ik zo hier en daar de 'noordpijl' een andere richting gegeven, zodat een volledig andere beplanting is ontstaan: wat in het 'echt' zon krijgt ligt hier in de schaduw en omgekeerd. Natuurlijk kon ik dat niet doen, waar terrassen duidelijk op de zon getekend zijn.
In de kleinere stadstuin is er altijd het probleem van 'zon-op-het-terras' - uiteraard kan maar de hélft van de huizen de middagzon op het aan het huis grenzende terras hebben, de andere helft heeft die achterin de tuin. Twéé terrassen dus, één om te zonnen en één om te gebruiken als eet- en barbecue-plek. Bij mijn voorbeeld is er toevallig wel zon op het huis-terras, maar er was behoefte aan een schaduw-eetplek, waar de tafel permanent kan blijven staan en de boter niet binnen één minuut gesmolten van het schaaltje fietst... die functies kunnen uiteraard bij een andere ligging worden omgedraaid.
Het tweede ontwerp geeft een tuin met twee flinke terrassen, beide met behoorlijk zon. Zo'n oplossing kan plezierig zijn bij gezinnen met grotere kinderen - die kunnen dan op hun 'eigen' terras gesprekken voeren, terwijl ouders en eventuele bezoekers dat op het andere ook in alle rust kunnen doen.
De derde tuin geeft een tuin voor gezamenlijk gebruik - in dit geval twee eigenaren, maar het hadden er zelfs drie kunnen zijn met elk een eigen zitplek (de derde op het overdekte terras) met alle toch een redelijke mate van privacy. Het is een tuin met vrij veel verharding geworden, omdat in tuinen met hoge stadshuizen eromheen de zon nu eenmaal van het ene plekje naar het andere schuift en je elke straal wilt opvangen.
Een ontwerpje dat ook geschikt is om grotere kinderen hun eigen plek te geven - de maat kan ook makkelijk nog wat worden verkleind.
De pijpenla-tuin geeft een oplossing, waarbij het zon-ovaal naar wens kan worden verplaatst en de lengte ook heel makkelijk kan worden ingekrompen of juist uitgeschoven. Achter de strak vorm gegeven rozen-perken grote groepen zeer hoge planten, die fraai werken tegen de grijs geschilderde schutting.
Op bladzijde 169 een simpel plan met grote witte bloemperken waarin het goed plukken is en daarachter miniboomgaardjes met wat minder gebruikelijk fruit.
De ruiten-tuin daarna kan in elk formaat worden 'vertaald' arbeidsintensief om aan te leggen met al die paadjes, maar later fijn in het onderhoud, omdat je overal goed bij kunt.
Op bladzijde 171 een voorbeeld van de vaak uiterst vreemde maten die stadstuinen bij oudere huizen kunnen hebben... ooit een rijke eigenaar geweest die stukjes van minder bedeelde buren kocht?
De 'pleinentuin' geeft in rondingen wat de ruiten eerder deden: veel aanlegwerk - later gemak bij het werken. Het is een tuin voor de echte plantjes-gek geworden met hónderden soorten, waaronder heel bijzondere! Dit ontwerp laat zien, dat je met cirkels werkelijk álle kanten op kunt: via acht-bochten en krakelingen bereik je elke gewenste deur of uitgang! Ook hiervan zijn kleinere delen zómaar over te nemen... ik hoop écht dat er wat voor ú bruikbare oplossingen bij zijn!

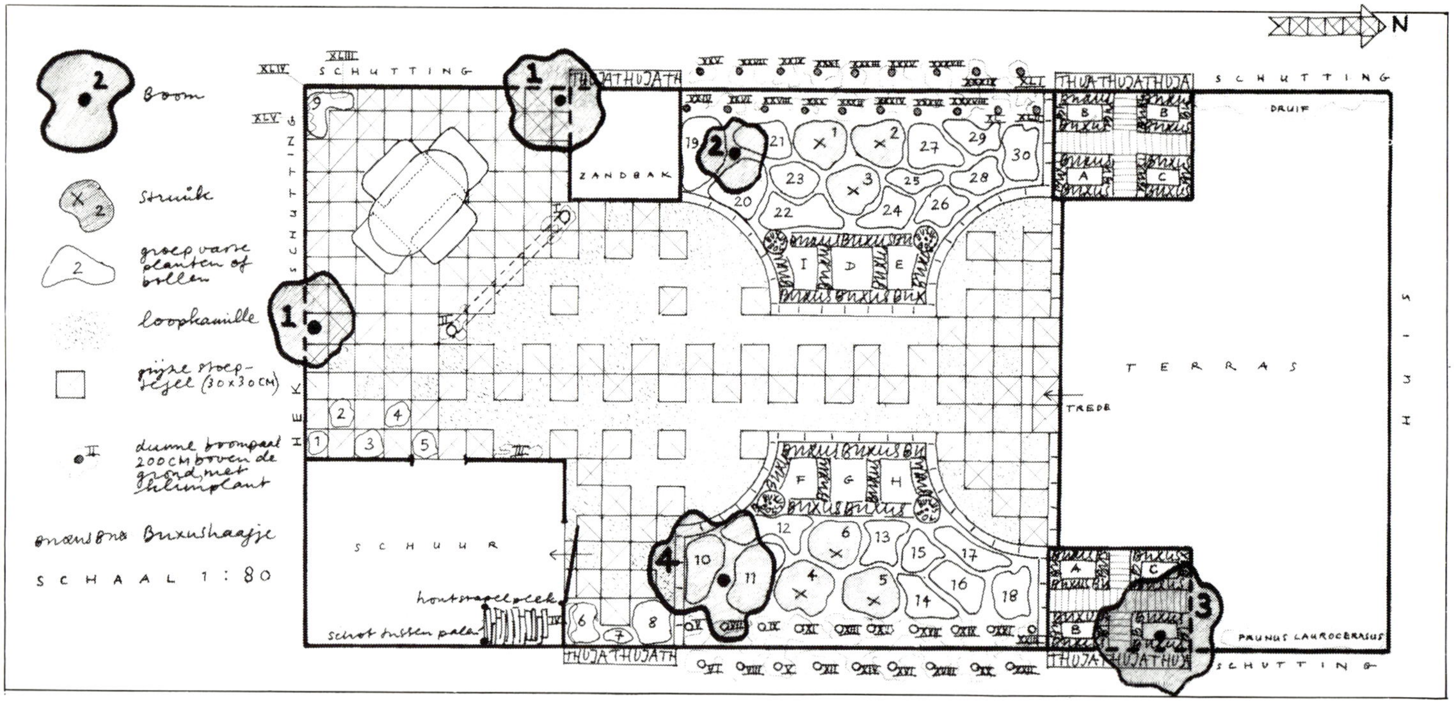

GEURTUIN IN PASTELTINTEN

Een niet zo heel grote stadstuin (5.8 x 11.5 m) met een aantal gegevens. Het zonterras tegen het huis, bestraat met stoeptegels en afgescheiden met stukken schutting en *Thuja*, met bij de keukendeur een paar *Prunus laurocerasus*, waartussen de vuilnisbak een plekje heeft. Het schuurtje was ook aanwezig en het achterpad uiteraard ook.
De wensen waren: achterin vrij zitten met een eetplek die permanent kan blijven staan, een zandbak en speelveldje, wat kruiden, een rozenpoortje en goede afscheiding overal met de buren.
In de tuin stonden een lijsterbes en een *Prunus*, die op verzoek gehandhaafd bleven. Maar voor het geurige beplantingsschema dat ik voor dit boek op deze tuin maakte zijn die vervangen.
Omdat in deze tuin ook kleine kindertjes lopen en er met fietsjes en steppen naar de schuur gelopen moet kunnen worden, heb ik het 'veldje' voorzien van afwisselend stoeptegels (aangegeven met een kruisje) en loopkamille (aangegeven met stippeltjes). De tegels op de meest intensief belopen delen en ook in een zigzaglijn op het 'pad' dat van terras naar hekje van achteringang loopt.
Het permanente achterterras werd ook bestraat met stoeptegels en langs twee zijden voorzien van een schutting. Het wordt aan de tuinkant 'geïllustreerd' met een rozenpoortje en van extra geur voorzien door twee knotbalsempopulieren op de hoeken van de schutting.
Achter de zandbak en bij de ingang van het schuurtje liet ik twee stukken *Thuja*-haag terugkomen. Tussen die twee stukken haag een afscheiding van 'pillars' met geurige klimplanten.
Het kruidendeel dat met twee rechthoeken het zonterras in steekt en dat voorlangs de twee bloem-plekken loopt, wordt begrensd met *Buxus*-haagjes, met eventueel *Buxus*-bollen op de hoeken.

BOMEN

1 - 2 x knot-balsempopulier
2 - *Prunus subhirtella* 'Autumnalis'
3 - *Clerodendrum trichotomum*
4 - *Magnolia hypoleuca*

STRUIKEN

1 - *Viburnum burkwoodii*
2 - *Abeliophyllum distichum*
3 - Roos 'Apricot Nectar'
4 - *Viburnum farreri*
5 - *Lonicera fragantissima*
6 - Roos 'Chaucer'

PLANTEN

1 - *Mentha piperita* var. *citrata*
2 - *Helleborus viridis*
3 - *Polygonum campanulatum*
4 - *Kirengeshoma palmata*
5 - *Tulipa sylvestris* + *Convallaria majalis*
6 - *Pachysandra terminalis*
7 - *Tiarella cordifolia*
8 - *Myrrhis odorata* + *Narcissus jonquilla*
9 - *Hosta sieboldiana* 'Glauca'
10 - *Smilacina racemosa*
11 - *Myrrhis odorata*
12 - *Hemerocallis flava* 'Corky'
13 - *Paeonia* 'Isani Gidui'
14 - *Oenothera pallida* of *albicaulis*
15 - *Lilium martagon causasicum*
16 - *Helleborus foetidus*
17 - *Acidanthera bicolor*
18 - *Cimicifuga racemosa*
19 - *Hesperis matrolalis* 'Alba'
20 - *Smilacina racemosa*
21 - *Acanthus hungaricus*
22 - *Alchemilla mollis*
23 - *Lilium* 'Everest'
24 - *Nicotiana alata* 'Daylight'
25 - *Lilium hansonii*
26 - *Iris aucheri*
27 - *Monarda didyma* 'Schneewittchen'
28 - *Agastache anisata*
29 - *Dictamnus albus* 'Purpureus'
30 - *Helleborus lividus* ssp. *corsicus*

KRUIDENTUINTJE

A - 2 x *Rosmarinus officinalis* (eventueel in potten in de haagjesplek geplaatst)
B - 4 x *Lavendula angustifolia*
C - 2 x Roos 'Perle d'Or' op stam, in bedjes *Galium odoratum*
D - *Hyssopus officinalis* 'Rosea'
E - *Ruta graveolens*
F - *Origanum vulgare*
G - *Levisticum officinale*
H - *Sanguisorba minor*
I - *Mentha viridus* (met graskantengolfplaat eromheen, zodat deze woekeraar niet de *Buxus* in vliegt.)

KLIMPLANTEN

I - Roos 'Paul's Lemon Pillar'
II - Roos 'Weddingday'
III - *Lonicera sempervirens* 'Sulphurea'
IV - Roos 'Mermaid'
V - *Hedera helix*
VI - *Rosa alba* 'Celestial'
VII - *Clematis montana*
VIII - *Hedera helix*
IX - *Lonicera periclymenum* 'Belgica'
X - *Rosa alba* 'Celestial'
XI - *Clematis flammula*
XII - *Hedera helix*
XIII - *Clematis chrysocoma*
XIV - *Lonicera japonica* 'Halliana'
XV - Roos 'Rambling Rector'
XVI - *Clematis montana* 'Alexander' of 'Alba'
XVII - *Hedera helix*
XVIII - *Akebia quinata*
XIX - *Clematis alpina* 'White Moth'
XX - *Hedera helix*
XXI - *Wisteria floribunda* 'Alba'
XXII - *Actinidia kolomicta*
XXIII - *Wisteria sinensis* 'Alba'
XXIV - *Lonicera henryi*
XXV - *Hedera helix*
XXVI - *Clematis montana* 'Alba'

XXVII - *Lonicera sempervirens* 'Sulphurea'
XXVIII - *Hedera helix*
XXIX - Roos 'Mermaid'
XXX - *Clematis serratifolia*
XXXI - *Hedera helix*
XXXII - *Actinidia melanandra* (man)
XXXIII - *Actinidia melanandra* (vrouw)
XXXIV - *Lonicera japonica* 'Halliana'
XXXV - *Hedera helix*
XXXVI - *Aristolochia clematitis*
XXXVII - *Clematis campaniflora*
XXXVIII - Roos 'Mermaid'
XXXIX - *Lonicera henryi*
XL - *Clematis* 'Duchess of Edinburgh'
XLI - *Wisteria sinensis* 'Alba'
XLII - *Wisteria floribunda* 'Alba'
XLIII - *Rosa alba* 'Semiplena'
XLIV - *Lonicera japonica* 'Halliana'
XLV - *Rosa alba* 'Semiplena'

IN ECHT BLAUW EN ZACHT GEEL

Een tuin (32,5 x 31 m) bij een nieuwbouw-huis, gebouwd op een terrein waar een bosje was. Aan de zon-zijde zijn die met toestemming door een enkeling gekapt en vervangen, aan de schaduwkant is een groot deel blijven staan. Twee flinke eiken, drie berken-op-een-klusje en de van omcirkelde cijfertjes (1 t/m 6) voorziene bomen aan de rechterkant.
De tuin is geheel omhaagd en langs die hagen een pad om het snoeien te vergemakkelijken. Die paden kunnen uitstekend van mulching zijn, met eventueel door de bloemvakken paden van loopkamille. Oprit, terrassen en paden naar de voordeur zijn volgens de aangegeven bestratingslijnen bestraat met klinkertjes.
Op het pleintje in de moes-kruidentuin een ornament en op het linker terras een halfronde vijver.

BOMEN

1 - *Catalpa bignonioides* 'Aurea'
2 en 3 - *Liriodendron tulipifera* 'Fastigiata'
4 - *Ulmus* x *hollandica* 'Wredei'
5 - *Paulownia tomentosa*
6 - *Cornus controversa*
7 - *Populus balsamifera* var. *balsamifera*
8 - *Sorbus aria* 'Lutescens'
9 - *Pyrus salicifolia* 'Pendula' (niet geënt)
10 - *Fagus sylvatica* 'Fastigiata'
11 - *Prunus subhirtella* 'Autumnalis'
12/13/14 - *Robinia pseudoacacia* 'Frisia'
15 - Magnolia hypoleuca
16 - *Populus balsamifera* var. *balsamifera*

STRUIKEN

1 - *Chimonanthus praecox* 'Luteus'
2 - *Corylopsis pauciflora*
3 - *Corcus nutalii* 'Goldspot'
4 - *Ribes odoratum*
5 - 2 x Roos 'Apricot Nectar'
6 - *Cytisus* x *praecox*
7 - *Cornus nutalii* 'Goldspot'
8 - *Forthergilla gardenii*
9 - *Weigelia middendorffiana*
10 - *Stachyurus praecox*
11 en 12 - Roos 'Buff Beauty'
13 - *Hibiscus syriacus* 'Oiseau Bleu'
14 - 2 x Roos 'Blue Moon' of 'Nil Bleu'
15 en 16 - *Ceratostigma plumbaginoides*
17/18/19 - *Perovskia atriplicifolia* 'Blue Spire'
20/21/22 - *Hydrangea macrophylla* ssp. *serrata*
23/24/25 - *Ceanothus* 'Gloire de Versailles'
26 - *Elaeagnus ebbingei*
27/28/29 - *Elaeagnus ebbingei*
30/31/32 - *Hydrangea macrophylla* 'Blue Wave'
33/34/35 - *Cornus stolonifera* 'Flaviramea'
36/37/38 - *Mahonia bealei*
39/40/41 - *Cornus mas*

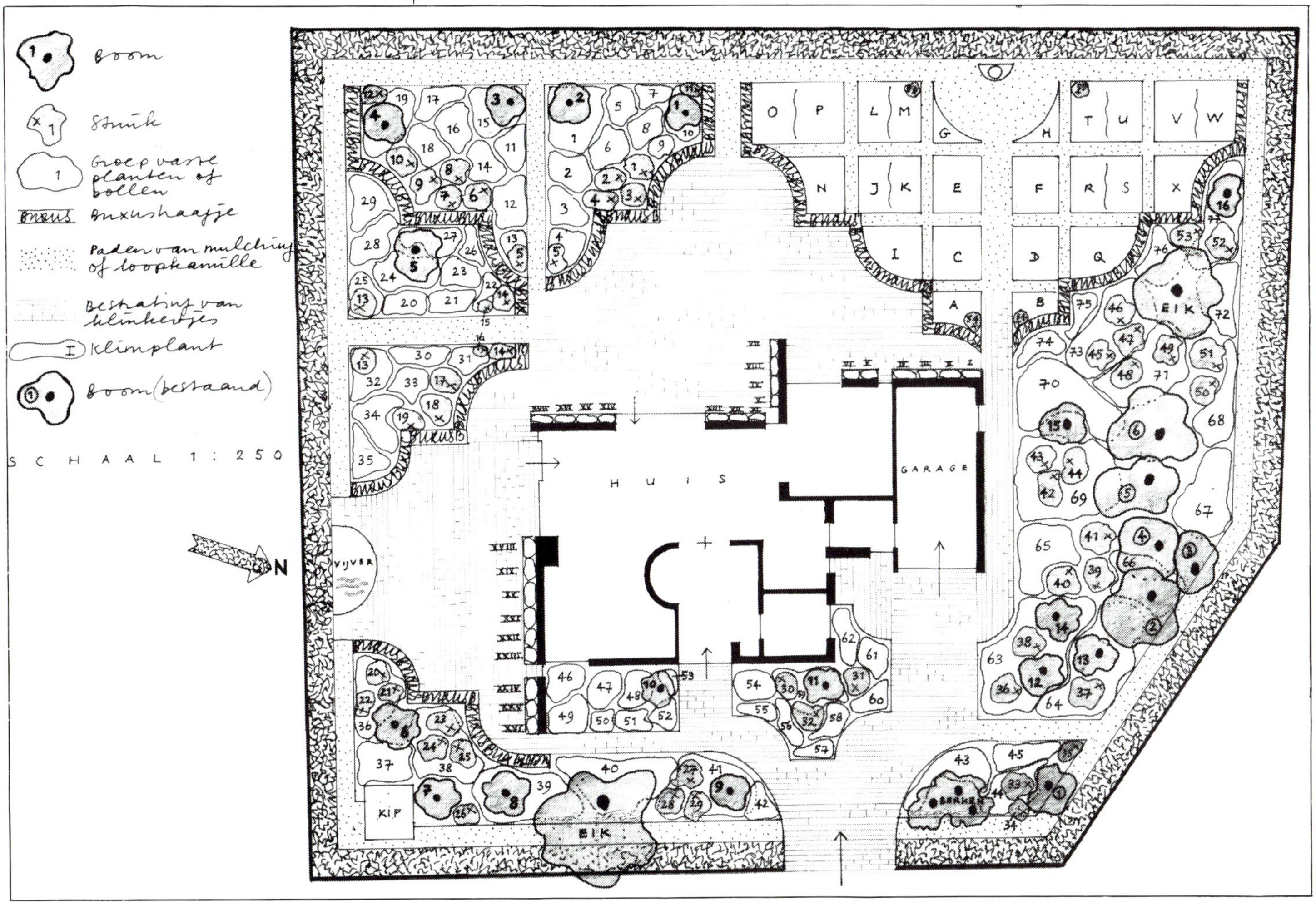

42 - *Forsythia* x *intermedia* 'Primulina'
43 - *Rhododendron luteum*
44 - *Rhododendron molle* (oersoort geel, geurend)
45 - *Weigelia middendorffiana*
46 - *Syringa pekinensis*
47 - *Alnus glutinosa* 'Aurea'
48 - *Hamamelis mollis*
49 - *Cornus* 'Eddie's White Wonder'
50 en 51 - *Cornus stolonifera* 'Flaviramea'
52 en 53 - *Rhus aromatica*
54 - 2 x Kruisbes op stam
55 en 56 - *Morus nigra*

PLANTEN
1 - *Asarina procumbens*
2 - *Hemerocallis flava* 'Corky'
3 - *Helleborus orientalis* 'Kochii'
4 - *Pulsatilla alpina* 'Sulphurea'
5 - *Lilium pyrenaicum*
6 - *Aquilegia chrysantha* 'Yellow Queen'
7 - *Epimedium peralderanum* 'Frohleiten'
8 - *Fritillaria imperialis* 'Lutea'
9 - *Phlomis samia*
10 - *Thermopsis lanceolata*
11 - *Iris aucheri*
12 - *Polemonium pauciflorum*
13 - *Anaphalis triplinervis* 'Schwefellicht'
14 - *Paeonia mlokosewitschii*
15 - *Incarvillea sinensis*
16 - *Iris*-Germanica-Hybriden 'Lemon Mist'
17 - *Anemone multifida*
18 - *Asphodeline lutea*
19 - *Oenothera missouriensis*
20 - *Houstonia caerulea*
21 - *Aquilegia*-Hybriden 'Mini Star'
22 - *Aster ericoides* 'Blue Star'
23 - *Camassia cusickii*
24 - *Codonopsis cardiophylla*
25 - *Iris hoogiana*
26 - *Delphinium*-Hybriden 'Völkerfrieden'
27 - *Lobelia siphilitica* 'Blaue Auslese'
28 - *Mertensia virginica*
29 - *Agastache anisata*
30 - *Codonopsis ovata*
31 - *Borago laxiflora*
32 - *Linum perenne*
33 - *Allium caeruleum*
34 - *Primula capitata*
35 - *Geranium pratense* 'Plenum Caeruleum'
36 - *Myosotis sylvatica*
37 - *Omphalodes verna*
38 - *Vinca minor*
39 - *Pulmonaria angustifolia*
40 - *Omphalodes cappadocica*
41 - *Myosotis sylvatica*
42 - *Hosta sieboldiana* 'Glauca'
43 - *Scilla bifolia*
44 - *Omphalodes verna*
45 - *Brunnera macrophylla*
46 - *Mertensia sibirica*
47 - *Hyacinthoides hispanica*
48 - *Omphalodes verna*
49 - *Myosotis sylvatica*
50 - *Iris reticulata* 'Blue Veil'
51 - *Pulmonaria angustifolia*
52 - *Scilla mischtschenkoana*
53 - *Hosta sieboldiana* 'Glauca'
54 - *Hosta sieboldiana* 'Glauca'
55 - *Crocus vernus* 'Queen of the Blues'
56 - *Iris reticulata* 'Harmony'
57 - *Veronica incana*
58 - *Ajuga reptans*
59 - *Pulmonaria angustifolia*
60 - *Omphalodes verna*
61 - *Anemone nemerosa* 'Royal Blue'
62 - *Vinca minor*
63 - *Cytisus procumbens*
64 - *Digitalis grandiflora* 'Temple Bells'
65 - *Rodgersia purdomii*
66 - *Lamiastrum galeobdolon*
67 - *Rodgersia aescucifolia*
68 - *Digitalis grandiflora* 'Temple Bells'
69 - *Lamiastrum galeobdolon*
70 - *Allium flavum* plus toefen *Narcissus jonquilla*' Baby Moon'
71 - *Lamiastrum galeobdolon*
72 - *Digitalis grandiflora* 'Temple Bells'
73 - *Aruncus dioicus*
74 - *Tulipa sylvestris*
75 - *Eremurus bungei*
76 - *Aconitum lycoctonum* var. *pyrenaicum*
77 - *Lamiastrum galeobdolon*

IN DE VIJVER
Pontaderia cordata is de enige bloeiende waterplant. Daarbij: *Nymphaea moorii*, *Calla palustris* en *Orontium aquaticum*. Plús de zuurstofplanten die vermeld staan op bladzijde 19.

KRUIDEN EN EEN GREEPJE GROENTEN
A - *Levisticum officinale* in het midden met rondom peterselie
B - *Levisticum officinale* in het midden met rondom selderij
C - *Salvia officinalis*
D - *Lavandula angustifolia*
E - *Hyssopus officinalis*
F - *Mentha viridis* plus *Mentha* x *piperita* var. *citrata*
G - *Thymus* x *citriodorus* als veldje met daarin toefen *Thymus vulgaris*
H - *Thymus* x *citriodorus* als veldje met daarin toefen *Thymus vulgaris*
I - *Myrrhis odorata*
J - *Rumex acetosa*
K - *Ruta graveolens*
L - Gele tomaten ('Golden Sunrise')
M - Broccoli wit
N - Pompoenen 'Centenaar'
O - Snijbiet 'Lucullus'
P - Courgette-soorten
Q - *Angelica archangelica*
R - *Allium schoenoprasum*
S - *Sanguisorba minor*
T - Broccoli 'Purple Sproutint'
U - Kerstomaatjes ('Gardener's Delight')
V - Prei
W - Snijbiet 'Rhubarb Chard'
X - 'Spaghetti'-pompoenen

KLIMPLANTEN
I - *Jasminum nudiflorum*
II - *Aristolochia clematitis*
III - *Lonicera henryi*
IV - Roos 'Mermaid'
V - *Eccremocarpus* 'Aureus'
VI - *Lonicera japonica* 'Halliana'
VII - *Campsis radicans* 'Flava'
in rand *Euphorbia polychroma*
VIII - *Clematis* 'Bill Mackenzie'
IX - *Lonicera* x *americana*
X - *Rosa banksiae* 'Lutescens'
in rand *Euphorbia myrsinites*
XI - *Wisteria floribunda* 'Peaches & Cream'
XII - *Clematis rehderiana*
XIII - *Clematis* 'Yellow Queen'
XIV - *Clematis* 'Duchess of Edinburgh'
XV - *Clematis serratifolia*
XVI - Roos 'Paul's Lemon Pillar'
XVII - *Lonicera sempervirens* 'Sulphurea'
in rand *Alchemilla mollis*
XVIII - *Clematis heracleifolia* 'Robert Brydon'
XIX - *Wisteris sinensis*
XX - *Clematis campaniflo*
XXI - *Passiflora caerula*
XXII - *Clematis integrifolia* 'Olgae'
XXIII - *Clematis floribunda*
XXIV - *Clematis macropetala*
XXV - *Clematis alpina* 'Columbine'
XXVI - *Clematis heracelifolia* 'Robert Brydon'

BINNENTUIN MET BLADCONTRASTEN

In de Amsterdamse binnenstad kunnen de achtertuinen soms verrassend van formaat zijn, vooral bij de panden tussen twee grachten is vaak meer ruimte dan je aan de straatkant zou vermoeden en zeker als die panden nog zijn doorgebroken. Dit ontwerp maakte ik voor mensen die bovendien de tuinen hebben samengevoegd, tot één ruim geheel (18 x 23 m), waarin weer wel wat scheiding moest komen, zodat de buiten-eetplekken privacy hebben. Uiteraard zijn de overliggende huizen hoog, ochtend- en avondzon kunnen niet vrijelijk en langdurig opgevangen worden. De tussenbouw is echter laag, met een plat dak, zodat de middagzon haar gang kan gaan.
Aan de vierde zijde wordt de tuin begrensd door een 2 1/2 m hoge muur, waardoor ik drie op hoogstam geënte bol-*Catalpa*'s zette. Aanwezig waren de vijver, een flink stuk tegels, die werden hergebruikt en verlevendigd met op vorm bestrate klinkerpaden, die de lijnen accentueren. Uiteraard was ook het overdekte terras aan de vijverzijde (laagbouw) een gegeven waaraan niet werd getornd.
Een manshoge *Taxus*-haag geeft de gevraagde afscherming rondom het eetterras van de ene bewoner, maar zorgt uiteraard voor meer schaduw. Daar er meer dan genoeg planten zijn die met flink wat schaduw genoegen nemen is dat geen probleem.
Voor dit boek maakte ik een beplantingsschema met veel fraaie bladcontrasten: aan de zonzijde in rozige tinten - aan de schaduwkant in gelig en wit.
Het overdekte terras krijgt extra privacy door twee groepen wintergroene fijnbladige bamboe (*Sinarundinaria murielae*) - het uitzicht over de vijver blijft echter vrij.

BOMEN
1 - 2 x morel (*Prunus cerasus*) in vakken, gevuld met tongvaren (*Phyllitis scolopendrium*)
2 - 3 x bol-*Catalpa* (*Catalpa bignonioides* 'Globosa'). Golfplaat diep in de grond steken, zodat de wortels de muur niet kunnen beschadigen.
3 - *Prunus subhirtella* 'Autumnalis' met voor zomerbloei een *Clematis tangutica* erdoor.
4 - *Liriodendron tulipifera* 'Fastigiata' - een slanke zuilvorm van de tulpenboom.

STRUIKEN
1 - 3 x *Rhododendron yakushimanum*
2 - 3 x *Rhodotypos scandens*
3 - 4 x *Osmanthus* x *burkwoodii*
4 - *Hypericum androsaemum*
5 - *Viburnum davidii*
6 - *Lonicera fragrantissima*
7 - *Camellia sasanqua*
8 - *Ribis alpinum*
9 - *Phillyrea decora*
10 - *Viburnum farreri*
11 - *Elaeagnus ebbingei*
12 - *Leycesteria formosa*
13 - *Viburnum carlesii*
14 - *Kolkwitzia amabilis*

PLANTEN
1 en 2 - (bij groep klimplanten en onder zuil-tulpenboom) *Hosta sieboldiana* 'Francis Williams'

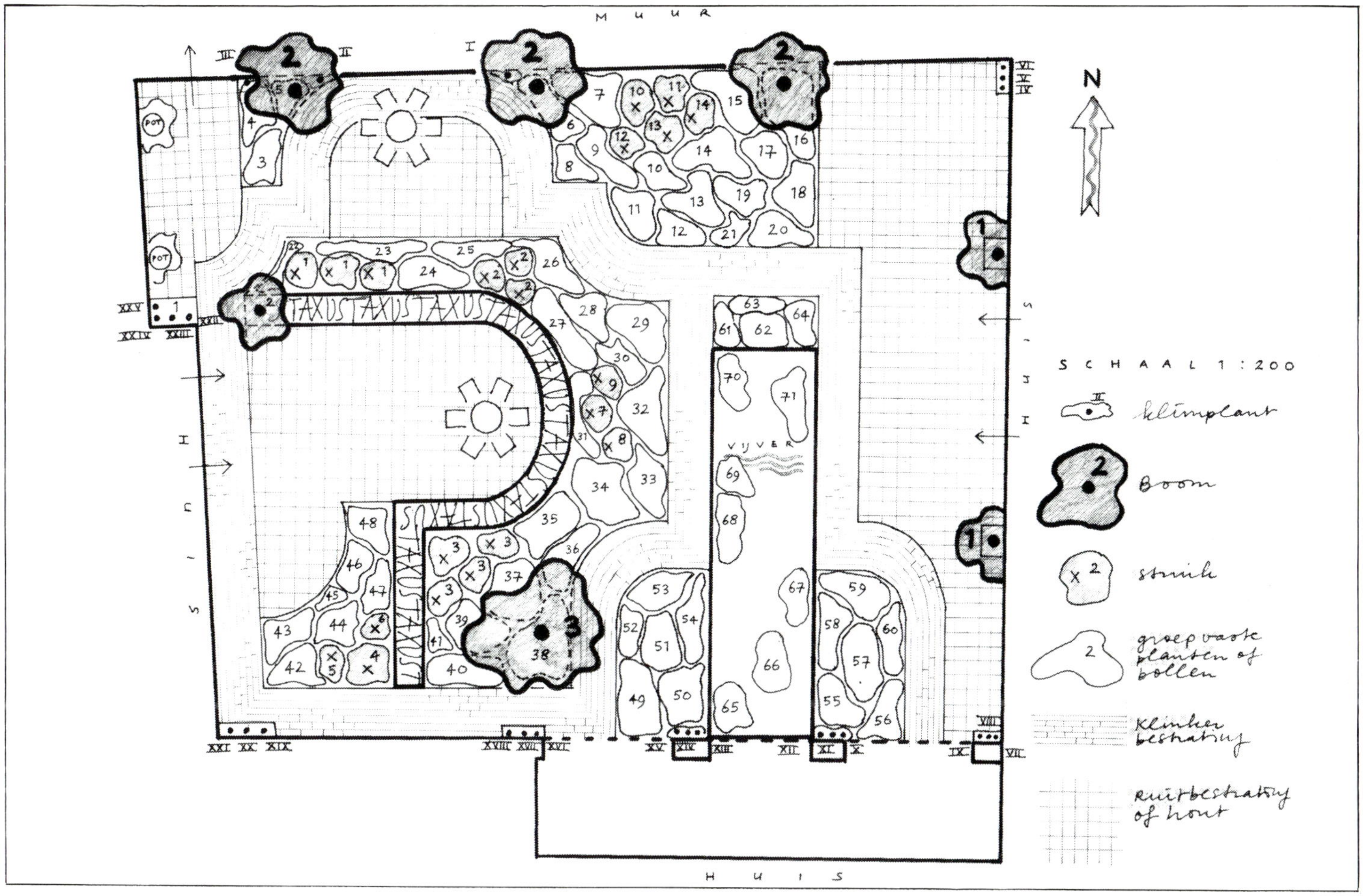

3 - *Bergenia crassiflora* 'Autumn Red'
4 - *Euphorbia characias* ssp. *wulfenii*
5 - *Astrantia major* 'Rosea'
6 - *Hosta decorata* 'Betsy King'
7 - *Rheum palmatum*
8 - *Arisaema candidissima*
9 - *Bergenia*-Hybriden 'Ballawley'
10 - *Platycoden grandiflorum* 'Perlmutterschale'
11 - *Plantago major* 'Rubrifolia'
12 - *Anemone narcissiflora*
13 - *Symphitum* x *uplandicum*
14 - *Salvia sclarea*
15 - *Macleaya cordata*, met aan kant 16 driemaal *Eremurus robustus*
16 - *Acanthus mollis*
17 - *Crambe orientalis*
18 - *Hosta sieboldiana* 'Glauca'
19 - *Lilium martagon*
20 - *Limonium latifolium*
21 - *Allium karataviense*
22 - *Hosta plantaginea* 'Grandiflora'
23 - *Hosta* x *undulata* 'Mediovariegata'
24 - *Tellima grandiflora* 'Purpurea'
25 - *Epimedium* x *rubrum*
26 - *Rubus tricolor*
27 - *Astilboides tabularis*
28 - *Hosta longissima*
29 - *Crambe maritima*
30 - *Helleborus* x *sternii*
31 - *Digitalis purpurea* 'Alba'
32 - *Podophyllum peltatum*
33 - *Cyclamen hederifolium* 'Album'
34 - *Tellima grandiflora*
35 - *Hosta montana* (syn. *elata*)
36 - *Plantago major* 'Rosularis'
37 - *Pachysandra terminalis*
38 - *Tiarella cordifolia*
39 - *Arum italicum*
40 - *Hosta* x *fortunei* 'Obscura'
41 - *Lilium candidum*
42 - *Hosta* x *fortunei* 'Aurea'
43 - *Kirengeshoma palmata*
44 - *Rodgersia purdomii*
45 - *Trillium grandiflorum*
46 - *Allium triquetrum*
47 - *Dryopteris erytrhosora*
48 - *Actaea pachypoda*
49 - *Euphorbia polychroma*
50 - *Sinarundinaria murielae*
51 - *Gentiana lutea*
52 - *Fritillaria meleagris* 'Alba
53 - *Alchemilla mollis*
54 - *Primula florindae*
55 - *Sinarundinaria murielae*
56 - *Lysichiton americanus*
57 - *Filipendula ulmarea*
58 - *Primula bulleyana*
59 - *Epimedium* x *versicolor* 'Sulphureum'
60 - *Bergenia*-Hybriden 'Silberlicht'
61 - *Parnassia palustris*
62 - *Thelipteris palustris*
63 - *Euphorbia myrsinites*
64 - *Lysichiton camtschatcensis*
65 - *Acorus calamus*
66 - *Nymphaea moorei*
67 - *Tipha minima*
68 - *Sagittaria sagittifolia*
69 - *Menyanthes trifoliata*
70 - *Aponogeton distachyus*
71 - *Nymphaea tuberosa* 'Richardsonii'
Plús zuurstofplanten van bladzijde 19.

KLIMPLANTEN

I en II - *Wisteria sinensis* 'Rosea' en *Wisteria floribunda* 'Pink Ice' in 'poortvorm' geleid achter eetplek tegen de muur
III - *Rosea filipes* 'Kiftsgate' om over het uitgebouwde schuurtje bij de achterdoorgang te laten wolken
IV - *Clematis montana*
V - *Akebia quinata*
VI - *Wisteria sinensis* 'Rosea'
VII - *Hedera helix*
VIII - *Clematis tangutica*
IX - *Clematis montana* 'Alba' of 'Alexander'
X - *Lonicera henryi*
XI - *Lonicera japonica* 'Halliana'
XII - Roos 'Mermaid'
XIII - Roos 'Mermaid'
XIV - *Lonicera japonica* 'Halliana'
XV - *Lonicera henryi*
XVI - *Hedera helix*
XVII - *Clematis tangutica*
XVIII - *Clematis montana* 'Alba' of 'Alexander'
XIX - *Hydrangea anomala* ssp. *petiolaris*
XX - Roos 'Mermaid'
XXI - *Hedera helix*
XXII - *Clematis montana*
XXIII - *Rosa alba* 'Celestial'
XXIV - *Clematimacropetala* 'Markham's Pink'
XXV - *Lonicera japonica* 'Halliana'

In de potten bij de tegen een blinde muur gemaakte fakedeuren kunnen twee grote kuipen met *Pittosporum tobira* in deze beschutte tuin heel lang buiten staan.

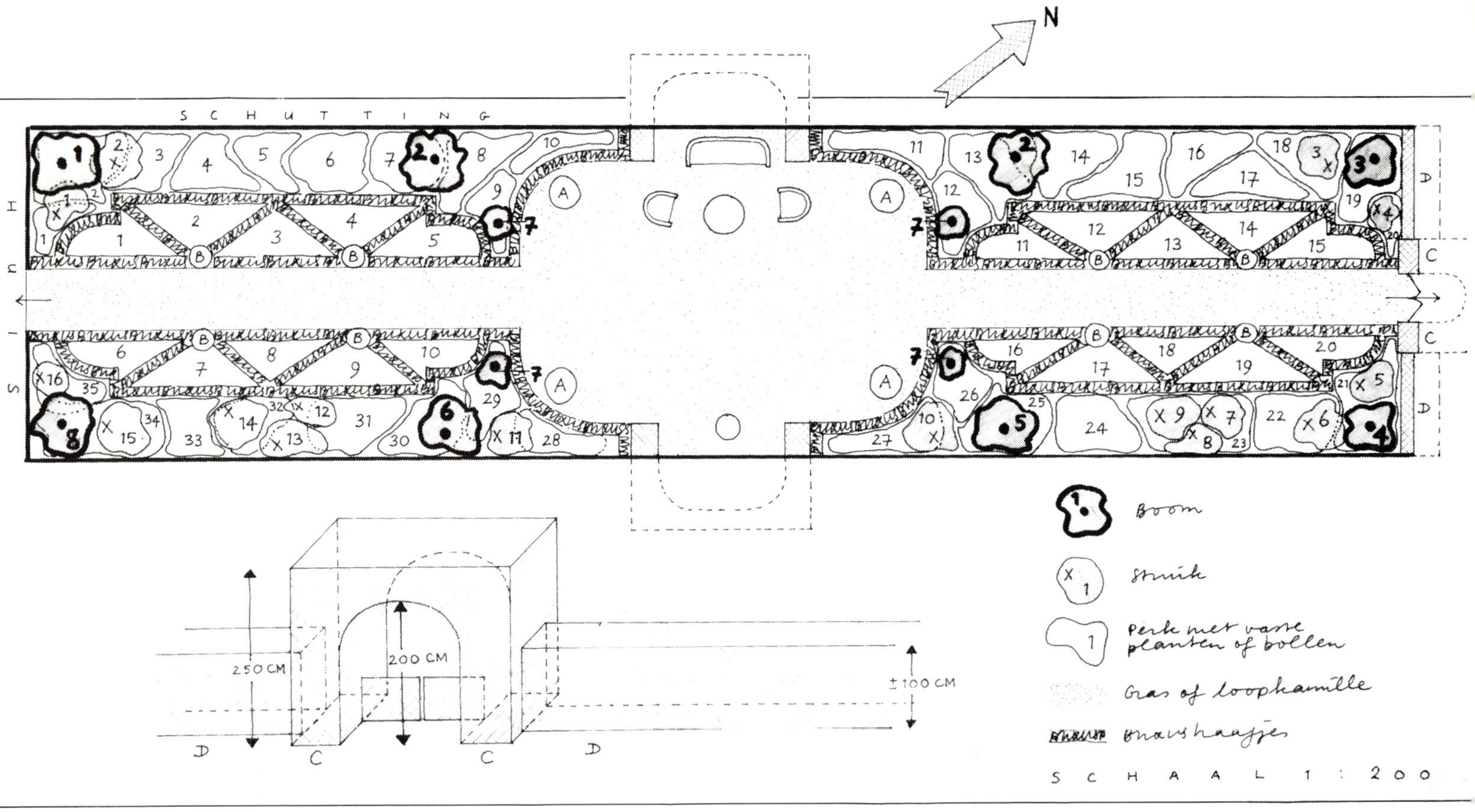

EEN PIJPENLA VOL ROZIG ZILVER

De zéér gerekte vorm van deze tuin (9 x 40 m!) wordt onderbroken door het ovale zitplein in het zon-hart. Het is uiterst eenvoudig om dit gegeven naar wens in te korten of zelfs zo te verlengen tot het eigen tuinformaat.

De tuin was aan weerszijden omgeven met schuttingen die voor deze aanplant in zilver en pastelroze in een mooie diepe toon grijs werden geschilderd. Bij het plein twee gaaspoorten, een met een zitje en een met een ornament. Aan het einde van de tuin, waar de achteringang is, een constructie van buis en gaas, die duidelijk uitgetekend is. De drie poorten en de begrenzing aan het einde geheel laten begroeien met *Hedera helix* 'Glacier' en *Vitis vinifera* 'Incana', die beide zilverbladig zijn. Daarbij de allerliefste en geurige roos 'Paul's Himalayan Rambler'.

Paden en plein zijn volgeplant met loopkamille (Anthemis nobilis 'Trenaegue') en omdat dat in deze beschutte tuin kon hier en daar plekjes loop-munt (*Mentha requienii*), die een heel sterke kruidige pepermuntgeur toevoegt.

De rozenperken en de vorm van het zon-plein zijn geaccentueerd met *Buxus*-haagjes. Op de raakpunten langs het pad mooie dikke *Buxus*-bollen. Ik vind dat een beetje groene vastigheid wel mag tussen al dat lieflijk zilver en roze, maar wie het zilver wil doorvoeren kan ook haagjes van lavendel of *Artemisia abrotanum* nemen. De eerste geeft véél meer snoeiwerk, de tweede is 's winters níet zilver.

BOMEN

1 en 8 - *Cornus controversa*
2 - 2 x *Pyrus salicifolia* 'Pendula', niet geënt, treurend tot aan de voet
3 en 4 - *Sorbus aria* 'Lutescens'
5 en 6 - *Robinia fertilis* 'Monument'
7 - 4 x Roos 'New Dawn' op hoogstam

STRUIKEN

1 - *Osmanthus* x *burkwoodii*
2 - *Elaeagnus ebbingei*
3 - *Viburnum burkwoodii*
4 - *Buddleja alternifolia*
5 - *Buddleja alternifolia*
6 - *Viburnum burkwoodii*
7 - *Cytisus praecox* 'Zeelandia'
8 - *Elaeagnus ebbingei*
9 - *Philadelphus*-Hybriden 'Etoile Rose'
10 - *Abeliophyllum distichum*
11 - " "
12 - *Physocarpus capitatus*
13 - *Elaeagnus ebbingei*
14 - *Deutzia* x *elegantissima*
15 - *Elaeagnus ebbingei*
16 - *Osmanthus* x *burkwoodii*

ROZEN-PERKEN

1 - Roos 'Ophelia'
2 - Roos 'Félicité Parmentier'
3 - Roos 'The Fairy' met in het midden één exemplaar op laagstam
4 - Roos 'De Meaux'
5 - Roos 'Chaucer'
6 - Roos 'Ophelia'
7 - Roos 'Félicité Parmentier'
8 - Roos 'The Fairy' met in het midden één exemplaar op laagstam
9 - Roos 'De Meaux'
10 - Roos 'Chaucer'
11 - Roos 'Chaucer'
12 - Roos 'The Wife of Bath'
13 - Roos 'La France' met in het midden één exemplaar op laagstam
14 - Roos 'Dainty Bess'
15 - *Rosa roxburghii*
16 - Roos 'Chaucer'
17 - Roos 'The Wife of Bath'
18 - Roos 'La France' met in het midden één exemplaar op laagstam
19 - Roos 'Dainty Bess'
20 - *Rosa roxburghii*

Alle rozenbedden volplanten met een zilveren 'vloerbedekking' in de vorm van *Stachys byzantina* 'Silver Carpet'.

PLANTEN

1 - *Artemisia ludoviciana*
2 - *Polygonum campanulatum*
3 - *Macleaya cordata*
4 - *Rheum palmatum*
5 - *Salvia sclarea*
6 - *Acanthus mollis*
7 - *Leonorus cardiaca*
8 - *Astrantia maxima*
9 - *Artemisia canescans*
10 - *Artemisia purshiana*
11 - *Artemisia latiloba* 'Vallerie Finnis'
12 - *Artemisia canescens*
13 - *Allium christophii*
14 - *Impatiens glandulifera*
15 - *Eremurus robustus*
16 - *Onopordum acanthium*
17 - *Salvia sclarea*
18 - *Digitalis purpurea* 'Apricot'
19 - *Hosta elata* (syn. *montana*)
20 - *Artemisia* 'Silver Queen'
21 - *Artemisia* 'Silver Queen'
22 - *Centranthus ruber* 'Roseus'
23 - *Digitalis purpurea* 'Apricot'
24 - *Circium rivulare* 'Atropurpureum'
25 - *Mentha longifolia* 'Buddleja'
26 - *Artemisia canescens*
27 - *Astrantia major* 'Sunningdale Variegata'
28 - *Artemisia absinthium* 'Lambrook Silver'
29 - *Arteisia canescens*
30 - *Papaver orientale* 'Cedric's Pink'
31 - *Rodgersia pinnata* 'Superba'
32 - *Digitalis purpurea* 'Apricot'
33 - *Dipsacus sativus*
34 - *Mentha longifolia* 'Buddleja'
35 - *Artemisia ludoviciana*

EEN WEIDETUIN IN WIT

Gegeven waren een fraaie hoge muur aan de noordkant, de mooie maat van de tuin: 30 m over de volle breedte van het huis en 20 m diep én een heel fraaie pergola van 5 x 3.5 m die in het bezit is van de eigenaar.
De wens was een witte tuin, waarin goed geplukt kon worden, simpel van vorm en liefst een beetje 'landelijk' met wat bijzonder fruit erin.
Voor de grote ramen van het huis kwamen twee flinke tuinbanken (zie afbeelding op bladzijde 149 rechtsboven), ze worden nog steeds gemaakt naar ontwerp van architect Lutyens en zijn verkrijgbaar o.a. via Axel Vervoordt, 's-Gravenwezel. Vanuit die banken uitzicht op de twee flinke bloemperken van 12 x 9 m.
De kruislijnen in deze perken zijn aangegeven met 'haagjes' van wijnruit (*Ruta graveolens*) en de cirkelvorm met de heel bijzondere witte hysop (*Hyssopus officinalis* 'Albus'), die bij Bloemenhoek in de Bilt verkrijgbaar is.
In het centrum van deze perken een *Pyrus salicifolia* 'Pendula', hoogstam in bedjes *Tiarelle cordifolia*.
De twee stukjes 'boomgaard' zijn begroeid met een weitje waarin veel witte klaver (*Trifolium repens*) en mássa's witte voorjaarsbolletjes: sneeuwklokjes, bosanemoontjes (*Anemone nemerosa*), witte *Crocus* 'Jeanne d'Arc', witte boshyacintjes, *Crocus chrysanthus* 'Snow Beauty', *Chionodoxa gigantea* 'Alba', *Narcissus canaliculatus*, *Allium ursinum* en de wat hogere *Allium subhirsutum*.

TEGEN DE PERGOLA

2 x Roos 'Weddingday'
2 x *Rosa alba* 'Semiplena'
2 x *Clematis flammula*
2 x *Clematis montana* 'Alba' of 'Alexander'
2 x *Lonicera japonica* 'Halliana'
2 x *Wisteria floribunda* 'Alba'
2 x *Wisteria sinensis* 'Alba'
Tegen de oude muur áchter de pergola een groep kiwi's (*Actinidia chinensis*) - 1 heer en drie dames.

BOMEN

A - 6 x abrikoos (*Prunus armeniaca*) - op hoogstam geënt
B - 8 x mispel (*Mespilus germanica*) - de vruchttakken óók mooi in boeketten
C - 6 x kweepeer (*Cydonia oblonga* 'Champion') op laagstam geëent.
Voor het 'bijzondere fruit' heb ik uiteraard de wit bloeiende soorten gekozen; het heel zacht roze blosje van de kweepeerbloesem detoneert daarbij niet.

PLANTEN

1 - *Papaver orientale* 'Perry's White'
2 - *Reseda odorata* 'Alba'
3 - *Asphodelus albus*
4 - *Campanula persicifolia* 'Alba' + *Campanula latifolia* 'Alba'
5 - *Hesperis matronalis* 'Alba'
6 - *Lilium auratum* op een bedje *Convallaria majalis*
7 - *Agapanthus umbellatus* 'Albus'
8 - *Viola septentrionalis* 'Frackless' (wit met lila stipjes bij v.d.K.E.) en *Viola odorata* 'Alba'
9 - *Campanula pusilla* 'Alba
10 - *Dicentra eximea* 'Alba'
11 - *Campanula alliariifolia*
12 - *Aster divaricatus* met een paar toefen Lilium martagon 'Album'
13 - *Lysimachia ephemerum* + *Veronica exaltata*
14 - *Morina longifolia*
15 - *Astrantia major* Sunningdale Variegata'
16 - *Aquilegia* 'Silver Queen'
17 - *Primula* 'Potsford White'
18 - *Campanula barbata* 'Alba'
19 - Witte vergeetmijnietjes + *Tricyrtis hirta* 'Alba'
20 - *Dicentra spectabilis* 'Alba' + *Iris magnifica*
21 - *Anemone narcissiflora*
22 - *Gillenia trifoliata*
23 - *Campanula persicifolia* 'Alba' + *Campanula latifolia* 'Alba'
24 - Paeonia obovata
25 - *Anemone japonica* 'Honorine Jobert'
26 - *Thalictrum javanicum*
27 - *Bergenia* 'Silberlicht' met toefjes *Narcissus canaliculatus*
28 - *Primula* 'Potsford White'
29 - *Ajuga pyramidalis*
30 - *Eomecon chionantha*
31 - *Lysimachia clethroides*
32 - *Smilacina racemosa* + *Lilium candidum*
33 - *Gentiana* 'Bhutan'
34 - *Caulophyllum thalictroides*
35 - *Aster tradescantii*
36 - *Artemisia schmidtiana* 'Nana' met toefjes *Tulipa turkestanica*
37 - *Cornus canadensis*
38 -*Anemone sylvestris*
39 en 40 Cirkels vullen met *Tiarella cordifolia*
De hagen ter weerszijde zijn halfhoog, zodat voldoende zon in de tuin valt - ook het huis telt slechts één woonlaag met een zolderverdieping erboven.

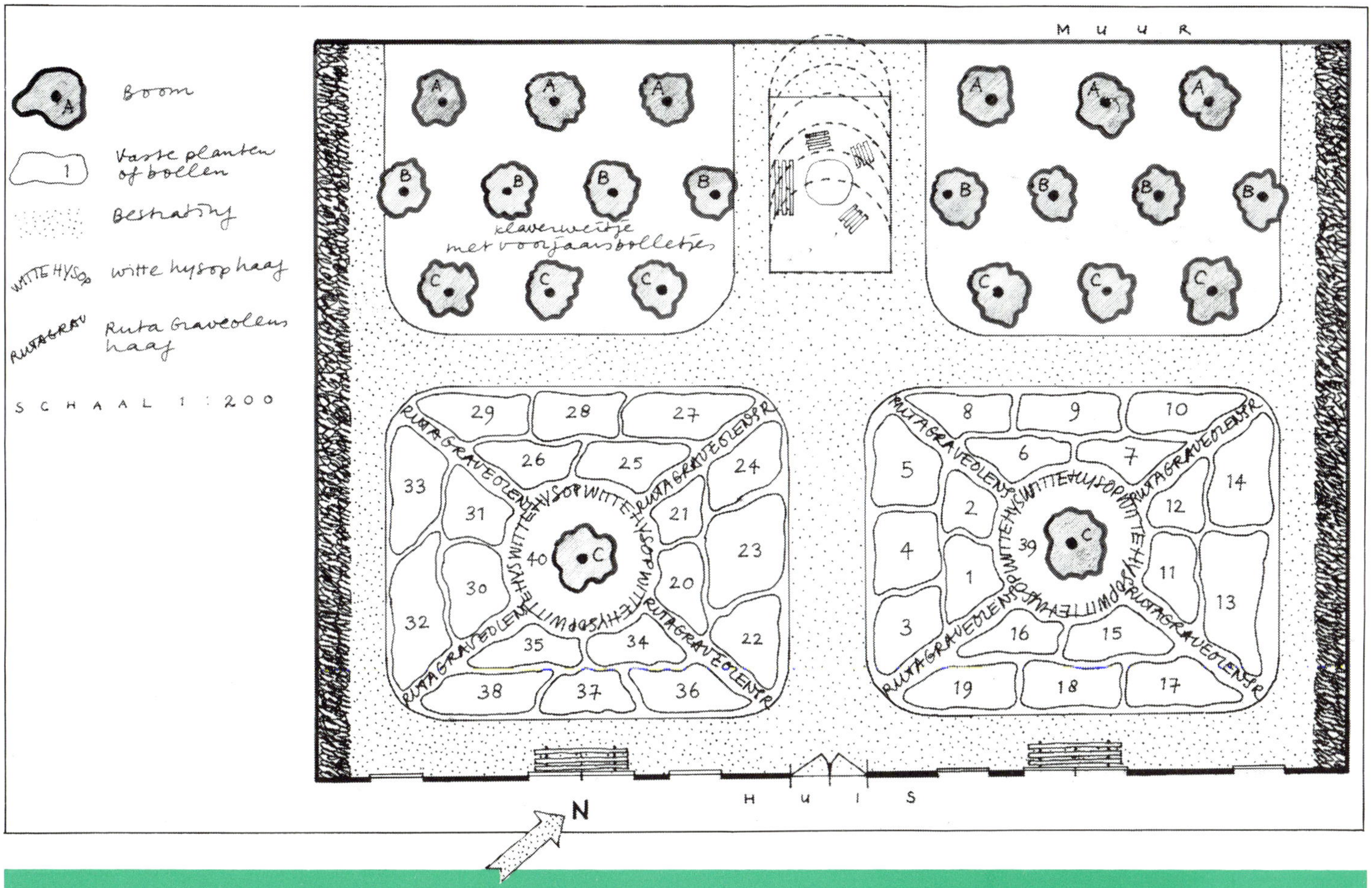

EEN RUITENTUIN MET KRUIDEN

Een ontwerpje dat op veel manieren 'vertaald' kan worden. Het kan bij een oud V-vormig gebouwd huis dat in tweeën gesplitst bewoond wordt, maar dat een centrale ingang heeft en een gezamenlijk gebruikte zitplek. Het past ook bij een praktijkhuis, met aan één zijde de woonvleugel en aan de andere kant het deel waar het beroep wordt uitgeoefend. Met een wat kleinere maatvoering (deze tuin is 16.5 x 17 m met aan weerskanten een uitstulping) kan het ruitjespatroon ook in een patio of binnentuin worden toegepast.

De paden en de driehoeken tegen het huis kunnen worden bestraat of aangeplant met loopkamille (*Anthemis nobilis* 'Trenaegue'). In het laatste geval verdient het aanbeveling stroken graskantengolfplaat langs de paden in de grond te steken, zodat de loopkamille niet de beplanting in gaat. De driehoeken tegen het huis geven in combinatie met de op richting bestrate paden voldoende loop- en werkruimte om de ramen te kunnen zemen.

De haag aan de straatkant is ca. 140 cm hoog, met daarbovenuit bol-vormige bomen: aan de uiteinden bol-*Catalpa*'s en daartussen vier 'appel-bollen'.

Bij de aanplant zijn de kruiderijen in de vierkanten langs de raamzijden ingevuld, zodat ze makkelijk geplukt kunnen worden. De mooiste kruiden dicht bij het terras. Het voorstuk is aangeplant met groen bloeiende gewassen en wat zilverbladigen.

BOOMPJES

1 en 2 - 3 x roos 'François Juranville' op stam in een bedje dille (*Anethum graveolens*) met daaromheen een *Buxus*-haagje.
3 - 4 x bol-*Catalpa* op hoogstam (*Catalpa bignonioides* 'Globosa'. Tweemaal bij entree van terras, tweemaal bij uiteinden haag.)
4 - 4 x bolvormig gesnoeide appelbomen op hoogstam
5 - 3 x witte aalbes op stam
6 - 3 x kruisbes op stam
7 - 2 x jeneverbes (*Juniperus communis*)
8 - 2 x *Pyrus salicifolia* 'Pendula' op hoogstam, in rond bedje *Asarum europaeum*, met daaromheen een *Buxus*-haagje.

PLANTEN

1 - 2 x perk *Euphorbia characias* ssp. *wulfenii*
2 - 2 x perk *Lavendula angustifolia*
3 - *Bergenia* 'Silberlicht'
4 - *Lilium regale*
5 - *Hosta sieboldiana* 'Francis Williams'
6 - *Thymus* x *citriodorus* 'Aureus'
7 - *Thymus vulgaris*
8 - *Salvia officinalis*
9 - *Bergenia* 'Silberlicht'
10 - *Lilium candidum*
11 - *Hosta sieboldiana* 'Francis Williams'
12 - *Thymus* x *citriodorus* 'Aureus'
13 - *Thymus vulgaris*
14 - *Salvia officinalis*
15 - *Ruta graveolens*
16 - *Ruta acetosa*
17 - *Ruta graveolens*
18 - *Rumex acetosa*
19 - Karwij of kummel (*Carum carvi*)
20 - Anijs (*Pimpinella anisum*)
21 - Boomuitjes (*Allium cepa* var. *proliferum*)
22 - Koriander (*Coriandrum sativum*)
23 - Vast bonenkruid (*Satureja montana* - minder geurig dan de eenjarige, maar veel langer bij de hand.
24 - Eenjarig bonenkruid (*Satureja hortensis*)
25 - Kervel (*Anthriscus cerefolium*)
26 - Komijn (*Cuminum cyminum*)
27 - Fenegriek (*Trigonella foenum-graecum*)
28 - Wit bloeiende grote pimpernel (*Sanguisorba obtusa*) 'Albiflora'

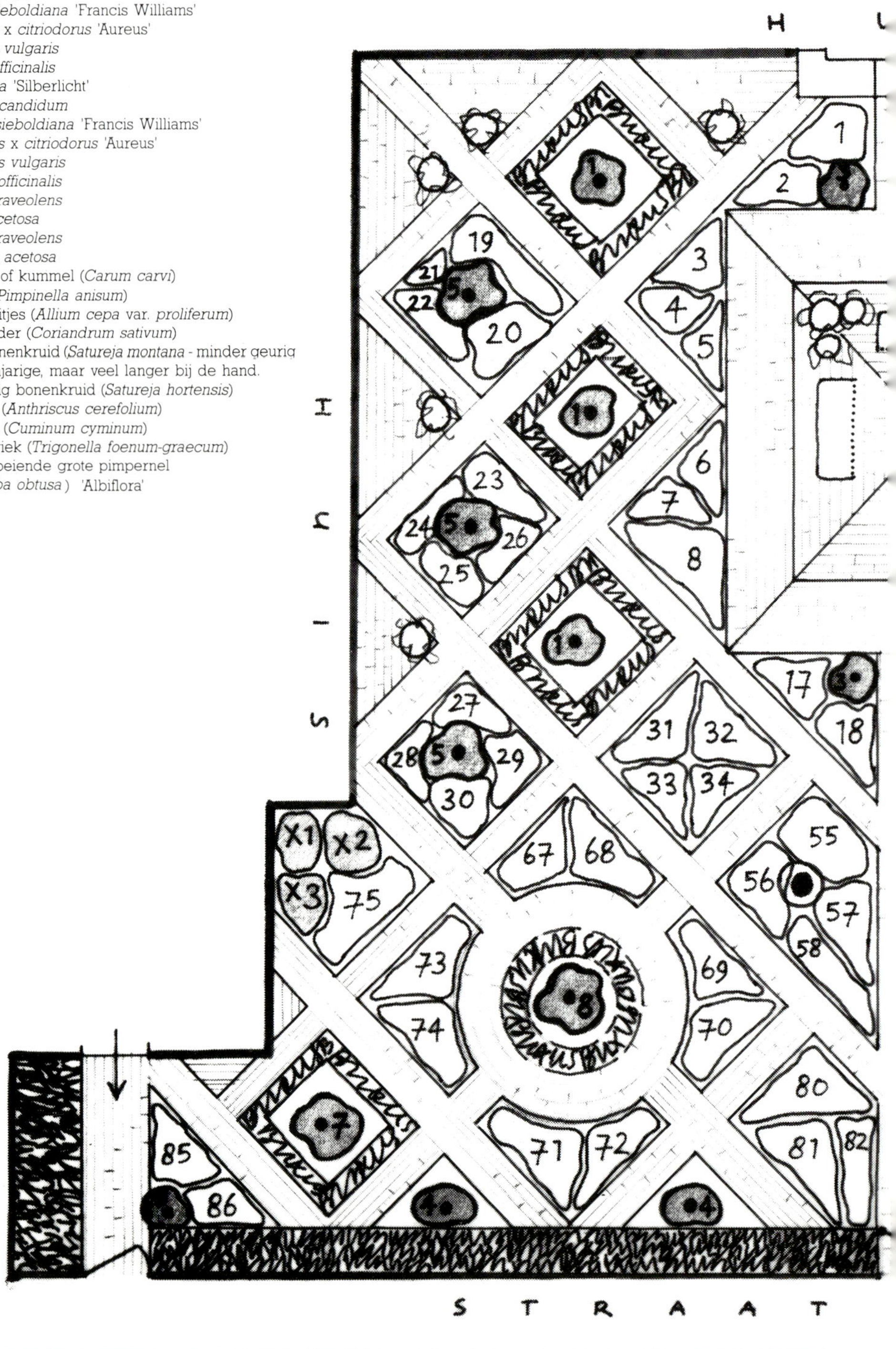

SCHAAL 1:100

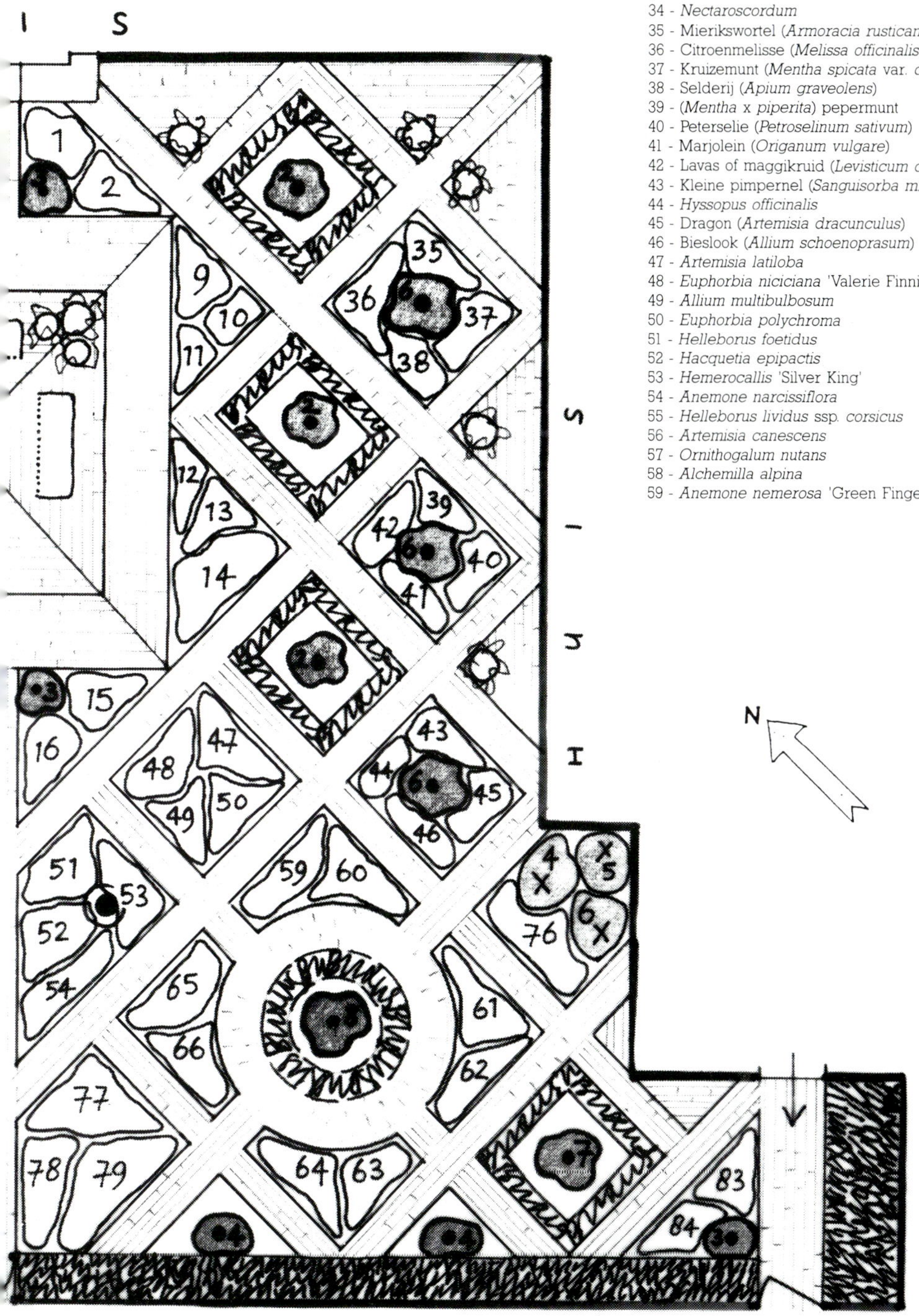

29 - *Ocinum basilicum*
30 - *Borago officinalis*
31 - *Aquilegia viridiflora*
32 - *Euphorbia cyparissias*
33 - *Artemisia purshiana*
34 - *Nectaroscordum*
35 - Mierikswortel (*Armoracia rusticana*)
36 - Citroenmelisse (*Melissa officinalis*)
37 - Kruizemunt (*Mentha spicata* var. *crispa*
38 - Selderij (*Apium graveolens*)
39 - (*Mentha* x *piperita*) pepermunt
40 - Peterselie (*Petroselinum sativum*)
41 - Marjolein (*Origanum vulgare*)
42 - Lavas of maggikruid (*Levisticum officinale*)
43 - Kleine pimpernel (*Sanguisorba minor*)
44 - *Hyssopus officinalis*
45 - Dragon (*Artemisia dracunculus*)
46 - Bieslook (*Allium schoenoprasum*)
47 - *Artemisia latiloba*
48 - *Euphorbia niciciana* 'Valerie Finnis'
49 - *Allium multibulbosum*
50 - *Euphorbia polychroma*
51 - *Helleborus foetidus*
52 - *Hacquetia epipactis*
53 - *Hemerocallis* 'Silver King'
54 - *Anemone narcissiflora*
55 - *Helleborus lividus* ssp. *corsicus*
56 - *Artemisia canescens*
57 - *Ornithogalum nutans*
58 - *Alchemilla alpina*
59 - *Anemone nemerosa* 'Green Fingers'
60 - *Artemisia schmidtiana*
61 - *Astrantia carniolica*
62 - *Digitalis viridiflora*
63 - *Tellima grandiflora*
64 - *Arisaema triphyllum*
65 - *Artemisia stelleriana*
66 - *Iris*-Germanica-Hybriden 'Fluted Lime'
67 - *Papaver miyabeanum*
68 - *Chiastophyllum oppositifolium*
69 - *Artemisia stellariana*
70 - *Euphorbia myrsinites*
71 - *Smyrnium perfoliatum*
72 - *Tellima grandiflora*
73 - *Astrantia major* 'Sunningdale Variegata'
74 - *Euphorbia robbiae*
75 - Eau-de-cologne-munt (*Mentha* x *piperita* var. *citrata*)
76 - *Mentha viridis* of *spicata* (de echte voor 'mintsauce')
77 - *Helleborus* x *sternii*
78 - *Arum maculatumc*
79 - *Artemisia* 'Powis'
80 - *Helleborus* x *sternii*
81 - *Artemisia* 'Powis'
82 - *Arum italicum*
83 - *Peltiphyllum peltatum* (*Darmera peltata*)
84 - *Matteucia struthiopteris*
85 - *Peltiphyllum/Darmera*
86 - *Matteucia struthiopteris*

STRUIKEN

1 - *Decaisnea fargesii*
2 - *Viburnum plicatum*
3 - *Rosa chinensis* 'Viridiflora'
4 - *Parabenzoin* 'Praecox'
5 - *Decaisnea fargesii*
6 - *Weigelia middendorffiana*

POTTEN IN DRIEHOEKEN LANGS HUIS

Links en rechts van entree: citroenverbena (*Aloysia triphylla*) In de hoeken: 2 x twee potten met blauwe *Agapthus*. Overige vier potten: elk drie tot 5 *Eucomis bicolor*.

POTTEN OP TERRAS

In de hoeken: 2 x Laurierbol (eventueel op spiraalstam). Daarvoor tweemaal *Choysia ternata* en tweemaal *Rosmarinus officinalis*.

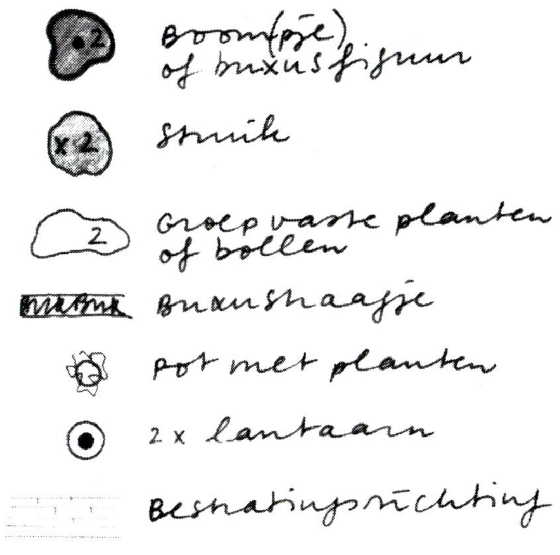

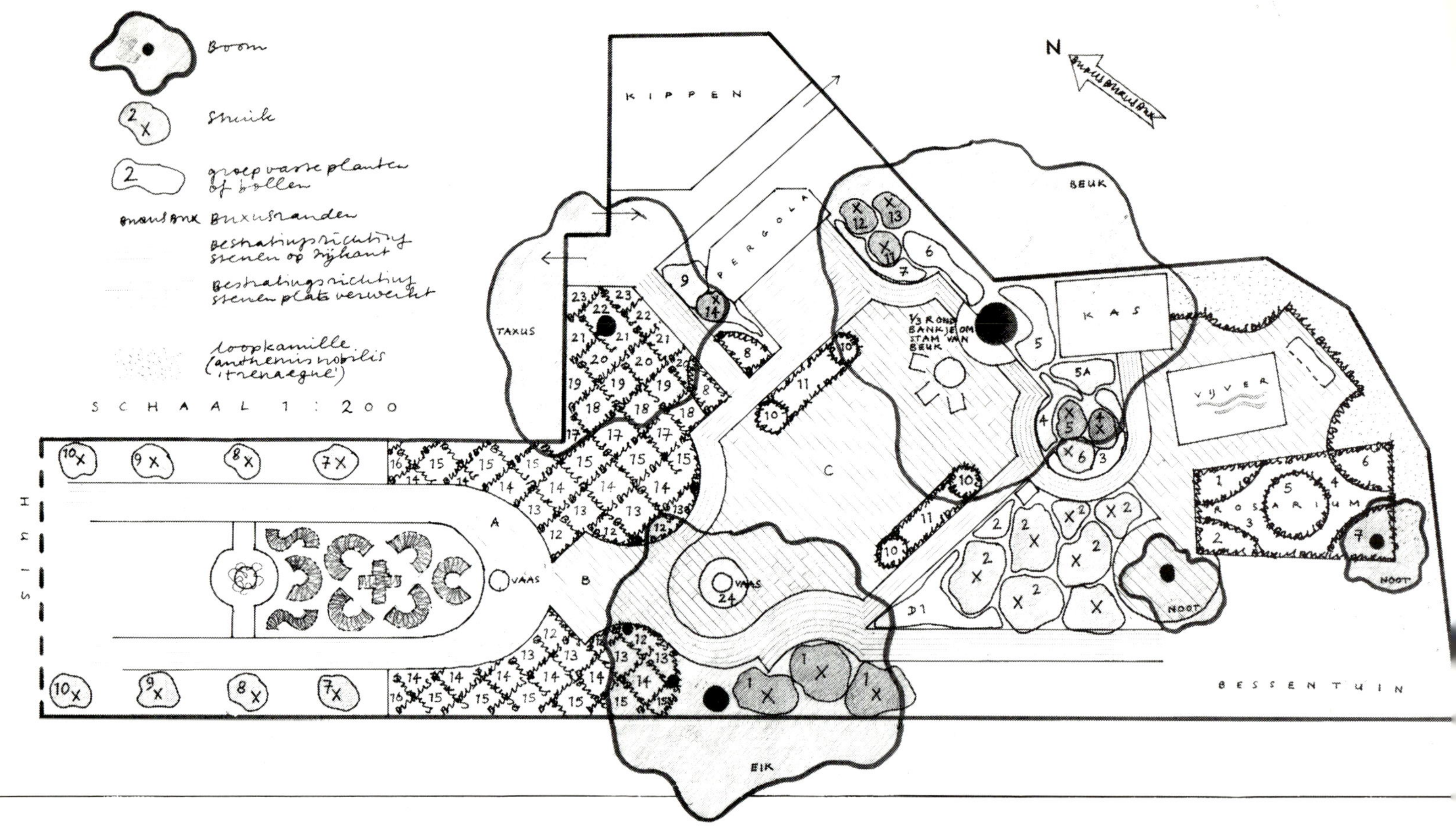

VREEMDE VORM IN DIEPE SCHADUW

Een deel van deze tuin hebt u afgebeeld kunnen zien in 'Het kleine Paradijs' - het slanke, aan het huis grenzende deel dat door de eigenaars heel elegant werd ingericht met *Buxus*-krullen. De vormgeving van het overige deel van deze tuin, met een ietwat eigenaardig formaat was een probleem, waarvoor uiteindelijk mijn advies werd ingeroepen.
Aanwezig waren het kippeterrein, de pergola, de kas, de vijver, het rosarium en de bessentuin. Ook werd de tuin in de loop der jaren vrijwel volledig ommuurd. Een schaduwprobleem vormen natuurlijk de gigantische bomen. Om te beginnen de zéér grote beuk, eik en *Taxus* die uiteraard al in de tuin aanwezig waren. Verder plantte de eigenaar twee notebomen en waren in de tuin aanwezig een groep van drie mooie volle hulsten (op de plattegrond de struiken 1) en een grote 'heuvel' van *Rhododendron's* (op de plattegrond de struiken 2). Achter de grote hulstgroep was en is de plaats voor de composthoop.
Een heel mooi gegeven vormen drie fraaie tuinvazen op sokkels, die wat rommelig over de tuin verdeeld stonden. Deze staan nu vanuit het huis gezien op één lijn. Omdat onder de grote beuk toch vrijwel niets groeit, maar daar wel later op de dag zon valt, maakte ik er een groot plein, waarop ligstoelen geplaatst kunnen worden. (Berging van de tuinmeubels is in de pergola.)
Een schaduwzitje om de maaltijd te gebruiken ontstond bij de stam van de beuk, waartegen een éénderde-ronde zitbank werd gemaakt. In het grote met oude klinkertjes bestrate plein twee diep uitgegraven bedden, (voorzien van goede grond, compost en mest) en een centrale plek voor een van de tuinvazen.
Voortvloeiend uit de vorm van het centrale plein de paden naar compostplek en bessenhoek, het halve-cirkel-pad naar de kas en het plaatsje voor de pergola. Met enige moeite ontstond een vorm waarin de schuin geplaatste vijver en het rosarium werden opgenomen. Ook hier een bestrating met een bankje en *Buxus*-randen die de vorm accentueren.
Tegen de muur hierachter was leifruit aangeplant, daarvoor werden de stippelvlakken met loopkamille (*Anthemis nobilis* 'Trenaegue') gevuld.

STRUIKEN

1 - drie maal bestaande hulst
2 - groep bestaande *Rhododendron*
3 - twee maal bestaande jasmijn
4 - *Hedera helix* 'Arborescens'
5 - *Hydrangea guercifolia*
6 - *Lonicera fragrantissima*
7 - 2 x *Viburnum burkwoodii*
8 - 2 x *Camellia sasanqua*
9 - 2 x *Viburnum farreri* (voor de winterbloei)
10 - 2 x *Prunus subhirtella* 'Autumnalis' (struikvorm, niet op stam geënt)
Deze strook met struiken is verder niet uitgewerkt, omdat hiertussen alle elders in de tuin aanwezige varens werden uitgeplant. Ook begint het huis niet direct op de stippellijn, maar het *Buxus*-krullen-ovaal loopt uiteraard ook aan die zijde door. Daar werd echter de bestaande toestand niet gewijzigd.
11 - *Osmarea burkwoodii*
12 - Roos 'Albéric Barbier'
13 - *Rhodotypos scandens*
14 - *Hydrangea aspera* ssp. *sargentiana*
In de *Buxus*-krullen-tuin, die ook aardig wat schaduw krijgt van bomen in de buurtuin, werden de roosjes op stam die het niet goed deden vervangen door op stam geënte rozen 'Albéric Barbier', die wèl goed tegen weinig zon kunnen.
Ook in het rosarium, waar door de aanplant van de noten na verloop van tijd te weinig zon kwam, werden rozen uit de *alba*-groep als vervanging aangeplant - deze kunnen alle perfect tegen schaduw.

PLANTEN

1 - in vak D, waar veel schaduw valt is voor de rhododendrons een groep *Rodgersia aesculifolia* mooi of de parasolbladige *Astilboides tabularis*
2 - *Allium triquetrum*
3 - *Pulmonaria* 'Sissinghurst White'
4 - *Arum italicum*
5 - *Maianthemum bifolium*
5a - *Cimicifuga simplex*
6 - *Maianthemum bifolium*
7 - *Tiarella cordifolia*
8 - 2 perken *Campanula latifolia* 'Alba'
9 - *Hosta sieboldiana* 'Glauca'
10 - 4 x rondje *Alchemilla mollis* met *Buxus*-bol op stam of *Hydrangea paniculata* op stam
11 - 2 x lang perk met *Helleborus* x *sternei*

IN BUXUS-KRUISSTEKEN AANPLANTEN:

12 - 6 vakjes met *Fritillaria meleagris* 'Alba' of *Trillium grandiflorum*
13 - 8 vakken met *Dicentra formosa* 'Alba'
14 - 12 vakken met *Tellima grandiflora*
15 - 12 vakken met *Myrrhis odorara*
16 - 2 vakken met *Lilium martagon* 'Album' in lelietjes-der-dalen (*Convalleria majalis*)
17 - 3 vakken met *Lilium candidum* en *Convallaria majalis*
18 - 3 vakken met *Smilacina racemosa*
19 - 3 vakken met *Anemone japonica* 'Honorine Jobert'
20 - 3 vakken met *Digilis purpurea* 'Alba'
21 - 3 vakken met *Polygonatum multiflorum*
22 - 2 vakken met *Ranunculus aconitifolius*
23 - 2 vakken met *Helleborus niger*
24 - rondje onder vaas-op-sokkel vullen met *Euphorbia myrsinites*

EEN PLEINENTUIN VOOR PLANTJES-GEKKEN

Deze pleinentuin maakte ik al wat langer geleden bij een boerderij in het zuiden, waar door de plaatsing van de schuren een soort binnenhof was ontstaan.
Voor dit boek heb ik er een beplantingsschema op gezet met allerlei specialiteiten: een tuin voor plantjes-gekken dus!
Hij begint bij het keukenterrasje met de kruiden-acht in groen bloeiende gewassen..., dan gaat hij naar het centrum over in wit en zilver. Richting garage-schuur wordt de tuin blauw en richting overliggende schuur is een stukje 'gloomy'.
Met dergelijke pleinen en acht-bochten zijn tuinen van allerlei formaat heel makkelijk te vullen - deze is 22 x 25 m, met hier en daar een schuine punt of uitstulping.
De pleinen zijn 3.5 m doorsnede, de paadjes 75 cm breed, zodat de ronde perken 2 m doorsnede worden. Op die manier is bekijken en onderhoud van alle liefhebbersplantjes mooi en makkelijk.
De vier pleinen A vormen een zon-eet-zit-terras met op één cirkel een gemetselde barbecue met ook vier gemetselde kwartronde banken.
De vier pleinen B (enkele met een 'hap' van de schuur erin) vormen een door aanwezige beuk beschaduwd speelterras voor de kinderen.
De vier pleinen C vormen een luierterras, waar ligstoelen een plek kunnen vinden in de zon of in de schaduw van een grote reeds aanwezige peer.
De vier pleinen D vormen een uitkijk-terras, waar kan worden genoten van de weide met eigen dieren.
E is het acht-bocht-kruidentuintje.
Pleinen en paadjes worden in werkelijkheid bestraat met oude klinkertjes, maar andere verhardingen zijn ook mogelijk.

BOMEN
1 - *Pterocarya fraxinifolia*
2 - *Magnolia acuminata*
3 - *Malus fusca*
4 - *Broussonetia papyrifera*
5 - *Ilex aquifolium*
6 - *Liriodendron tulipifera*
7 - *Ginkgo biloba* (man en vrouw)
8 - *Catalpa bignonioides* Globosa' op groot perk van *Houttuynia cordata* 'Flore Pleno'
9 - *Liriodendron tulipifera* 'Fastigiata'
10 - 3 x witbonte hulst, bolvormig op hoogstam (bij Schiphorst, Wageningen)
11 - 3 x *Buxus*-piramide
12 - *Pyrus calleryana* 'Chanticleer'
13 - *Salix helvetica* op laagstam (bij Van Nijnatten, Zundert)
14 - 2 x *Pyrus salicifolia* 'Pendula', niet geënt, treurend tot de voet 15 - leipeer of vijg
16 - 3 x *Buxus*-piramide
17 - *Prunus subhirtella* 'Autumnalis'
18/19/20 - *Pterocarya fraxinifolia*
21 - 3 x bolvormig geschoren *Artemisia abrotanum*
22/23/24/25 - *Salix helvetica* op laagstam
26 - 2 x *Pyrus salicifolia* 'Pendula' (niet geënt)
27 en 28 - *Artemisia abrotanum*-bol
29/32/38 - bolvormig gesnoeide appel
30 en 31 - *Artemisia abrotanum*-bol
33 - *Paulownia tomentosa*
34 - *Cornus controversa*
35/36/37 - *Sorbus aria* 'Lutescens'

STRUIK-GROEPEN
1 - groep *Ribes laurifolium* + *Daphne pontica*
2 - " *Daphne laureola*
3 - " *Parabenzoin praecox*
4 - " *Cotinus coggygria*
5 - " *Decaisnea fargesii*
6 - " *Weigelia middendorffiana*
7 - " *Enkianthus perulatus*
8 - " *Lonicera fragrantissima*
9 - " *Rosa chinensis* 'Viridiflora'
10 - " " " "
11 - " *Daphne mezereum* 'Album'
12 - " *Viburnum plicatum* 'Rotundifolium'
13 - " *Ceanothus* Gloire de Versailles'
14 - " *Poncirus trifoliata*
15 - " *Osmanthus* x *burkwoodii*
16 - " *Viburnum burkwoodii*
17 - " *Viburnum carlesii*
18 - " Roos 'Blanchefleur'
19 - " *Rhodotypos scandens*
20 - " *Perovskia atriplicifolia* 'Blue Spire'

KLIMPLANTEN
I - 6 x *Hedera helix*
II - *Aristolochia macrophylla*
III - *Humulus lupulus*
IV - *Clematis flammula*
V - *Ampelopsis brevipedunculata*
VI - *Wisteria sinensis* 'Alba'
VII - *Lonicera japonica* 'Halliana'
VIII - Roos 'Sander's White'
IX - *Wisteria floribunda* 'Alba'
X - 4 x *Hedera helix*
XI - *Clematis rehderiana*
XII - *Aristolochia macrophylla*
XIII - *Clematis* 'Alba Luxurians'
XIV - *Ampelopsis brevipedunculata*
XV - *Clematis tosaensis*
XVI - *Clematis napaulensis*
XVII - *Clematis* Alba Luxurians'
XVIII - *Wisteria floribunda* 'Alba'
XIX - *Solanum crispum* 'Album'
XX - *Clematis* 'Duchess of Edinburgh'
XXI - *Clematis flammula*
XXII - *Wisteria sinensis* 'Alba'
XXIII - Roos 'Weddingday'
Over de garageschuur een déken van *Rosa filipes* 'Kiftsgate'

PLANTEN
1 - *Maianthemum bifolium*
2 - *Azorella trifurcata*
3 - *Leontopodium souliei* 'Mignon'
4 - *Fritillaria chlorantha*
5 - *Iris* 'Katherine Hodgkin'
6 - *Anemone nemerosa* 'Green Fingers'
7 - *Paris poliphylla*
8 - *Helleborus viridis*
9 - *Euphorbia robbiae*
10 - *Galanthus nivalis* 'Viridapicis'
11 - *Hermodactylus tuberosus*
12 - *Fritillaria graeca*
13 - *Astrantia carniolica*
14 - *Euphorbia cyparisssias*
15 - *Iris sanguinea* 'Snow Queen'
16 - *Arum italicum*
17 - *Arisaema triphyllum*
18 - *Azorella trifurcata*
19 - *Helleborus foetidus*
20 - *Astrantia major* 'Alba'
21 - *Arum maculatum*
22 - *Iris*-Germanica-Hybriden 'Fluted Lime'
23 - *Iris danfordiae*
24 - *Hacquetia epipactis*
25 - *Helleborus cyclophyllus*
26 - *Nicotiana langsdorfii*
27 - *Iris persica*
28 - *Azorella trifurcata*
29 - *Tellima grandiflora*
30 - *Hemerocallis* 'Silver King'
31 - *Aquilegia viridiflora*
32 - 4 x driehoek met Euphorbia myrsinites
33 - *Alchemilla alpina*
34 - *Chiastophyllum oppositifolium*
35 - *Papaver miyabeanum*
36 - *Arisaema triphyllum*
37 - *Anemone megellanica*
38 - *Azorella trifurcata*
39 - *Sedum stevanianum*
40 - *Arum pictum*
41 - *Aquilegia viridoflora*
42 - *Helleborus lividus* ssp. *corsicus*
43 - *Erynchium protaeflorum*
44 - *Thalictrum flavum* ssp. *glaucum*
45 - *Lilium* 'Green Magic'
46 - *Euphorbia polychroma*
47 - *Plantago major* 'Rosularis'
48 - *Euphorbia niciciana*
49 - *Patrinia gibbosa* 50 - *Symphiandra pendula*
51 - *Polygonatum multiflorum*
52 - *Digitalis viridiflora*
53 - *Iris histroides*
54 - *Marrubium vulgare*
55 - *Heuchera* x *brizoides* 'Greenfinch'
56 - *Iris pumila*
57 - *Smyrnium perfoliatum*
58 - *Helleborus* x *sternii*
59 - *Euphorbia characias* ssp. *wulfenii*
60 - *Iris foetidissima*
61 - *Ornithogalum umbellatum*
62 - *Sisyrinchium striatum*
63 - *Anemone narcissiflora*
64 - Tulp 'Court Lady'
65 - *Plantago major* 'Rosularis'
66 - *Arum pictum*
67 - *Iris histroides*
68 - *Papaver miyabeanum*
69 - *Mitella breweri*
70 - *Astrantia major* 'Sunningdale Variegata'
71 - *Allium multibulbosum*
72 - *Tulipa sylvestris*
73 - *Iris*-Germanica-Hybriden 'Green Quest'
74 - *Hemerocallis* 'Silver King'
75 - *Thalictrum minus*
76 - *Fritillaria graeca*
77 - *Euphorbia sikkimensis*
78 - *Corydalis ophiocarpa*
79 - *Chiastophyllum oppositifolium*
80 - *Alchemilla alpina*
81 - *Herniaria glabra*
82/85/87/89 - veldje met *Artemisia schmidtiana* Nana'
84/86/88/90 - elk vier maal *Artemisia canescens*
91 - *Artemisia schmidtiana*
92 - *Euphornia lathyris*

93 - *Artemisia assoana*
94 - *Artemisia stelleriana*
95 - *Artemisia schmidtiana*
96 - *Tellima grandiflora* 'Purpurea'
100 - *Artemisia discolor*
101 - *Allium subhirsutum*
102 - *Artemisia canescens*
103 - *Primula* 'Potsford White'
104 - *Artemisia* 'Powis'
105 - *Aquilegia vulgaris* 'Nivea'
106 - *Artemisia stelleriana*
107 - *Leucojum aestivum*
108 - *Artemisia discolor*
109 - *Camassia leichtlinii*
110 - *Artemisia canescens*
111 - *Campanula glomerata* 'Alba'
112 - *Artemisia* 'Powis'
113 - *Silena maritima* 'Weisskelchen'
114 - *Artemisia stellariana*
115 - *Linum perenne* 'Album'
116 - *Artemisia discolor*
117 - *Penstemon barbatus* 'Uschberg'
118 - *Artemisia canescens*
119 - *Paradisea liliastrum*
120 - *Artemisia* 'Powis'
121 - *Gentiana cruciata* 'Alba'
122 - *Artemisia canescens*
123 - *Tricyrtis hirta* 'Alba'
124 - *Actaea pachypoda*
125 - *Thalictrum flavum* ssp. *glaucum*
126 - *Acidanthera bicolor*
127 - *Helleborus niger*
128 - Narcis 'Actaea'
129 - *Chrysanthemum serotinum*
131 - *Hesperis matronalis* 'Alba'
132 - *Iris*-Germanica-Hybriden 'Henry Shaw'
133 - *Campanula persicifolia* 'Grandiflora Alba'
134 - *Geranium robertianum* var. *album*
135 - *Gentiana asclepiadea* 'Alba'
136 - *Myosotis sylvestris* 'Alba'
137 - *Tradescantia virginiana* 'Innocence'
138 - *Camanula latifolia* 'Alba'
139 - *Hemerocallis* 'Ice Carnival'
140 - *Allium cowanii*
141 - *Dicentra spectabilis* 'Alba'
142 - *Geranium macrorrhizum* 'Album'
143 - *Gaura lindheimeri*
145 - *Aster divaricatus*
146 - *Lunaria annua* 'Alba'
147 - *Anemone japonica* 'Honorine Jobert'
148 - *Paeonia* 'Minnie Shaylor'
149 - *Geranium phaeum* 'Alba'
150 - *Centaurea montana* 'Alba'
151 - *Allium subhirsutum*
152 - *Geranium pratense* 'Album'
153 - *Papaver orientale* 'Perry's White'
154 - *Smilacina racemosa*
155 - *Allium triquetrum*
156 - *Galanthus*-soorten
157 - *Sanguisorba canadensis*
158 - Narcis 'Mount Hood'
159 - *Ornithogalum umbellatum*
160 - *Crocus* 'Jeanne d'Arc'
161 - *Leucojum vernum*
162 - *Maianthemum bifolium*
163 - *Galanthus*-soorten
164 - *Galium odoratum*
165 - *Pachysandra terminalis*
166 - *Digitalis purpurea* 'Alba'
167 - *Achillea clavanae*
168 - *Oenothera caespitosa*
169 - *Primula sieboldii* 'Haruno Yuki'
170 - *Helleborus olympicus*
171 - *Primula chionantha*
172 - *Dryas octopetala*
173 - *Crambe maritima*
174 - *Phodophylla hexandrum*
175 - *Viola cornuta* 'Alba'
176 - *Trillium grandiflorum*
177 - *Muscari botrioides* 'Album' + Pushkinia scilloides 'Alba'
178 - *Prunella grandiflora* 'Alba'
179 - *Oenothera albicaulis*
180 - *Pulmonaria saccharata* 'Sissinghurst White'
181 - *Anemone blanda* 'White Splendour'
182 - *Viola odorata* 'Alba'
183 - *Corydalis cava* var. *albiflora*
184 - *Campanula cochleariifolia* 'Alba'
185 - *Bergenia stracheyi* 'Alba'
186 - *Campanula carpatica* 'Alba'
187 - *Cornus canadensis*
188 - *Phlox douglasii* 'Iceberg'
189 - *Campanula barbata* 'Alba'
190 - pleintjeshart vullen met *Pulsatulla vulgaris* 'Alba'
191 t/m 198 - als 116 t/m 123
199 t/m 206 - als 100 t/m 107
207 t/m 214 - als 108 t/m 115
215 - *Mertensia virginica*
216 - *Tradescantia* 'Osprey'
217 - *Aconitum fischeri*
218 - *Camassia cusickii*
219 - *Asperula orientalis* (eenjarig)
220 - *Ajuga pyramidalis* 'Metallica Crispa'
221 - *Commellina tuberosa*
222 - *Agastache anisata*
223 - *Ceratostigma willmottianum*
224 - *Aster frikartii* 'Mönch'
225 - *Vinca minor*
226 - *Aconitum* x *arendsii*
227 - *Anemone nemerosa* 'Royal Blue'
228 - *Mertensia virginica*
229 - *Omphalodes verna*
230 - *Aconitum fischeri*
231 - *Brunnera macrophylla*
232 - *Primula capitata*
233 - *Hepatica nobilis*
234 - *Omphalodes cappadocica*
235 - *Ipheion uniflorum* 'Wisley Blue'
236 - *Gentiana clusii*
237 - *Ionopsodium acaule*
238 - *Myosotis sylvestris*
239 - *Agastache foeniculum*
240 - *Iris aucheri*
241 - *Chionodoxa gigantea*
242 - *Adelocaryum anchusoides*
243 - *Primula nutans*
244 - *Houstonia caerulea*
245 - *Catananche caerulea*
246 - *Buglossioides purpurocaeruleus*
247 - *Delphinium* 'Völkerfrieden'
248 - *Anemone blanda* 'Atrocaerulea'
249 - *Hyacinthioides hispanica*
250 - *Lobelia siphilitica* 'Blaue Auslese'
251 - *Centaurea montana*
252 - *Geranium pratense* 'Plenum Caeruleum'
253 - *Erynchium planum*
254 - *Babtisia australis*
255 - *Limonium latifolium*
256 - *Nigella damascena* (eenjarig)
257 - *Houstonia caerulea*
258 - *Ajuga reptans* 'Variegata'
259 - *Penstemon fruticosum* 'Blaue Auslese'
260 - *Allium caeruleum*
261 - *Veronica incana*
262 - *Mertensia primuloides*
263 - *Veronica petraea* 'Madame Mercier'
264 - *Borago laxiflora*
265 - *Penstemon hartwegii*
266 - *Mertensia virginica* 'Blue Gem'
267 - *Primula marginata*
268 - *Camassia cusickii*
269 - *Hermodactylus tuberosus*
270 - *Narcissus canaliculatus*
271 - *Gladiolus grandis* 'Christabel'
272 - *Allium nigrum*
273 - *Paris quadrifolia*
274 - *Plantago lanceolata*
275 - *Gentiana* 'Bhutan'
276 - *Gladiolus*-Hybriden 'Papilio'
277 - *Pennisetum alupecuroides*
278 - *Hyoscyamus niger*
279 - *Iris lortetii*
280 - *Arisaema ringens*
281 - *Paris quadrifolia*
282 - *Iris* 'Hermona'
283 - *Plantago lanceolata*
284 - *Myrrhis odorata*
285 - *Sinarundinaria murielae*
286 - *Pennisetum alupecuroides*
287 - *Ornithogalum nutans*
288 - *Iris gatesii* (nu *heylandiana*)
289 - *Geranium renardii*
290 - *Arisarum proboscideum*
291 - *Gentiana* 'Bhutan'
292 - *Coix lacrima-jobi*
293 - *Iris susiana*
294 - *Geranium pratense* 'Striatum'

KRUIDENTUINTJE

In centrum van cirkels elk een jeneverbes zetten (*Juniperus communis*). De kruidvakken verder naar wens invullen: er ontstaan geen problemen, er is voldoende zon.

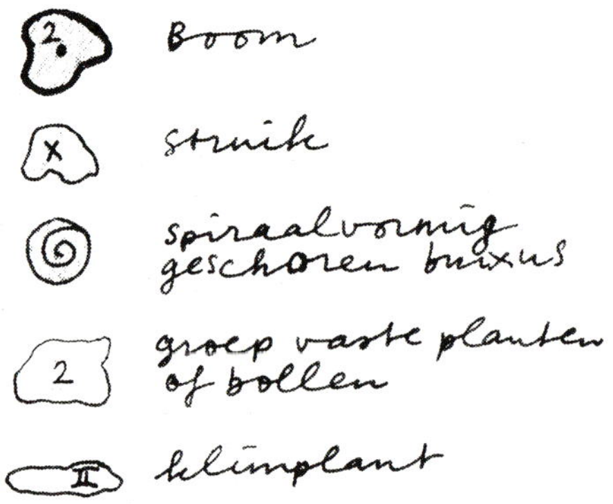

SCHAAL 1 : 125

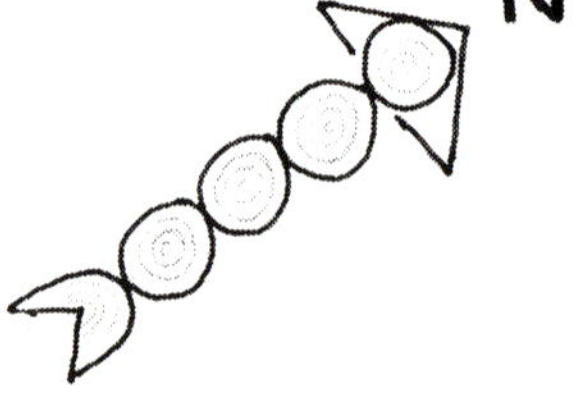

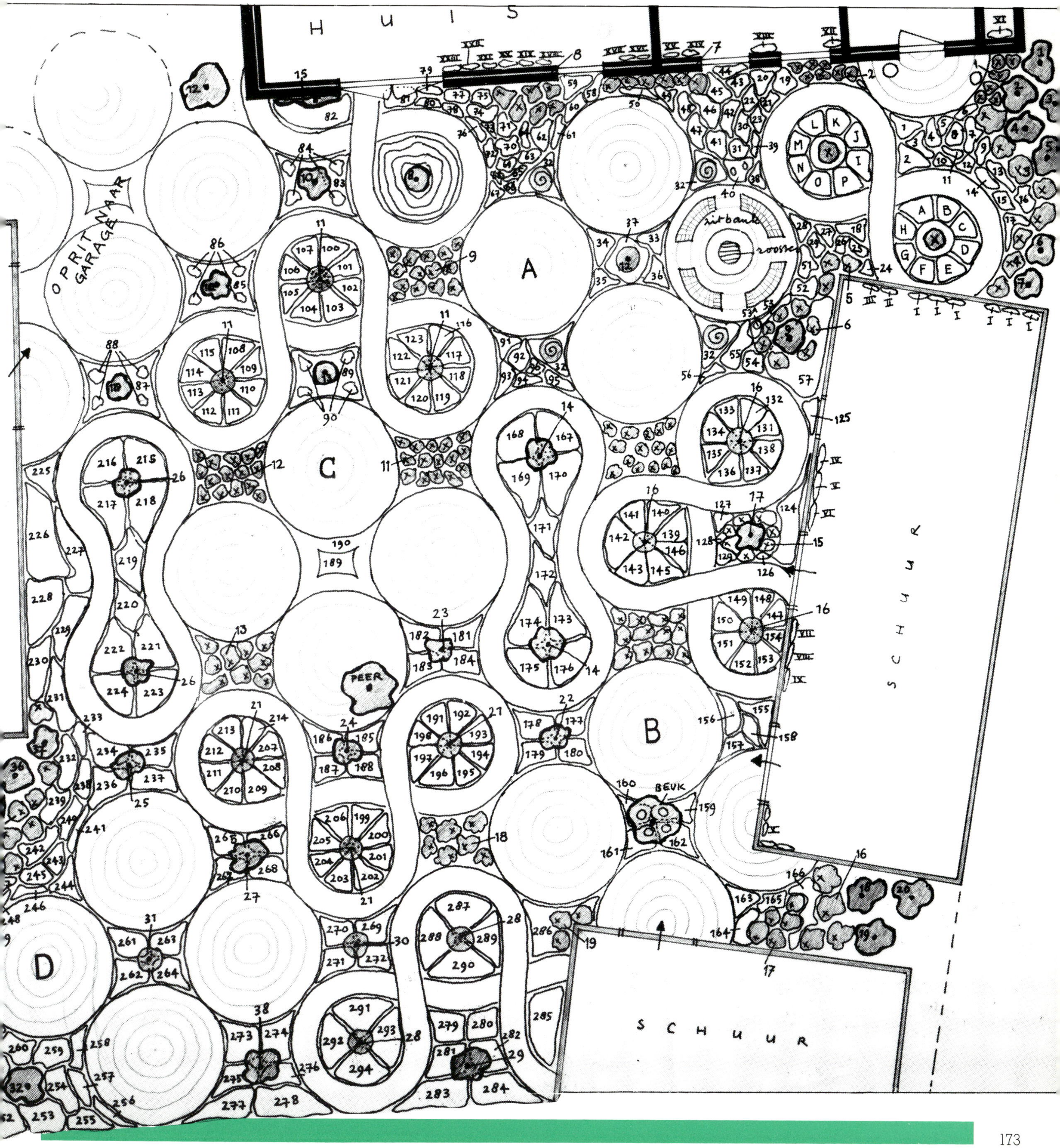
H U I S
OPRIT NAAR GARAGE
A
B
C
D
PEER
BEUK
zitbank
rooster
S C H U U R
S C H U U R